新 訂

学校法人 財務諸規程 ハンドブック

公認会計士・税理士 **齋藤 力夫** 編著

学校経理研究会

新訂 学校法人財務諸規程ハンドブックの編集にあたって

　学校法人の財務諸規程については，平成３年７月に「学校法人財務諸規程の作り方」を発刊し，その後平成16年３月まで数度の改訂を経て中断しておりましたが，このたび学校法人会計基準の全面改正に伴い，新たに財務諸規程ハンドブックとして刊行することといたしました。

　学校法人会計基準は昭和46年に初めて施行され，各法人において経営の指針として活用され，その間若干の改正がありましたが，予算管理や経営分析，また国，地方公共団体の補助金交付のための重要な役割を果たしてきました。

　今回，平成25年４月22日に文部科学省令第15号が公布され，学校法人会計基準は計算書類の様式の変更・追加を含む42年ぶりの大改正がされました。従前の基準に基づく計算書類では，学内学外の利害関係者から学校法人の経営，財務状況が分かりにくいという批判が多く，今回の改正に至ったものです。

　このたびの改正基準は，文部科学大臣所轄学校法人は平成27年４月１日から，都道府県知事所轄学校法人は平成28年４月１日からの適用となりました。改正に即して，各学校法人においてはガバナンス，コンプライアンス体制の再整備とシステム改善などの作業に余念がないものと思います。

　本書は，私立の大学，短期大学，高等学校，中学校，小学校，幼稚園，専修学校，各種学校などの基本的財務諸規程の改善に役立てていただくために刊行しました。

　総合大学では本書以上にきめ細かい規程，内規などが整備されていると思われますが，本書では中堅規模の法人を想定して編集してあります。法人によって運営の形態は様々であり一律とはいえませんので，学内管理の参考に適宜本書をご利用くだされば幸いです。

なお，執筆にあたり，こころよく資料協力をしていただいた私学経営研究会理事長の俵　正市先生，関係する大学法人に深くお礼申し上げます。また，本書と併せて「学校会計入門　改訂第6版」（齋藤力夫著・中央経済社刊，平成26年11月）をご活用くだされば幸いです。最後に，本書の刊行に多大なご協力を賜りましたNPO法人学校経理研究会理事・事務局長の矢島美知子様，霞出版社社長の鶴見静男様，当監査事務所の赤川富彦氏に深くお礼申し上げます。

　平成27年4月

公認会計士・税理士　齋藤　力夫
（永和監査法人会長）

目　　次

編集にあたって

第1章　財務基本諸規程の考え方 ……………………………… 13

1　学校教育法と私立学校法 ………………………………… 13

2　学校運営と経理業務 ……………………………………… 18

3　財務諸活動に係る関連諸規程とその範囲 ……………… 19

4　【参考】学校法人の事務組織 …………………………… 21

第2章　経理規程等財務諸規程の作り方 …………………… 25

1　財務諸規程の作成上のポイント ………………………… 25
(1)　組織と職務分掌 ……………………………………… 25
(2)　経理規程の必要性 …………………………………… 26
(3)　経理規程の体系 ……………………………………… 26
(4)　会計基準等関係法令などの遵守 …………………… 27
(5)　関連規程との調整 …………………………………… 27
(6)　運用手続きと不備な事例 …………………………… 28

2　経理規程作成上の手順と留意事項 ……………………… 29
(1)　経理規程の作成手順 ………………………………… 29
(2)　経理規程作成上の留意事項 ………………………… 30
(3)　諸規程の作成に当たっての参考事項 ……………… 32
(4)　諸規程の施行について ……………………………… 37

3 学校法人制度の改革と学校法人会計基準の見直し ·················· 38

⑴ 平成16年 5 月私立学校法改正のポイント ················ 39

⑵ 平成25年 4 月学校法人会計基準改正の趣旨 ·············· 40

⑶ 平成25年 4 月学校法人会計基準改正の概要 ·············· 42

第 3 章 　経理規程の具体的作成 ················ 44

1 経理規程 ··· 45

学校法人○○学園経理規程（例） ··························· 45

第 1 章 　総 　　　則 ································· 45

第 2 章 　勘定科目及び帳簿組織 ····················· 48

第 3 章 　金銭会計 ······························· 52

第 4 章 　資金会計 ······························· 59

第 5 章 　固定資産会計 ··························· 60

第 6 章 　物品会計 ······························· 71

第 7 章 　退職給与引当金 ························· 72

第 8 章 　予 　　　算 ································· 73

第 9 章 　報告及び決算 ··························· 77

第10章 　内部監査 ······························· 80

第11章 　雑 　　　則 ································· 82

2 経理規程施行細則 ··· 83

学校法人○○学園経理規程施行細則（例） ··················· 83

3 様式の作成例 ··· 97

（別表 1 ）勘定科目一覧表 ······························· 97

⑴ 資金収支計算書記載科目 ····················· 97

⑵ 事業活動収支計算書記載科目 ················· 110

⑶ 貸借対照表記載科目 ························· 114

〈参考資料〉学校法人会計基準の処理標準（記載科目）の

－ 4 －

目　次

改正等について（東京都生活文化局私学部長通知）
.... 120

　（別表２）固定資産耐用年数表 122

　（別表３-１）減価償却明細表（個別償却用）.................. 124

　（別表３-２）減価償却明細表（取得年度別グループ償却用）......... 125

　（別表４）退職給与引当金計算表 126

　（別表５-１）資金収支月計表 127

　（別表５-２）総勘定元帳残高試算表 128

　（別表５-３）部門別共通費配分基準 130

　（別表６-１）基本金組入額総括表 131

　（別表６-２）基本金台帳 132

　（別表７）稟　議　書 133

第４章　資産運用規程 134

1　学校法人○○学園資産運用規程（例１）................. 137

2　学校法人○○学園資産運用規程（例２）................. 142

3　有価証券管理規程（例３）.................................... 144

4　運用資金に関する取扱規程（例４）....................... 146

第５章　預り金規程 148

1　学校法人○○学園預り金取扱規程（例１）.............. 149

2　学校法人○○学園預り金取扱規程（例２）.............. 152

3　学校法人○○学園修学（研修）旅行費預り金取扱規程
（例３）.. 154

— 5 —

第6章　固定資産及び物品管理規程 ································ 157

1　固定資産及び物品管理規程（例1） ·················· 158

2　固定資産及び物品管理規程（例2） ·················· 174

3　固定資産及び物品調達規程（例3） ·················· 181
【参考1】校舎（校地）等変更届（文部科学大臣所轄）········ 191
【参考2】固定資産の取得・処分に関する報告について
（東京都知事所轄）···························· 192

第7章　内部監査規程 ·· 194

1　学校法人○○大学内部監査規程（例1） ············· 195

2　学校法人○○大学内部監査規程（例2） ············· 202

3　学校法人○○学園内部監査規則（例3） ············· 204

4　監事の監査について ·································· 212

5　内部監査チェックリスト ···························· 217
⑴　運用状況チェックリスト ························ 217
⑵　整備状況チェックリスト ························ 223
⑶　内部監査事項チェックリスト（簡易作成例）········ 227

第8章　予算管理規程 ·· 228

1　予算統制標準規程 ···································· 232

2　予算編成要領 ·· 241

— 6 —

（1）　予算編成期間の基準（例）──────────── 241

（2）　予算の見積り ───────────────── 241

（3）　予算科目別見積要領 ──────────────── 242

　　A　資金収支予算 ────────────── 242

　　B　事業活動収支予算 ──────────── 248

（4）　予備費等流用申請 ─────────────── 251

第9章　個人研究費取扱規程──────────── 252

1　個人研究費規程（例1）───────────── 253

2　教員研究費規程（例2）───────────── 255

3　教員研究費並びに研究旅費規程施行細則（例3）──── 257

4　教員研究費使用規程（例4）─────────── 259

▽教員研究費使用規程施行細則 ──────────── 260

▽教員研究費使用に関する取扱い内規 ─────────── 264

5　個人研究費規程（例5）───────────── 265

▽研究費取扱内規 ─────────────────── 266

6　個人研究費規程（例6）───────────── 274

7　個人研究費規程（例7）───────────── 276

第10章　情報機器管理規程───────────── 278

1　情報ネットワークシステム利用規程（例1）────── 285

2　情報システム管理規程（例2）───────────── 287

3 情報システムの運用及び管理に係る規程（例３）……………… 290

4 情報管理室規程（例４）……………………………………… 294

5 情報ネットワークシステム管理運用規程（例５）…………… 298

6 情報ネットワークシステムの取扱い及び利用に関する内規
（例６）……………………………………………………… 300

第11章　図書管理規程……………………………………………… 303

1 学校法人○○学園図書管理規程（例１）…………………… 304

2 ○○大学図書館に関する規程（例２）……………………… 307

3 ○○大学図書館に関する規程運営細則（例３）…………… 312

4 ○○短期大学図書館規程（例４）…………………………… 316

第12章　科学研究費補助金事務取扱規程…………………………… 322

1 公的研究費補助金（科学研究費補助金）経理事務取扱要領
（例１）……………………………………………………… 323

2 公的研究費の不正防止に関する規程（例２）……………… 336

3 公的研究費補助金に関する内部監査規程（例３）………… 347

第13章　奨学金規程………………………………………………… 352

1 学校法人○○学園奨学金給付規程（例１）………………… 353
　▽新入生奨学金規程……………………………………………… 355

目　次

▽新入生奨学金規程の実施に関する細則 ……………………………… 358

2　○○短期大学奨学金規程（例2）……………………………… 358
　▽給付奨学金に関する内規 ……………………………………… 360
　▽貸与奨学金に関する内規 ……………………………………… 362

3　短期貸付金規程（例3）……………………………………… 366
　▽自立援助奨学金規程 …………………………………………… 368
　▽就職活動短期貸付金規程 ……………………………………… 369

4　給費生規程（例4）………………………………………… 370
　▽給費生規程施行細則 …………………………………………… 372
　▽貸費生貸与金規程 ……………………………………………… 373
　▽貸費生貸与金規程施行細則 …………………………………… 376

5　給付奨学金規程（例5）……………………………………… 378

6　奨学基金運用規程（例6）…………………………………… 380

7　私費外国人留学生授業料減免に関する規程（例7）……… 382

8　特待生選考規程（例8）……………………………………… 384

9　特待生・奨励生制度及びその選考に関する内規（例9）……… 388

10　学費減免規程（例10）……………………………………… 390

11　学費減免奨学生規程（例11）……………………………… 393
　▽学費減免奨学生規程施行細則 ………………………………… 395

— 9 —

▽職員（子女）の学費減額規程 ……………………………………………… 396

　12　授業料等学納金優遇措置取扱規程（例12）……………………………… 397

　13　職員子女の授業料減額に関する規程（例13）…………………………… 398

　14　教職員及びその子女に対する学費減免規程（例14）…………………… 400

第14章　その他の財務関連諸規程 …………………………………………… 402

　1　旅費規程 ……………………………………………………………………… 402

　2　慶弔・見舞金規程 …………………………………………………………… 429

　3　法人管理規程 ………………………………………………………………… 439

　4　稟議規程 ……………………………………………………………………… 452

　5　公印取扱規程 ………………………………………………………………… 462

　6　文書取扱規程 ………………………………………………………………… 473

　7　文書保存規程 ………………………………………………………………… 481

　8　土地・建物管理細則 ………………………………………………………… 489

　9　関係会社等管理規程 ………………………………………………………… 494

　10　国際交流センター規程 ……………………………………………………… 502

目　次

第15章　各種契約書作成例及び契約締結時のチェックポイント

……………………………………………………………………………… 505

1　売買契約 ……………………………………………………………… 506
　(1)　売買契約締結時のチェックポイント ……………………………… 506
　(2)　売買基本契約書作成例 ……………………………………………… 509

2　業務委託契約 …………………………………………………………… 513
　(1)　物に関しない業務委託契約締結時のチェックポイント ………… 513
　(2)　物に関する業務委託契約締結時のチェックポイント …………… 514
　(3)　業務委託契約書作成例 ……………………………………………… 515

3　金銭消費貸借契約 ……………………………………………………… 519
　(1)　学生・生徒への奨学金貸与に係る貸借契約締結時のチェックポイント

……………………………………………………………………………… 519
　(2)　金銭消費貸借契約書作成例（奨学金貸与契約書）………………… 520

4　不動産賃貸借契約 ……………………………………………………… 524
　(1)　不動産等の賃貸借契約締結時のチェックポイント ……………… 524
　(2)　不動産賃貸借契約書作成例 ………………………………………… 526

5　駐車場賃貸借契約 ……………………………………………………… 532
　(1)　駐車場賃貸借契約締結時のチェックポイント …………………… 532
　(2)　駐車場賃貸借契約書作成例 ………………………………………… 534

6　労働力の取引に関する契約 …………………………………………… 537
　(1)　労働者派遣契約締結時のチェックポイント ……………………… 539
　(2)　労働者派遣契約と区別される請負契約（業務委託契約も含む）
　　　締結時のチェックポイント ………………………………………… 541

― 11 ―

(3)　有期雇用契約書作成例 ……………………………………………… 544

第16章　学校法人寄附行為作成例 …………………………………… 548

1　学校法人寄附行為作成例（文部科学省標準例）……………… 548
　【参考】学校法人の寄附行為及び寄附行為の変更の認可に関する
　　　　　審査基準 ……………………………………………………… 588

2　学校法人寄附行為作成例（東京都知事所轄学校法人 （幼稚園用））……………………………………………………… 604
　【参考】①　文科省の作成例と東京都（幼稚園用）の作成例の
　　　　　　　大きな相違点 ………………………………………… 616
　　　　　②　東京都学校法人の寄附行為及び寄附行為変更の
　　　　　　　認可に関する審査基準 …………………………… 618

第17章　東京都通知抜粋 ……………………………………………… 625

1　学校法人会計基準の処理標準の改正について（通知）………… 625

2　基本金台帳の備え付けについて（通知）……………………… 629

〔略　称　名〕

文部科学省 ………………………………………	▶ 文科省
文部省 ……………………………………………	▶（旧）文部省
日本私立学校振興・共済事業団 ………………	▶ 私学事業団
旧日本私立学校振興財団 ………………………	▶ 私学振興財団
日本公認会計士協会（学校法人委員会）………	▶ JICPA
私立学校法 ………………………………………	▶ 私学法

第1章　財務基本諸規程の考え方

1　学校教育法と私立学校法

⑴　学校教育法

　学校教育法（法律第26号として昭和22年に制定）とは，日本国憲法に基づき，教育基本法（法律第25号として昭和22年に制定）を受けて，学校教育の具体的な内容を定めたもので，学校教育制度の根幹となる法律である。

　この法律で定める学校とは，幼稚園，小学校，中学校，高等学校，中等教育学校，特別支援学校（盲学校・聾（ろう）学校・養護学校)，大学及び高等専門学校のことで，いわゆる1条校と言われる学校である。

　ちなみに，学校教育法第124条に規定する学校を専修学校といい，同法第134条に規定する学校を各種学校という。

　各学校は設置の目的や教育目標，修業年限，教職員の数等，基本的なことが，学校教育法によって規定されており，学校の種類に応じ，文部科学大臣の定める設備，編制その他に関する設置基準に従わなければならないこととなっており，各学校法人は，このような一定の法の下での運営を行わなければならない。

　高等教育機関の質保証に関しては，大学等の設置を文部科学省が認可する制

度のほか，自己点検評価や外部評価（第三者評価）の実施が義務づけられている。

【改正学校教育法，平成27年4月1日から施行】
　今回の改正のポイントは次のとおりである。
①　第92条第4項において，副学長の職務について，従来は「副学長は，学長の職務を助ける。」としていたが，今回の改正においては「副学長は，学長を助け，命を受けて校務をつかさどる。」としたことで，学長の指示を受けた範囲内の校務について，副学長の権限を強化したこと。
②　第93条第1項において，教授会の設置について，従来は「大学には，重要な事項を審議するため，教授会を置かなければならない。」としていたが，今回の改正においては「大学に，教授会を置く。」としたこと。
③　合わせて，同条第2項及び第3項に新たに規定を設け，教授会で審議する重要な事項として「学生の入学，卒業及び課程の修了」，「学位の授与」，「そのほか教育研究に関する重要な事項で，学長が教授会の意見を聴くことが必要であると認めるもの」と規定し，さらに，教授会は学長等の求めに応じて意見を述べる関係にあり，最終的な決定権者は学長等であることが明確化された。
　なお，大学を設置する学校法人には，文科省より「内部規則等の総点検・見直しの実施について」通知（事務連絡，平成26年8月29日 文科省高等教育局 大学振興課）が発出されている。大学設置法人においては，すでにこれらの事項は規定化されていると思うが，今一度，教授会規程（規則）等の再点検が必要なことに留意する必要がある。

【改正の趣旨】
　大学（短期大学を含む。以下同じ。）が，教育研究機能を最大限に発揮していくためには，学長のリーダーシップの下，戦略的に大学を運営できるガバナンス体制を構築することが重要であることから，大学組織及び運営体制を整備する

第1章　財務基本諸規程の考え方

ため，副学長の職務の内容を改めるとともに，教授会の役割を明確化した。

(2)　私立学校法

　私立学校法（法律270号として昭和24年に制定）とは，同法第1条にあるように，私立学校の特性にかんがみ，その自主性を重んじ，公共性を高めることによって，私立学校の健全な発達を図ることを目的として制定された法律である。

　私立学校の「特性」とは，国公立の学校はいずれも，その経費の相当部分が公費によって補われることに対し，私立学校は，私人の寄附財産等によって設立・運営されることを原則とする特徴的な性格である。また，「自主性」とは，私立学校が上記の特性により設立されたことに伴う，自律的な運営を行うという性格をいう。

　これらの特性と性格は，建学の精神や立地地域等の環境により独自の校風が強調されるという点にある。また，所轄庁の権限ができるだけ制限されているのも，これらの特性や性格に根差すものと考えられている。

【55年ぶりの私学法の改正】

　平成16年には，55年ぶりに法人の機関制度などガバナンスのあり方が見直された。①理事，監事，評議員会制度の改善（第30条，第36条から第38条，第42条，第46条，第49条関係），②財務情報公開の義務化（第47条，第66条関係），③私立学校審議会の構成の見直し（第10条，第11条関係）などの基本的な大改正が行われ，平成17年4月1日からの施行とされた（第2章の3(1)で詳述）。

【平成26年，私学法の改正】

　平成26年には，学校法人の運営において極めて不適切な学校法人があるとして，文部科学事務次官通知（平成26年法律第15号　平成26年4月2日改正公布，施行）により私立学校法の一部が改正された。改正ポイントは大きく3点あり，それらの趣旨及び概要は以下のとおりである。

— 15 —

① 改正の趣旨

　文部科学省は，大学設置・学校法人審議会学校法人分科会の検討結果を踏まえ，運営が極めて不適切な文部科学大臣所轄学校法人に対して，解散を命じざるを得ない事案の発生など，学校法人をめぐる重大な問題が生じてきていることに対し，私立学校の自主性を尊重しつつ，私立学校全体に対する不信感につながるような異例な事態に所轄庁が適切に対応するため，学校法人が法令の規定に違反したとき等に，所轄庁が，当該学校法人に対し，必要な措置を講ずるよう命ずることができる等の所要の改正を行ったものである。

② 改正の概要

ア　理事の忠実義務

　学校法人の理事は，法令及び寄附行為を遵守し，学校法人のため忠実にその職務を行わなければならないこととしたこと。（第40条の２関係）

イ　所轄庁による必要な措置の命令等

　㋐　所轄庁は，学校法人が，法令の規定，法令の規定に基づく所轄庁の処分若しくは寄附行為に違反し，又はその運営が著しく適正を欠くと認めるときは（注１），当該学校法人に対し，期限を定めて，違反の停止，運営の改善その他必要な措置をとるべきことを命ずること（以下「措置命令」という。）ができることとしたこと。（第60条第１項関係）

　（注１）「法令の規定，法令の規定に基づく所轄庁の処分若しくは寄附行為に違反し，又はその運営が著しく適正を欠くと認めるとき」とは，次の場合を想定したことに留意する。

　　①　例えば，学校の運営に必要な資産の不足により，教育研究活動への支障が生じている場合で，具体的には，

　　　・学校法人の所有する土地・建物が競売により売却され，必要な校地・校舎の一部が保有されていない。

　　　・教職員の賃金未払いが生じ，必要な教職員数が不足している。など

　　②　あるいは，理事会において必要な意思決定ができず，教育研究活動への支障や，学

第1章　財務基本諸規程の考え方

校法人の財産に重大な損害が生じている場合を想定し，具体的には，

・理事の地位をめぐる訴訟により，必要な予算の編成や事業計画の策定がなされず，教育研究活動に支障が生じている。

・理事が，第三者の利益を図る目的で学校法人の財産を不当に流用し，学校法人の財産に重大な損害を与えている。など

(イ)　学校法人が措置命令に従わないときは，所轄庁は，当該学校法人に対し，役員の解任を勧告することができる（注2）こととしたこと。（第60条第9項関係）

(注2)　「役員の解任を勧告する場合」とは，例えば，一部の理事が独断専行により学校法人に不利益を与えており，その停止を命じたにも関わらず，理事の不適切な行為が止まないときに，当該理事の解任を勧告すること等を想定している。

(ウ)　所轄庁は，役員の解任の勧告をしようとする場合には，あらかじめ，当該学校法人の理事又は解任しようとする役員に対して弁明の機会を付与するとともに，私立学校審議会等の意見を聴かなければならないこととしたこと。（第60条第10項関係）

ウ　報告及び検査

所轄庁は，この法律の施行に必要な限度において，学校法人に対し，その業務若しくは財産の状況に関し報告をさせ，又はその職員に，当該学校法人の事務所等に立ち入り，その業務若しくは財産の状況等を検査させることができる（注3）こととしたこと。（第63条第1項関係）

(注3)　報告徴取及び検査は，任意の報告の求めや調査では，必要な書類等の提出が行われないなど十分な対応がなされず，所轄庁が法人運営の実態を十分に確認できない場合に，措置命令等を行うために必要となる事実を確認するための行為として行われることを想定している。

エ　その他所轄庁の対応

(ア)　重大な問題を抱える学校法人に対して，所轄庁が適切に対応できるよう必要な規定の整備を行うとともに，私学の自主性を尊重して，公共性を高

めるという私立学校法の目的は変わるものではなく，所轄庁においては，その趣旨を踏まえた運用を行う必要があること。

(イ) 学生等が在籍している学校法人に対し解散を命ずる場合には，当該学生等の修学機会を確保するため，所轄庁においては，転学等が円滑に行われるための支援等に，関係する所轄庁と連携しつつ，積極的に取り組む必要があること。

　以上，今般の改正は，一部の学校法人において理事者等及び管理職のガバナンス，コンプライアンスが欠如していたり，内部牽制制度が確立されていない事例がみられることによるものであるので，このような学校法人は早急に必要な規程等を整備し，各理事者及び管理職に就く者は倫理観を高め職務を遂行していただきたいものと考える。

2　学校運営と経理業務

　営利を目的とする法人である企業には会社法等の関連諸法令が，公益（非営利）を目的とする公益社団・財団法人には一般社団・財団法人法等の関連諸法令が，学校法人には学校教育法，私立学校法等の関連諸法令があり，各事業体ともそれぞれの法令に基づき運営がなされている。

　また，各事業体内の法律ともいうべきものに，企業等では「定款」，学校法人では「寄附行為」というものがある。定款も寄附行為も，それぞれ組織内の運営の基本的ルールを定めたものであることはいうまでもない。しかし，部内の基本的ルールである「定款」のみでは会社組織が運営できないのは皆承知のところである。

　そこで，組織内外の管理運営を確実で正確なものするためには何が必要か。とりわけ，組織の規模を問わず，組織あるところに経理（会計）は必ず存在する。その経理業務も取引等の態様により複雑多義にわたる。このように，種々

第1章　財務基本諸規程の考え方

の学内事務に対応するためには，経理規程のみならず，各種業務を遂行するための「ガイドライン」の整備が必須であり，かつ，これら財務諸活動の業務を理事者等が理解し，それに係わる管理職等の援護が必要である。また，各種業務を担当する教職員は，これら財務諸活動に関連する諸規程を十分理解し，遵守し，業務に従事しなければならない。

なお，行動規範となる経理規程及びその他財務に係る関連諸規程を整備することは，所轄庁ばかりでなく税務署や銀行関係者の人達にも良い印象を与え，組織発展の重要な基礎の一つであると考えるが，あまりにもお役所的形式主義に陥ることは組織内の動きを鈍くすることとなるので，それぞれの状況に応じた弾力性のある判断，行動ができるよう，役職者は個々の資質と能力及びリーダーシップを身に付けることが必要と考える。

3　財務諸活動に係る関連諸規程とその範囲

教育研究を事業目的とする学校法人は，企業と異なり生産性がなく，自己資金を創出することが極めて大事なことであり，「いかに自己資金を生み出し，いかに収支バランスを維持していくか」が重要なポイントである。

学校運営に欠かせない財務諸活動の中に，①日本私立学校振興・共済事業団(以下，「私学事業団」という。)や市中銀行等からの金銭等の借入れ，②保護者等から募集した借入金である「学校債」，③資産運用，④付随事業・収益事業等がある。

また，上記の借入れ等の活動の他に，学校法人特有の財務取引である，①学生生徒の入学，転学，退学，休学等の学籍異動に係る学費，②学生生徒の学習意欲，スポーツ振興を奨励するための奨学制度 (学費等の減免，免除)，③学校関係者 (教職員，PTA，後援会，同窓会等) からの寄付金募集及び特定公益増進法人としての寄付金募集，④民間企業等からの寄付金 (受託研究事業等) 募集及び私学事業団が行う受配者指定寄付金，⑤国庫補助金 (私立大学等経常費補助金，施設設備関係補助金，耐震工事関係補助金等)，⑥地方公共団体補助金 (学校運営費補助金，

— 19 —

父母授業料等軽減補助金，学生生徒結核検診補助金，体育・文化振興のための補助金等），⑦科学研究費補助金等（文部科学省，厚生労働省等）からの間接経費の獲得などがある。

　これらはすべて，契約に基づくものや申請等に基づいて行われる財務諸活動であるが，大事なことは，単に契約を交わし事務処理をすればよいものではなく，単に申請書を提出すればよいものでもない。それぞれの書類に記載された法的根拠となる文書の内容をチェックし，不利益を破ることのないよう，個々の能力（直観力）を養うことが肝要である。

　前述したが，組織の規模を問わず，組織あるところに経理（会計）は必ず存在する。その経理業務も取引等の態様により複雑多義にわたる。このように，種々の取引に対応するためには，経理規程のみならず，各種業務を遂行するための「ガイドライン」，すなわち，これらに関連する財務諸規程の整備が必須となる。

　経理に関連する財務諸規程なしには，業務の遂行はおろか，社会的にも公共性を有する法人としての説明責任を果たすことはできない。

　関連諸規程に規定する内容は，各学校法人の規模，実態に即して作成することが望ましい。

関連諸規程の範囲

　学内規程といっても，その範囲は，組織に関するものから，人事，労務に関するものとかなり広範囲にわたる。ここでいう関連諸規程は，第3章から第13章で述べる財務諸活動に関連する範囲とするが，経理関連業務をできる限りカバーするという視点から，第14章で取り上げる「その他の財務関連諸規程」の範囲は次のようになる。

① 　旅費規程：旅費の適正な支出を図ることを目的とした規程
② 　慶弔・見舞金規程：教職員に対する慶弔金等の支出について定めた規程
③ 　法人管理規程：寄附行為に定めた目的及び事業を管理・達成するための規程

④ 稟議規程：稟議を持って業務を円滑に推進するための規程

⑤ 公印取扱規程：公印の管理・保管及び使用について定めた規程

⑥ 文書取扱規程：事務能率の向上を図ることを目的とした規程

⑦ 文書保存規程：文書の種類に応じて保存年限を定めた規程

⑧ 土地・建物管理細則：法人が所有又は借用する土地・建物等の管理・保全について定めた規程

⑨ 関係会社等管理規程：関係会社等が事業目的を円滑に遂行するための規程

4 【参考】学校法人の事務組織

組織は人なり。組織力を最大限に発揮するためには，適材な人材を適所に配置することが肝要である。本節末尾に学校法人の事務組織図の一例を紹介するが，各学校法人は，各学校（部門）の実態に即した運用が可能な組織を構築することが必要である。

(1) 学校法人の組織図の一例（p.23〜24参照）

(2) 主な部署の概要

① 教務課

教務課は，カリキュラムの立案，シラバスの作成，成績原簿の作成管理，学籍異動に関する事務処理，科目等履修，聴講生などへの対応など，教員と学生生徒との間に入って行う業務であり，また，学生生徒の履修相談等，教育に係るサポート業務を行っている。

② 学生課

学生課は，厚生補導業務を主とし，部活，サークル活動の設立や運営の支援，学生生徒の福利厚生施設の管理業務や，学生生徒の経済的な不安に対応するための奨学金の受付など，学生生徒が在学中に充実したキャンパスライフが送れるようサポートする業務を行っている。

③　就職課

　就職課は学園によりキャリアセンターという名称を用い，就職活動支援の
みならず資格取得に関するサポートも行われている。就職課は主に，学生生
徒への就職指導・相談，就職活動に備えた模擬試験の実施，インターシップ
先の選定，各企業からの求人情報を学生生徒に提供するなどの業務を行って
いる。

④　総務課

　総務課は，公文書の発信・接受及び保存，教授会・各種委員会等との連絡
調整，諸規程の制定・改廃，委託業者との契約締結，入学式，卒業式，入試
等に係る学校行事の開催運営等幅広い業務を行っている。

⑤　留学生課

　留学生課は，外国人学生の受入れ及び外国への学生派遣に伴う，受入れ手
続（パスポート，就学ビザの手続），派遣する学生の渡航手続き，派遣先教育機
関との連絡調整，ホームステイ先や住居の紹介など，留学生がより良い環境
で教育が受けられるよう様々なサポートをする業務を行っている。

⑥　企画課

　企画課とは，学園内の各部署と調整し，学園の将来設計を企画立案するな
ど，学園が今後どのような方向性で進んでいくかを検討する，学園の中核と
なる部署である。

⑦　広報室

　広報室は企画課と統合し，企画広報室という名称で呼ばれているところも
あるが，主な業務は，学生生徒の受入れのため，中学，高校，予備校を訪問
し，生徒等に受験してもらうためにPRをする部署である。

　また，PRのためのオープンキャンパスの開催，広報誌の発行，学園ホー
ムページの作成・充実など様々な業務を行っている。最近では，広報課と入
試課が同じ組織下で活動している学園が多く見受けられる。

⑧　管財課

第1章　財務基本諸規程の考え方

　管財課は施設設備の修理，保全，調達，取替えとともに施設新設予定の用地の取得などを担当する。

　上記①〜⑧は一例であり，各学園により名称並びに業務内容に違いがある。

学校法人の組織図の一例

① 教育・研究組織（法人によって異なります）

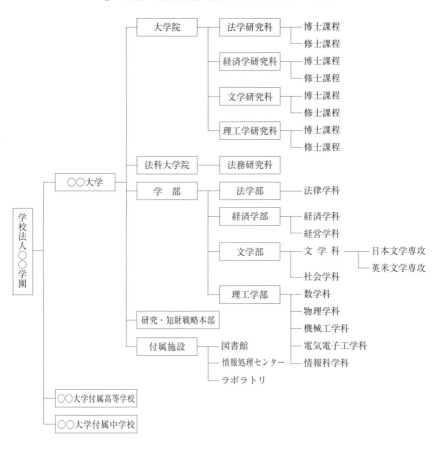

学校法人の組織図の一例

② 事務組織（法人によって異なります）

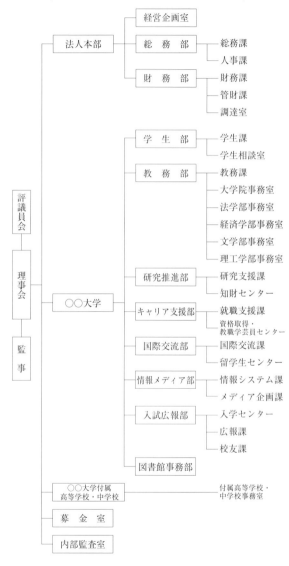

第2章　経理規程等財務諸規程の作り方

1　財務諸規程の作成上のポイント

　学校法人の財務諸規程のうち，経理規程が中心的役割を果しているが，学校法人の規模，会計単位，事務局のスタッフの充実度などによって，その内容の定め方及び規程の分化など様々な形態が考えられる。

⑴　組織と職務分掌
　学校法人は，建学の精神にもとづいて，それぞれの特性を生かした寄附行為を基本として，組織の見直しを行い，教学と事務組織の調和を図るため，理事会，評議員会の最高意思決定の伝達を明確にしなければならない。ともすれば，教授会や職員会議の意向が優先する場合もあるが，その協議事項が理事会の意向に整合するものでなければならない。
　従って，組織と責任権限並びに遵守義務を明らかにする諸規程の整備が必要である。
　各種諸規程を設定又は改廃する場合は，法人組織の編成，職務分掌の明確化，

理事会の決議及び内部決済のルールに沿った内容であることが前提である。

(2) 経理規程の必要性

経理規程の作成はなぜ必要か，また，その効果について述べると，次のような事項が挙げられる。

① 経理の仕組みと手続きを定めることにより，目的たる業務を正確，迅速，かつ，容易に行うことができる。

② 不正，誤謬の発生を防止し，内部牽制を確立することができる。

③ 職務の権限を明確にし，責任の所在を明らかにすることができる。

④ 経営に役立つ諸資料の整備及び報告を円滑に行い，経営方針を樹立することに役立つ。決算を迅速に行い，計算書類作成上のミスを防止することができる。

⑤ 現金，預金その他資産及び負債の管理について，手続き及び保全を明らかにすることができる。

以上のような観点から，経理規程の作成は必要不可欠なものであり，法人の規模，会計単位や事務組織の変更，法令の改正などにより適時見直すことが肝要である。

(3) 経理規程の体系

経理規程の体系は，学校法人の特殊性によって異なるが，次のような項目について定めるのが一般的である。

総則，勘定科目及び帳簿組織，金銭会計，資金会計，固定資産会計，物品会計，退職給与引当金，予算，決算，内部監査，雑則

以上のうち，法人の規模・運営の形態などを配慮して，予算規程，預り金規程などは別に設ける方がよい。また，内部監査については，組織上特に内部監査の担当者を置くまでに至らない場合は削除してもよい。

経理規程の制定と改正は，原則として理事会の承認を得て定めるものである

が，運営上の弾力性を図るために，細則を設けることが便利である。細則は，常務理事会など理事会の下部機関で制定，改正を行うことができる。

　　経理規程細則，勘定科目表，同処理細則，金銭出納規則，資産運用規則，
　　耐用年数表，預り金規則など

(4)　会計基準等関係法令などの遵守

経理規程は，学校法人会計基準の円滑な通用に資するものでなくてはならない。そのため，次のような法令その他遵守すべき事項の改正，取扱いの制定には十分留意しておくべきである。

① 学校法人会計基準

② 文部科学省通知（旧文部省通知），文部（科学）大臣裁定等

③ 日本公認会計士協会学校法人委員会実務指針（報告）等

④ 都道府県告示及び通知等

⑤ 日本私立学校振興・共済事業団各種参考資料等

(5)　関連規程との調整

経理規程と他の関係諸規程との整合を図る必要があるが，その一例を挙げると次のとおりである。

経理規程 → 経理規程細則，勘定科目処理細則，預り金規程，資産運用規程
　　等

固定資産及び物品管理規程 → 固定資産調達規程，固定資産分類細則等

予算規程 → 勘定科目別予算編成細則等

内部監査規程

以上のほかに，給与規程，退職金規程，奨学金規程などの関連規程もあるが，ここでは狭義の関係規程に止める。

⑹ 運用手続きと不備な事例

経理規程は，学校財務と会計の手続き，決算などについて適正な運用を図るものであるが，運用上あまり複雑化したり承認手続きが煩雑となっていては，実情に沿わない。反面あまり簡素化しては不正，誤謬を防止することはできない。要は職員が事務執行上常に規程に目を通して作業することが肝要である。

従来から問題のあった事例を若干挙げてみよう。

① 学生生徒等在籍者と納付金収入に喰い違いがあり，補助金の返還命令が出された事例。これは入学，進学，退学，卒業，休学等の学事と経理との間の連絡が不十分であった点に原因がある。

② 教職員について，常勤と非常勤の区分が明確でなく，人件費支出の区分に問題があった事例。

③ 教育研究経費と管理経費との区分に誤りがあった事例。意外に多く発生している。

④ 修繕費と資本的支出の区分に誤りのあった事例。このケースもかなり多い。

⑤ 部門別収支内訳表の配分上の誤りがあった事例。特に法人本部の収支に誤りがみられる。

⑥ 固定資産等一定額以上の支出に当たって調達手続の定めに従っていなかった事例。例えば入札または相見積りを徴していなかった場合が多い。相見積りをとるにあたっては，少なくとも３社程度から徴するのが妥当である。

⑦ 補助活動に係る収支が明確でなく，場合によっては一部の収支が会計上除外されていた事例。

⑧ 預り金会計で，一部収支が除外されていたり，または預り金残高が実際残高と多額に乖離していた事例。特に教材会計，修学旅行その他周辺会計に多く発生している。

⑨ 周辺会計と学校会計との区分が明確でなかった事例。本来，周辺会計と

第2章　経理規程等財務諸規程の作り方

して学校会計と明らかに区分できるものは，私学法第26条の収益事業会計
として区分経理するもののほか，同窓会，校友会，学友会，父母会，
PTAなどの会費のように会計区分が明確で，かつ，同窓会等の規則など
により決算報告，監事による監査が適正に行われているものなどである。

⑩　資産運用については，適切なルールを設け，寄附行為に照らし安全確実
な運用を第一とし，投機的運用を慎むことが肝要である。

2　経理規程作成上の手順と留意事項

(1)　経理規程の作成手順

経理規程は，行政庁監査や公認会計士等の監査のためにのみあるのではなく，
本来は学校法人の内部統制の整備を進める上で経理業務が円滑に運営できるよ
うに作成しなければならない。その作成上の留意点を挙げてみよう。

①　決裁者

権威と機能的組織とが不正を防止するという考えに立ち，決裁者を明らかに
する。

②　起案者

実用性を重視するために経理全般の業務に精通している者が現業担当者と協
議して提案する。

③　表現法

効率性の点から理解しやすい表現と平易な文章を使用する。

④　内部牽制

不正の生じやすい部分はダブルチェック制を採用する。

⑤　業務実態の把握

できればフロー・チャート，図表又は図解を作成し，規程が業務実態とマッ
チしているか否かをチェックする。

⑥　内容の明確化

－29－

【6 W】

who（誰が）

whom（誰に）what（何を）

which（どちら）

where（どこで）

when（いつ）

【2 H】

how（いかにして）

how much or many（いかほど）

を明白にし，責任権限と義務の遂行を円滑にする。

⑦　遵法性

諸法規，会計原則に違反してはならない。

⑧　会計単位の特異性

本部のほか，各部門等の特性を配慮する。

⑨　規程の改正

法律の改正及び経営組識の変更に留意し，規程の不備を改訂する。

⑩　コンピューター会計との関連

コンピューター（EDP会計）への経理業務の移管を検討する。

⑪　稟議制

経理事務には経営上の重要事項が多いので，事前に稟議をとるべき事項を規定しておく。

⑫　内部監査

規摸又は運営形態によって内部監査制度を設け，理事長宛の意見書等の提出方法を明らかにする。

(2)　**経理規程作成上の留意事項**

規程作成上の留意事項としては，次のようなことが挙げられる。

① 簡潔性・明瞭性

規程を見やすくするためには，条項を極力少なくし簡潔性を高めることと，使用する言葉もわかりやすく明瞭性の高いものであることが大切である。

② 全学的合意

特定の人（部署）によって一方的に作成されたものではなく，全学的合意のもとに作成されたものであることを明確にする。

③ 業務改善の実施

規程を作成したが，現在の業務処理方法とに矛盾が発生することがあり，矛盾点をそのままにして規程を作成することは問題である。規程の作成に当たっては，現場の実態に即した規程の作成が大切である。

④ 規程改廃権限の明確化

規程は学園全体の行動規範であるので，その改廃には理事会の決議を要することを明確にする。

⑤ 教育

規程は，日常業務において生（活）かされなければならず，そのためには規程の内容について十分な職場内教育を行い，個々の教職員及び理事等の理解を深める必要がある。

⑥ 利便性

規程を日常業務でいつでも利用してもらうために，保管・管理方法にも工夫をこらすことが必要である。例えば，規程の種類によってファイリングの色を変えるとか，グルーピングによって色を変える等工夫するとよい。

⑦ 体系的整合性

諸規程の体系においてもピラミッド型の体系をもつべきであるから，新規作成すべき規程と他の現行規程との相互間の体系的な整合性が維持されるよう留意が必要である。

⑧ 用字・用語の統一

諸規程に用いられる用字・用語の使い方を統一するためには，学園において

使い方のルール（例えば，接続詞は「又は」「若しくは」「及び」「並びに」についてのみ漢字表記とし，その他はひらがな標記とするというルール）を決めて実施する必要がある。

(3) 諸規程の作成に当たっての参考事項

ア　諸規程を作成する際の文章表現においては，分かりやすさと同時に正確さが求められる。そのためには，法令等の公的文書の作成において慣用的に用いられてきた作成上のルールや法令用語の使い方がとても参考になる。そこで，そのうち諸規程の作成に当たって重要と思われる事項について説明する。

　　なお，詳しくは，林修三著「法令作成の常識」及び「法令用語の常識」（日本評論社刊）を参照されたい。

イ　句読点の付け方について

　　一般の文章の例によるべきで特に変わったところはないが，慣用上注意するべき点は，次のとおりである。

(ア)　句点「。」

①　かっこの中の字句が名詞形である場合は句点を打たないが，動詞形の場合は句点を打つ。

　　(例)　「国民の祝日に関する法律に定める日（祝日が日曜日と重複する場合はその翌日）」

　　　　「学校法人○○学園教職員（以下「教職員」という。）」

　　ただし，名詞形の字句の後にさらに文章が続くときは，名詞形の字句には句点が打たれる。

　　(例)　（学校法人○○学園。以下「学園」という。）

②　号の中の字句が名詞形で終わる場合は，句点を打たないのが原則であるが，最後の字句が「…こと」又は「…とき」で終わるとき及び名詞形の字句の後にさらに但し書などがつくときは，句点を打つ。

　　(例)　就業規則（ひな型）の条文から

第2章　経理規程等財務諸規程の作り方

（休　日）

第○条　休日は，次のとおりとする。

　⑴　日曜日

　⑵　国民の祝日に関する法律により休日とされる日

　⑶　年末年始（12月29日より1月3日まで）

　⑷　学園創立記念日

　⑸　その他学園が必要と認めたとき。

（禁止行為）

第○条　教職員は，次の各号に掲げる行為をしてはならない。

　⑴　学園の信用を傷つけ，又は教職員全体の名誉をき損すること。

　⑵　職務上知り得た秘密をもらすこと。

　⑶　学園の秩序又は規律を乱すこと。

　⑷　職務上の地位を利用して自己の利益をはかること。

㈥　読　点「,」「、」

①　文全体の主語（主題）の後には，必ず読点が打たれる。

　（例）　この規則は，学校法人○○学園の教職員の就業に関する事項を定め
　　　　ることを目的とする。

②　2個の名詞を「及び」，「又は」などの接続詞でつなぐ場合は読点を打た
　ないが，2個の形容詞，副詞又は動詞をこの種の接続詞でつなぐ場合は，
　原則として接続詞の前に読点が打たれる。

　（例）・教職員とは，学園に常時勤務する専任の教育職員，事務職員，技
　　　　術職員及び用務職員をいう。

　　　　・学園の秩序又は規律を乱すこと。

　　　　・学園の信用を傷つけ，又は教職員全体の名誉をき損すること。

③　名詞を説明するために，「…で」又は「…であって」を用いた後に説明
　の字句をつける場合で，その説明の字句が相当に長いときは，「で」又は
　「であって」の後に読点が打たれる。

（例）「…するものであって，…するもの」

④　長い条件句や条件文章の前後には，原則として読点が打たれる。

（例）　教職員が次の各号の一に該当するときは，自動的に退職する。

⑤　以上の原則により読点を打つべき場合でも，2つ以上の文章が対句に
なっているときは，対句の接続のところだけに読点が打たれ，主語の後や
条件句などの後に打つべき読点は，原則として省略される。

（例）「売主は測量費用を負担し，買主は登記費用を負担する。」

ウ　法令用語の使い方について

㈠「規定」と「規程」と「規則」

「規定」は，個々の条文又はある事項についての定めを指す場合（例「私立
学校法第47条の規定」「財務書類の閲覧義務に関する規定」）に用いられる。「規程」は，
一定の目的の下に定められた複数の条文の総体としてのきまりを表現する場
合（例「財務書類等閲覧規程」）に用いられる。

なお，内閣法制局総発第142号昭和56年10月1日「法令用語改正要領の一
部改正について」では，この二つは同音語で紛れやすいので，「規程」を
「規則」に言い換えて用いることとされているが，本書においては，従前か
らの慣用に従い，「規程」を用いている。

㈡「改正する」と「改める」

①「改正」…ある法令（諸規程）を改正する場合に，その法令全体をとらえ
てその全部又は一部を改めるというときに用いる。

②「改める」…ある法令（諸規程）を改正する場合に，その法令の中の個々
の条項をどう改めるかというときに用いる。

㈢「準用」と「適用」

①「準用」…本来はaという事項（又は人，事件）について規定しているA
という法令（又は規程）の条項を，多少aに類似するが本質上これとは異
なるbという事項に多少読換えを加えつつ当てはめることをいう。

②「適用」…Aという法令（諸規程）の条項を，本来その法令が規制の対象

としているaという事項，事件等に対して当てはめ，働かせることをいう。

㈍　「場合」と「とき」と「時」

①　「場合」「とき」…仮定的条件を示す。

　　２つ重なる場合は，大きい条件に「場合」を，小さい条件に「とき」を用いる。

　　（例）　「○○の場合において○○のときは，」

②　「時」…時点又は時間を示す。

㈎　「又は」と「若しくは」

①　１段階　A又はB　　A，B，C又はD

　　同格の事項を選択的に結びつける場合は，「又は」を用いる。３個以上の事項を結びつける場合は，最後の二つの間に「又は」を配置する。

②　２段階　A又はb若しくはc　　a若しくはb又はc若しくはd

　　大きな事項のグループ（A）と小さな事項のグループ（b，c）を結びつける場合は，大きい方に「又は」，小さい方に「若しくは」を用いる。

③　３段階　A又はb若しくはα若しくはβ

　　大きな事項のグループ（A）と小さな事項のグループ（b）とさらに小さな事項のグループ（α，β）を結びつける場合は，もっとも大きい方にのみ「又は」，その他にはともに「若しくは」を用いる。

④　したがって，「又は」のないところに「若しくは」は出てこない。

㈕　「及び」と「並びに」

①　１段階　A及びB　　A，B，C及びD

　　同格の事項を並列的に結びつける場合は，「及び」を用いる。３個以上の事項を結びつける場合は，最後の二つの間に「及び」を配置する。

②　２段階　A並びにb及びc　　a及びb並びにc及びd

　　大きな事項のグループ（A）と小さな事項のグループ（b，c）を結びつける場合は，大きい方に「並びに」，小さい方に「及び」を用いる。

③　３段階　A並びにb並びにα及びβ

大きな事項のグループ（A）と小さな事項のグループ（ｂ）とさらに小さ
　　な事項のグループ（α，β）を結びつける場合は，もっとも小さい方にの
　　み「及び」，その他にはともに「並びに」を用いる。

④　したがって，「及び」のないところに「並びに」は出てこない。

㈭　「その他」と「その他の」

①　「その他」…並列関係　　A，B，Cその他D

②　「その他の」…例示関係　　ａ，ｂ，ｃその他のA

㈰　「者」，「物」，「もの」

①　「者」…（自然人，法人）＝人格，権利能力

　　「もの」…権利能力のない社団又は財団，これと自然人，法人を含む場
　　合

②　「物」…物件＝有体物＝不動産＋動産（民法85，86条）

③　「もの」…関係代名詞

　　（例）　「次に掲げる者で第○条の規定に該当しないもの」

エ　規程の体裁・形式について

㈠　「規程」は，前記のとおり，一定の目的の下に定められた複数の条文の
　　総体としてのきまりである。言い換えると，まとまりのあるきまりが複数
　　の文に区分されているもので，この区分された単位を「条」といい，条の
　　順序に応じて第1条，第2条…と呼ぶ。条に含まれる文が「条文」であり，
　　「第○条…」と表現する。第○条という条名の上部（縦書きでは右横）に
　　（　）で括って「見出し」を付けるのが一般。

㈡　条文の配列の順序については，最初に当該規程の目的や趣旨をうたった
　　規定や主な用語の定義を定める規定などの当該規程全般に通用する総則的
　　規定が置かれ，次に当該規程の実質的な内容をなす規定（実体的規定）が置
　　かれ，その次にその実体的規定に関連する共通的規定（例えば細則への委任，
　　経過措置，規程の改廃などの規定）が置かれ，最後に附則が置かれるのが通例
　　である。

第2章　経理規程等財務諸規程の作り方

(ウ) 条文数の多い規程では，同趣旨の条文のグループ毎に，第1章○○，第2章○○○というように「章」に区分し，その下にさらに第1節□□，第2節□□□というように「節」に区分することがある。そして，章の表題としては，前記の総則的規定には「総則」が，実体的規定に関連する共通的規定には「雑則」又は「補則」が付けられることが多い。

(エ) 一つの条の中をさらに区分し別の行にして規定した部分を「項」という。項の順序に応じて第1項，第2項…と呼ぶ。項番号は算用数字（1，2…）で表記し，第1項には項番号を付けない取扱いになっている。

(オ) 条又は項の中で，いくつかの事項を列記して規定した部分を「号」という。号の順序に応じて第1号，第2号…と呼ぶ。号番号は漢数字（一，二，…）又は括弧数字（(1)，(2)，…）で表記する。

(カ) 以上を具体的に示すと次のとおりとなる。

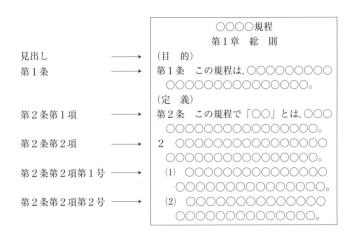

(4) 諸規程の施行について

ア　学園の担当部署で起案された諸規程の原案は，理事会において審議決定されなければならない。諸規程の新規作成又は見直し，すなわち制定，改廃は，

学校法人の業務であるので，理事会の決議が必要であるからである（私学法第36条第2項）。ただし，理事会の制定した規程又は理事会の個別決議により，改廃権限が理事長その他の者に委譲されている場合は，その者に改廃権限があるので，理事会の決議は必要ではない。

イ　理事会が諸規程の改廃を行うに際しては，関係者の意見を聴くことが必要な場合がある。例えば，寄附行為を変更するには，理事長はあらかじめ評議員会の意見を聴かなければならない（私学法第42条第1項第3号）し，就業規則を変更するには，使用者は教職員の過半数を代表する者等の意見を聴かなければならない（労基法第90条第1項）。

ウ　諸規程の施行については，施行期日が決められるのが通例である。この場合，諸規程は，原則としてその期日から効力を生じる。しかし，寄附行為は，所轄庁の認可を受けなければ効力を生じない（私学法第45条第1項）。また，就業規則は，教職員に周知されなければ効力を生じないと考えられている。

3　学校法人制度の改革と学校法人会計基準の見直し

昭和25年，わが国で初めて制定された私立学校法は，教育環境の変化に伴い学校法人制度の見直しが叫ばれ，数度の改正の後，平成16年5月12日に法人の機関制度などガバナンスの在り方について制定以来55年ぶりとなる基本的な大改正が行われ，平成17年4月1日から施行された。

その一方で，学校法人会計基準も制定以来必要の都度様々な改正が行われてきたところであるが，社会・経済状況の変化や会計のグローバル化を受けて，公教育を担う学校法人の経営状態を社会によりわかりやすく説明する仕組みをつくるという趣旨から，平成25年4月22日付文科省令第15号により，改正学校法人会計基準が公布された。今般の改正は，従来の消費収支計算書を事業活動収支計算書に改め，経常的な収支と臨時的な収支を区分できるようにしたことや，新たに活動区分ごとに資金の流れが分かる活動区分資金収支計算書を作成する

第2章　経理規程等財務諸規程の作り方

こととしたこと等，制定以来42年ぶりの大幅な改正となった。

　なお，文部科学大臣所轄学校法人については平成27年4月1日から，知事所轄学校法人については平成28年4月1日からの施行となっている。

　以下，平成16年5月私学法改正のポイントと，平成25年4月学校法人会計基準改正の趣旨及びその概要を述べる。

(1)　平成16年5月私立学校法改正のポイント

ア　学校法人の管理運営制度の改善

　① 理事制度の改善

　　・理事会を学校法人の業務の決定を行う機関として法律上明確に位置付けた（なお，理事・監事の同族関係者は2名まで選任できる）。

　　・原則として理事長のみが学校法人の代表権を有する。

　　・理事の定数，任期，選任及び解任の方法並びに理事会に関する規定については，各学校法人において寄附行為に適切に定める。

　　・理事は5名以上であるが，そのうち外部理事を1名以上選任する。

　② 監事制度の改善

　　・監事の監査は財務に関する部分に限られるものではなく，学校法人の運営全般が対象となることに留意する。

　　・監事の選任については2名以上と定めており，評議員会の同意を得た上で最終的な選任を理事長において行う。

　　・監事の定数，任期，選任及び解任の方法については，各学校法人において寄附行為に適切に定める。

　　・外部監事の導入及び評議員との兼職禁止については，選任の際だけでなく過去においても当該学校法人の役員又は職員でなかった者や，財務管理や事業の経営管理，その他法人が行う業務の運営に優れた識見を有する者を選任するよう努める。

　③ 評議員会制度の改善

・評議員会が，理事会の行う学校法人の業務の決定に際し，当該決定が適
切なものであるか判断し的確な意見を述べるとともに，学校法人の公共
性を高めるために必要なチェックを行うことができる。

・評議員会については、諮問機関としての位置付けを原則としつつ，寄附
行為の定めにより重要事項の決定について評議員会の議決を要すること
とできる現行制度について，今回変更するものではないこと。ただし，
学校法人の運営についての最終的な責任は理事会が負うものである点に
留意する。

・評議員会の構成について，当該学校法人の役員及び職員が大多数を占め
たり，特定の同族が多く選任されないようにすること。

イ　財務情報の公開

・利害関係人から請求があった場合には，財務情報を閲覧に供することを
義務づけた。

【参考】（私学法第47条）

第47条　学校法人は，毎会計年度終了後2月以内に財産目録，貸借対照表，
収支計算書及び事業報告書を作成しなければならない。

2　学校法人は，前項の書類及び第37条第3項第3号の監査報告書を各事
務所に備えて置き，当該学校法人の設置する私立学校に在学する者その
他の利害関係人から請求があった場合には，正当な理由がある場合を除
いて，これを閲覧に供しなければならない。

---

(2) 平成25年4月学校法人会計基準改正の趣旨

ア　基本的な考え方

学校法人会計基準は，私立学校振興助成法に基づき，私学助成を受ける学校
法人が適正な会計処理を行うための統一的な会計処理の基準として制定された

ものである。

　現在，すべての学校法人の財務情報について，私立学校法に基づき，利害関係者へ閲覧に供することが義務づけられており，ほとんどの大学又は短大を設置する学校法人が，学校法人会計基準に基づいて作成された計算書類等を用いて，ホームページ上で財務情報を公開している。

　こうした状況を踏まえると，学校法人会計基準に基づいて作成する計算書類等の内容がより的確に学校法人の経営状態を把握でき，外部への報告に資するものとなるようにすることが重要であり，これらにより私立学校の公益性や信頼性が一層高まり，将来を担う人材を育成する私立学校が果たす重要な役割に対する社会からの更なる理解や支持につながっていくものと考える。

イ　私立学校の振興に資する会計基準

　上記の基本的な考え方に基づき，学校法人会計基準を改正するに当たっては，学校法人の以下のような「特性」に留意することが重要である。

特性1

　私立学校は，教育基本法，学校教育法，私立学校法等の法令を遵守した上で，建学の精神として示される独自の個性ある教育理念を，世代を超えて受け継ぐことにより，社会の発展に貢献する人材を輩出すべく存在する。このような特質を有する私立学校を設置するために設立される学校法人（私立学校法第3条）は，例えば，主に営利を目的に設立され，経済情勢に即して事業の改廃等を迅速に行うことが求められる企業とは，そもそも法人の設置の目的や置かれる条件が大きく異なっている。

特性2

　私立学校は，「人格の完成を目指し」て（教育基本法第1条）学校教育を提供することを本質としており，それは一人一人の生涯の中で，かけがえのない時期に行われ，その後の人生の有様に大きな影響を与えるものである。このように，学校事業はその及ぼす影響は大きく，"やり直し"が困難である。

－41－

特性3

　基本的に学校法人の収入は，前年度に一定期間分が前納される学費，年度途中の決まった時期に納められる残りの学費，分割して支払われる私学助成など，一定の決まった時期に決まった方法により得られた後に，私立学校の教育研究活動に消費される仕組みとなっていることから，キャッシュ・フローを基礎とする会計の動きと，学校として学年に沿った事業の実施を支える学事暦の動きにはズレが生じる。

特性4

　私立学校は，建学の精神に基づく人材育成を第一義とし，在学生等は単に在学期間中に特定の学部等の教育を受けるだけの客体にとどまるものではなく，学園全体の伝統を形成する一員として位置づけられる。

　など，このような特性に則した会計の仕組みを整える必要があったため，今般の大幅な会計基準の見直しが行われた。

(3)　平成25年4月学校法人会計基準改正の概要

①　資金収支計算書について，新たに活動区分ごとの資金の流れがわかる「活動区分資金収支計算書」を作成することとした。（第14条の2第1項関係）

②　従前の「消費収支計算書」の名称を変更した「事業活動収支計算書」について，経常的及び臨時的収支に区分して，それらの収支状況を把握できるようにすることとした。（第15条関係）

③　現行の基本金組入れ後の収支状況に加えて，基本金組入れ前の収支状況も表示することとした。（第16条第3項関係）

④　貸借対照表について，「基本金の部」と「繰越収支差額の部」を合わせて「純資産の部」とすることとした。（第32条関係）

⑤　第4号基本金について，その金額に相当する資金を年度末時点で有していない場合には，その旨と対応策を注記することとした。（第34条第7項関係）

第2章　経理規程等財務諸規程の作り方

⑥　第3号基本金について，対応する運用収入を「第3号基本金引当特定資産運用収入」として表示することとした。(第1号様式関係)

⑦　第2号基本金について，対応する資産を「第2号基本金引当特定資産」として表示することとした。(第7号様式関係)

⑧　固定資産の中科目として新たに「特定資産」を設けることとした。(第7号様式関係)

⑨　第2号基本金及び第3号基本金について，組入れ計画が複数ある場合に，新たに集計表を作成することとした。(第10号様式　様式第1の1及び様式第2の1関係)

⑩　「消費支出準備金」を廃止することとした。(改正前の第21条関係)

学校法人会計基準は，財務諸規程の作成に多大な影響を与えている。

　本書では，これらを踏まえて，学内財務諸規程が容易に変更できる点に配慮した。

第3章　経理規程の具体的作成

　経理規程の具体的作成にあたっては，学校法人の規程，運営の形態などによって異なることはすでに第2章で述べた。本章では，改正学校法人会計基準に対応して具体的な留意点を詳解する。本事例は，中堅規模の大学法人及び高等学校，中学校，小学校，専修学校（各種学校を含む），幼稚園等を設置する法人を主な対象として想定したものであるが，各学校法人の個別事情を勘案して適宜作成し，総合大学を設置する法人においても参考にされれば幸いである。

　なお，本事例の歴史的経過を述べる。

① 　昭和50年8月，齋藤力夫，須藤章編著「学校法人財務諸規程集」(高文堂出版社) のP. 77～P. 108にわたるものであり，これを元に中小法人向けの経理規程を日本私立中学高等学校連合会案として発表した。この原案は昭和46年4月，学校法人会計基準 (文部省令第18号) 施行に伴い，筆者案として (財) 日本私学教育研究所，東京都学事部等を初めとして各種研修会で発表したものである。

② 　昭和52年，日本私学振興財団 (現・日本私立学校振興・共済事業団。以下，「私学振興財団」という。) において「学校法人諸規程例」が発表された。この発表事例は，日本私学教育研究所において，すでに全国的に研修したものを

－44－

第3章　経理規程の具体的作成

たたき台にしたものである。

　結果的にごく一部の修正を加えたが，大部分は前記①の原案どおり発表することとした。

③　昭和58年8月，私学振興財団は前記の発表事例にその後の法令改正などを踏まえて若干の修正を行い発表した。

④　以下の各規程のうち，引用のないものは，「新訂　私学事務ハンドブック」（代表編集齋藤力夫，学校法人経理研究会）に掲載されていたものである。

⑤　なお，本規程例は平成27年4月1日（都道府県知事所轄学校法人は平成28年4月1日）から施行される改正学校法人会計基準に沿って作成している。

1　経理規程

学校法人○○学園経理規程（例）

第1章　総　　　則

（目　　的）

第1条　この規程は，学校法人○○学園の経理に関する基準を定め，経理業務を正確，かつ，迅速に処理し，財政及び経営状況を明らかにして経営の能率的な運営と教育の充実を図り，もって学園経営の安定に資することを目的とする。

（留意点，以下留意点という見出しを省略）

大学，短大を設置する法人は，「学術研究活動」という用語を加えるのがよい。

（適用の範囲）

第2条　当学園の経理に関する事項は，法令及び寄附行為等別に定めのある場合のほか，この規程の定めるところによる。

法令等とは，学校教育法，私立学校法，学校法人会計基準，文部（科学）省通知，文部（科学）大臣裁定，都道府県通知，日本公認会計士協会学校法人委員会報告・実務指針等をいう。

その他，寄附行為など学内諸規程との整合性に留意する。特に定めのない事項については，一般に公正妥当と認められる学校法人会計の原則に従う。

（会計処理の原則）

第3条　会計処理は，学校法人会計基準に基づき正確かつ迅速に整理して記録しなければならない。

2　収益事業会計については，一般に公正妥当と認められる企業会計の原則に従って行わなければならない。

学校法人会計基準では，その第2条で次の原則による会計処理及び計算書類作成の基準を示している。

① 真実性の原則……財政及び経営の状況について真実な内容を表示すること。

② 複式簿記の原則……すべての取引について，複式簿記の原則によって，正確な会計帳簿を作成すること。

③ 明瞭性の原則……財政及び経営の状況を正確に判断することができるように必要な会計事実を明瞭に表示すること。

④ 継続性の原則……採用する会計処理の原則及び手続並びに計算書類の表示方法については，毎会計年度継続して適用し，みだりにこれを変更しないこと。

また，私立学校法第26条第1項に規定する収益を目的とする事業に関する会計（以下，「収益事業会計」という。）に係る会計処理及び計算書類の作成は，一般に公正妥当と認められる企業会計の原則に従って行わなければならない。

収益事業会計については，その行う収益事業に関し，寄附行為に記載し変更の認可を所轄庁より受けた後に行うことができる。所轄庁とは，私立の大学

第3章　経理規程の具体的作成

（短期大学を含む），及び高等専門学校にあっては文部科学省（大臣），私立の幼稚
園，小学校，中学校，高等学校，中等教育学校及び特別支援学校にあっては都
道府県（知事）をいう。以上の学校は学校教育法上の「第1条校」と呼ばれ，
学校法人が設置できる学校としては他に私立学校法第2条第2項に定める専修
学校（学校教育法第124条），各種学校（学校教育法第134条第1項）がある。収益事業
を寄附行為において別に定めた場合は，その経理を学校会計とは別に区分し，
一般に公正妥当と認められる企業会計の原則に従って会計処理を行い，計算書
類の作成を行うこととなるが，原則として平成18年会社法の新設に伴う平成20
年5月の「中小企業の会計に関する指針」に基づくのが妥当である。なお，収
益事業に関する計算書類は，学校法人に係る計算書類に添付して所轄庁に提出
しなければならない。

（経理の処理）
　第4条　経理は，すべて学園本部において集中処理する。

　キャンパスが一か所であったり，キャンパスが分散しているが小規模校の場
合などでは，学園本部で集中処理を行うのがよいが，大規模校の場合は，ただ
し書きで，「法人が有する部門毎（又は会計単位毎）に区分して経理処理を行い，
所定の部門別計算書を作成し，これを本部に報告するものとする。」としても
差支えない。

（会計年度）
　第5条　会計年度は，毎年4月1日に始まり，翌年の3月31日に終る。

私立学校法第48条の規定によっている。

（会計の区分）
　第6条　会計の区分は，次のとおりとする。

－47－

(1)　一般会計

　(2)　収益事業会計

　部門が多く，一般会計を集中処理することが非効率の場合は，この条項に
「第2項」を規定し，「資金収支計算の会計単位」を置き，○○大学，○○短期
大学，○○高等学校，○○中学校，○○幼稚園と区分するのがよい。部門責任
者は，この場合，各部門の長，例えば，学長，校長及び園長となるのが通例で
ある。収益事業がある場合は，寄附行為との関連に留意する。

（経理の責任者）

第7条　経理統括責任者は理事長とし，経理責任者は事務（局）長とする。

　経理統括責任者は，理事長のほか，学園長又は学院長等最上位責任者となる
のが原則であるが，日常決裁の煩雑さを考え各部門長，事務局長または財務担
当常務理事が統括責任者となる場合がある。この場合の経理責任者は経理部長
（又はこれに準ずる者）となる。

　財務担当常務理事，経理部長等の職がある場合は，その職務を明確にする。

第2章　勘定科目及び帳簿組織

（勘定科目）

第8条　勘定科目は，別に定める細則による。

　勘定科目は，学校法人会計基準（文部科学省令）をもとにするが，東京都の示
した科目表はより具体的で参考になる。これらの法令等を逸脱しない範囲で，
中科目，小科目を各学校法人の実態に即して細則（例：勘定科目別処理細則）に定
めるのがよい。

(会計帳簿)

第9条　会計帳簿は，次のとおりとする。
 (1) 主要簿
　　ア　仕訳帳　　イ　資金収支元帳　　ウ　総勘定元帳
 (2) 補助簿
　　補助簿については，別に細則で定める。
2　前項の仕訳帳は，会計伝票の綴をもってこれに充てることができる。

　会計帳簿は，帳簿組織の基礎であり，現在大部分の学校法人では2系列元帳方式で運用しており，コンピュータシステムもこの方式によっている。企業における1系列元帳方式では資金収支の流れを把握し難く，かつ，予算管理も困難であるためである。

① 　2系列元帳方式の帳簿組織は次のとおりである。

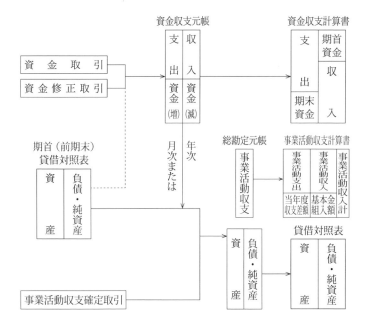

② 1系列元帳は企業における総勘定元帳を中心とした次のようなものである。学校法人には利用し難いが，コンピュータシステムの利用により可能となる。

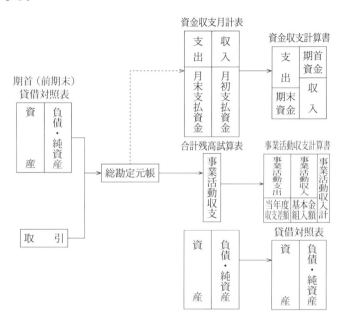

（帳簿の記入）

第10条　主要簿及び補助簿の記入は，会計伝票に基づいて取引のつど行うものとする。

（会計伝票）

第11条　会計伝票は，次のとおりとする。

　(1)　入金伝票

　(2)　出金伝票

　(3)　振替伝票

第3章　経理規程の具体的作成

　会計伝票は，最近ではコンピュータ入力用に各種考案されているが，OCR（伝票読み取り方式）に移行している例も多くなっている。また，会計伝票の作成と会計データの入力という二重の処理を避け事務処理を軽減するために，証憑から直接コンピュータにデータを入力する，いわゆるペーパーレス会計を導入している法人もある。

　ただし，この場合，当該取引の承認手続き，入力データの正確性の検証，データの保存方法等に注意する必要がある。(筆者が監修しているソフトウェアにグレープシティ(株)「レーザー学校会計」がある。)

　会計伝票は，通常，市販のものでもよいが，小規模法人では転記のミスを防止するため，「振替伝票」一種類のみ使用している事例も多い。

(会計伝票の起票)

第12条　経理に関する取引は，すべて会計伝票によって処理し，会計伝票の起票は，取引の証憑書類に基づき経理課（係）が行う。

2　会計伝票は，所定の手続により起票者及び経理責任者が押印のうえ，証拠書類を添付して第7条に定める経理統括責任者の承認を得なければならない。

　すべての起票を経理担当者が行う場合は，学校規模の関係で事務が煩雑になる場合があるので，各事務担当者，部門経理担当者が作成することが実務的である。この場合，内部牽制制度を確立しておくべきである。内部牽制制度では資金の受け払い，保管，帳簿記録の担当者と元帳及び月次報告の記録と作成の担当者を明確に分離しておかなければならない。

(注)　管財課は管財部とし，建物・機器備品等の固定資産も含めて管理する場合がある。

会計伝票は会計帳簿への記録が終了した後は，一定期間保管しておかなければならないが，必要な場合には随時検索できるように，一定のルールに従い整理しファイリングする必要がある。整理の方法は，日付順，会計伝票ナンバー順に整理している例が多い。

（帳簿書類の保存期間）

第13条　会計関係書類の保存期間は，文書取扱規程の定めるところによる。

2　保存期間を経過した書類を処分するときは，経理責任者の承認を得なければならない。

　文書保存規程は，通常，①永年保存のもの，②10年保存のもの，③5〜7年保存のもの，④その他法令等で保存期間が定められているものがあるが，資金収支元帳，総勘定元帳及び計算書類は永年保存が望ましく，会計伝票及び収支の証拠書類等は，7年保存が望ましい（国税通則法第70条第4項では，その年度を含め7年前の年度まで溯って更正又は決定を行うことができるとしている）。

第3章　金銭会計

（金銭の範囲）

第14条　この規程において金銭とは，預貯金及び現金をいい，現金とは通貨のほか，他人振出小切手，郵便為替証書，ゆうちょ銀行の振替払出証書及び官公署の支払通知書をいう。

2　信託預金，有価証券及び手形は，金銭に準じて取扱うものとする。

　信託預金，有価証券ファンド，中期国債ファンド，現先取引，特定金銭信託，外貨なども金銭の範囲に含めて取扱う。これらは容易に現預金に換金できる資産，すなわち現金等価物である。

第3章　経理規程の具体的作成

　現金及び預金の管理をいかに厳密に行っていても，現金等価物の管理がおろそかになっていると，現金等価物の流用等により行われる現金及び預金の使い込み等，不正行為の発見が遅れる可能性がある。

　このため，現金等価物そのものの管理の重要性に加え，現金及び預金の管理を補完するために，現金等価物を金銭に準じて取扱っている。

　ここでいう金銭には該当しないが，郵便切手，収入印紙は，別に管理細則を定めておくべきである。将来は電子決済システムも検討する。

（金銭の管理及び出納責任者）

第15条　金銭の管理及び出納の責任者は，経理責任者がこれに当たる。

（金銭の出納）

第16条　金銭の出納は，すべて所定の手続きを終了した会計伝票に基づいて出納責任者が行わなければならない。

2　出納責任者が金銭の出納を行うときは，会計伝票及び証憑書類に基づき次の事項を確認しなければならない。

　(1)　出納の理由及びその証拠

　(2)　相手方の住所及び氏名

　(3)　出納金額及び出納年月日

　(4)　勘定科目，その他経理上必要な事項

　出納責任者は，資金収支元帳及び総勘定元帳記録担当者と職務を兼ねてはならない。

　また，各種出納日報を記録し経理責任者に報告する制度を確立すべきであり，これらは細則などで所定の書式を定めておく。

（領収書の発行）

第17条　金銭を収納したときは，所定の領収書を発行しなければならない。

— 53 —

> 2 銀行振込等によって入金をしたときは，寄付金，補助金，固定資産売却
> 収入等を除き振込金融機関等の振込金受取書をもって代えることができる。

　通常，収納される学納金収入などは銀行の振込金受取書のみでよいが，寄付金収入，補助金収入（所定のもの）又は固定資産売却収入等，特定の収入項目については，領収書を発行し送付すべきである。未使用の領収書の管理は重要であり，例えば第3項として「領収書は，一連番号を付して管理し，未使用領収書は出納責任者により所定の管理簿に記録した上で保管するものとする。」という規定も必要であろう。または，領収書を，相手方に交付する本証と発行法人の控えによる2〜3部の複写制とし，領収書の使用状況を管理することも有効である。

> （収納金の処置）
> 第18条　収納した現金は，経理責任者が特に認めた場合を除き速やかに金
> 融機関に預け入れるものとし，これを直接支払いに充当してはならない。
> 2 保有する金銭については，経理責任者が所定の金庫に保管しなければ
> ならない。ただし，有価証券等重要な金銭については，理事長が指定す
> る金融機関の保護預りを利用し保管することができる。

　公社債などの無記名債券及び株式などは，紛失や盗難に遭った場合，所有権の主張が困難となるため，金融機関，証券会社等の保護預りにするのがよい。
　とかく，法人の金庫には，学校の金銭，預金証書などのほかに各種の預り金が保管されており，学校会計に計上すべきものが未計上であったり，あるいは簿外となっているケースがある。また，小切手帳，預金通帳と印鑑が同じ場所に保管されている場合もみられるので，盗難，災害を防止する意味で十分留意しなければならない。

第3章　経理規程の具体的作成

（支払事務）

第19条　支払いは小切手又は銀行振込みにより行うものとする。ただし，パートタイマーの給与，謝礼，見舞金及び小口支払い等これにより難い場合はこの限りでない。

2　振出小切手の作成は，経理責任者がこれに当たり，小切手の署名又は押印は理事長がこれを行う。

3　手形を振り出す場合は，前項の規定を準用する。

振出小切手の署名又は押印は理事長が行うのがよいが，非常勤の理事長である場合は，事務組織上，理事長代行又は財務担当理事が行う。振出小切手は横線（線引き。銀行渡りを示す。）に限るが，未渡小切手については特に管理に留意すべきである。

（領収書の徴収）

第20条　金銭の支払いに当たっては，支払先の住所，氏名，押印等を確認したうえ領収書を徴収しなければならない。

2　やむを得ない理由により，領収書の徴収が困難な場合は，所属長の支払証明書をもってこれに代えることができる。

3　支払いを銀行振込みによったときには，所定額以上の場合を除いて取扱銀行の振込金受取書をもって支払い先の領収書に代えることができる。また，光熱水費，電話料など毎月定期的に支払うものについては，銀行の振込金受取書によることができる。

支払いに係る事務処理は銀行振込みのケースが多いが，その場合であっても後日，領収書を徴することが必要である。この場合，所定額以上の場合にのみ領収書を徴することとしてもよい。単なる振込金受取書のみでは不正又は誤謬

— 55 —

の発生する危険性が高いからである。電子決済は事前にチェックシステムを検討する。

（小口現金）

第21条　小口の現金支払いに充てるために，○○万円を限度として常時経理責任者の手許に保管することができる。

2　経理責任者が必要と認めた場合は，各部門ごとに○○万円を限度として小口現金を設けることができる。

　小口現金は，経理責任者のほか，各部門経理担当者の手許に保管し，一定期限にその精算報告に証拠書類を添付し，経理責任者に提出させる。例えば，本部会計，部門会計のほか給食会計，寮会計，売店又は購買部会計などに利用できる。

　この場合，定額資金前渡制度（Inprest system）を採用するのがよい。例えば毎月初めに一定額を小口現金担当者に預け，その記録の結果を月末に報告させ，使用額と同額を再び補充する方式である。ただし，期間の途中で小口現金が不足した場合には，その時点で精算が行われる。

　小口現金として各部門に保有させる金額の決定にあたっては，清算期間と当期間に必要な支出額を調査し，これに現金保有の危険性を考慮しなければならない。

　また，小口現金保管部門では，小口現金出納帳を作成し現金の出金状況を把握するとともに，小口現金の取扱い者，管理責任者を定め，責任の所在を明確にしておく必要がある。

第3章　経理規程の具体的作成

小口現金出納帳

部　　　　　　　　　　　　　　　　　　　　　　　　　平成○年4月分

月	日	摘　　要	収入	支出	残高	支　出　内　訳			
						消耗品費	交通費	×××	諸口(科目)
4	1	定額資金	50,000		50,000				
	5	××行タクシー代		1,800	48,200		1,800		
	10	××商会用紙		3,000	45,200	3,000			
	⋮	⋮		⋮	⋮				
	30	次月繰越		10,500					
		計	50,000	50,000		21,000	15,800	10,500	2,700
5	1	前月繰越	10,500						
	〃	4月分補給	39,500		50,000				

（金銭の照合及び過不足）

第22条　出納担当者は，毎日の出納事務終了後，現金の手許在高を現金出
　　納帳の残高と照合し，銀行預金等は，毎月末日に預金出納帳等の残高と，
　　銀行等の残高とを照合しなければならない。

2　金銭に過不足を生じたときは，出納担当者は速やかに経理責任者に報
　　告し，その指示を受けなければならない。

（仮　　払）

第23条　経理責任者は出納責任者をして，別に定める経費につき，通常必要
　　と認められる支出については，仮払（概算払を含む）をさせることができる。

2　仮払（概算払を含む）をしたときは，その金額の確定後直ちに精算しな
　　ければならない。

　学校法人会計は，企業と異なり資金収支会計が主であり，さらに予算管理は
資金収支項目の執行状況をチェックする意味で重要である。必要な各帳票の事
例は次のとおりである。

現 金 残 高 日 報

平成　年　月　日
（単位　円）

	承認		作成			
金　　　種			枚	金　　額	備　　考	
10,000					出納簿差異（　）	
5,000					差異理由	
1,000						
500						
100						
50						
10						
5						
1						
その他外貨等						
計						

現金預金受払報告書

平成　年　月　日（又は週間）

	部	承認		作成			
現金預金等の種目及び預け先	繰越残高		受　払　い		繰越残高	備　　考
			増　　加	減　　少		
現　　　　金						
○○銀行○○支店						
定期預金						
金銭信託						
普通預金						
通知預金						
当座預金						
計						

（注）　会計上，支払資金となるものの記載で足りるが，必要により（何）特定預金（資産）も加えるのがもっともよいであろう。

第3章　経理規程の具体的作成

銀 行 勘 定 調 整 表

部	承認	作成			平成　年　月　日	
銀行及び本支店名	預　金　名	帳簿残高	銀行残高	差　　異	差異理由

（注）　毎月末に主として当座預金等の残高差異を記載する。

第4章　資金会計

（資金計画）

第24条　経理責任者は，資金業務を円滑に行うため，予算編成時及び必要
　　　に応じて随時に資金計画を作成し，理事長に提出しなければならない。

（金融機関との取引）

第25条　銀行その他の金融機関との取引を開始又は廃止するときは，理事
　　　長の承認を得なければならない。

2　金融機関との取引は，理事長名をもって行う。

（有価証券及び特定資産の取得及び処分）

第26条　有価証券を取得又は売却するとき及び特定預金の設定，預け入れ
　　　と引出しは，別に定める資産運用規程に基づき，理事長（又は財務担当理
　　　事，以下同じ）の承認を得なければならない。

（資金の借入れ及び貸付け）

第27条　資金の借入れ及び貸付けについては，理事長の承認を得なければ
　　　ならない。

（各種預り金の取扱い）

第28条　預り金のうち，修学旅行等預り金は，会計単位を区分し，資金を
　　管理することが適当と認める場合については，理事長の承認を得なけれ
　　ばならない。

2　前項によった場合は，別に定める預り金規程の定めるところによる。

（学校債の発行）

第29条　学校債の発行は，理事会の決議に基づき，これを行わなければな
　　らない。

2　学校債の発行にあたっては，返済条件その他必要な事項を記載した書
　　類と資金計画書とを作成しなければならない。

　　金融機関等からの借入金が所定額を超える場合で，予算計画で定めのない場
合は，評議員会の決議を経て理事会の承認を得なければならない。

　　第28条は，資金のうち，学校法人の預り金は多岐にわたるため，便宜上，別
途管理することが適当と思われるものは別に定める預り金規程によって処理す
るよう定めたものである。周辺会計については，ともすれば不正又は誤謬の発
生する可能性があり，規程等を設け歯止めをする必要がある。

第5章　固定資産会計

（固定資産の範囲）

第30条　この規程において固定資産とは，次のものをいう。

　(1)　有形固定資産

　　　　土地，建物（附属設備を含む），構築物，教育研究用機器備品（第3項
　　の資産を含む），管理用機器備品（第3項の資産を含む），図書，車両，建
　　設仮勘定

　(2)　その他の固定資産

　　　　借地権，電話加入権，施設利用権，ソフトウェア，その他の固定資産

2　有形固定資産は，図書を除き，耐用年数が1年以上で，かつ，1個又

は1組の価額が別に定める金額以上のものをいう。

3　前項未満の金額であっても学校法人の性質上基本的に重要と認められ，かつ，常時相当多額に保有していることが必要とされる資産（学生生徒用の机，椅子，ロッカー，又は図書館における書架等）は有形固定資産とする。

4　固定資産のうち，工事が完成するまでの支出又は購入により付帯すべき費用が確定しないものについては，建設仮勘定をもって処理する。工事が完成し，支出の完了したときは，固定資産の当該科目に振替えるものとする。

5　所有権移転外ファイナンス・リース取引による1契約当たり，かつ，1物件当たり300万円を超えるリース物件は資産に計上する。

6　ソフトウェアを購入し，その導入によって将来の収入獲得又は支出削減が確実であると認められたものは資産に計上する。

有形固定資産は，一般の会計基準と同様に所定の要件を超えるものは資産とし，その要件に満たない場合は消耗品費などの科目で処理する（「第6章 物品会計」p.71〜72参照）。

第3項は，いわゆる少額重要資産についての定めである。旧文部省通達によると，学校法人の性質上基本的に重要なもので，その目的遂行上常時相当多額に保有していることが必要とされる資産は，前記の金額基準に達しないものでも固定資産として管理し，かつ，基本金設定の対象とすることになっている（文管振第62号，昭和49. 2. 14）。具体的には，学生生徒用の机，椅子，ロッカー，又は図書館における書架等をいう。第5項，第6項は平成21年4月以降のリース取引，ソフトウェア購入についての会計処理方法が企業会計と同様に変更されたことによる定めである。その処理は細則で定める。

【参考までに】

東京都通知による固定資産取得に係る会計処理の標準例を以下に示すことと

する。（改正　昭和60.2.1　59総学二第584号）

　なお，他の道府県においては会計処理標準が異なる場合がある。その場合は，所轄知事の指示に従うものとする。

　1　機器備品の計上基準

　　教育研究用機器備品及び管理用機器備品に計上する基準は，次のとおりとする。

　⑴　耐用年数が1年以上であり，かつ，1個又は1組の価格が一定金額以上であるものとする。この一定金額は，5,000円から50,000円の範囲内で学校法人が定めること。

　⑵　少額重要資産については，上記⑴に係わらず，全て計上すること。

　2　図書の計上基準

　　図書に計上する基準は，次のとおりとする。

　⑴　取得価格の多寡にかかわらず，長期間にわたって保存，使用することが予定されるもの。

　⑵　取得価格には，原則として，取得に要する経費を含めないこと。また，大量購入等による値引額及び現金割引額は，「雑収入」として処理することができる。

　⑶　学習用図書，事務用図書，新聞，雑誌等のように，通常その使用期間が短期間であることが予定されるものは，取得した年度の消費支出として取り扱うこと。

　⑷　消費支出として処理した雑誌等を合冊製本して長期間にわたって保存，使用する図書とする場合は，その合冊製本に要した経費をもって，当該図書の取得価格とすることができる。

　⑸　図書と類似の役割を有するテープ，DVD，レコード，フィルム等の諸資料は，利用の態様に従い，図書に準じて会計処理を行うこと。

なお，固定資産の減価償却については，第34条の解説で詳述することとする。

（固定資産の取得）

第31条　固定資産を取得しようとするときは，理事長の承認を得なければ
　　ならない。ただし，別に定める委任限度額未満のものについては，経理
　　責任者の承認を得て取得することができる。

2　前項の取得のうち，購入等にあたっては，指名競争入札に付すること
　　を原則とする。ただし，指名競争に付することが不利若しくは困難であ
　　ると認められる場合，又は取得予定価額が別に定める限度額未満の場合
　　は，複数以上の相見積書を徴し，随意契約によることができる。

3　契約を締結するときは，契約書を作成して行うものとする。ただし，
　　別に定める限度額未満のものについては，請求書，見積書等契約の事実
　　を明らかにする書類をもって，これに代えることができる。

　固定資産を取得する場合，一定の限度額以上の金額については，入札制度を
採用するのが原則であるが，中小規模の法人では返って事務が繁雑になる場合
もあるので，業者の選定を公正に行い，その結果，随意契約によるのも止むを
得ない場合も考えられる。しかし，そのような場合でも価格決定段階で他の業
者からの相見積書（最低3社）を徴し検討を加えるべきである。

（固定資産の価額）

第32条　固定資産の価額は，原則として次の取得価額とし，附帯経費を含
　　むものとする。

　(1)　購入によるものは，公正妥当な取引価額

　(2)　受贈によるものは，取得時に通常要する価額

　(3)　交換によるものは，交換に際し提供した資産の帳簿価額又は適正な
　　　時価評価額

　(4)　第30条第5項及び第6項により取得した資産は，1契約当たりリー

ス契約額又はソフトウェア購入価額

2　附帯経費の範囲については，別に定める。

（固定資産の管理）

第33条　固定資産の管理については，別に定める固定資産及び物品管理規程の定めるところによる。

　固定資産として経理する取得価額には，固定資産本体の購入代金のほか，仲介手数料，運搬据付費，設計管理料など，使用に至るまでに直接要した費用を含めることとし，その範囲は細則で定める。

　ただし，図書の取得価額には原則として取得に要する経費を含まないものとされている。また，大量購入等による値引額および現金割引額は「雑収入」として処理してよいことになっている（昭和47.11.14文部省通知雑管第115号）。これは，図書は定価で計上することが管理上有効であるという理由による。

（資本的支出と修繕費の区分）

　実務上，固定資産に係る処理として問題となるのは，資本的支出（資産に計上する支出）と修繕費（経費に計上する支出）の取扱いである。固定資産に付する改良，修繕の費用は極めて多様であり，経理担当者が判断する上で迷う場合が多い。

　資本的支出であることの考え方として，一つの支出が改良か修繕かを問わず，その固定資産について支出した金額で，以下のa，bのいずれかに該当するもの（いずれにも該当する場合は，多い金額）の区分について，企業では税法上の取扱いに拠って実務上の処理を行っている。税法上の考え方は次のとおりである。

　a　「支出により使用可能期間を延長せしめる部分」

$$（支出金額）\times\frac{\left(\begin{array}{c}支出後の使用\\可能年数\end{array}\right)-\left(\begin{array}{c}支出をしなかった場合の\\使用可能年数\end{array}\right)}{（支出後の使用可能年数）}$$

$$＝施設設備関係支出　（資本的支出）$$

b 「支出によりその価額を増加せしめる部分」

$$（支出直後の価額）-\begin{pmatrix}最初の取得時から，通常の維持管理又は\\修理をした場合の支出時の予測価額\end{pmatrix}$$

= 施設設備関係支出（資本的支出）

これを規程に設けると次のとおりである。

「第〇〇条　有形固定資産の使用可能年数を延長する部分，またはその価額を増加せしめる部分に対応する支出はその資産の価額に加算する。

2　有形固定資産の維持保全のために要する支出は，経費支出として処理する。」

　以上，改良または修繕の場合の実質的区分の原則を示したが，実務上は個々のケースについて区分判定の困難なことが多い。そこで，企業において税法上，資本的支出になる場合を挙げる。

（改良のための支出で資産の価額に加算すると認められる場合）

a　増築，拡張，延長などの物理的に付加されたことが明らかな支出

b　用途変更のための模様替えや取替に要した支出

c　機械部品を品質又は性能の高いものに取替えた場合，その取替えに要した費用のうち，改良に要したと認められる部分の支出

　要は，その支出が改良，改善に使用された場合は，修繕費ではなく資本的支出と考えて処理することとなる。なお，固定資産取得後の建物の外壁，内壁の塗装工事は全額費用となる。

　以上の考え方を理解したとしても，実務段階では判定が容易でない。そのような場合，税法上の形式基準を参考にして経理規程又はその細則で以下のように定めるのもよい（JICPA研究報告第20号「固定資産に関するＱ＆Ａ」平成22. 6. 9改正（昭和55. 5. 12を若干修正））。

　「施設・設備関係支出と経費支出との区分は一般に認められた会計慣行によるものであるが，その区分が特に困難な場合に限り，例えば，税法の形式

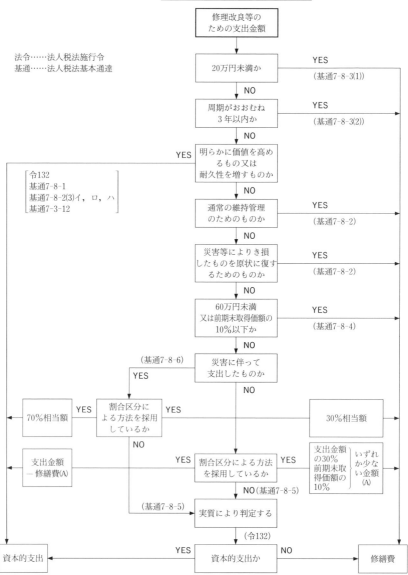

的区分基準を参考にして，次のような基準を経理規程等に定めることも一つの方法であるが，それぞれの法人において個別に定めることも可能である。

この規程を定める場合，①に60万円未満等とあるのは，各学校法人の規模等を勘案して定めるべきであり，下記の例示を，そのまま幼稚園法人等の小規模法人に画一的に利用することは避けなければならない。

① 1件当り支出金額が60万円未満である場合，又は修理，改良等の対象とした個々の資産の前年度末の取得価額の10％相当額以下である場合は経費支出とする。ただし，明らかに施設設備関係支出（資本的支出）に該当するものを除く。

② 既往の実績により，おおむね3年以内の期間を周期として，ほぼ同程度支出されることが常例となっている事情がある場合は経費支出とする。

③ ①に該当しない1件当りの支出金額の全額（②の適用を受けたものを除く）について，その金額の30％相当額と，その改良等をした資産の前年度末の取得価格の10％相当額とのいずれか少ない金額を経費支出とし，残額を施設設備関係支出（資本的支出）として，その除却損を計上しない経理をする。」

（注） 法人税法（平成17年4月現在）の規定に準ずる。

（減価償却）

第34条 有形固定資産は，土地，図書及び建設仮勘定を除き，毎会計年度定額法により減価償却を行う。

2 その他の固定資産は，その性質によって毎会計年度定額法により減価償却を行う。

3 減価償却資産の耐用年数，残存価額及び計算手続き等は別に定める。

固定資産のうち，時の経過により価値が減少するものは，必ず減価償却を行うものとされている（会計基準26①）。これを減価償却資産と呼んでいる。また，償却方法は定額法によることとしている（会計基準26②）。法令上は，この定め

だけであるが，その他の事項は都道府県通知，JICPA報告第28号「学校法人の減価償却に関する監査上の取扱い」等に留意して定めることが必要である。

a．減価償却資産には，次のようなものがある。

　①有形固定資産

　　イ．建物及び建物付属設備

　　ロ．構築物

　　ハ．教育研究用機器備品

　　ニ．管理用機器備品（旧会計基準では，その他の機器備品）

　　ホ．車　　両

　（注）　所有権移転外リース取引，ソフトウェア取引のうち，機器備品等として資産計上した場合は，平成20.9.11文科省通知（20高私参第2号，第3号）に従い処理する。

　②その他の固定資産

　　イ．施設利用権（電信電話専用施設利用権，電気ガス供給施設利用権など）

　　ロ．設備利用権，水利権等

b．土地のように価値が減少しない資産については減価償却を行わない。減価償却を行わない資産には，次のようなものがある。

　①有形固定資産

　　イ．土地

　　ロ．図書（原則として償却をせず，廃棄をしたときに除却する。昭和47.11.14文部省通知雑管第115号）

　　ハ．建設仮勘定

　　ニ．書画骨董

　②その他の固定資産

　　イ．地上権及び借地権

　　ロ．電話加入権

　　ハ．長期所有の有価証券その他の資産

　　　「その他の資産」には，特定の目的のために引き当てられた資産を含

－ 68 －

第3章　経理規程の具体的作成

み，例えば，退職給与引当特定資産，施設拡充引当特定資産などがある。各学校法人は将来に亘り教育研究活動を安定・維持するために，これらの特定資産を設定すべきであると考える。

【参考までに】

東京都通知による固定資産の減価償却に係る会計処理の標準例を以下に示すこととする。（改正　昭和60.2.1　59総学二第584号）

なお，他の道府県においては会計処理標準が異なる場合がある。その場合は，所轄知事の指示に従うものとする。

1　減価償却の取扱い

(1)　減価償却の方法は，定額法によることとし，残存価格は置かないこと。

(2)　機器備品及び図書を除く減価償却資産は，1個又は1組ごとに償却（個別償却）をすること。

(3)　機器備品

ア　一定金額以上のものは，個別償却をすること。この一定金額は，100,000円から1,000,000円の範囲内で，学校法人が定めること。

イ　一定金額未満のものであっても，その取扱い上個別償却が適していると思われるものについては，個別償却をすることができる。

ウ　前期ア，イ以外のものについては，取得年度ごとに，同一耐用年数のものをグループ化し，一括して償却（グループ償却）すること。（いわゆる少額重要資産）

(4)　図　書

ア　図書は，原則として，減価償却しないものとする。この場合，図書の管理上，除却をしたときは，当該図書の取得価額相当額をもって消費支出とすること。

— 69 —

イ　除却による経理が困難なときは，グループ償却の方法により減価償却することができる。

(5)　期中取得の償却資産

ア　取得年度別個別償却資産については，償却額年額の月数按分によること。

イ　グループ償却の方法により減価償却すること。(注)

(6)　備忘価格

個別償却資産は，耐用年数経過時に使用中のものについて，1円又は100円の備忘価格を付することができる。

(注)　学生生徒用の机，椅子のような少額な機器備品の数が多い場合は，減価償却計算及びその機器備品の管理の手間が馬鹿にならないことから，JICPAでは，事務手続きの簡素化という観点から，会計基準第26条を受けて，報告第28号「学校法人の減価償却に関する監査上の取扱い（昭和56.1.14，平成13.5.14改正）」により学校法人会計特有の処理として，機器備品（主として机，椅子等（少額重要資産））の減価償却については，取得年度ごとに同一耐用年数のものをグループ化し，一括して毎会計年度償却をし，耐用年数の最終年度に当該機器備品について，現物の有無にかかわらず一括除却処理をする方法を認めたものである。

(固定資産の処分)

第35条　固定資産の寄贈，売却，廃棄などの処分にあたっては，理事長の承認を得なければならない。ただし，別に定める委任限度額未満のものは，経理責任者の承認を得て処分することができる。

2　前項の固定資産の処分において，売却の場合には第31条第2項及び第3項の規定を準用する。この場合同条第2項中「取得」は「処分」，「購入」は「売却」と読み替えるものとする。

固定資産の処分については，別に定める固定資産及び物品管理規程（第6章，p.157～）で触れる。

— 70 —

第6章 物品会計

(物品の範囲)

第36条 物品とは,固定資産以外のもので販売用品及び消耗品をいう。

(物品の購入)

第37条 物品の購入は,経理責任者の承認を得て行うことができる。

(物品の管理)

第38条 物品の管理については,別に定める固定資産及び物品管理規程の定めるところによる。

(物品の処分)

第39条 物品の廃棄,売却などの処分にあたっては,販売用物品を除き経理責任者の承認を得なければならない。

物品は,固定資産以外の用品及び消耗品などで,分類すると次のようなものがある。

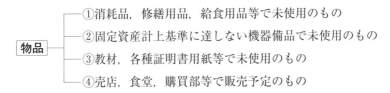

以上のうち,①~③の年度末在庫の金額は期末において「貯蔵品」(場合によっては,②を用品ともいう)として資産に計上し,また,④の期末在庫の金額は「販売用品」として資産に計上することが原則である。

小規模法人においては,文部省通知により「販売用文房具,制服等の購入支出については,当該物品を購入した会計年度の消費支出として処理することができる。ただし,会計年度末において当該物品の有高が多額である場合には,当該有高を経費支出とすることなく流動資産として貸借対照表に計上処理しなければならない」(文管振第87号,昭和49.3.29「「小規模法人における会計処理等の簡略

化について（報告）」について」）とされ，期末在庫（販売用品，貯蔵品）を計上しなくてもよいこととされている。ただし金額の重要性によって判断する。

第7章　退職給与引当金

（退職給与引当金の計上）

第40条　教職員の退職金に引き当てるため，期末の退職金要支給額の100
　　　パーセントを退職給与引当金として，毎会計年度計上するものとする。

（繰入れ及び取崩しの基準）

第41条　退職給与引当金の繰入額及び取崩額については，別に定める算定
　　　基準によるものとする。

（退職給与引当資産の設定）

第42条　退職金債務の支払いに備えるため，経理責任者は，毎年度，計画
　　　的に退職給与引当資産を設定するものとする。

　退職給与引当金とは，教職員の退職金の支払いに備えるため，毎期末の退職金要支給額を基礎にして，その退職金債務をあらかじめ退職金規程等に基づいて計算した額を貸借対照表上の固定負債の部及び事業活動支出に計上する科目をいう。

　退職給与引当金を計上するにあたっての会計処理等の取扱いは，法令上必ずしも明確に示されていなかったため，各学校法人においてその会計処理方法が異なっていたことからくる不明確さや，分かりにくさを解消する必要があった。このため，文部科学省は，平成23年2月17日付「退職給与引当金の計上等に係る会計方針の統一について（通知）」（22高私参第11号）を発出し，各学校法人において会計処理の統一を図ることとした。

　公益財団法人私立大学退職金財団（以下「私大退職金財団」という。）又は各都道府県ごとに設立された私立学校退職金団体（以下「私学退職金団体」という。）に加

第3章　経理規程の具体的作成

入している学校法人においては，以下の取扱いによることとされているので留
意が必要である。

① 　各学校法人の退職給与規程等に基づいて算出した退職金の期末要支給額
の100パーセントを退職給与引当金として計上すること。なお，平成23年
度において100パーセントを一括計上することが困難な場合は，10年以内
の期間で変更時差異を毎年度均等額を繰り入れることができるとされてい
る。

② 　私大退職金財団に加入している学校においては必要な調整計算を行う。

③ 　私大退職金財団又は私学退職金団体に加入している学校においては，各
団体から交付される額を控除する。

なお，仕訳等会計処理については『学校会計入門（改訂第6版）』（齋藤力夫編著，
中央経済社）に詳しく述べているので，本書と合わせて参照されたい。

第8章　予　　算

（予算編成）

第43条　予算は，学園及び学校の経営，並びに教育その他の事業につき，
明確な方針に基づき編成されなければならない。

（予算の種類）

第44条　予算の種類は次のとおりとする。

　(1)　資金収支予算（資金収支内訳予算，人件費支出内訳予算，活動区分資金収支
予算も含む）

　(2)　事業活動収支予算（事業活動収支内訳予算も含む）

（予算単位）

第45条　一般会計は，次の予算単位に区分する。

　(1)　学園本部

　(2)　○○高等学校

(3)　○○中学校

（予算期間）

第46条　予算期間は一会計年度とする。

（予算責任者）

第47条　予算の編成及び執行を合理的に行うため，各予算単位の長は，予算責任者としてその所管に属する予算の責任を負うものとする。

（予算編成の基本方針）

第48条　予算編成の基本方針は，理事長が各予算責任者の意見を徴して作成し，理事会において決定する。

2　理事長は，前項に基づき予算大綱を定め，予算責任者に通知するものとする。

3　予算責任者は，前項に基づき予算積算資料を作成し，理事長に提出しなければならない。

（予算の決定）

第49条　理事長は，前条第3項の予算積算資料を検討のうえ，予算案を作成し，事前に評議員会の意見を聴き，理事会の議決を経て，年度開始前までに予算を決定しなければならない。

（予算の配布）

第50条　予算が決定したときは，理事長は，各予算責任者に対しその執行に要する予算を配布するものとする。

（予算の執行）

第51条　各予算責任者は，決定された予算を忠実に執行しなければならない。

2　予算の執行にあたっては，予算が適正に運用されていることを認識し，かつ，管理できるように記録されなければならない。

3　予算責任者は，予算の執行状況を統括的に管理し，毎月執行状況を理事長に報告しなければならない。

第3章　経理規程の具体的作成

（予算の遵守と流用）

第52条　予算責任者は，予算額を超える支出をしてはならない。ただし，やむを得ない事由があるときは，同一大科目内において理事長の承認を得て他の科目から流用することができる。ただし施設設備関係支出については，大科目内の中科目または小科目の流用はできない。

（予　備　費）

第53条　予測し難い予算の不足を補うため，予備費として相当の金額を予算に計上するものとする。

2　予備費を使用するときは，予算責任者はその事由を付し，理事長の承認を得なければならない。

（予算の補正）

第54条　理事長は，やむを得ない事由により予算の追加，その他の変更を必要とするときには，予算の補正を行うことができる。この場合においては，第48条及び第49条の規定を準用する。

（暫定予算）

第55条　会計年度開始までに予算を決定し難い場合には，理事長は予算が決定するまでの期間，評議員会の意見を聴き暫定予算を編成しなければならない。

2　予算が成立したときは，暫定予算は失効し，すでに執行済のものについては，これを確定した年度予算の執行とみなす。

予算については，予算という章を設け，編成の基本方針のみを掲げ，他は「別に定める予算規程の定めるところによる」としても差支えない。なお，施設設備関係支出は，金額よりも科目の重要性に留意した定めになっている。

第52条の科目間流用及び第53条の予備費使用に際しては，所定の稟議書又は予算に関する流用，予備費使用の承認申請を義務づける。この場合の決裁承認者をすべて理事長にすることが困難であれば，法人の組織，規程に応じて適切

な承認権限者を定めればよい。その様式例を示すと次のようになる。

科目間流用・予備費使用申請書

平成　　年　　月　　日

起案部署　＿＿＿＿＿＿＿＿＿＿＿＿＿＿＿＿

起案者　＿＿＿＿＿＿＿＿＿＿＿＿＿＿㊞

　　下記のとおり，予算執行上 ｛科目間流用／予備費使用｝ を行いたいと存じますので，ご承認下さるよう伺います。

		理事長	担当理事	事務局長	所属長	会　計

申　請　事　由	金　額	振　替　科　目		被振替科目・予備費	
		科目名	予算残	科目名	予算残
		（　　　　）	（　　・　　）	（　　　　）	（　　・　　）
		（　　　　）	（　　・　　）	（　　　　）	（　　・　　）
		（　　　　）	（　　・　　）	（　　　　）	（　　・　　）
		（　　　　）	（　　・　　）	（　　　　）	（　　・　　）

（注）　1．科目名は大科目，中科目を上部（　）書に記入のこと。
　　　　2．予算残は上部（　）書に最近月日を記載し，その残高を記入のこと。

決裁者意見	否決の場合その理由

第3章　経理規程の具体的作成

第9章　報告及び決算

（決算の目的）

第56条　決算は，毎会計年度の会計記録を整理集計し，その収支の結果を予算と比較して，その収支状況及び財政状態を明らかにすることを目的とする。

決算の目的は，毎会計年度末をもって，収支状況（資金収支及び事業活動収支）及び財政状態（貸借対照表）を明らかにし，予算，前年度決算と比較して教育研究活動の成果と財政の推移を把握することにある。これにより，財務分析を行い，将来の経営計画の策定に利用できる。

（月次報告）

第57条　経理責任者は，別に定める様式により毎月末日の資金収支月計表及び残高試算表を作成して速やかに理事長に提出するものとする。

2　部門別計算に係る配分基準は，毎年5月1日現在で定める。

（年度決算）

第58条　経理責任者は，毎会計年度終了後，速やかに決算に必要な整理を行い，次の各号の計算書類を作成して，理事長に提出しなければならない。

(1)　資金収支計算書及びその内訳表並びに活動区分資金収支計算書

(2)　事業活動収支計算書及びその内訳表

(3)　貸借対照表及びその附属明細表

(4)　財産目録

(5)　別に定める基本金組入額総括表（別表6-1）

(注)　「決算に必要な整理」とは，次の事項をいう。

①　減価償却額の計上

－77－

②　未払金，前受金，未収入金及び前払金の計上
③　販売用品及び貯蔵品の棚卸額の計上
④　退職給与引当金，徴収不能引当金の計上
⑤　固定資産，流動資産の実在性の確認及び評価の適否
⑥　資産，負債の整理，確認及び残高証明書との照合
⑦　基本金の増減計算
⑧　基本金組入前当年度収支差額計算
⑨　特別会計，収益事業会計の処理
⑩　その他必要とする事項

　月次報告としては，毎月末に資金収支元帳から「資金収支月計表」，総勘定元帳から「残高試算表」を作成し，財務担当理事などを経由して理事長に提出する。
　計算書類は，会計基準で次のとおり定めているので，その様式に従って作成する。

　①　資金収支計算書（第一号様式）──　資金収支内訳表（第二号様式）
　　（右の内訳表及び計算書を添付）
　　　　　　　　　　　　　　　　　├─人件費支出内訳表（第三号様式）
　　　　　　　　　　　　　　　　　└─活動区分資金収支計算書（第四号様式）

　　※都道府県知事を所轄庁とする学校法人は，活動区分資金収支計算書又は基本金明細表（高等学校を設置するものにあっては，活動区分資金収支計算書に限る。）を作成しないことができる。（会計基準第37条）

　②　事業活動収支計算書（第五号様式）────事業活動収支内訳表（第六号様式）
　　（右の内訳表を添付）

　③　貸借対照表（第七号様式）──────固定資産明細表（第八号様式）
　　（右の明細表を添付）
　　　　　　　　　　　　　　　　├─借入金明細表（第九号様式）
　　　　　　　　　　　　　　　　└─基本金明細表（第十号様式。第2号基本金及び第3号基本金については，基本金組入れに係る計画等を記載した付表を添付する。）

第3章　経理規程の具体的作成

　このほか，私学法第47条によって財産目録の作成が義務づけられている。ここに掲げた条項では，基本金の期末における現況を把握することが重要であるので，「基本金組入額総括表」を作成し提出することとした。

（当年度収支差額の処分）

第59条　当年度において次に掲げる額がある場合は，当該額を加算した額を，翌会計年度に繰り越すものとする。

　(1)　当年度収支差額

　(2)　前年度繰越収支差額（当該会計年度の前会計年度の翌年度繰越収支をいう。）

　(3)　学校法人会計基準第31条の規定により，当該年度において取り崩した基本金の額

※消費支出準備金の廃止について

　消費支出準備金は，将来における消費支出の計画的な均衡を図るため，将来の特定の会計年度の消費支出に充当する目的を持って留保する準備金であるが，平成25年4月の学校法人会計基準改正により廃止となった。新たに事業活動収支計算書が導入されて，区分経理されるようになり，経常的な収支と臨時的な収支を分けて表示されることとなったためである。また，実務上，使用実績がほとんどなかったことも廃止の理由として挙げられる。

　なお，従来の会計基準で消費支出準備金を計上していた場合は，改正学校法人会計基準が初めて適用される決算では，貸借対照表の大科目「繰越収支差額」の小科目「翌年度繰越収支差額」の前に，小科目「○○年度消費支出準備金」として記載する。事業活動収支計算書では，「前年度繰越収支差額」の次に，「○○年度消費支出準備金取崩額」として記載する。

　本条については会計基準第21条に定められているとおりである。

― 79 ―

（決算の確定）

第60条　決算は，毎会計年度終了後2月以内に，理事長において，第57条
　　に掲げる計算書類とともに監事の監査を経て評議員会に報告し，その意
　　見を求めなければならない。

2　理事長は，前項の計算書類を理事会に提出し，その承認を得るものと
　　する。

　本条については，私学法第46条に定めているとおりである。法人の寄附行為
によっては，決算の承認機関が，理事会のほか評議員会も含まれている場合も
ある。なお，平成16年5月の私学法改正により，事業報告書の作成が義務づけ
られていることに留意する。

第10章　内部監査

（目　　的）

第61条　内部監査は，経理及び一般業務について，不正，誤謬，脱漏の防
　　止，経営能率の向上を図ることを目的とする。

（監査担当者）

第62条　理事長は，内部監査を実施するため内部監査担当者を任命する。

（監査担当者の権限）

第63条　内部監査担当者は，被監査部門に対して監査執行上必要な一切の
　　行為を求めることができる。

（監査計画）

第64条　内部監査担当者は，監査計画を立案し，あらかじめ理事長の承認
　　を得なければならない。

（監査の実施）

第3章　経理規程の具体的作成

第65条　内部監査担当者は，定期または必要に応じかつ監査計画に基づき，秩序整然と監査を実施しなければならない。

2　内部監査担当者は，前条の監査計画に基づき必要な手続きを選択適用し，自己の表明する意見を保証するに足る充分な監査を実施しなければならない。

（秘密保持の義務）

第66条　内部監査担当者は，監査の結果知り得た事項を正当な理由なく他に漏えいし，または自ら窃用してはならない。

（監査の報告）

第67条　内部監査担当者は，内部監査終了後速やかに監査意見書を作成のうえ，理事長に提出しなければならない。

内部監査を実施するための留意点を以下に述べる。

①　内部監査は，小規模法人では人員的制約により実施は困難と思われるが，中規模以上の法人では必要不可欠であるので早期に対策を講ずべきである。

②　内部監査は，通常理事長直轄であり，他の部署に所轄させるのは好ましくない。

③　内部監査部門の専担者がいなくても，理事長直轄によるプロジェクトチームの編成でも実施できる。

④　経理規程に織り込む場合は，上記のように「章」で設ける。

（注）　第7章 内部監査規程（p.194～）を参照。

— 81 —

第11章　雑　　則

（規程の実施）

第68条　この規程を実施するために必要な事項については，別に定める。

（規程の改廃）

第69条　この規程の改廃は，理事会の決議を経て行うものとする。

附　　則

この規程は，平成〇年〇月〇日から施行する。

第3章　経理規程の具体的作成

2　経理規程施行細則

学校法人○○学園経理規程施行細則（例）

（目　　的）

第1条　この細則は，学校法人○○学園経理規程（以下，「規程」という。）
　　の施行上必要な事項について定めるものである。

（勘定科目）

第2条　規程第8条の勘定科目の名称，配列及び処理要領は，この細則の
　　別表1に定める勘定科目一覧表に従う。

（会計帳簿）

第3条　規程第9条第1項に定める会計帳簿のうち補助簿は，次のとおり
　　とする。

　⑴　現金出納帳　　　　　　　　　⑻　用品受払簿

　⑵　預金出納帳　　　　　　　　　⑼　借入金台帳

　⑶　有価証券台帳　　　　　　　　⑽　学校債台帳

　⑷　不動産台帳（構築物を含む）　⑾　学費収納金台帳

　⑸　車両及び機器備品台帳　　　　⑿　基本金台帳

　⑹　図書台帳　　　　　　　　　　⒀　預り金台帳

　⑺　販売用品受払簿　　　　　　　⒁　給与台帳

　補助簿は，法人の必要性によってそれぞれ異なる。教育研究経費及び管理経
費は，必要により補助元帳に分化することがある。不動産，車両，機器備品及
び図書台帳は，固定資産管理規程又は図書取扱規程と重複する場合もあるので，
これらの規程に移すことがある。また，給与台帳は，総務部等に移す場合もある。

— 83 —

（有形固定資産）

第4条　規程第30条第2項に定める1個又は1組の価額は，○○万円以上とする。

（固定資産の取得の委任限度額）

第5条　規程第31条第1項に定める委任限度額は，○○万円とする。

第6条　規程第31条第2項により随意契約によることができる限度額は，次のとおりとする。

　(1)　工事又は製造，購入にあっては，一つの計画について○○○万円

　(2)　前号以外の契約にあっては，1件について○○○万円

第7条　規程第31条第3項に定める限度額は，○○○万円とする。

　有形固定資産に計上する1個又は1組の価額は，特に定めはないが，法人税法では10万円以上と定められている（令133）。学校法人は必ずしも法人税法の規定に準ずるものとはいえないので，この規定をそのまま適用するには問題がある。企業と異なり学校法人の基本財産は，不動産のほかに機器備品及び図書が重要な位置づけを占めているからである。

　東京都通知では，固定資産計上基準として5千円から5万円の間で学校法人が定めた一定金額以上のものを有形固定資産とすることと定めている（58総学二398号，昭和58. 11. 1及び62総学二643号，昭和62. 11. 16）。ただし，他の道府県では異なる取扱いとなることに留意する。

（固定資産の取得価額）

第8条　規程第32条の取得価額に含まれる附帯経費とは，次に掲げるものをいう。

　(1)　仲介手数料　　　　　(6)　補　償　料

　(2)　設　計　料　　　　　(7)　立　退　料

第3章　経理規程の具体的作成

⑶　監　理　料	⑻　運　搬　費
⑷　測　量　費	⑼　据　付　費
⑸　整　地　費	⑽　その他諸経費

ただし，次に掲げるものは附帯経費から除外する。

⑴　取得にあたって事前に要した調査費，旅費等

⑵　建物完成に伴う落成式等の経費，登記手続きの費用，租税公課等

　有形固定資産の取得価額には，その本体の価格のほか，本体を使用に供するまでの費用（附帯経費）も含まれるのが原則である。したがって，例えば土地を購入した場合の整地費や周旋料などはすべて取得価額に含まれることになり，経費支出として処理することはできない。附帯経費に含まれるものとしては，設計監理料，周旋料，整地料，搬入運送料，据付工事費，地鎮祭費用，上棟式費用などがある。

　なお，建物完成後の登記費用，落成式費用，不動産取得税（非課税に該当しない場合）などは，すべて経費処理を行う。

（減価償却の要件）

第9条　規程第34条第3項に定める減価償却資産の耐用年数，残存価額及び計算手続き等は，次のとおりとする。

⑴　耐用年数：別表2による。

⑵　残存価額：零とする。

⑶　備忘価額：耐用年数経過後で現に使用中の減価償却資産の備忘価額は1円とする。ただし，取得年度別グループ償却資産の備忘価額は零とする。

⑷　計算手続き：㋑　個別償却を原則とする。ただし，機器備品等で1個又は1組の価額が100万円未満のものについては，取得年度別にグループ償却によることができる。

— 85 —

（イ） 年度中途で取得した資産にかかる減価償却については，個別償却資産は月数按分計算とし，取得年度別グループ償却資産は，翌年度から行うものとしその年度は零とする。

減価償却に関連する注意事項を挙げると次のとおりである。

(1) 耐用年数の取扱い

耐用年数は，①税法（財務省令）に定める耐用年数表，②日本公認会計士協会報告（JICPA報告第28号（昭和56.1.14，昭和13.5.14一部改正）「学校法人の減価償却に関する監査上の取扱い」），③学校法人が独自に定めたものなどがあり，いずれを採用しても差し支えない（固定資産耐用年数表とその解説はp.122〜123参照）。

現在もっとも多く採用されている事例は，②のJICPA報告第28号である。

(2) 残存価額

残存価額については，税法では①平成19年4月1日以後に取得した減価償却資産については，償却可能限度額（取得価格95％相当額）及び残存価額を廃止し，耐用年数経過時点で残存価額1円まで償却できるとなっているが，学校法人会計では，残存価額を零とすることがすでに慣習として定着していること，また経済的スクラップ価額の現況から零とすることが認められている（前記東京都通知398号では，「残存価額は置かないこと」と定めている）。②なお，平成19年3月31日以前取得の減価償却資産については，償却可能限度額まで償却した事業年度の翌事業年度以後5年間で1円を残し均等償却できる。

①，②のいずれにおいても残存価額を零とすることが認められている。

(3) 備忘価額

備忘価額は，償却が終了してもなお稼働中の減価償却資産についてその所有を明らかにするため，1円又は100円の価額を貸借対照表及び財産目録に付するものである。このことは一般の会計慣行でもある。ただ，取得年度別グループ償却（取得年度別総合償却ともいう。以下同じ）を採用している資産（機器備品のみ

適用し，他の減価償却資産は個別法が適当である）については，備忘価額を設けるのは技術的にも困難であるので零とするのが妥当である（前記東京都通知398号）。この場合，現にある現品について，固定資産台帳の中に「簿外管理台帳」などを設けることにより，現品の管理を十分に行うことが必要である。

(4) 減価償却の計算手続き

減価償却の計算手続きは，原則として個別償却（1件ごとの償却計算）によるが，この事例では機器備品で1個又は1組が一定金額以上（前記東京都通知398号により10万円から100万円の間で学校法人が定めたもの。この事例では100万円以上としている）のものは個別償却とし，一定金額未満のものは取得年度別グループ償却によっている。機器備品のうち1個又は1組の価額が多額なものについては，一般の少額なものと総合して償却を行うことは，管理上不適当と考えたからである。

会計年度の中途で取得した償却資産に係る減価償却額の計算は，当該資産について計算される年間減価償却額を月数按分したものによるほか，次の簡便法を採用している場合も，重要性のない場合には，妥当な会計処理として取り扱うことができるとしている（前記JICPA報告第28号）。

イ　取得時の会計年度は，償却額年額の2分の1の額により行う。

ロ　取得時の会計年度は，償却を行わず，翌会計年度から行う。

ハ　取得時の会計年度から，償却額年額により行う。

東京都通知398号では，本細則で記載したように，個別償却と取得年度別グループ償却について，それぞれ具体的に定めている。

【参考までに】（東京都通知398号）

期中取得の償却資産

　ア．個別償却資産については，償却額年額の月数按分によること。

　イ．グループ償却資産については，取得年度の翌年度から償却すること。

（固定資産の処分）

第10条　規程第35条第1項に定める委任限度額は○○万円とする。

（退職給与引当金の繰入れ額）

第11条　規程第41条に定める退職給与引当金の繰入額は，次のとおりとし，別に定める別表4による。

(1)　高等学校以下の教職員に係る計算

　〔（当年度末100％退職金要支給額）－（当年度末に在職する教職員にかかる退職団体交付額）〕－（退職給与引当金当年度繰入れ前の金額）

(2)　短期大学の教職員に係る計算

　〔（当年度末100％退職金要支給額）－（退職給与引当金当年度繰入れ前の金額）〕－〔（私大退職金財団掛金累積額）－（私大退職金財団交付金収入累積額）〕…マイナスの場合は零とする

（退職給与引当金の取崩額）

第12条　規程第41条に定める年度中の退職者にかかる退職給与引当金の取崩額は，当該退職者の退職金から退職社団交付金を控除した額とする。ただし，短期大学教職員の年度中の退職者にかかる退職給与引当金の取崩額は，当該退職者にかかる自己都合に相当する退職金（又は前年度末の要支給額）とする。

　本条のうち，退職給与引当金の留意点を挙げると次のとおりである。

(1)　期末要支給額基準

　退職給与引当金の期末要支給額は将来の条件付債務であるので，文部科学省平成23年2月17日付，22高私参第11号「退職給与引当金の計上等に係る会計方針の統一について（通知）」により，債務総額全額，すなわち，退職金の期末要支給額の100％を基に計算する100％基準により貸借対照表に表示することとなった。

(2) 退職給与引当金の繰入れの仕方

上記の文科省通知を受けて，平成23年５月17日付JICPA実務指針第44号（平成25.1.15一部改正）により，私大退職金財団又は私学退職金団体からの交付金に対する退職給与引当金等の会計処理に関する実務指針が公表された。この項では，具体的な引当金額の繰入れの仕方などを説明し，仕訳等の詳細については『学校法人会計入門（改訂第６版）』（齋藤力夫編著，中央経済社）を参照されたい。

設定の基準は，毎年度末において給与規程または退職金規程等に基づいて，教職員が退職したと仮定した場合の各人別の退職金債務を算出する作業から始まる。次に，その債務額合計を基準として退職金要支給額方式（100％計上方式）によって退職給与引当金を計上する（100％未達の場合はp.92の③参照）。

具体的には，年度末における各人別の退職金要支給額（A）から年度末における総勘定元帳の退職給与引当金帳簿残高（決算修正前の金額）（B）を差し引いた金額を事業活動支出の人件費項目の小科目に計上する。

（A）－（B）＝退職給与引当金繰入額

【設例１】

年度末における教職員全員の退職金要支給額は120,000円，総勘定元帳の退職給与引当金残高は88,000円である（100％計上方式では120,000円－88,000円＝32,000円が当期の繰入額となる）。

（借）退職給与引当金繰入額（事業活動支出の人件費）	32,000	（貸）退職給与引当金（負債）	32,000

【設例２】

翌年度において教員Aが退職し，退職金12,000円を現金で支出した。

（資金収支計算の仕訳）

（借）退職金支出	12,000	（貸）現金	12,000

（事業活動収支計算の仕訳）

（借）退職給与引当金	12,000	（貸）退職金	12,000

― 89 ―

（注）　このほか，特別功労金を支給した場合は，退職給与引当金から控除してもよいが，簡便法では退職金支給規程外であるため，退職金支出12,000円に特別功労金として例えば5,000円を加え17,000円として計上するのが妥当である。この場合，退職給与引当金の減少分は事業活動収支計算で処理する。

【設例３】

翌年度末における教職員の退職金要支給額の合計が130,000円であった。前記設例１〜２に基づいて引当金を計上する。この場合の退職給与引当金帳簿残高は85,000円で，繰入額は

130,000円 −（帳簿残高120,000円 − 12,000円）＝22,000円となる。
　　　　　　　　　　　　　 108,000円

（借）	退職給与引当金繰入額	22,000	（貸）	退職給与引当金	22,000

なお，退職給与引当金は，将来の退職金債務を見積もって計算することになるので，現在価値から支給予想時までの利子率と平均引当期間を考慮して一定の現価率をもって計上する現価方式（所定の割合または年金現価方式）が理論的であると考えられるが，学校会計では要支給額方式を採用している。

① 都道府県私学退職金団体に加入している場合の処理

私立学校の教職員の退職金負担を補助するため，都道府県ごとに私立学校退職金団体（財団法人または社団法人）が設けられており，主として高等学校以下の教職員の退職金補助を行っている。これらの団体に加入している場合は，各団体の交付要項等に基づいて一定の入会金，登録料，掛金等を学校法人が負担している。この場合の会計処理は次のようになる。

(ア)　入会金，登録料，掛金（負担金等）はすべて事業活動支出（人件費のうちの教員人件費または職員人件費の細分科目，例えば，所定福利費，私学退職金団体負担金等）とする。

(イ)　退職時をもって各都道府県の私学退職金団体に交付金を請求したときは，雑収入のうち「退職金社団（財団）交付金収入」に計上する。

第3章　経理規程の具体的作成

㋑　年度末における教職員の退職金要支給額から年度末における各人別の退職金団体交付金収入の合計額を差引いた残高を学校法人の債務負担額とし，その金額を基礎に要支給額100％方式を採用する。

【設例1】

年度末における教職員全員の退職金要支給額は180,000円，同じく県の退職金財団に各人の交付金を請求したと仮定した場合の合計額は110,000円であり，年度末の退職給与引当金の帳簿残高は52,000円であった（100％計上方式）。

この場合の実際の債務負担額は180,000円－110,000円＝70,000円であるから，引当金繰入額は70,000円－52,000円＝18,000円となる。

仕訳は次のようになる。

（借）退職給与引当金繰　入　額　　18,000　　（貸）退職給与引当金　　18,000

【設例2】

翌年度において教員Aが退職した。正規の退職金4,000円を現金で支給し，県の退職金財団にAに係る2,900円の交付金を請求する。

（資金収支計算の仕訳）

（借）退職金支出	4,000	（貸）現　　　　　金	4,000
未　収　入　金	2,900	退職金財団交付金収入	2,900

（事業活動収支計算の仕訳）…私立大学退職金財団に加入している場合は相殺できない。

（借）退職金財団交付金収入	2,900	（貸）退　　職　　金	4,000
退職給与引当金	1,100		

【設例3】

翌年度末における教職員全員の退職金要支給額は210,000円，県の退職金財団交付金の合計額は130,000円であった（退職給与引当金の残高は68,900円）。

（210,000円－130,000円）－68,900円＝11,100円を繰入れする。

（借）退職給与引当金繰　入　額　　11,100　　（貸）退職給与引当金　　11,100

— 91 —

②　私立大学退職金財団に加入している場合の処理

　私大退職金財団に加入している場合は，退職金の期末要支給額の100%を基にして計算した引当金の額については，期末要支給額に掛金の累積額と交付金の累積額（財源が掛金であること。）の差額である繰入調整額を加減した額であることに留意する（「私立大学退職金財団及び私立学校退職金団体に対する負担金等に関する会計処理に関するＱ＆Ａ」（JICPA研究報告第22号，最終改正平成26.7.29）を参照されたい）。

③　退職給与引当金の計上に係る変更時差異を均等繰入れする場合の処理

　平成23年２月17日，文部科学省より前記22高参第11号通知が発出されたことにより，従来，退職金の期末要支給額 50%を基に退職給与引当金を計算する方法（50%方式）を採用していた場合，平成22年度末における退職金の期末要支給額100%を基にして計算された金額と，平成22年度末における退職給与引当金の残高との差額（変更時差異）は，大科目「人件費」の中に新たに小科目「退職給与引当金特別繰入額」を設けて平成23年度に計上する。ただし，平成23年度において一括計上することが困難な場合は，10年以内の期間をもって変更時差異を毎期均等額により繰入れすることができる。

　この措置は，変更時差異の全額を一括計上すると，膨大な金額が消費収支計算書（通知発出当時の呼称）及び貸借対照表に計上されてしまい，計算書類に与える影響が大きいため，経過措置として毎年度均等額の繰入れが認められたものである。

　資産の部に計上する退職給与引当金特定資産は，負債の退職給与引当金と同額に設けることが望ましいと考えるが，資産計上が不能の場合でも将来的に積み立てる努力が必要である。

【設例】

　平成22年度末における教職員の退職金要支給額（100%）は200,000円で，退職給与引当金残高は100,000円（50%方式）である。当法人は従来50%方式を採用していたが，「退職給与引当金の計上等に係る会計方針の統一について（通知）」（22高私参第11号）の適用に伴い差額の100,000円（変更時差異）は10年で均

等償却する。

（注1）　翌期以降毎年10,000円を繰り入れていくが，当期の変更時差異100,000円は負債として貸借対照表に表示される。

（注2）　本設例は10年で均等償却をしているが，10年より短い期間で均等償却することもできる。ただし，繰入期間を短縮することは重要な会計方針の変更となるので，貸借対照表の注記事項に記載することとなる。

④　**私立大学退職金財団又は私学退職金団体に加入していない場合**

文科省通知では，私大退職金財団又は私学退職金団体に加入している場合以外においても，「本通知の趣旨を踏まえ，明瞭かつ適切に処理すること」とされており，学校法人が独自の退職金制度を採用している場合でも，学校法人が負担する部分については，期末要支給額の100%を退職給与引当金として計上することとなる。

従って，平成22年度まで期末要支給額の100%以上を退職給与引当金として計上している場合には会計方針を変更する必要はないが，期末要支給額の100%未満の割合により計上している場合は，会計方針の変更が必要となる。

なお，企業年金制度を採用している場合は，企業会計方式に準拠して算定することも妥当な処理として認められている。

⑤　**新規で私立大学退職金財団又は私学退職金団体に加入した場合**

新しく私大退職金財団又は私学退職金団体に加入した場合，過年度分を含めた退職給与引当金の計上が必要となる場合があるが，この場合に生じる変更時差異は大科目「人件費」，小科目「退職給与引当金繰入額」に含めて表示する。そして，当該金額が含まれている旨及びその金額を事業活動収支計算書及び貸借対照表に注記することが望ましい。

前記22高私参第11号通知では，変更時差異として表示する「退職給与引当金特別繰入額」は「平成22年度における退職給与引当金の残高との差額」としていることから，新規加入等の変更に伴う退職給与引当金の不足額は「退職給与引当金特別繰入額」として計上することは妥当ではないからである（参考：前

記JICPA研究報告第22号)。

(月計表及び試算表)

第13条　規程第57条に定める資金収支月計表及び残高試算表の様式は，別
　　表5－1及び5－2のとおりとする。

2　前項の作成にあたっては別表5－3で定める部門別共通費配分基準に
　　よらなければならない。

　別表5－1・2・3は標準的事例である。ちなみに別表5－1の資金収支月
計表は旧文部省通知「「小規模法人における会計処理等の簡略化について（報
告）」について（通知）」（昭和49.3.29文管振第87号）によっている。

(細則の改廃)

第14条　この細則の改廃は，担当常務理事（又は事務局長）の発議により，
　　常務理事会の決議を経て理事長の決裁を要する。

(附　　則)

　この規程は，平成○年○月○日から施行する。

[参考] リース資産の取扱い

　リース取引の会計処理は以下のとおりで，資産として計上する場合と経費と
して処理する場合があるので，その点に留意し，細則を設け，かつ，注記を要
することもある。

　リース取引とは，特定の物件の所有者たる貸手が，当該物件の借手に対し，
合意された期間（リース期間）にわたりこれを使用収益する権利を与え，借手は，
合意された使用料（リース料）を貸手に支払う取引をいい，ファイナンス・リー
ス取引とオペレーティング・リース取引に区分される。

　ファイナンス・リース取引とは，リース期間の中途において当該契約を解除
できないリース取引又はこれに準ずるリース取引（注1）で，借手がリース物

－94－

件からもたらされる経済的利益を実質的に享受することができ（注2），かつ，当該リース物件の使用に伴って生ずるコストを実質的に負担する（注3）こととなるリース取引をいい，オペレーティング・リース取引とは，ファイナンス・リース取引以外のリース取引をいう。

(注1) 「これに準ずるリース取引」とは，法的には解約可能であるとしても，解約に際し相当の違約金を支払わなければならない等の理由から，事実上解約不能と認められるリース取引をいう。

(注2) 「借手がリース物件からもたらされる経済的利益を実質的に享受する」とは，当該リース物件を自己所有するとするならば得られると期待されるほとんど全ての経済的利益を享受することをいう。

(注3) 「当該リース物件の使用に伴って生ずるコストを実質的に負担する」とは，当該リース物件の取得価額相当額，維持管理等の費用，陳腐化によるリスク等のほとんど全てのコストを負担することをいう。

(1) ファイナンス・リース取引

通常の売買取引に係る方法に準じた会計処理により，リース物件及びこれに係る債務を貸借対照表の固定資産等の科目及び負債（未払金・長期未払金）に計上する。

ただし，次のいずれかに該当する場合には，通常の賃貸借取引に係る方法に準じた会計処理を行うことができる。

ア　リース料総額が学校法人の採用する固定資産計上基準額未満のもの（リース物件が少額重要資産の場合を除く。）

イ　リース期間が1年以内のもの

ウ　リース契約1件当たりのリース料総額が300万円以下のもの（ただし，所有権移転外ファイナンス・リース取引に限る。）

① 通常の売買取引に係る方法に準じた会計処理を行う場合の固定資産計上価額

リース料総額を，リース債務の元本返済額部分，利息相当額部分及び

維持管理費用相当額部分に区分し，元本返済額部分を固定資産価額として計上する利子抜き法を原則とするが，リース対象資産の総額に重要性が乏しいと認められる場合は，リース料総額をもって固定資産価額とする利子込み法により処理することができる。

② 通常の賃貸借取引（リース対象資産以外）に係る方法に準じた会計処理を行う場合のリース物件の価格

　リース対象資産以外のリース物件については，利子込み法によりリース料総額をもって経費として処理することが原則である。

　通常の賃貸借取引に係る方法に準じた会計処理を行っている所有権移転外ファイナンス・リース取引についての注記事項記載例は以下のとおりである。

ア　平成21年4月1日以降に開始したリース取引

リース物件の種類	リース料総額	未経過リース料期末残高
教育研究用機器備品	××円	××円
管理用機器備品	××円	××円
車両	××円	××円
教育研究用消耗品	××円	××円

イ　平成21年3月31日以前に開始したリース取引

リース資産の種類	リース料総額	未経過リース料期末残高
教育研究用機器備品	××円	××円
管理用機器備品	××円	××円
車両	××円	××円

※文部科学省平成20年9月11日付20高私参第2号「リース取引に関する会計処理について（通知）」により，平成21年4月1日以降のリース取引について適用する。

(2)　オペレーティング・リース取引

通常の賃貸借取引に係る方法に準じた会計処理を行う。

第3章　経理規程の具体的作成

3　様式の作成例

（別表1）　　　　　　　　勘定科目一覧表

⑴　資金収支計算書記載科目

収入の部

大科目	小科目	科目別処理事項
学生生徒等納付金収入		学則に記載されている納付金をいう（在学を条件とし，所定の額を義務的かつ一律に納付すべきものをいう）。 保育料，教育費，学習費，指導料，学部教学費，教育充実費等で授業料とは別に徴収するものは，具体的小科目で表示する。
	授業料収入	授業料収入には，聴講料，補講料，教職課程履習費等を含む。
	入学金収入	
	実験実習料収入	実験実習の費用として徴収する収入をいう。 教員資格その他の資格を取得するための実習料を含む。
	施設設備資金収入	施設拡充費その他施設・設備の拡充，維持等のための資金として徴収する収入をいう。 施設設備費，施設費，設備費，施設拡充費，施設維持費等で徴収するものは具体的小科目で表示する。
	教材料収入	
	暖房費収入	
	○○○収入	その他給食費，光熱水費，図書費等で徴収したものは具体的名称で記載する。
手数料収入	入学検定料収入	その会計年度に実施する入学試験，編入学試験のために徴収する収入をいう。
	試験料収入	学科の移転（学内での学籍異動），追試験等のために徴収する収入をいう。 再試験料，転学部・転学科試験料等を含む。

— 97 —

大科目	小科目	科目別処理事項
寄付金収入	証明手数料収入	在学証明，成績証明等のために徴収するもので，通学証明手数料，諸証明手数料，調査書作成手数料，推薦書作成手数料等を含む。
	特別寄付金収入	用途指定のある寄付金をいう。指定寄付金，受配者指定寄付金，公益増進特定法人寄付金等で用途指定のあるものを含む。
	一般寄付金収入	用途指定のない寄付金をいう。
補助金収入		国，地方公共団体及びこれに準ずる機関から交付される補助金をいう。
	国庫補助金収入	日本私立学校振興・共済事業団からの補助金を含む。私立大学，短期大学等経常費補助金，私立大学等研究施設整備費補助金，私立大学研究設備整備費等補助金，私立大学等通信教育振興費助成補助金，産業・理科教育施設設備整備費補助金，私立学校施設整備費補助金，専修学校教育設備整備費補助金等を含む。
	地方公共団体補助金収入（具体的な地方公共団体名（例えば，東京都等）を付す）	地方公共団体からの補助金で，私立高等学校・中学校・小学校・幼稚園等経常費補助金，私立盲ろう養護学校等経常費補助金，私立通信制高等学校経常費補助金，私立高等学校定時制等教育振興費補助金，私立高等学校等特別奨学金補助金，私立幼稚園等園児保護者負担軽減事業費補助金，産業・理科教育施設設備費補助金，私立学校教育研究費補助金，私立高等学校交通遺児等授業料減免事業費補助金，私立学校等融資利子補給補助金，私立幼稚園教育振興事業費補助金，私立幼稚園心身障害児教育事業費補助金，専修学校専門課程研究用図書等整備費補助金，専修学校教育振興費補助金，専修学校教育設備整備費補助金，私立高等学校生徒収容対策補助金等を含む（幼稚園就園奨励費補助金は，通常預り金収入として経理する）。
	○○○補助金収入	区市町村からの結核予防補助金等は，その地方公共団体名を付して記載する。

第3章　経理規程の具体的作成

大科目	小科目	科目別処理事項
資産売却収入		固定資産に含まれない物品の売却収入を除く。
	施設売却収入	土地売却収入，建物売却収入等をいう。
	設備売却収入	
	有価証券売却収入	国債，地方債，社債，貸付信託，投資信託等有価証券の売却による収入をいう。
	その他の資産売却収入	車両売却収入，機器備品売却収入等をいう。
付随事業・収益事業収入		
	補助活動収入	総額で表示する場合に記載する（食堂，売店，寄宿舎，キャンプ，体育会，スクールバス等の売上高，販売手数料などの収入をいう。ただし，補助活動に伴う受取利息は資産運用収入とする）。
		教材・文具・制服等の販売収入及び販売手数料，スクールバス収入，校外活動収入，講座・講習会等収入，出版事業等収入，自動販売機手数料，海外又は国外研修・留学をカリキュラムに含めた場合の研修収入等を含む。
	補助活動事業収入	純額で表示する場合，収入超過のときに記載する。
	附属事業収入	病院，農場，研究所等の附属した機関からの収入をいう。
	受託事業収入	外部から委託を受けて行う試験・研究等の事業収入をいう。
受取利息・配当金収入	収益事業収入	認可されている収益事業会計からの繰入収入をいう。
	第3号基本金引当特定資産運用収入	第3号基本金引当特定資産の運用により生ずる収入をいう。
		定期預金利息，自由金利型定期預金利息，出資分配金，金銭信託利息，公社債利息，合同運用信託・公社債投資信託の分配金等を含む。
	その他の受取利息・配当金収入	預金，貸付金等の利息，株式の配当金等をいい，第3号基本金引当特定資産運用収入を除く。
		普通預金利息，定期預金利息，自由金利型定期預金利

— 99 —

大科目	小科目	科目別処理事項
雑収入		息，市場金利連動型預金利息，金銭信託利息，出資分配金，国債利息，中期国債ファンド分配金，転換社債利息，教職員住宅資金貸付利息，利付債券利息，割引債券利息，公社債利息，合同運用信託・証券投資信託・特定公益信託等の分配金等を含む。
		学校法人に帰属する上記の各収入以外の収入をいう。
	退職金社団（財団）交付金収入	退職金社団（財団）から退職金資金その他の交付を受けたときの収入をいう。
		私立大学退職金財団交付金収入は別科目で表示する。
	施設設備利用料収入	所有する有形固定資産の賃貸による収入をいう。
		校舎等使用料，設備使用料，グラウンド使用料，テニスコート使用料，野球場使用料，地代，駐車料，売店・食堂等の施設設備の賃貸料，教職員寮の家賃，学生生徒寮の家賃等を含む。
	廃品売却収入	消耗品等を売却したときの収入をいう。
	入学案内書頒布収入	入学案内書を販売したときの収入をいう。
	その他の雑収入	金額が多額になる場合は，特定事項を取り出して科目を設けるか又は注記をする。
		保険料取扱手数料，公衆電話取扱手数料，教育実習謝礼，電子コピー使用料等を含む。
借入金等収入		
	長期借入金収入	返済期限が貸借対照表日後1年を超える借入金をいう。
		日本私立学校振興・共済事業団借入金，東京都私学教育振興会等都道府県振興会借入金，金融機関等借入金，私立高等学校入学支度金貸付用借入金，私立学校アスベスト対策資金緊急借入金等を含む。
	短期借入金収入	返済期限が貸借対照表日後1年以内の借入金をいう。
	学校債収入	
前受金収入		翌年度入学の学生・生徒・児童に係る学生生徒等納付金収入その他の前受による収入をいう。

第3章　経理規程の具体的作成

大科目	小科目	科目別処理事項
その他の収入	授業料前受金収入	
	入学金前受金収入	
	実験実習料前受金収入	
	施設設備資金前受金収入	
	教材料前受金収入	
	寮費前受金収入	
		上記以外の収入で帰属収入になるものは含まれない。
	第2号基本金引当特定資産取崩収入	
	第3号基本金引当特定資産取崩収入	
	退職給与引当特定資産取崩収入	
	減価償却引当特定資産取崩収入	
	施設拡充引当特定資産取崩収入	
	施設設備維持引当特定資産取崩収入	
	○○○引当特定資産取崩収入	具体的な名称で記載する。
	前期末未収入金収入	前会計年度末における未収入金の当該会計年度における収入をいう。

— 101 —

大科目	小科目	科目別処理事項
	長期貸付金回収収入	入学支度金も含む。
	短期貸付金回収収入	
	預り金受入収入	総額で表示する場合に記載する。
	預り金収入	純額で表示する場合，受入額が支払額より多いときに記載する。
	収益事業元入金回収収入	収益事業に対する元入金を回収したときに記載する。
	立替金回収収入	
	仮払金回収収入	総額で表示する場合に記載する。
	仮払金収入	純額で表示する場合，回収額が支払額より多いときに記載する。
資金収入調整勘定		
	期末未収入金△	
	前期末前受金△	
前年度繰越支払資金		

第3章　経理規程の具体的作成

支出の部

大科目	小科目	科目別処理事項
人件費支出		
	教員人件費支出	教員（学長，校長，園長を含む。）に支給する本俸，期末手当，その他の手当（通勤手当を含む。）及び所定福利費をいう。所定福利費に該当する「私立学校教職員共済組合掛金」「退職金社団（財団）掛金（入会金，登録料を含む）」「私立大学退職金財団掛金」「労働者災害補償保険掛金」「雇用保険掛金」も含む。
	職員人件費支出	職員（アルバイト等の職員を含む。）に支給する本俸，期末手当及びその他の手当（通勤手当を含む。）並びに所定福利費をいう。所定福利費に該当する「私立学校教職員共済組合掛金」「退職金社団（財団）掛金（入会金，登録料を含む）」「私立大学退職金財団掛金」「労働者災害補償保険掛金」「雇用保険掛金」等も含む。
	役員報酬支出	理事及び監事に支払う報酬をいう（手当を含む）。
	退職金支出	
教育研究経費支出		教育研究のために要する経費をいう（学生生徒等募集費を除く）。
	消耗品費支出	教材用消耗品費，保健衛生用消耗品費，教材購入費，文房具，清掃関係消耗品，OA関係消耗品，印刷関係消耗品，その他の消耗品等を含む。
	光熱水費支出	電気料金，水道料金，ガス料金等をいう。
	旅費交通費支出	通勤手当は含まない。教員研修会等交通費，教員研修会宿泊費，教員研修会日当，駐車料金，通行料，タクシー代，海外出張支度金，海外出張旅費，海外出張日当等を含む。
	奨学費支出	支給又は減免した奨学金をいう（貸与した奨学金を除く）。交通遺児等授業料減免，留学生授業料減免等を含む。
	車両燃料費支出	車両用のガソリン代，オイル代等をいう。
	福利費支出	生徒，児童にかかる学校安全会掛金，傷害保険料，表

大科目	小科目	科目別処理事項
		彰記念品，見舞金，香典等をいう。
		学生生徒等への慶弔金，慶弔品代，学生生徒等への記念品代，日本体育学校健康センター共済掛金，学生生徒等に対する傷害保険料等を含む。
	通信運搬費支出	郵送料，電話料，電報料及び物品の運搬料等をいう。
	印刷製本費支出	教材等の印刷及び製本のための支出をいう。
		入学試験問題印刷代，教材印刷代，指導要録印刷代，健康診断に関する表簿印刷代，学生生徒等名簿名票等印刷代，研究紀要等印刷代，その他の教育用印刷代等を含む。
	出版物費支出	新聞，雑誌，書籍（図書に該当しないもの）等を購入したときの支出をいう。
	修繕費支出	施設設備等の修繕又はこれらの修繕用資材を購入したときの支出をいう。
	損害保険料支出	火災保険料等の損害保険料をいう。
	賃借料支出	施設設備等の賃借料をいう。
		借地料，家賃，備品等リース料，駐車場借用料，施設設備等借用料等を含む。
	公租公課支出	租税その他の賦課金をいう。
		消費税，印紙税，登録免許税，自動車税，その他の公租公課等を含む。
	諸会費支出	教育関係団体等に対する会費等をいう。
		加盟団体会費，教育振興会会費，校長会会費，その他諸会費等で主として教育研究に充てられるものを含む。
	会議費支出	会議に伴う茶菓子代，食事代等をいう。ただし，金額の僅少な場合に限る。
		職員会議食事代，入学試験選考会議食事代，その他教育諸会議食事代，会場賃借料等を含む。
	報酬・委託・手数料支出	報酬，料金（講演料，医師の検診料，施設設備の保全料等），業務委託料及び手数料をいう。
		廃棄物収集運搬料，校舎・校庭の委託清掃代，教育関係の弁護士報酬等を含む。

第3章　経理規程の具体的作成

大科目	小科目	科目別処理事項
管理経費支出	生徒活動補助金支出	生徒会，クラブ活動等，生徒児童の自主的活動に対する補助金をいう。大学における各種の学生活動（体育，文化活動等）に対する補助金は，別に「学生活動補助金支出」として記載する。
	補助活動仕入支出	総額で表示する場合に記載する（教育の一環として行われる給食等のための材料費を購入したときの支出をいう）。
	補助活動事業支出	純額で表示する場合に記載する（教育の一環として行われる給食等の収支が支出超過のときに記載する）。
	雑費支出	以上に該当しない諸雑費をいう。金額が多額になる場合は，特定事項を取り出して小科目を設けるか又は注記する。
		諸行事生花代，NHK受信料，クリーニング代等を含む。
		教育研究経費以外の経費支出をいう。
	消耗品費支出	文房具，清掃関係消耗品，OA関係消耗品，印刷関係消耗品，その他の消耗品等を含む。
	光熱水費支出	電気料金，水道料金，ガス料金，プロパンガス料金，白灯油代，重油代等をいう。
	旅費交通費支出	通勤手当は含まない。
		職員出張等交通費，職員出張等宿泊費，職員出張等日当，駐車料金，通行料，タクシー代，海外出張支度金，海外出張旅費，海外出張日当等を含む。
	車両燃料費支出	車両用のガソリン代，オイル代等をいう。
	福利費支出	教職員に対する所定福利費以外の福利費をいう。
		教職員への慶弔金，慶弔品代，永年勤続記念品代，教職員懇親会費，教職員に対する傷害死亡等保険料等を含む。
	通信運搬費支出	郵送料，電話料，電報料，運搬料等をいう。
	印刷製本費支出	封筒・葉書・便箋印刷代，学校案内印刷代，管理用各種帳票印刷代，法人諸行事案内印刷代，その他管理用印刷製本代等をいう。

— 105 —

大科目	小科目	科目別処理事項
	出版物費支出	新聞代，雑誌代，その他管理用出版物代等をいう。
	修繕費支出	教育研究用以外の建物及び付属設備修繕費，構築物修繕費，機器備品修繕費，車輌修繕費，その他の修繕費等をいう。
	損害保険料支出	教育研究用以外の建物及び付属設備に係る損害保険料，機器備品損害保険料，車両保険料，購買部商品火災保険料，その他の損害保険料等をいう。
	賃借料支出	借地料，家賃，施設設備等借用料，備品等リース料，駐車場借用料等をいう。
	公租公課支出	租税その他の賦課金をいう。
		消費税，印紙代，地方公共団体に納付する証紙代，国・地方公共団体等が法令に基づいて行う事務に係る手数料，特許料，申立て料その他の手数料で法令に基づくもの，登録免許税，固定資産税，不動産取得税，自動車税，収益事業に係る法人税，法人住民税，事業税等を含む。
	広報費支出	学生生徒児童募集に要する広告，宣伝費等をいう。学校案内広告代，その他新聞雑誌等への広告掲載料，広報用品代等を含む。
	諸会費支出	加盟団体会費，研修会参加費，科学団体分担金，その他諸会費等をいう。
	会議費支出	理事会等食事代，その他管理に伴う諸会議の食事代，会場賃借料等をいう。
	渉外費支出	交際費等をいう。
		他校行事への祝儀，外部関係者への慶弔金，外部関係者への慶弔品，中元・歳暮代等を含む。
	報酬・委託・手数料支出	公認会計士，弁護士等の報酬を含む。
		教育用以外の施設設備等保守料又は清掃料，振込手数料等を含む。
	補助活動仕入支出	総額で表示する場合に記載する（補助活動事業で販売する商品，製品の原材料等を購入したときの支出をいう）。

第3章　経理規程の具体的作成

大科目	小科目	科目別処理事項
借入金等利息支出	補助活動事業支出	純額で表示する場合に記載する（補助活動事業収支が支出超過のときに記載する）。
	雑費支出	法人諸行事雑物品代，NHK受信料等上記に属さない諸雑費を含む。
	借入金利息支出	日本私立学校振興・共済事業団借入金利息，都道府県振興会借入金利息，金融機関借入金利息等をいう。
借入金等返済支出	学校債利息支出	
	借入金返済支出	日本私立学校振興・共済事業団借入金返済，都道府県振興会借入金返済，金融機関借入金返済，入学支度金貸付用借入金返済，アスベスト対策資金緊急借入金返済等をいう。
施設関係支出	学校債返済支出	資金運用の目的で取得するものは含まない。
	土地支出	土地購入費，仲介手数料，測量費，造成費等をいう。
	建物支出	建物に付属する電気，給排水，暖房等の支出を含む。
	構築物支出	橋，トンネル，広告塔，スタンド，屋外プール，塀，庭園，舗装（道路，グラウンド等），浄化槽，井戸，煙突等建物以外のもので，土地に固定した建造物，工作物及びその付属物取得のための支出をいう。
	建設仮勘定支出	土地，建物，構築物，機械備品等を建設あるいは製作するときの完成までの支出をいう。
	借地権支出	地上権等を含む。
	施設利用権支出	電気供給施設利用権，ガス供給施設利用権，水道施設利用権等の取得のための支出をいう。
設備関係支出	教育研究用機器備品支出	耐用年数が1年以上で，その価格が一定金額以上の教育研究用のものをいう（少額重要資産も含む）。
	管理用機器備品支出	耐用年数が1年以上で，その価格が一定金額以上の教育研究用以外のものをいう。

大科目	小科目	科目別処理事項
資産運用支出	図書支出	書籍，フイルム，ビデオ，CD等の出版物等で長期間にわたって使用保存するものは，価額の多寡を問わず計上する。
	車両支出	普通乗用車購入代，スクールバス・貨物車購入代等をいう。
	電話加入権支出	加入料，電話設備負担金等をいう。
	立木支出	樹木に関する専門教育を行う場合に，その樹木を取得するための支出をいう。
	動物支出	動物に関する専門教育を行う場合に，その動物を取得するための支出をいう。
	ソフトウェア支出	ソフトウェアに係る支出のうち資産計上されるものをいう。
	有価証券購入支出	金融商品取引法第2条に定める有価証券を取得するための支出をいう。
	第2号基本金引当特定資産繰入支出	
	第3号基本金引当特定資産繰入支出	
	退職給与引当特定資産繰入支出	
	減価償却引当特定資産繰入支出	
	施設拡充引当特定資産繰入支出	
	施設設備維持引当特定資産繰入支出	
	○○○引当特定資産繰入支出	

第3章　経理規程の具体的作成

大科目	小科目	科目別処理事項
その他の支出	収益事業元入金支出	収益事業会計に対する元入金の繰入支出をいう。
	長期貸付金支払支出	入学支度金の貸付も含む。
	短期貸付金支払支出	
	手形債務支払支出	
	前期末未払金支払支出	
	預り金支払支出	総額で表示する場合に記載する。
	預り金支出	純額で表示する場合，支払額が受入額より多いときに記載する。
	前払金支払支出	
	立替金支払支出	
	仮払金支払支出	総額で表示する場合に記載する。
	仮払金支出	純額で表示する場合，支払額が回収額より多いときに記載する。
〔予備費〕 資金支出調整勘定		
	期末未払金△	
	前期末前払金△	
	期末手形債務△	
翌年度繰越支払資金		

(注)　1　小科目については，適当な科目を追加し，又は細分することができる。
　　　2　小科目に追加する科目は，形態分類による科目でなければならない。ただし，形態分類によることが困難であり，かつ，金額が僅少なものについては，この限りでない。
　　　3　大科目と小科目の間に適当な中科目を設けることができる。
　　　4　都道府県知事所轄学校法人にあっては，教育研究経費支出の科目及び管理経費支出の科目に代えて，経費支出の科目を設けることができる。
　　　5　都道府県知事所轄学校法人にあっては，教育研究用機器備品支出の科目及び管理用機器備品支出の科目に代えて，機器備品支出の科目を設けることができる。

(2) 事業活動収支計算書記載科目

		大科目	小科目	科目別処理事項
教育活動収支	事業活動収入の部	学生生徒等納付金		在学を条件として，所定の額を義務的かつ一律に納付すべきものをいう。
			授業料	聴講料，補講料等を含む。
			入学金	
			実験実習料	実験実習の費用として徴収する収入をいい，教員資格その他の資格を取得するための実習料を含む。
			施設設備資金	施設拡充費その他施設・設備の拡充，維持等のための資金として徴収する収入をいう。
			教材費	
			暖房費	
			○○○	具体的な名称で記載する。
		手数料	入学検定料	その会計年度に実施する入学試験のために徴収する収入をいう。
			試験料	編入学，追試験等のために徴収する収入をいう。
			証明手数料	在学証明，成績証明等の証明のために徴収する収入をいう。
		寄付金	特別寄付金	施設設備寄付金以外の用途指定のある寄付金をいう。
			一般寄付金	用途指定のない寄付金をいう。
			現物寄付	施設設備以外の現物資産等の受贈額をいう。
		経常費等補助金		施設設備補助金以外の補助金をいう。
			国庫補助金	日本私立学校振興・共済事業団からの補助金を含む。
			地方公共団体補助金	
			○○補助金	各都道府県，区市町村からの補助金があれば，その地方公共団体名を付して記載する。

第3章　経理規程の具体的作成

		大科目	小科目	科目別処理事項
事業活動収入の部		付随事業収入		
			補助活動収入	食堂，売店，寄宿舎等教育活動に付随する活動に係る事業の収入をいう。
			附属事業収入	附属機関（病院，農場，研究所等）の事業の収入をいう。
			受託事業収入	外部から委託を受けた試験・研究による収入をいう。
		雑収入		施設設備利用料，廃品売却収入その他学校法人の負債とならない上記の各収入以外の収入をいう。
			施設設備利用料	
			廃品売却収入	売却する物品に帳簿残高がある場合には，売却収入が帳簿残高を超える額をいう。

		大科目	小科目	科目別処理事項
教育活動収支	事業活動支出の部	人件費		
			教員人件費	教員（学長，校長又は園長を含む。以下同じ。）に支給する本俸，期末手当及びその他の手当並びに所定福利費をいう。
			職員人件費	教員以外の職員に支給する本俸，期末手当及びその他の手当並びに所定福利費をいう。
			役員報酬	理事及び監事に支払う報酬をいう。
			退職給与引当金繰入額	
			退職金	退職給与引当金への繰入れが不足していた場合には，当該会計年度における退職金支払額と退職給与引当金計上額との差額を退職金として記載するものとする。
		教育研究経費		教育研究のために支出する経費（学生，生徒等を募集するために支出する経費を除く。）をいう。
			消耗品費	
			光熱水費	電気，ガス，又は水の供給を受けるために支出する経費をいう。

— 111 —

		大科目	小科目	科目別処理事項
教育活動収支	事業活動支出の部	管理経費	旅費交通費	
			奨学費	貸与の奨学金を除く。
			減価償却額	教育研究用減価償却資産に係る当該会計年度分の減価償却額をいう。
			消耗品費	
			光熱水費	
			旅費交通費	
			減価償却額	管理用減価償却資産に係る当該会計年度分の減価償却額をいう。
		徴収不能額等	徴収不能引当金繰入額	
			徴収不能額	徴収不能引当金への繰入れが不足していた場合には，当該会計年度において徴収不能となった金額と徴収不能引当金上額との差額を徴収不能額として記載するものとする。
		大科目	小科目	科目別処理事項
教育活動外収支	事業活動収入の部	受取利息・配当金		
			第3号基本金引当特定資産運用収入	第3号基本金引当特定資産の運用により生ずる収入をいう。
			その他の受取利息・配当金	預金，貸付金等の利息，株式の配当金等をいい，第3号基本金引当特定資産運用収入を除く。
		その他の教育活動外収入	収益事業収入	収益事業会計からの繰入収入をいう。

— 112 —

		大科目	小科目	科目別処理事項
教育活動外収支	事業活動支出の部	借入金等利息	借入金利息 学校債利息	
		その他の教育活動外支出		
		大科目	小科目	科目別処理事項
特別収支	事業活動収入の部	資産売却差額		資産売却収入が当該資産の帳簿残高を超える場合のその超過額をいう。
		その他の特別収入	施設設備寄付金 現物寄付 施設設備補助金 過年度修正額	施設設備の拡充等のための寄付金をいう。 施設設備の受贈額をいう。 施設設備の拡充等のための補助金をいう。 前年度以前に計上した収入又は支出の修正額で当年度の収入となるもの。
		大科目	小科目	科目別処理事項
	事業活動支出の部	資産処分差額		資産の帳簿残高が当該資産の売却収入金額を超える場合のその超過額をいい，除却損又は廃棄損を含む。
		その他の特別支出	災害損失 過年度修正額	前年度以前に計上した収入又は支出の修正額で当年度の支出となるもの。
〔予備費〕				
基本金組入前当年度収支差額				
基本金組入額合計△				
当年度収支差額				
前年度繰越収支差額				
基本金取崩額				
翌年度繰越収支差額				

(注)　1　小科目については，適当な科目を追加し，又は細分することができる。

　　　2　小科目に追加する科目は，形態分類による科目でなければならない。ただし，形態分類によることが困難であり，かつ，金額が僅少なものについては，この限りでない。

　　　3　大科目と小科目の間に適当な科目を設けることができる。

　　　4　都道府県知事所轄学校法人にあっては，教育研究経費の科目及び管理経費の科目に代えて，経費の科目を設けることができる。

(3) 貸借対照表記載科目

資産の部

大科目	中科目	小科目	科目別処理事項
固定資産			
	有形固定資産		貸借対照表日後1年を超えて使用される資産をいう。耐用年数が1年未満になっているものであっても使用中のものを含む。
		土地	
		建物	建物に附属する電気，給排水，暖房等の設備を含む。
		構築物	プール，競技場，庭園等の土木設備又は工作物をいう。
		教育研究用機器備品	標本及び模型を含む。
		管理用機器備品	
		図　書	
		車　両	
		立　木	減価償却は行わないで使用に耐えられない等の際はそのつど廃棄する。
		動　物	〃
		建設仮勘定	建設中又は製作中の有形固定資産をいい，工事前払金，手付金等を含む。
	特定資産		使途が特定された預金等をいう。
		第2号基本金引当特定資産	第2号基本金に係る預金等をいう。
		第3号基本金引当特定資産	第3号基本金に係る預金等をいう。
		退職給与引当特定資産	
		減価償却引当特定資産	

第3章　経理規程の具体的作成

大科目	中科目	小科目	科目別処理事項
流動資産	その他の固定資産	施設拡充引当特定資産 施設設備維持引当特定資産 ○○○引当特定資産	
		借地権	地上権を含む。
		電話加入権	専用電話，加入電話等の設備に要する負担金額をいう。
		施設利用権 ソフトウェア	
		有価証券	長期に保有する有価証券をいう。
		収益事業元入金	収益事業に対する元入額をいう。
		長期貸付金	その期限が貸借対照表日後1年を超えて到来するものをいう。
		定期預金・金銭信託等	満期日が貸借対照表日後1年を超えるものをいう（支払資金となるものを除く）。
		現金預金	
		未収入金	学生生徒等納付金，補助金等の貸借対照表日における未収額をいう（徴収不能引当金は別科目として処理し，決算で相殺する）。
		貯蔵品	消耗品等で未使用のものをいい，減価償却の対象となる長期的な使用資産を除く。
		短期貸付金	その期限が貸借対照表日後1年以内に到来するものをいう。
		有価証券	売買目的有価証券及び貸借対照表日の翌日から起算して1年以内に満期の到来する有価証券をいう。

— 115 —

大科目	中科目	小科目	科目別処理事項
		販売用品	補助活動事業の販売用品，原材料等の期末たな卸高を記載する。
		前払金	
		立替金	
		仮払金	科目が確定しない場合，又は概算払で金額が確定しない場合に記載する。

負債の部

大科目	小科目	科目別処理事項
固定負債	長期借入金	返済期限が貸借対照表日後1年を超えて到来するものをいう。
	学校債	同　上
	長期未払金	支払期限が貸借対照表日後1年を超えて到来するものをいう。
	長期預り金	貸借対照表日後1年を超える期間預かるものをいう。
	退職給与引当金	退職給与規程等による計算に基づく退職給与引当額をいう。
流動負債	短期借入金	返済期限が貸借対照表日後1年以内の長期借入金も含める。
	1年以内償還予定学校債	返済期限が貸借対照表日後1年以内のものをいう。
	手形債務	物品の購入のために振り出した手形上の債務に限る。
	未払金	
	前受金	
	預り金	教職員の源泉所得税，社会保険料等の預り金をいう。
	仮受金	取引の内容が不明である場合又は金額が確定しない場合に記載する。

第3章　経理規程の具体的作成

純資産の部

大科目	小科目	備　考
基本金	第1号基本金	第30条第1項第1号に掲げる額に係る基本金をいう。
	第2号基本金	第30条第1項第2号に掲げる額に係る基本金をいう。
	第3号基本金	第30条第1項第3号に掲げる額に係る基本金をいう。
	第4号基本金	第30条第1項第4号に掲げる額に係る基本金をいう。
繰越収支差額	翌年度繰越収支差額	

(注)　1．小科目については，適当な科目を追加し，又は細分することができる。

　　　2．都道府県所轄学校法人にあっては，教育研究用機器備品の科目及び管理用機器備品の科目に代えて，機器備品の科目を設けることができる。

(計算書類等作成上の留意事項)

　計算書類等の作成においては，次の事項に留意すること。

1　勘定科目と記載科目について

　学校法人会計基準には，勘定科目と記載科目とがある。

　勘定科目とは，学校法人が日常の会計処理が行いやすいように自由に設定してよい科目（経理規程で定める。）である。また，記載科目とは，学校法人会計基準により設定された科目であり，例えば東京都では，これを処理標準（記載科目）（別掲14生文私行第2421号参照）として設定している。

　従って，東京都へ届出する等の計算書類の作成にあたっては，次のことに注意すること。

(1)　大科目の作成は，学校法人においては絶対に他の科目を設定できないものであり，必ず処理標準の大科目によって処理すること。

(2)　小科目については，原則として処理標準の小科目で処理すること。

　(注)　日常の取引は大部分のものが処理標準の小科目で処理できると思われるが，必ずしもすべての取引を予想したものではない。

— 117 —

従って，処理標準科目で処理するのが困難と認められるものは，学校法人が適切
　　　な科目を設定し処理してよい。

(3)　計算書類の様式は，学校法人会計基準（昭和46年4月1日文部省令第18号，
　　最終改正平成25年4月22日文科省令第15号）の第一号様式から第十号様式までに
　　従って作成すること。

2　教育研究経費と管理経費の区分について

　　教育研究経費（経常費補助対象）と管理経費の区分については，昭和46年11
　月27日付，雑管第118号旧文部省管理局長通知（東京都知事所轄学校法人におい
　ては，それを受けた昭和58年11月1日付，58総学二第398号の東京都通知）によること
　となっている。

　　しかし，これらの通知によっても区分することがなお極めて困難な場合に
　は，学校法人の実状を総合的に勘案し，各学校法人の判断で最も妥当と思わ
　れる方法により処理して差支えない。

3　計算書類の注記事項の記載方法について

　　引当金の計上基準その他の計算書類の作成に関する注記事項として，次の
　事項を記載することとなっているので，必ずこれに従って処理すること（会
　計基準第34条）。

(1)　貸借対照表

　　ア　重要な会計方針

　　イ　重要な会計方針の変更等

　　ウ　減価償却額の累計額の合計額

　　エ　徴収不能引当金の合計額

　　オ　担保に供されている資産の種類及び額

　　カ　翌年度以後の会計年度において基本金への組入れを行うこととなる金
　　　額

　　キ　当該会計年度の末日において第4号基本金に相当する資金を有してい
　　　ない場合のその旨と対策

第3章　経理規程の具体的作成

　　ク　ファイナンス・リース取引については，リース料総額の僅少なものを
　　　除き注記する（JICPA報告第41号）。

　　ケ　子会社等に出資した場合は，出資先別にその概要を注記する（平成14.
　　　1.7文科省通知13高私参第1号）。

　　コ　退職給与引当金の計上基準について注記する（JICPA実務指針第44号）。

(2)　固定資産明細表

　　贈与，災害による廃棄その他特殊な事由による増加若しくは減少があった
　場合又は同一科目について資産総額の$\frac{1}{100}$に相当する金額（その額が3,000万円
　を超える場合には，3,000万円）を超える額の増加若しくは減少があった場合には，
　それぞれの事由を摘要の欄に記載する。

(3)　借入金明細表

　　摘要の欄には，借入金の使途及び担保物件の種類を記載する。

(4)　基本金明細表

　　ア　当期組入高及び当期取崩高については，組入れ及び取崩しの原因とな
　　　る事実ごとに記載する。

　　イ　学校法人会計基準第30条第2項の規定により，翌会計年度以後の会計
　　　年度において基本金への組入れを行うこととなる金額がある場合には，
　　　その金額を摘要の欄に記載するものとする（昭和56.11.2東京都通知総学二
　　　第284号）。

〈参考資料〉

（小・中・高法人対象）
　　学校法人理事長　殿

26生私行第3111号
平成27年1月30日
東京都生活文化局私学部長

学校法人会計基準の処理標準（記載科目）の改正等について（通知）

　平成25年文部科学省令第15号により，学校法人会計基準（昭和46年文部省令第18号。以下「基準」という。）の一部が改正されたことに伴い，東京都知事が所轄する学校法人（幼稚園のみを設置する法人を除く。）の処理標準（記載科目）を別紙のとおり改正しますので，下記事項に留意のうえ，事務処理方よろしくお取り計らい願います。

　なお，改正後の基準及び本通知は，平成28年度以降の会計年度に係る会計処理及び計算書類の作成について適用してください。

記

留意事項
　東京都へ届出する計算書類等の作成においては，次の事項に留意すること。
1　記載科目について
　⑴　大科目は，学校法人において任意に設定することが認められないものであるため，必ず処理標準に示す科目を使用すること。
　⑵　小科目については，原則として処理標準に示す科目を使用するものとするが，必要に応じて学校法人において適切な科目を設定し，処理してよいこと。
2　計算書類について
　　計算書類は，改正後の基準に定める様式により，各様式に示された注記に従って作成すること。
　　ただし，活動区分資金収支計算書（第四号様式）については，作成を要しない。
　　また，高等学校を設置しない法人は，基本金明細表（第十号様式）の作成を要しない。
（以下略）

— 120 —

第3章　経理規程の具体的作成

（幼稚園法人対象）
　　学校法人理事長　殿

26生私行第3111号
平成27年1月30日
東京都生活文化局私学部長

学校法人会計基準の処理標準（記載科目）の改正等について（通知）

　平成25年文部科学省令第15号により，学校法人会計基準（昭和46年文部省令第18号。以下「基準」という。）の一部が改正されたことに伴い，東京都知事が所轄する幼稚園法人の処理標準（記載科目）を別紙のとおり改正しますので，下記事項に留意のうえ，事務処理方よろしくお取り計らい願います。

　なお，改正後の基準及び本通知は，平成28年度以降の会計年度に係る会計処理及び計算書類の作成について適用してください。

記

留意事項
　東京都へ届出する計算書類等の作成においては，次の事項に留意すること。
1　記載科目について
　⑴　大科目は，学校法人において任意に設定することが認められないものであるため，必ず処理標準に示す科目を使用すること。
　⑵　小科目については，原則として処理標準に示す科目を使用するものとするが，必要に応じて学校法人において適切な科目を設定し，処理してよいこと。
　⑶　改正後の基準別表第一の注記4及び5，同第二の注記4並びに同第三の注記2の記載にかかわらず，教育研究経費（支出）及び管理経費（支出）並びに教育研究用機器備品（支出）及び管理用機器備品（支出）の各科目については，私立学校経常費補助の補助対象経費を明確に示す必要から，処理標準に示すとおりの科目を使用すること。
2　計算書類について
　　計算書類は，改正後の基準に定める様式により，各様式に示された注記に従って作成すること。
　　ただし，活動区分資金収支計算書（第四号様式）及び基本金明細表（第十号様式）については，作成を要しない。
（以下略）

－ 121 －

（別表2）

固 定 資 産 耐 用 年 数 表

種　　類		構　　造　　等	耐用年数
建 物	建　　　　　物	鉄筋・鉄骨コンクリート造 ブロック造，レンガ造，石造 金　属　造 木　　　造 簡　易　建　物	50年 40 30 20 10
	建 物 付 属 設 備	電　気　設　備 冷暖房ボイラー設備 昇降機設備 給排水衛生設備 消火災害報知設備 簡易間仕切	15 15 15 15 10 5
構　　　築　　　物		鉄筋コンクリート造 コンクリート造 金　属　造 そ　の　他	30 15 15 10
教 育 研 究 用 機 器 備 品 管 理 用 機 器 備 品		構造，用途，使用状況等に応じて，右 欄の耐用年数を選択適用するものとす る。	15 10 5
車　　　　　　　　両			5
施　設　利　用　権			15

(注)　1.付属病院，研究所等の機器備品については，別途考慮することができる。
　　　　2.この表にない資産又はこの表の区分により難い資産については，学校法人が別途
　　　　　定めるものとする。
　　　　3.この表は JICPA 報告第28号による。

附則（平成13年5月14日改正）

　この改定規定は，平成14年4月1日以降開始する事業年度から適用する。

　（耐用年数の変更に際しては，現に保有している資産についても改訂した耐用年数を採用

し，当該資産の取得価額を基準に改訂後の新耐用年数によって年間償却額を計算することに

なる。）

〔解　説〕

(1)　固定資産の耐用年数は，学校法人が固定資産の使用状況等を勘案して自

— 122 —

主的に決定すべきものであるが，「減価償却資産の耐用年数等に関する省令」（財務省令）又は参考として前掲の「固定資産の耐用年数表」によっている場合も，妥当な会計処理として取り扱うものとする。

(2)　有形固定資産の減価償却額の計算に当たっては，残存価額を零として行った場合であっても，妥当な会計処理として取り扱うものとする。この場合，最終年度に備忘価額を付するものとする。

(3)　会計年度の中途で取得した固定資産に係る減価償却額の計算は，p.87参照。

(4)　機器備品（主として，机，椅子等）の減価償却について，取得年度ごとに同一耐用年数のものをグループ化し，一括して毎会計年度償却をし，耐用年数の最終年度に当該機器備品について，現物の有無にかかわらず一括除去処理をする方法を採用する場合においても，妥当な会計処理として取り扱うものとする。

(5)　減価償却に係る会計処理について（固定資産の耐用年数を含む。），本取扱いによるために変更が行われた場合は，正当な理由に基づく変更と認めるものとする。

(6)　減価償却に関して所轄庁から学校法人に対して，本取扱いと異なる指示がある場合には，その指示に従うものとし，その場合は，妥当な会計処理として取り扱うことができる。

(別表 3 - 1)
〔平成　年度分用〕

減価償却明細表 (個別償却用)

教育研究用機器備品　管理用機器備品

法人名

平成　年 3 月31日
（単位：円）

部 門		取得年月日	耐用年数	取 得 価 額	過年度償却累計		期首帳簿価額	当期償却額（　年度分）	期末帳簿価額	備 考
科目又は部門	細目				経過年数	年度末迄				
計										

（齋藤力夫　作成）

第3章　経理規程の具体的作成

（別表3−2）　減価償却明細表（取得年度別グループ償却用 — 取得年度別総合償却ともいう）

[平成　年度分用]

教育研究用機器備品　管理用機器備品　　　（耐用年数　　　年）

法人名

平成　　年3月31日

（単位：円）

部　門			過年度償却累計					年度中廃棄除却			
取　得　年　度	取　得　価　額		経過年数	年度末迄	期首帳簿価額	当期償却額（　年度分）	期末帳簿価額	件　数	取得価額	償却累計	備　考
平成　　　年度分											
平成　　　年度分											
平成　　　年度分											
平成　　　年度分											
平成　　　年度分											
平成　　　年度分											
平成　　　年度分											
平成　　　年度分											
平成　　　年度分											
平成　　　年度分											
平成　　　年度分											
合　　　　計											

（注1）　年度中廃棄除却に記入した金額は、左欄償却計算より除外すること。
（注2）　総合償却は会計上、年度別グループ償却という。

（齋藤力夫 作成）

（別表４）
〔年度分用〕

退職給与引当金計算表

平成　　年　　月　　日　現在

法人名

所属	氏名	勤続年数	支給率	基礎額	退職金要支給額	社団(財団)交付金	差引法人負担額	備考

（注）
1．引当金算定方法を貸借対照表に記載する。
2．差引法人負担額がマイナスになるときは、これを零とする。これは退職金団体の業務規定により、交付金額を下回って支給する場合は、返還を求められるからである。
3．大学の場合は、算定式が異なるのに留意する。

（齋藤力夫 作成）

第3章　経理規程の具体的作成

(別表5−1)　　　資　金　収　支　月　計　表

平成　　年　　月　　日〜平成　　年　　月　　日

支 出 科 目	当月実算	累		計	収入科目	当月実算	累		計
		実　算	予　算	予算残高			実　算	予　算	予算残高
教員人件費支出	円	円	円	円	前月繰越支払資金	円	円	円	円
職員人件費支出					授 業 料 収 入				
役 員 報 酬 支 出					入 学 金 収 入				
退 職 金 支 出					施設設備資金収入				
教 材 費 支 出					教 材 費 収 入				
消 耗 品 費 支 出					入学検定料収入				
光 熱 水 費 支 出					地 方 公 共 団 体 補 助 金 収 入				
旅 費 交 通 費 支 出					受 取 利 息 収 入				
交 際 費 支 出					施設設備利用料収入				
通 信 費 支 出					土 地 売 却 収 入				
保 険 費 支 出					機器備品売却収入				
保 険 衛 生 費 支 出					有価証券売却収入				
研 修 費 支 出					補 助 活 動 収 入				
行 事 費 支 出					雑 収 入				
修 繕 工 事 費 支 出					長 期 借 入 金 収 入				
公 租 公 課 支 出					短 期 借 入 金 収 入				
会 費 支 出					前 受 金 収 入				
福 利 費 支 出					退職給与引当特定 預金からの繰入収入				
補 助 活 動 支 出					前期未収入金収入				
借 入 金 利 息 支 出					貸 付 金 回 収 収 入				
長期借入金返済支出					預 り 金 受 入 収 入				
短期借入金返済支出					仮 払 金 収 入				
機 器 備 品 支 出					期 末 未 収 入 金				
図 書 支 出					前 期 末 前 受 金				
土地取得引当特定 預金への繰入支出									
退職給与引当特定 預金への繰入支出									
貸 付 金 支 払 支 出									
前 期 末 未 払 金 支 払 支 出									
預 り 金 支 払 支 出									
前 払 金 支 払 支 出									
期 末 未 払 金									
次月繰越支払資金									
合 計					合 計				

(注)　前月繰越支払資金の累計実算の欄には，毎月，前年度繰越支払資金の額と同額を記入すること。また，次
月繰越支払資金の当月実算の欄には，同累計実算の額と同額を記入すること。

(齋藤力夫　作成)

(別表5－2)　　　　　　　　**総勘定元帳残高試算表**　　　　　平成　年　月　日

借　方　科　目	残　　高	貸　方　科　目	残　　高
土　　　　　地	円	長　期　借　入　金	円
建　　　　　物		学　　校　　債	
構　　築　　物		長　期　未　払　金	
教育研究用機器備品		長　期　預　り　金	
管 理 用 機 器 備 品		退 職 給 与 引 当 金	
図　　　　　書		減 価 償 却 引 当 金	
車　　　　　両			
建　設　仮　勘　定			
第2号基本金引当特定資産		短　期　借　入　金	
第3号基本金引当特定資産		1年以内償還予定学校債	
退職給与引当特定資産		手　形　債　務	
減価償却引当特定資産			
施設拡充引当特定資産		未　　払　　金	
借　　地　　権		前　　受　　金	
電　話　加　入　権		預　　り　　金	
施　設　利　用　権		徴 収 不 能 引 当 金	
ソ フ ト ウ ェ ア			
有　価　証　券			
収 益 事 業 元 入 金			
長　期　貸　付　金			
定期預金・金銭信託等			
現　金　預　金			
未　　収　　金			
貯　　蔵　　品			
短　期　貸　付　金			
有　価　証　券		第　1　号　基　本　金	
販　売　用　品		第　2　号　基　本　金	
前　　払　　金		第　3　号　基　本　金	
立　　替　　金		第　4　号　基　本　金	
仮　　払　　金		翌年度繰越収支差額	
小　　　　　計		小　　　　　計	
教　員　人　件　費		授　　業　　料	
職　員　人　件　費		入　　学　　金	
役　員　報　酬		実　験　実　習　料	
退職給与引当金繰入額		施　設　設　備　資　金	
退　　職　　金		教　　材　　費	
		暖　　房　　費	
(教)消　耗　品　費			
光　熱　水　費		入　学　検　定　料	
旅　費　交　通　費		試　　験　　料	
奨　　学　　費		証　明　手　数　料	
車　両　燃　料　費			
福　　利　　費		特　別　寄　付　金	
通　信　運　搬　費		一　般　寄　付　金	
印　刷　製　本　費		現　　物　　寄　　付	

第3章　経理規程の具体的作成

借　方　科　目	残　　高	貸　方　科　目	残　　高
出　版　物　費			
修　　繕　　費		国　庫　補　助　金	
損　害　保　険　料		地 方 公 共 団 体 補 助 金	
賃　　借　　料			
公　租　公　課		補　助　活　動　収　入	
諸　　会　　費		附　属　事　業　収　入	
会　　議　　費		受　託　事　業　収　入	
報酬・委託・手数料			
生 徒 活 動 補 助 金		退 職 金 社 団 交 付 金 収 入	
補 助 活 動 事 業 支 出		施　設　設　備　利　用　料	
雑　　　　　　費		廃　品　売　却　収　入	
減　価　償　却　額		そ　の　他　の　雑　収　入	
(管)消　耗　品　費		第3号基本金引当特定資産運用収入	
光　熱　水　費		その他の受取利息・配当金	
旅　費　交　通　費		収　益　事　業　収　入	
車　両　燃　料　費			
福　　利　　費		資　産　売　却　差　額	
通　信　運　搬　費		有　価　証　券　売　却　差　額	
印　刷　製　本　費			
出　版　物　費		施　設　設　備　寄　付　金	
修　　繕　　費		現　　物　　寄　　付	
損　害　保　険　料		施　設　設　備　補　助　金	
賃　　借　　料		過　年　度　修　正　額	
公　租　公　課			
広　　報　　費			
諸　　会　　費		基　本　金　組　入　額（△）	△
会　　議　　費			
渉　　外　　費			
報酬・委託・手数料			
補 助 活 動 事 業 支 出			
雑　　　　　　費			
デ リ バ テ ィ ブ 解 約 損			
減　価　償　却　額			
徴 収 不 能 引 当 金 繰 入 額			
徴　収　不　能　額			
借　入　金　利　息			
学　校　債　利　息			
資　産　処　分　差　額			
有　価　証　券　処　分　差　額			
災　　害　　損　　失			
過　年　度　修　正　額			
小　　　計		小　　　計	
合　　　計		合　　　計	

— 129 —

(別表 5 － 3)

部 門 別 共 通 費 配 分 基 準

(1) 配分基準及び配分比率一覧表 （例）

平成　年 5 月 1 日

配分基準 ＼ 部門	学校法人	高等学校	中 学 校	合　　計
1　在 学 者 数 （比　率）	———	（　　）	（　　）	人 (100%)
2　教　員　数 （比　率）		（　　）	（　　）	人 (100%)
3　職　員　数 （比　率）	（　　）	（　　）	（　　）	人 (100%)
4　教 職 員 数 （比　率）	（　　）	（　　）	（　　）	人 (100%)
5　校舎使用面積 （比　率）	（　　）	（　　）	（　　）	㎡ (100%)

(2) 科目別配分表 （例）

原則として下記科目以外は在学者数比によるものとする。

項　　目	配 分 基 準
収 入 項 目 1．受 取 利 息 配 当 金 　………………………… 　…………………………	特　　例　　配　　分
支 出 項 目 1．光　　熱　　水　　費 　　　　　光 熱 水 費 料 　　　　　教職員寮関係費 2．通　　　信　　　費 3．減　価　償　却　額 　………………………… 　………………………… 9．借　入　金　利　息	 校　舎　使　用　面　積 教　　職　　員　　数 教　　職　　員　　数 校　舎　使　用　面　積 特　　例　　配　　分

(3) 人員配属一覧表 （例）

部　　門	教職区分	氏　　名	年度支給額	摘　　要
学　校　法　人	職　員 〃 計			
高　等　学　校	教員			

(注)　各部門に兼務している職員及び各部門に発令のない場合又は各学部兼任，
　　　中高兼任の教員の所属を明らかにする。

第3章　経理規程の具体的作成

（別表6－1）

基 本 金 組 入 額 総 括 表

法人名又は部門名	

平成　年3月31日（単位：円）

30条1項	科　　　目	A 要組入額	B 組入済額	C(A−B) 未組入額	未組入額の内訳				摘　要
					借入金	学校債	未払金	支払手形	
第1号基本金 対 象 資 産	土　　　　　　　地 建物(付属設備も含む) 構　　築　　物 教育研究用機器備品 管 理 用 機 器 備 品 図　　　　　　　書 車　　　　　　　両 建 設 仮 勘 定 借　　地　　権 電 話 加 入 権 施 設 利 用 権 小　　　計								
第2号基本金 対 象 資 産	施設拡充引当特定資産	−							
第3号基本金 対 象 資 産	基金として保持する額	−							
第4号基本金 対 象 資 産	恒　常　的　資　金								
	合　　　計	−							

（注）　次年度基本金組入額（除却超過分）はA欄に※印で各行上段に記入する。

（齋藤力夫　作成）

— 131 —

（別表6－2）

基 本 金 台 帳

固定資産台帳番号

部門名		資　産	種　　　類				
			名称又は所在地				

年月日	取得価額	未　組　入　額				組入額	備　　考
		借　入　金	未　払　金	そ　の　他	残　　高		

※　未組入額のない場合は，固定資産台帳で兼用することができる（東京都通知例）。

第3章　経理規程の具体的作成

（別表7）

稟　議　書

平成　年　月　日

受信者　　　　　　　　殿

起案部署＿＿＿＿＿＿＿＿＿＿

起案者＿＿＿＿＿＿＿＿　印

下記の案件について，ご検討の上，ご承認くださるよう伺います。

記号		部門部課長	部門責任者	常務理事	理　事　長
番号　　　　　号		年　月　日	年　月　日	年　月　日	年　月　日
案　件					
理由又は趣旨					
実施時期（又は支払い予定日）					

決　裁　者　意　見	否決の場合その理由

（注）　稟議書には，必要な証拠書類を添付すること。

第4章　資産運用規程

　学校法人の資産運用については，近年，マスコミに大きく報道された一部私立大学におけるデリバティブ損失（X大学220億円，Y大学150億円，Z大学140億円など）が問題化し，文部科学省は文部科学省所轄学校法人理事長宛に「学校法人における資産運用について（20高私参第7号，平成21.1.6）」の通知を発出し，必要な規程を整備等するよう注意を促した。以下，通知の全文である。

　　　　　　　　　　　　　　　　　　　　　　　　　　　20高私参第7号
　　　　　　　　　　　　　　　　　　　　　　　　　　　平成21年1月6日

文部科学大臣所轄各学校法人理事長　殿

　　　　　　文部科学省高等教育局私学部参事官

　　　　　　　　　　豊　岡　宏　規

　　　　　　　　　　　　　　　　　　　　　　　　　　　（印影印刷）

　　　　　学校法人における資産運用について（通知）

　学校法人における資産運用については，寄附行為及びこれに基づく関連

第4章　資産運用規程

諸規程等に則って各学校法人の責任において行われているところですが，現下の国際金融情勢等を受け，各学校法人に対し，資産運用に関する注意を喚起する観点から，このたび，学校法人運営調査委員会（文部科学省組織規則（平成13年文部科学省令第1号）第45条に規定する学校法人運営調査委員の会議をいう。）において，別紙のとおり「学校法人の資産運用について」（意見）が取りまとめられました。

　ついては，この意見の趣旨を十分御理解いただき，現状の再点検，必要な規程の整備等に努めていただくようお願いします。

［別紙］

平成21年1月6日

学校法人運営調査委員会

「学校法人の資産運用について」（意見）

　一般に学校法人がどのような方法で資産の運用を行うかについては，各学校法人が寄附行為や関連諸規程等に従い，自らの責任において決定するものである。その際，資産の効率的な運用を図ることが一般論としては求められるが，一方で，学校法人の資産は，その設置する学校の教育研究活動を安定的・継続的に支えるための大切な財産であるため，運用の安全性を重視することが求められることは言うまでもない。学校法人の運営は，学生生徒等の納付金，善意の浄財である寄附金，国民の税金からなる補助金によって支えられていることを忘れてはならない。

　学校法人の資産運用の形態としては，預金や公共債（国債・地方債・政府保証債）等の保有のほか，近年，仕組債やデリバティブ（金融派生商品）取引などの新たな金融商品による運用も目立つようになっている。特に，デ

リバティブ取引は，金融の自由化，国際化の流れの中で，金融・証券市場で大きく拡大しており，市場における金利や為替の変動リスク回避の手段として利用されるほか，それ自体が投資目的としても利用され，少ない投資金額で多額の利益を得うる反面，多大の損失を被るリスクもあるとされる。仕組債も一般にデリバティブが組み込まれた債券とされ，必ずしも元本保証のあるものではない。

　学校法人としては，現下の国際金融情勢等も十分に踏まえ，元本が保証されない金融商品による資産運用については，その必要性やリスクを十分に考慮し，特に慎重に取り扱うべきである。学校法人の理事長を含む理事は学校法人に対して善良な管理者の注意義務を負っていること，また資産運用に従事する学校法人職員もその職責に相応する注意義務を負っていることを再認識する必要があろう。

　以上のように，公教育を担う学校法人の資産運用については，その安全性の確保に十分留意し，必要な規程等の整備を行い，学校法人としての責任ある意思決定を行うとともに，執行管理についても規程等に基づいて適正に行うなど，統制環境の確立に努める必要がある。具体的には，学校法人経営の最終的な意思決定及び理事の職務執行の監督を掌る機関は理事会であることを前提とした上で，資産運用関係規程の整備等を通じ，①安全性の重視など資産運用の基本方針，②理事会・理事長・担当理事・実務担当者など資産運用関係者の権限と責任，③具体的な意思決定の手続，④理事会等による運用状況のモニタリングなど執行管理の手続，⑤教育研究活動の充実改善のための計画に照らした資産運用の期間及び成果の目標，⑥保有し得る有価証券や行い得る取引等の内容，⑦資産運用に係る限度額等の明確化に努めるなど，資産運用に係る意思決定と執行管理の一層の適正化を図ることが重要と考える。

第4章　資産運用規程

> 　各学校法人には，資産運用に関する責任ある意思決定と執行管理が行われる体制を確立されるよう，不断の点検を求めたい。

　以上のように，学校法人運営調査委員会より，学校法人の資産運用について注意喚起がなされたが，学校法人の基本財産及び運用財産の運用については，その法人の憲法ともいうべき寄附行為に定められており，寄附行為上の規定を遵守すべきである。

　投資は，第一に安全確実性が先決で，第二に換金性，第三に収益性（運用利益）の順に実行することが肝心である。また，寄附行為において資金運用を他の者に委任している場合でも，運用の成果は理事長に月次報告すべきである。また，重要な投資については，理事会に諮ってから行うことが望ましい。

　今後は，時価を引下げるためのいわゆる「ナンピン買い」などは止めて，リスク取引を停止すべきである。市場が回復しても，乱高下する資産運用は避け，寄附行為違反にならないよう留意することが学校法人の使命である。本章では，学校運営が健全に行われるよう，また，資産運用の経過を明らかにするよう「資産運用規程」等の作成例を示すこととした。

1　学校法人○○学園資産運用規程（例1）

（目　　的）

第1条　この規程は，学校法人○○学園の資産の運用指針，運用手続等について定め，もって資産の適正かつ効率的な運用に資することを目的とする。

（資産の区分）

第2条　運用の対象とする資産の区分は，次のとおりとする。

　(1)　基本財産

　(2)　運用財産

（資産運用責任者）

— 137 —

第3条　資産運用の責任者は，財務担当理事又は財務部長とする。

（基本方針）

第4条　基本財産は，元本返還が確実な方法で運用を行う。

2　運用財産は，少なくともその2分の1を基本財産と同様の方法で運用するものとし，元本返還の確実性が高く，かつ可能な限り高い運用益が得られる方法で運用を行う。

3　運用に際しては，複数の金融機関等と取引を行い，常に安全性に配慮しなければならない。

（運用対象）

第5条　運用対象は，資産の区分に応じそれぞれ次のとおりとする。

　(1)　基本財産

　　　ア　郵便貯金

　　　イ　金融機関等への円建預金

　　　ウ　元本保証の金銭の信託

　　　エ　日本国国債

　　　オ　次項第1号に定める範囲内の円建債券

　(2)　運用財産

　　　ア　郵便貯金

　　　イ　金融機関等への円建預金

　　　ウ　元本保証の金銭の信託

　　　エ　日本国国債（都道府県債のうち格付の高い地方債を含む）

　　　オ　次項第2号に定める範囲内の円建債券

　　　カ　次項第3号に定める範囲内の金銭債権等の資産流動化商品

2　前項第1号オ及び第2号オに定める円建債券並びに第2号カに定める資産流動化商品の範囲は，次のとおりとする。

　(1)　前項第1号オに定める円建債券

　　　　理事会が指定する日本の格付機関のうち1社以上，かつ，理事会が指定

する外国の格付機関のうち1社以上がAA格以上と格付けしている円建
債券

(2)　前項第2号オに定める円建債券

理事会が指定する日本の格付機関のうち2社以上がA+格以上と格付け
している円建債券

(3)　前項第2号カに定める資産流動化商品

理事会が指定する日本又は外国の格付機関のうち，少なくともAA格又
はAAA格以上と格付けしている資産流動化商品

3　資産運用責任者は，購入した円建債券又は資産流動化商品が，前項に定め
る格付を下回った場合は，理事長と協議のうえ直ちに対応を決定しなければ
ならない。

4　第1項の規定にかかわらず，理事会が特に認めた場合は，第1項に掲げる
運用対象以外の商品で運用することができる。

（運用手続）

第6条　資産運用責任者は，運用にあたっては，あらかじめ理事長の決裁を受
けなければならない。

2　資産運用責任者は，前項にかかわらず，前条第1項第1号及び前条第1項
第2号アからオに掲げる運用でかつ元本が○○万円以下の場合に限り，理事
長の決裁を受けずに運用することができる。

3　資産運用責任者は，前項により運用をした場合には，すみやかに取引の開
始と月次運用報告書を作成し，理事長の決裁を受けるものとする。

（運用報告）

第7条　資産運用責任者は，資産運用の状況及び結果を毎月理事長に報告しな
ければならない。

2　理事長は，資産運用の状況及び結果を理事会及び評議員会において報告し
なければならない。

（その他）

第8条　この規程に定めるもののほか，資産運用に関し必要な事項は，理事会の決議を経て理事長が定める。

附　　則

この規程は，平成○年○月○日から施行する。

（注1）　基本財産は，第2号基本金及び第3号基本金を対象とする資産を原則とし，必要時に随時換金できるもの等をいう。

（注2）　近年の学校債の発行で格付けをとっている事例もあるが，民法上「金銭消費貸借」であることに留意する。

（注3）　格付機関とは，日本においては，R&I（格付投資情報センター），JCR（日本格付研究所），海外においては，S&P（スタンダード・アンド・プアーズ）やMoody's（ムーディーズ・インベスターズ・サービス）などをいう。

〔参　考〕

1．格付の見方

	S&P，R&I，JCR	Moody's	格付けの定義〔格付投資情報センター（R&I）の例〕
投資適格	AAA	Aaa	信用力は最も高く，多くの優れた要素がある。
	AA＋ AA AA－	Aa1 Aa2 Aa3	信用力は極めて高く，優れた要素がある。
	A＋ A A－	A1 A2 A3	信用力は高く，部分的に優れた要素がある。
	BBB＋ BBB BBB－	Baa1 Baa2 Baa3	信用力は十分であるが，将来環境が大きく変化する場合，注意すべき要素がある。
投機的	BB＋ BB BB－	Ba1 Ba2 Ba3	信用力は当面問題はないが，将来環境が変化する場合，十分注意すべき要素がある。
	B＋ B B－	B1 B2 B3	信用力に問題があり，絶えず注意すべき要素がある。
	CCC	Caa	債務不履行に陥っているか，またはその懸念が強い。債務不履行に陥った債権は回収が十分には見込めない可能性がある。
	CC	Ca	債務不履行に陥っているか，またはその懸念が極めて強い。債務不履行に陥った債権は回収がある程度しか見込めない。

第4章　資産運用規程

投機的	C	C	債務不履行に陥っており，債権の回収もほとんど見込めない。
	D		

※日本においては，R&I（格付投資情報センター），JCR（日本格付研究所）
　海外においては，S&P（スタンダード・アンド・プアーズ）や Moody's（ムーディーズ・インベスターズ・サービス）及び FI（フィッチ・レーティングス）などの格付機関がある。

2．日本の大学の格付　　　　　　　　　　　　　　　（平成27年3月1日現在）

格付	R&I（格付投資情報センター）　大学名	格付	JCR（日本格付研究所）　大学名
AA＋	早稲田大学	AAA	九州大学，一橋大学
AA	順天堂，私立大学退職金財団	AA	神奈川大学，國學院大學，昭和大学，東洋大学
AA－	京都薬科大学，近畿大学，國學院大學，芝浦工業大学，千葉工業大学，法政大学，龍谷大学	AA－	国士舘
A＋	大阪経済大学，東京経済大学	A＋	共立女子学園，福岡工業大学
A	福岡工業大学，文教大学学園	A	桜美林学園
A－	二松学舎		

3．海外の大学の格付（S&P）　　　　　　　　　　（2009年6月末現在）

AAA	ハーバード大学・スタンフォード大学・コロンビア大学・プリンストン大学・MIT・イエール大学（米）
AA＋	コーネル大学・ウェズリー大学・デューク大学（米），クィーンズ大学（加）
AA	ジョン・ホプキンス大学・シカゴ大学（米），ブリストル大学（英）
AA－	タフツ大学・カーネギーメロン大学・バークレー音楽大学（米），キング大学・ノッティンガム大学（英）シェフィールド大学（英），ブリティッシュ・コロンビア大学（加）
A＋	ロチェスター大学・バークレー音楽大学（米）
A	ジョージ・ワシントン大学・マイアミ大学（米）
A－	ノートルダム大学（米），ランカスター大学（英）
BBB＋	ボストン大学・ジョージタウン大学（米）

（注）米…アメリカ，英…イギリス，加…カナダ

— 141 —

2 学校法人○○学園資産運用規程（例２）

（目　　的）

第１条　この規程は，学校法人○○学園の資産の運用指針，運用手続等について定め，もって資産の適正かつ効率的な運用に資することを目的とする。

（資産運用責任者）

第２条　資産運用の責任者は，財務担当理事（又は事務局長）とする。

（基本方針）

第３条　資産は，元本返還が確実な方法で運用を行う。

２　運用に当たっては，⑴安全性，⑵換金性又は市場性，⑶収益性の順にしたがって判断する。

（運用対象）

第４条　運用対象は，次のとおりとする。

　⑴　郵便貯金

　⑵　金融機関等への円建預金

　⑶　元本保証の金銭の信託

　⑷　日本国国債

　⑸　理事会が指定する日本の格付機関又は理事会が指定する外国の格付機関のうちAA格又はAAA格以上と格付けしている円建債券

２　資産運用責任者は，購入した円建債券が前項に定める格付を下回った場合は，理事長と協議のうえ直ちに対応を決定しなければならない。

３　第１項の規定にかかわらず，理事会が特に認めた場合は，第１項に掲げる運用対象以外の商品で運用することができる。

（運用手続）

第５条　資産運用責任者は，運用にあたっては，あらかじめ理事長の決裁を受けなければならない。

第4章　資産運用規程

2　資産運用責任者は，前項にかかわらず，元本が100万円以下の場合に限り，理事長の決裁を受けずに運用することができる。ただし，購入が1ヶ月以内に数回に及ぶ場合には，あらかじめ理事長の決裁を受けなければならない。

3　資産運用責任者は，前項により運用をした場合には，すみやかに運用報告書を作成し，理事長の決裁を受けるものとする。

（運用報告）

第6条　資産運用責任者は，資産運用の状況及び結果を毎月（又は四半期ごと）理事長に報告しなければならない。

2　理事長は，資産運用の状況及び結果を理事会及び評議員会において報告しなければならない。

（規程の改廃）

第7条　この規程の改廃は，理事会の決議を経て行うものとする。

（そ の 他）

第8条　この規程に定めるもののほか，資産運用に関し必要な事項は，理事会の決議を経て理事長が定める。

附　　則

この規程は，平成○年○月○日から施行する。

— 143 —

3　有価証券管理規程（例3）

第1章　総　　則

（目的及び定義）

第1条　当学校法人（以下「法人」という。）における有価証券の運用ならびに管理については，この規程による。この規程で有価証券とは金融商品取引法第2条に掲げられているものをいうが，運用実態がそれらに準ずるものも含む。

（保有目的）

第2条　有価証券はその取得にあたって保有目的を明確にし，

⑴　売買目的有価証券

⑵　満期保有目的の債券

⑶　法人が出資する会社

⑷　その他有価証券

に区分して管理しなければならない。

2　保有目的の変更については理事会の決議を必要とする。

第2章　運用基準

（運用基準）

第3条　有価証券にて資金運用するにあたっては，運用枠を設定し，通常の資金繰りを圧迫することのないようにしなければならない。

2　有価証券の運用にあたっては預金利息以上の運用益を確保するように努力する。

（運用責任者）

第4条　有価証券の運用責任者は財務担当理事とする。

（取得・売却の手続）

第5条　有価証券の取得および売却の際は，原則としてその銘柄，数量，金額

— 144 —

第4章　資産運用規程

および事由を付して「職務権限規程」に基づき稟議決裁を経て行うものとする。

（売買の報告）

第6条　有価証券の運用責任者は，有価証券の取得および売却について売買年月日，銘柄，数量，金額，売買差損益等の明細を1ヶ月ごとに理事長に報告しなければならない。

（信用取引）

第7条　信用取引はヘッジ目的以外には行わないものとする。

第3章　管理基準

（現物管理責任者）

第8条　有価証券の現物管理責任者は財務部長とする。

（台帳への記入）

第9条　有価証券現物管理責任者は，有価証券の収受または払出に際しては，除売却損益の記帳を行わなければならない。

（計　　算）

第10条　有価証券の払出の単価は移動平均法で行う。

（決　　算）

第11条　決算にあたっては，金融商品会計基準に定める適切な方法で評価する。

（管　　理）

第12条　有価証券の現物管理責任者は保管の安全を期すため，保護預りまたは貸金庫を利用することができる。また，決算期ごとに証券を実査し第9条の台帳との一致を確認しなければならない。

第4章　そ の 他

（改　　廃）

第13条　この規程の改廃は，理事会の決議による。

（附　　則）

第14条　この規程は，平成〇年〇月〇日から施行する。

4　運用資金に関する取扱規程（例4）

（運用資金の区分）

第1条　運用資金を次の通りに区分する。

　ア．長期運用資金

　イ．中・短期運用資金

（運用期間）

第2条　運用期間は原則として次の通りとする。

　ア．長期運用資金…5年以上

　イ．中期運用資金…1年以上5年未満

　ウ．短期運用資金…1年未満

（運用資金の限度額及び範囲）

第3条　長期運用資金限度額は次の通りとする。

　ア．退職給与引当特定預金（26/3月現在〇〇〇百万円）…100%

　イ．減価償却引当特定預金（26/3月現在〇〇〇〇百万円）…80%

　ウ．第2号基本金引当特定資産（26/3現在〇〇〇百万円）…80%

　エ．第3号基本金引当特定資産（26/3現在〇〇〇百万円）…80%

　　中・短期運用資金は前項に定める資産，及び現金預金，修学旅行費預り預

金とする。

（運用の対象）

第4条　預金以外の運用資金の対象は日本国内における債券で次の通りとする。

　ア．国債

　イ．政府保証債

　ウ．地方債

　エ．公社・公団債

第4章　資産運用規程

（投資及び売却の決定）

第5条　投資及び売却の決定は理事会の決議による。

2　時間的余裕がない場合には，資金運用実務担当者が理事長及び財務担当理事両名の承認を受けて運用し，次回理事会でその運用について報告を行う。

（運用状況の報告）

第6条　3ヶ月に一度，運用状況報告書を理事長に提出しその承認を得るとともに，理事会においても随時報告を行うものとする。

（運用担当者の役割）

第7条　資金の運用関係者は，法令，省令や規約，理事会の決定を遵守し，当該法人のために忠実にその業務を執行する義務と責任を負う。

（附　　則）

この規程は，平成〇年〇月〇日から施行する。

第5章　預り金規程

　学校法人における預り金は，企業等と同様教職員の源泉所得税や社会保険料等の預り金のほかに，学生・生徒・児童等からの預り金があるのが特徴である。代表的なものに，PTA，後援会，同窓会等の預り金，修学旅行費預り金がある。その中でも，修学（研修）旅行費預り金は，学校が他の学費と同様に修学（研修）旅行費として収納した金銭であって，学生・生徒等納付金に準ずる重要性を有するものであり，学校法人会計に含めて経理することが妥当な処理である。

　したがって，学校法人が管理上の都合等により特別会計として区分経理している場合であっても，預り金の収支として一般会計に合併した上で，計算書類を作成しなければならないこととなっている。

　なお，所轄庁が上記とは異なる会計処理を指定し，学校法人がこれに従っている場合は，これを妥当な処理として取扱うこととされている。

　修学旅行費以外の預り金，例えばPTA会費，後援会費，同窓会費，卒業記念積立金等についても同様な事情がある場合は，修学旅行費預り金と同じく処理することが望ましい。特にPTA会費，後援会費，同窓会費等については，不正の温床となりやすく，内部牽制作用が働く仕組み作りが大切である。

　なお，修学（研修）旅行費等の預り金から生じる利息配当金及び剰余金の処

第 5 章　預り金規程

理について，保護者に返還するかあるいは帰属収入とするかは，修学（研修）旅行費等取扱規程等により定める（JICPA報告第24号，昭和53.7.10）ことが望ましい。

　本章では，このような各種預り金を管理する上で必要な規程例を示すこととした。

1　学校法人○○学園預り金取扱規程（例1）

東京私立中学高等学校協会案

（目　的）

第1条　この取扱規程は，当学園の預り金の範囲及び取扱手続を定めることにより，預り金に関する管理責任を明確にし，適正な会計処理の遂行に寄与することを目的とする。

（預り金の定義及び範囲）

第2条　この規程において預り金とは，学校法人会計基準（文部省令第18号）の適用を受ける預り金であって，その範囲は次に掲げるものとする。

　(1)　修学旅行等学校長名をもって行うすべての校外活動にかかわる積立金

　(2)　源泉所得税及び住民税，日本私立学校振興・共済事業団掛金，労働保険料等給与から差し引く金額

　(3)　PTA，後援会…及び…にかかわる会費

　(4)　生徒会等の特別活動にかかる会費

　(5)　その他学校法人に管理責任がありかつ直接保管する必要があると判断した金額　　（注1）及び（注2）

　　（注1）　各学校法人で該当するものを具体的に記載すること。

　　（注2）　それぞれの会計の管理運営に関し別途明確な規程がある場合には，この条項には記載しない。

（管理責任者及び経理責任者）

— 149 —

第3条　預り金の管理責任者は，学校法人の理事長又はその委任を受けた管理職とする。

2　預り金の会計処理に関する直接責任者を経理責任者と称し，学校法人の経理責任者をもって当てる。

（管理保管事務）

第4条　第2条第1号に掲げる預り金は，次の各号により精算を行うものとする。

⑴　転・退学者については，転・退学届決裁後に精算し返還する。

⑵　修学旅行等の不参加者については，旅行等終了後に精算し返還する。

⑶　卒業生については，卒業時において残金がある場合，その預り金のすべてを返還する。

2　前項に定めるもののほか，預り金にかかわる会計事務手続は，経理規程に基づいて処理するものとする。

（預り金から生じる利息の処理）

第5条　預り金から生じる利息は，次の各号に掲げるところにより処理するものとする。

⑴　第2条第1号及び第3号から第5号までに掲げる預り金から生じる利息については，預けた者と当学園との間において合意した方法により処理をする。

⑵　第2条第2号に掲げる預り金から生じる利息については，学校法人に帰属するものとして処理する。

（預り金の区分）

第6条　預り金の会計処理は，預り金の種別ごとにその収支及び預り資産の内容が明らかになるように行うものとする。

（資金収支計算書上の科目）

　（例示A）…（預り金を総額で表示する場合）

第7条　資金収支計算書に預り金を明示する科目は，収入の部に大科目「その

第5章　預り金規程

他の収入」小科目「預り金受入収入」「修学旅行費等預り金受入収入」，支出
の部に大科目「その他の支出」小科目「預り金支払支出」「修学旅行費等預
り金支払支出」とする。

（例示B）…（預り金を純額で表示する場合）

第7条　資金収支計算書に預り金を明示する科目は，収入の部に大科目「その
他の収入」小科目「預り金収入」「修学旅行費等預り金収入」，支出の部に大
科目「その他の支出」小科目「預り金支出」「修学旅行費等預り金支出」と
する。

（貸借対照表上の表示）

第8条　貸借対照表負債の部の科目表示は，大科目「固定負債」小科目「長期
預り金」「修学旅行費等預り金」又は大科目「流動負債」小科目「預り金」
「修学旅行費等預り金」とする。

2　　貸借対照表資産の部の科目表示は，大科目「固定資産」又は「流動資産」
小科目「修学旅行費等預り資産」とする。

（規程の改廃）

第9条　この規定の改廃は，学校法人の理事会（又はその委任を受けた機関）の決
議によって行う。

附　　則

この規程は，平成〇年〇月〇日から施行する。

　各学校法人のいわゆる周辺会計を広範囲に含む預り金に関する総合的な
規程であると考えられる。これに関して東京私立中学高等学校協会特別委
員会が仮に基本的な原理的な観点をも含んで詳細に審議するとすれば解決す
べき種々の問題点が生じるはずであるが，協会においてこの際早急に（標
準例）を作成して会員校に配布する必要に迫られている事態にかんがみ，
当該委員会としてはできるだけ原案を尊重し，規程する範囲を原則として

原案の範囲に止めると同時に，必要な限度においての修正を加え，上記の通り（標準例）を作成し答申することとした。

2　学校法人○○学園預り金取扱規程（例2）

（目　　的）

第1条　この規程は，預り金の範囲及び取扱手続を定め，もって預り金の適正な会計処理を図ることを目的とする。

（定義及び範囲）

第2条　この規程において預り金とは，学校法人会計基準（文部省令第18号）の適用を受けるものであって，その範囲は次に掲げるものとする。

⑴　職員等の給与から差し引く税及び社会保険料等

⑵　学年費，オリエンテーション費，修学旅行費及び生徒会費

⑶　後援会費，同窓会費及び学生会費，生徒会費

（責　　任）

第3条　前条第1号及び第2号の管理責任者及び経理責任者は，理事長又はその委任を受けた管理職とする。

2　前条第3号に規定する会費は，それぞれの会費にかかわる機関が管理及び経理を行うものとする。ただし，これらの会費について学園が機関に代わって収入した場合，同機関に会費収入を引き継ぐまでの間の管理及び経費の責任は，前項の例による。

（引　　継）

第4条　学園が預り金を直接収入し，又は前条第2項により収入した場合，前条第1項に規定する者は，速やかに，あらかじめ指定されている金融機関の預金口座に，収入金を振り込むことにより引き継がなければならない。ただし，前条第2項の会費にかかわる機関から別の申出があった場合は，この限

第5章　預り金規程

りでない。

（清　算　等）

第5条　第2条第2号に掲げるものの会計は，学生及び生徒の転学・退学及び卒業のとき，適切な清算処理を行うものとする。また，不参加者に対する行事経費についても同様とする。

2　理事長は，第3条第2項に規定する機関に対して，前項の規定に準じて清算処理をするよう指導しなければならない。

（利息の処理）

第6条　第4条に規定する預金口座から生ずる利息は，第2条第1号の預り金にあっては学園に，同条第2号及び第3号の預り金にあってはそれぞれの会計に帰属する。

（資金収支計算書上の表示）

第7条　資金収支計算書における預り金の表示は，純額をもって行うものとし，表示科目は，収入の部については「その他の収入」「預り金受入収入」とし，支出の部については「その他の支出」「預り金支出」とする。

（貸借対照表上の表示）

第8条　貸借対照表における預り金の表示科目は，負債の部において「流動負債」「預り金」とする。

（委　　任）

第9条　この規程の施行に必要な事項は，理事長が別に定める。

附　　則

この規程は，平成〇年〇月〇日から施行する。

3 学校法人○○学園修学（研修）旅行費預り金取扱規程（例３）

（目　　的）

第１条　この取扱規程は，学校法人○○学園の修学旅行等の行事に伴う旅費の預り金について，その管理責任を明確にし，適正な取扱手続を定めることにより，当学園における教育活動の円滑な遂行に寄与することを目的とする。

（管理保管責任）

第２条　修学旅行費等の預り金の管理，保管は，学校法人が行うものとする。

（管理保管事務）

第３条　修学旅行費等の預り金の管理保管事務は，学校法人の経理責任者がこれを行う。

２　修学旅行費等の預り金の収納は，原則として学生生徒納付金と同様に銀行振込制度によるものとする。

３　修学旅行費等の納入は，入学時より卒業時までとする。ただし，退学者については退学届決裁後に父兄に預り金元金を返済する。また，休学者については，休学届決裁後の納期より納入を中止するものとする。

４　不参加者については，旅行終了後に精算して父兄に預り金元金を返還するものとする。

５　修学旅行費等の預り金は，各学年毎に学校法人の取引銀行において運用するものとする。

（修学旅行費等の預り金より生ずる利息の帰属）

第４条　修学旅行費等の預り金の運用により生ずる利息は，すべて学校法人に帰属するものとする。

（修学旅行終了時の剰余金の処理）

第５条　修学旅行費等の預り金は，卒業時において剰余金が発生すれば，その

第5章　預り金規程

預り金元金すべてを父兄に返還するものとする。

(引率教職員の旅費支出)

第6条　引率教職員の旅費は，修学旅行費等の預り金の中から支払うものとする。

2　引率教職員の手当については，出張手当とし学校法人が負担するものとする。

3　引率教職員の手当の算定期間は，出発の日より帰校の日までとする。

(修学旅行費等の預り金の会計処理)

第7条　修学旅行費等の預り金は，一般預り金と会計上区分経理するものとする。

(修学旅行費等の預り金の経理上の表示)

第8条　資金収支計算における勘定科目表示については，期中において大科目『その他の収入』に，他の預り金と区分して小科目『修学（研修）旅行費等の預り金受入収入』及び大科目『その他の支出』に同じく小科目『修学（研修）旅行費等の預り金支払支出』として総額表示するものとし，期末において純額表示するものとする。

　(注)　特別な小科目を設けず，『預り金収入』『預り金支出』に含めてもよい。

2　貸借対照表の勘定科目表示については，固定負債又は流動負債の部に『修学（研修）旅行費預り金』として表示し，収納した金銭は当該行事のみに支出する資産であるため，通常の支払資金とは区別して資産の部『修学（研修）旅行費預り金』として表示するものとする。

　(注)　特別な小科目を設けず，『預り金』『現金預金』に含めてもよい。

(修学旅行費預り金の予算計上)

第9条　資金収支予算書において大科目『その他の収入』小科目『修学（研修）旅行費預り金収入』又は大科目『その他の支出』小科目『修学（研修）旅行費預り金支出』として純額表示するものとする。

(規程の改廃)

第10条　この規程の改廃は，理事長及びPTA総会の合意により行う。

　附　　則

この規程は，平成○年○月○日から施行する。

第6章　固定資産及び物品管理規程

　固定資産とは，その物品の加工もしくは売却を予定しない財貨で，事業目的を達成するために，通常，1年基準に基づき判断されるものをいう。すなわち，貸借対照表日から1年を超えて所有するものは全て固定資産であるが，会計上は，事務処理の繁多性から一定額以上のものを固定資産とする金額基準を設ける。よって，一定額未満のものは固定資産から除かれることとなる。

　固定資産は，企業会計原則では，貸借対照表科目の分類において有形固定資産と無形固定資産，投資その他の資産に分類される。有形とは土地，建物，機器備品等の文字通り「形がある資産」，無形とは借地権，電話加入権等の「形がない資産」である。ここでいう投資その他の資産とは，株式・債券等有価証券の長期保有等により資金の運用を目的とする資産であり，前述の有形固定資産，無形固定資産とは別の概念で固定資産としての表示が求められている。

　平成25年4月の学校法人会計基準改正では，将来の特別な支出（負債）に備えるための使途が特定された預金等として中科目「特定資産」が新設され，貸借対照表上の大科目「固定資産」の中科目が「有形固定資産」「特定資産」「その他の固定資産」の3つに改められた。

　本章では，「有形固定資産」「その他の固定資産」の取得から除却及び廃棄等

— 157 —

の管理方法についての規程例を示すこととした。

1　固定資産及び物品管理規程（例1）

（目　　的）

第1条　この規程は，学校法人○○学園（以下「学園」という。）の固定資産及び物品（以下「物件」という。）並びに借入物件の管理に関する基準を定め，その適正な管理を期することを目的とする。

（適用範囲）

第2条　物件及び借入物件の管理は，別に定めるもののほか，この規程の定めるところによる。ただし，図書の管理については，別に定める。

（管理，組織）

第3条　管理単位は，別表1及び2のとおりとする。

（管理，統括責任者）

第4条　管理統括責任者は，理事長とし，物件の管理を統括する。

（管理責任者及び管理担当者）

第5条　管理責任者は，それぞれの管理単位の長とし，各部署の管理事務を統括する。

2　管理責任者は所属管理単位の職員のうちから管理担当を指名し，所属物件の管理にあたらせる。

（物件の定義）

第6条　固定資産とは，学校法人○○学園経理規程（以下「経理規程」という。）第30条に，物品とは，同規程第36条にそれぞれ定めるところによる。

（管理の原則）

第7条　物件は，常に良好な状態において維持管理するとともに経済性に留意し，有効適切に運用しなければならない。

（管理担当者の日常管理）

第6章　固定資産及び物品管理規程

第8条　管理担当者は，所属の物件について，次の各号により日常管理を行う。

(1)　管理票等により物件の出納保管状況を常に明らかにしておかなければならない。

(2)　物件の火災，盗難，滅失，破損等の事故防止について，常に必要な措置を講じなければならない。

(3)　物件の管理及び使用状況を明らかにするため，随時所管物件の調査を行わなければならない。

(4)　不要となった物件については，第16条により速やかに所定の手続をとり管理責任者に返納しなければならない。

（取　　得）

第9条　経理規程第31条及び第37条に基づき，学園本部において物件を取得したときは，次の各号により処理しなければならない。

(1)　分類表の区分に従い整理番号を記入したラベルを貼付し，経理規程施行細則第3条に定める不動産台帳又は車両台帳，機器備品台帳（以下「台帳」という。）に登録し，管理票とともに各部署に交付する。

(2)　不動産については，前記手続きのほか，権利証その他登録関係書類，図面等を台帳とともに整理保管する。

(3)　その他の固定資産については，（借地権等）台帳に不動産に準じて登録するものとする。

（交　　付）

第10条　物件の交付を受けようとするときは，管理担当者は，所定の請求書に必要事項を記入し，所属責任者の承認を得て，管理責任者に請求するものとする。

2　管理責任者は請求物件について従前の交付状況及び現在の使用状況等を勘案して交付するものとする。

3　物件の交付を受けたときは，各部署の管理担当者は，固定資産及び用品については，現品に貼付してあるラベルの整理番号と管理票の記載内容とを照

— 159 —

合し確認するものとする。

（交換，受贈）

第11条　物件を交換し，又は寄贈を受けようとするときは，管理責任者は，所定の申請書に必要事項を記入し，図面その他関係書類を添付して管理統括責任者に申請しなければならない。

2　交換又は受贈により物件を取得したときは，管理担当者は，第10条の手続を，また，交換のため持ち出したときは，第19条の手続をそれぞれ準用する。

（増設，改良，修繕）

第12条　物件を増設，改良又は修繕しようとするときは，管理担当者は，所定の申請書に必要事項を記入し，図面その他関係書類を添付して管理統括責任者に申請しなければならない。

2　増設，改良又は修繕したときは，法人管理担当者は，台帳に追加登録するとともに当該管理票に必要事項を追加記入するものとする。

（物件の価額）

第13条　物件の価額は，経理規程第32条に定めるところによる。

2　増設及び改良した物件の価額は，旧価額に新たに増設，改良に要した経費を加算した合計額（除去する部分のあるときは，その価額を控除する。）又は構成部品価額の合計額とする。

（移　　管）

第14条　物件を移管しようとするときは，管理担当者は，所定の申請書に必要事項を記入し，所属の管理責任者の承認を得て，当該管理票を添付して移管先管理責任者に申請しなければならない。

2　管理担当者は，申請物件の台帳及び管理票に移管年月日，移管先管理単位名を記入し，関係書類とともに移管先に送付するものとする。

（解　　体）

第15条　物件を解体しようとするときは，管理担当者は，所定の申請書に必要事項を記入し，所属の管理責任者の承認を得て，関係書類を添付して管理統

第6章　固定資産及び物品管理規程

括責任者に申請しなければならない。

2　前項により物件を解体したときは，管理担当者は，台帳及び管理票に解体に伴う評価額，組替，除却等の処理を記入し，分解したものが新たな物件として整理される場合は，新たな管理票を作成するものとする。

3　解体後の各部分について評価を必要とする場合は，原則として解体前の価額の範囲内で行うものとする。

（返　　納）

第16条　物件を返納しようとするときは，管理担当者は，返納報告書に必要事項を記入し，当該管理票を添付して管理責任者に報告しなければならない。

2　前項の処理にあたり管理担当者は，台帳及び管理票に返納年月日を記入し当該物件を返納品として保管するものとする。

（滅失，破損）

第17条　使用中の物件について滅失又は破損の事実を発見したときは，管理責任者は物件滅失・破損報告書に必要事項を記入して，速やかに管理統括責任者に報告しなければならない。

（寄贈，売却，廃棄）

第18条　経理規程第35条及び第39条により物件を寄贈，売却又は廃棄したときは，法人管理担当者は，台帳に必要事項を記入し，当該管理票を廃棄して，除却の処理をしなければならない。

（貸出し，持出し）

第19条　物件を他に貸し出すときは，管理責任者は，所定の申請書に必要事項を記入し，管理統括責任者の承認を得なければならない。

2　管理担当者は台帳にその旨記載し，貸出先責任者から物件借用書を徴しなければならない。

3　物件を学園外に持ち出そうとするときは，持出し責任者は，物件搬出書を管理責任者に提出し，その許可を受けなければならない。

（借　入　れ）

— 161 —

第20条　物件を借り入れようとするときは，管理責任者は，所定の申請書に必要事項を記入し，管理統括責任者に申請しなければならない。

2　前項により物件を借り入れた場合には，分類表の区分に従い別に設ける借入物件台帳に登録し，第9条第1号に準じ，整理番号を付けるとともに，管理票を作成する。ただし，臨時の借入れについては，この処理を省略することができる。

第21条　第11条，第12条，第17条，第19条及び第20条の規定にかかわらず物品等の軽微なものについては，管理責任者の判断により，それぞれの手続きを省略することができる。

（年度末報告）

第22条　管理責任者は，毎年度末物件の明細表を作成し，管理統括責任者に報告しなければならない。

2　管理担当者は，毎年度末台帳及び管理票と現物とを審査照合し，その結果を管理責任者に報告しなければならない。

（管理帳簿）

第23条　物件の管理に使用する帳簿等の種類及び様式は別に定める。

（規程の改廃）

第24条　この規程の改廃は，理事会の決議を経て行うものとする。

　附　　　則

　この規程は，平成〇年〇月〇日から施行する。

第6章　固定資産及び物品管理規程

以下は旧・日本私学振興財団「学校法人諸規程例」より引用した。

（別表1）　　　　　　　　　　**管理単位表と管理者（例）**

管理者／管理単位	管理責任者	管　理　担　当　区　分　と　担　当　者
法 人 事 務 局	事 務 長	法人事務職員
高 等 学 校	校 長	普通教室と機器備品については学級担当教員
		特別教室と機器備品については教科目担当教員
中 学 校		クラブ室と機器備品については各クラブ部長教員
	教 頭	給食室厨房と給食室厨房機器，給食用資材については栄養教諭
専修（各種）学校		保健室と機器備品については養護教諭
寄 宿 舎	舎 監	寮母又は寮職員
購 売 部	担 当 部 長	担当職員
校 外 施 設	担 当 教 員	担当教職員
教 職 員 住 宅	事 務 長	居住教職員

（別表2）　　　　　　　　　　**固 定 資 産 及 び 物 品 分 類 表**

区　分	大　分　類	中　分　類	摘　　　　　要
固定資産　有形固定資産	土　　　地	校 舎 敷 地 運 動 場 敷 地 厚 生 施 設 用 地 そ の 他 の 用 地	
	建　　　物	校 舎 厚 生 補 導 用 建 物 そ の 他 の 建 物	
	建物付属設備	電 気 設 備 冷 暖 房 換 気 設 備 給 排 水 衛 生 設 備 ボ イ ラ ー 設 備 昇 降 機 設 備 消火又は災害報知設備 そ の 他 の 設 備	

固定資産		構築物	運動場施設 競技場スタンド プール 門　　　塀 擁　　　壁 井　　　戸 貯　水　槽 貯　油　槽 掲　示　板 時　計　塔 舗　装　道　路 その他の構築物	
		機器備品	機械器具 { 教育研究用 　　　　　　 管理　用 備　品 { 教育研究用 　　　　　 管理　用 標本模型 { 教育研究用 　　　　　　 管理　用	別表「機器備品及び用品分類表」により細分類する
		車　両		乗用自動車, 貨物自動車, 貨客自動車等動力車, 自転車, リヤカー等
		図　書		別に定める管理規程による
		建設仮勘定		
	その他の固定資産	借　地　権 電話加入権 施設利用権		
物品	用　　　品			別表「機器備品及び用品分類表」により細分類する
	消　耗　品			

（付）　機器備品及び用品分類表

分類表の使用目的

　　分類表は，これによって機械器具，備品，標本模型及び用品を分類することにより財産の維持保全および整理を便にし，かつ財産の種類，点数を明確に把握し，全財産を充分に活用し得るように管理することを目的とする。

分類表使用上の注意事項

1　1件または1組の単価が5万円以上で耐用年数1年以上の物件は，機器備品とし，この分類表により分類の上，指定の番号札を貼付し，機器備品台帳に登録するとともに固定資産に計上する。ただし，次のものは経理規程第30条第3項による少額重要資産とし，価額の如何にかかわらず機器備品とする。

第6章　固定資産及び物品管理規程

　なお，少額重要資産については，一定数を固定資産に計上し，爾後は取替法によるものとする。

　学生，生徒，園児用机・椅子，講堂用折畳椅子

2　1件または1組の単価が1万円以上5万円未満で耐用年数1年以上の物件は用品とし，この分類表により分類の上，指定の番号札を貼付し，用品台帳に登録する。

　両袖机，片袖机，会議用机・椅子，図書用机・椅子，教卓，教壇，製図机，回転椅子，書庫，書架，ロッカー，ファイリングキャビネット

　国または地方公共団体等より補助金を受けて購入したもの。

番 号 札 (第9条(1)関係)

機器備品

教・A15　　(注)	名称	
取得年度	部門	
管理区分		検印

（注）　教……教育研究用　　管……管理用

　　　　A……機械器具

　　　　15……理科実験用

（以下略）

（別表３）　　　　　　**各種登録台帳の様式例**（第９条，第12条関係）

土　地　台　帳　　No.

| 管理単位 | | | | | | 資産種別 | 1類・2類 |

取得価額	土地代金	円	㎡@	坪@
	諸経費	円	㎡@	坪@
	計	円	㎡@	坪@

住　　所	
地　番	地　目

地積	登記	㎡	坪
	実測	㎡	坪

諸経費内訳	年 月 日	内　　容	金　額	支 払 先
	． ．		円	

取得年月日	． ．	稟議決裁	第　　号 年 月 日

登録年月日	年 月 日	第　号
	年 月 日	第　号

実測年月日		測 量 者	

前所有者	住 所	
	氏 名	TEL（　　　）

変更事項	年月日	事　由	地番	地目	増減			現　在　高			備　考
					登記面積	実測面積	金 額	登記面積	実測面積	金 額	
	． ．				--------	--------	円	--------	--------	円	
	． ．				--------	--------		--------	--------		
	． ．				--------	--------		--------	--------		
	． ．				--------	--------		--------	--------		
	． ．				--------	--------		--------	--------		
	． ．				--------	--------		--------	--------		

年　　月　　日 作製　㊞

権利関係	抵当権設定 年 月 日	債 権 者	債 権 額	累　計	登記番号	設定順位	償還開始 年 月 日	償還終了 年 月 日	抹消登記 年 月 日	備　考
	． ．		円	円			． ．	． ．	． ．	
	． ．						． ．	． ．	． ．	
	． ．						． ．	． ．	． ．	
	． ．						． ．	． ．	． ．	
	． ．						． ．	． ．	． ．	

改良関係	年 月 日	事　由	金　額	累　計	年 月 日	事　由	金　額	累　計
	． ．		円	円	． ．		円	円
	． ．				． ．			
	． ．				． ．			
	． ．				． ．			

第6章　固定資産及び物品管理規程

建　物　台　帳　No.

| 管理単位 | | | | | | | | | 資産種別 | 1類・2類 |

名　　　称		耐　用　年　数		年	本体の年間償却額		円
所　在		取得価額	本　　体		円	m²@	坪@
			付属設備		円	m²@	坪@
構　　造			計		円	m²@	坪@

取得年月日	． ．	着工年月日	． ．	家　屋　番　号		取得方法	
設計監理者		稟議決裁	第　　　号 年　月　日	登録年月日	年　月　日第　　号		
施　工　者					年　月　日第　　号		

階　　数		階	階	階	階	階	階	階	階	階	階	計
床　面　積	m²											
	坪											
登記面積	m²											
	坪											

変更事項	年 月 日	事　　　　由	増 減			現　在　高			備　　考
			床面積	登記面積	金　額	床 面 積	登記面積	金　額	
	． ．		--------	--------	円	--------	--------	円	
	． ．		--------	--------		--------	--------		
	． ．		--------	--------		--------	--------		
	． ．		--------	--------		--------	--------		

年　月　日作製　㊞

権利関係	抵当権設定 年 月 日	債　権　者	債　権　額	累　計	登記番号	設定順位	償還開始 年 月 日	償還終了 年 月 日	抹消登記 年 月 日	備　考
	． ．		円	円			． ．	． ．	． ．	
	． ．						． ．	． ．	． ．	
	． ．						． ．	． ．	． ．	
	． ．						． ．	． ．	． ．	
	． ．						． ．	． ．	． ．	

修繕関係	年月日	事　　　由	金　額	累　計	年月日	事　　　由	金　額	累　計
	． ．		円	円	． ．		円	円
	． ．				． ．			
	． ．				． ．			
	． ．				． ．			

— 167 —

建物付属設備台帳　　No.

管理単位			

名　　称		耐用年数	年	年間償却額	円
所　　在		取得年月日	．．．	着工年月日	．．．
		設計監理		稟議決裁	第　　号／年　月　日

資産種別　1類・2類

区　　　　分	取得価額	単　価 m²当り	坪当り	施　工　者	備　考
電　気　設　備	円	円	円		
冷　暖　房　設　備					
給排水衛生設備					
ボ　イ　ラ　ー　設　備					
昇　降　機　設　備					
消火又は災害報知設備					
そ　の　他　の　設　備					
計					

変更事項	年月日	事　　　　由	区　分　名	増減額	現在高	変更後の計	備　考
	．．			円	円	円	
	．．						
	．．						
	．．						

年　　月　　日　作製　㊞

構　築　物　台　帳　　No.

管理単位			

資産種別　1類・2類

名　　称		耐用年数		年	年間償却額	円

所　　在		取得価額	区　　分	金　　額	単　位	備　考
構　　造				円	円	
仕　　様						
		設計監理		稟議決裁	第　　号／年　月　日	

取得年月日	．．	着工年月日		施工者	

変更事項	年月日	事　　　　由	増減額	現　在　高	備　　　　考
	．．		円	円	
	．．				
	．．				
	．．				

記事	

年　　月　　日　作製　㊞

第6章 固定資産及び物品管理規程

機 器 備 品 台 帳　No.

| 管理単位 | | | | | | 資産種別 | 1類・2類 |

品　名			登録番号	
規　格 製造会社			所　属	

購　入 受　入	年　月　日	数　量	単　　価	金　　　額	購　入　・　受　入　先	稟　議　決　裁
	．　．		円	円		第　　号 年　月　日

内　　訳 (一式の場 合明細を記 入)	品　　　　　名	数　量	金　額	品　　　　名	数　量	金　　額
			円			円

移　管 除　却	年　月　日	処分方法	処　分　先	処分価額	理　　由	稟　議　決　裁
	．　．			円		第　　号 年　月　日
	．　．					第　　号 年　月　日
	．　．					第　　号 年　月　日

記 事 (修 繕 等 記 入)	年月日	摘　　　　　　要	金　　額	
	．　．		円	
	．　．			
	．　．			
				カタログ貼付
	．　．			
	．　．			
	．　．			

－ 169 －

<table>
<tr><td colspan="2">管理単位</td><td colspan="2" style="text-align:center">車　両　台　帳　No.</td><td>資産種別</td><td>1類・2類</td></tr>
<tr><td>登録番号</td><td></td><td>用　途</td><td>耐用年数　　　年</td><td>年間償却額</td><td>円</td></tr>
<tr><td>車名・型式</td><td colspan="2"></td><td rowspan="3">取得価額</td><td colspan="2" rowspan="3"></td></tr>
<tr><td>製造年</td><td></td><td>乗車定員又は積載量　　人・t</td></tr>
<tr><td>総排気量</td><td>C.C.</td><td>車台番号</td></tr>
<tr><td>車　種</td><td colspan="2"></td><td>購入先</td><td colspan="2"></td></tr>
<tr><td>定置場所</td><td colspan="2"></td><td>納車年月日　　．．</td><td>稟議決裁</td><td>第　　号
年　月　日</td></tr>
<tr><td>所轄税務事務所</td><td colspan="2"></td><td colspan="3">新規登録年月日（車検日）　　．．（．．）</td></tr>
</table>

	年 月 日	摘　　　要
記	．．	
	．．	
	．．	
	．．	
事	．．	
	．．	
	．．	
	．．	

年　　月　　日作製　㊞

第6章　固定資産及び物品管理規程

借　地　台　帳　No._____

| 管理単位 | | | | | | | 資産種別 | 1類・2類 |

所　在			用　途	
地　番		地　目	契約期限	自　　年　　月　　日
地　積	㎡　　　　坪			至　　年　　月　　日　　年間
賃　料	坪単価　　円　月額　　円	稟議決裁 第　号／年　月　日	契約者	住所／氏名　　　　　　TEL（　）

	年月日	事　由	金　額	坪単価	累　計	稟議決裁	備　考
借地権価額	．．		円	円	円	第　号／年　月　日	
	．．					第　号／年　月　日	
	．．					第　号／年　月　日	
	．．					第　号／年　月　日	

	年月日	事　由	地番	地目	地積	賃　料　改　訂			契約期間	稟議決裁
						期　間	坪単価	月　額		
変更事項	．．					～	円	円	～	第　号／年　月　日
	．．					～			～	第　号／年　月　日
	．．					～			～	第　号／年　月　日
	．．					～			～	第　号／年　月　日
	．．					～			～	第　号／年　月　日
	．．					～			～	第　号／年　月　日

年　　月　　日作製　㊞

	抵当権設定 年 月 日	債　権　者	債　権　額	累　計	登記番号	設定順位	償還開始 年月日	償還終了 年月日	抹消登録 年月日	備　考
権利関係	．．		円	円			．．	．．	．．	
	．．						．．	．．	．．	
	．．						．．	．．	．．	
	．．						．．	．．	．．	
	．．						．．	．．	．．	
	．．						．．	．．	．．	

	年月日	事　由	金　額	累　計	年月日	事　由	金　額	累　計
補修関係	．．		円	円	．．		円	円
	．．				．．			
	．．				．．			
	．．				．．			
	．．				．．			

— 171 —

物 品 台 帳 （第9条、第12条関係）

No. ___

部門 ___

分類（　　） 　類（　　）

品目（　　） 　納入先（　　）

規格（　　） 　呼称単位（　　）

形状（　　） 　耐用年数（　　）

年月日	番号	取得価額	改良増加額	償却額	償却累計額	帳簿価額	備考

第6章　固定資産及び物品管理規程

管　理　票（第9条関係）

(表)

分　類	類	品　目

記　号	番　号

購 入 年 月 日			価　額	規　　　格	納　　　入	
年	月	日	円			

備考	

○

(裏)

支 給 年 月 日			係　名	位　置	返 戻 年 月 日			検　印	備　　考

○

2 固定資産及び物品管理規程（例2）

（参照）社団法人　日本私立大学連盟

（適用範囲）

第1条　固定資産及び物品（以下「物件」という。）並びに借入物件の管理はこの
　　規程の定めるところによる。ただし，図書は別に定める規程による。

（固定資産及び物品の分類）

第2条　固定資産は，これを分けて有形固定資産及びその他の固定資産とし，
　　分類表により分類する。

2　有形固定資産のうち設備備品については，一件の単価3万円及び耐用年数
　　1年以上のものに限り，固定資産とする。

3　前項により，固定資産としない設備備品等は用品とする。ただし，主管部
　　課長が必要と認めたときは，固定資産とすることができる。

4　物品は，用品及び消耗品とし，分類表により分類する。

（管理の原則）

第3条　物件は，教育研究の効果を上げるため，常に良好な状態において維持
　　するとともに，経済性に留意し，有効適切に運用しなければならない。

（用　　語）

第4条　この規程における用語は，それぞれ次の意義に用いる。

　(1)　取得　　物件を購入，譲受，建設または製造の請負，受贈，交換等によ
　　　　　　　り所有すること。

　(2)　増設　　既存の固定資産に新たに物件を付加して，当該固定資産価格を
　　　　　　　増加させること。

　(3)　改良　　既存の固定資産の機能を向上させて当該固定資産価格を増加さ
　　　　　　　せること，又は物件を利用工作して新たな機能を有する物件を
　　　　　　　生産すること。

第6章　固定資産及び物品管理規程

⑷　移管　　各部課相互間において物件の所管を変更すること。

⑸　解体　　物件の一部の分解（一部解体）し，又は全部を分解（全部解体）すること。

⑹　組替　　用途変更，改良，解体等により当該物件の固定資産及び物品分類表に定める区分を変更すること。

⑺　返納　　各部課において不要となった物件を主管部課に返却すること。

⑻　除却　　物件を売却，滅失，解体，寄贈，交換，廃棄等により管理帳簿より除籍すること。

（管理単位及び管理担当者）

第5条　有形固定資産及び物品の現品管理にあてるため，管理単位を定め，それぞれ管理主任及び管理係を配置し，所属長の指示により，所属物品の管理に従事させる。

2　管理主任及び管理係は，各所属長が当該部課職員中から指名し，主管部課長に報告しなければならない。

3　各所属長が必要と認めた場合は，管理係を2名以上指名し，その管理範囲を明確にして，それぞれ分担させることができる。

（管理担当者の日常管理）

第6条　管理係は，所管の物件について次の各号により日常管理を行い，その責に任ずる。

⑴　管理係は，常に，所管物件の出納保管の状況を明らかにしておかなければならない。

⑵　管理係は，常に，所管物件の火災，盗難，滅失，破損等の事故防止上必要と認める措置を講じなければならない。

⑶　管理係は，所管物件の管理及び使用状況を明らかにするため，随時，所管物件の調査を行うことができる。

⑷　管理係は，所管物件のうち，不用となったものについては，速やかに主管部課に返納しなければならない。

2 管理主任は，所管物件について，前項各号による管理係の日常管理業務に
つき統括管理を行う。

(主管部課の総括管理)

第7条 主管部課は，前条による各管理担当者の日常業務につき総括管理を行
い，必要に応じ，管理担当者に対して，その所管物件の出納保管，事故防止，
不用物件の処理，保管及び使用状況の調査，管理帳簿の整備等の措置につい
て指示するとともに，随時，保管及び使用状況を調査することができる。

(使用者の管理)

第8条 物件の使用者は，第6条第1項に定める管理係の管理に準じて，使用
物件の管理にあたらなければならない。

2 物件の使用者は，その管理について，管理担当者の指示に従わなければな
らない。

(管理帳簿)

第9条 物件の管理に使用する帳簿は，次の通りとする。

　名　　　称　　　　　　　　　備付箇所（取扱者）

(1) 固定資産
　　ア　不動産台帳　　　　　　主管部課
　　イ　設備備品等台帳　　　　　〃
　　ウ　その他の固定資産台帳　　〃
　　エ　不動産管理票　　　　　管理担当者
　　オ　機械等管理票　　　　　　〃

(2) 用　　品
　　ア　用品台帳　　　　　　　主管部課
　　イ　用品管理票　　　　　　管理担当者

(3) 消 耗 品
　　ア　消耗品台帳　　　　　　主管部課
　　イ　消耗品受払帳　　　　　管理担当者

第6章　固定資産及び物品管理規程

(4)　貸借物件
　　ア　貸借物件管理台帳　　主管部課
　　イ　貸借物件管理票　　　管理担当者
(5)　在　庫　品
　　ア　在庫品台帳　　　　　主管部課

(取　　得)

第10条　有形固定資産及び物品を取得したときは，次の各号により処理しなければならない。

(1)　主管部課は，分類表の区分に従い整理番号を付し，台帳に登録するとともに，管理票を作成し，必要がある場合は，関係図面を添付して，管理担当者に交付する。ただし，消耗品については台帳の登録を除き他を省略する。

(2)　管理担当者が主管部課から管理票の交付を受けたときは，現品と照合し，設備備品等及び用品については，その整理番号を確認する。

(3)　主管部課は，不動産の取得に関する登録関係書類，図面等を不動産台帳とともに整理保管する。

(4)　取得に伴い，組替を要するものについては，同時にその処理を行う。

2　その他の固定資産を取得したときは，主管部課は，その他の固定資産台帳に記録しなければならない。

(交換・受贈)

第11条　物件を交換し，または寄贈を受けようとするときは，所定の申請書に必要事項を記入し，図面その他関係書類を添付して，主管部課長に申請しなければならない。

2　主管部課長は，前項の処理にあたり，重要物件については，担当理事に申請しなければならない。

3　交換払出しをしたときは，主管部課長は当該管理票を回収するとともに当該台帳に必要事項を記入して，除却しなければならない。

— 177 —

（増設・改良）

第12条　有形固定資産及び物品を増設しまたは改良しようとするときは，所定の申請書に必要事項を記入し，図面その他関係書類を添付して，主管部課長に申請しなければならない。ただし，軽易な物件については，主管部課と協議の上省略することができる。

2　主管部課長は，前項の処理にあたり，不動産または重要な機械等については，担当理事に申請しなければならない。

3　増設および改良したときは，主管部課は，当該台帳に追加登録するとともに，当該管理票，添付図面を管理担当者から返却させ，必要事項を追加記入の上改めて交付する。

（価　　額）

第13条　有形固定資産及び物品の価額は，取得価額とする。ただし，譲受けによるものはその対価を，交換及び寄贈によるものはその評価額をもってそれぞれ取得価額とする。

2　その他の固定資産は，有償取得の場合はその価額を，無償取得の場合はその評価額をもってそれぞれ取得価額とする。

第14条　前条に定める取得価額の算定については，購入価額，直接工事費等のほか，取得の際における次の付帯経費を含めるものとする。

仲介手数料，登記料，取得に要する公租公課，設計監理料，整地費，家屋の改善費，機器の補修費，機器の運搬費，その他取得に際し特に要した諸経費。

2　増設及び改良した物件の価額は，旧価額に新たに増設，改良に要した経費を加算した合計額（除去する部分のあるときは，その価額を控除する。）又は構成部品価額の合計額とする。

（移　　管）

第15条　物件を移管しようとするときは，所定の申請書に必要事項を記入し，当該管理票を添付して主管部課長に申請しなければならない。

2　移管したときは，主管部課は，当該台帳及び管理票に移管年月日，移管先

第6章　固定資産及び物品管理規程

部課名を記入し，移管先管理担当者に管理票を交付する。

（解　　体）

第16条　有形固定資産及び用品を解体しようとするときは，所定の申請書に必要事項を記入し，主管部課長に申請しなければならない。

2　主管部課長は，前項の処理にあたり，不動産または重要な機械等については，担当理事に申請しなければならない。

第17条　前条により，有形固定資産及び用品を解体したときは，主管部課は，当該台帳及び管理票に解体に伴う評価額，組替，除却等の処理を記入し，分離したものが新たに資産として整理される場合は管理票を作成して，既存の管理票とともに管理担当者に交付しなければならない。

2　解体後に各部分について評価を必要とする場合は，原則として解体前の価額の範囲内で行う。

（返　　納）

第18条　有形固定資産及び用品を返納しようとするときは，返納報告書に必要事項を記入し，当該管理票を添付して，主管部課に提出しなければならない。

2　前項の処理にあたり，主管部課は，当該台帳及び管理票に返納年月日を記入し，当該物件を返納品として在庫する。

（滅失・破損）

第19条　管理担当者は，所管物件について，滅失又は破損の事実を発見したときは，所属長に報告の上物件滅失・破損報告書に必要事項を記入し，主管部課長に提出しなければならない。

2　主管部課長は，前項の処理にあたり，重要な物件の重大な事故については，担当理事に報告しなければならない。

3　第1項の報告を受けた主管部課は，その必要に応じ，速やかに除却又は修理等の必要な処理を講じ，業務上の障害の発生，増大等を防止するように努めなければならない。

4　滅失又は破損が使用者もしくは，管理担当者の故意又は過失によるもので

— 179 —

あるときは，別に定めるところにより弁償させる。

（寄贈・売却・廃棄）

第20条　物件を寄贈，売却又は廃棄しようとするときは，所定の申請書に必要事項を記入し，主管部課長に申請しなければならない。

2　主管部課長は，前項の処理にあたり，重要な物件については，担当理事に申請しなければならない。

3　寄贈，売却又は廃棄したときは，主管部課は，当該管理票を回収するとともに，当該台帳に必要事項を記入し，除却の処理をしなければならない。

（借　入　れ）

第21条　有形固定資産及び用品を借り入れたときは，主管部課は，分類表の区分に従い，貸借物件台帳に登録し，第10条第1項第1号の規定に準じ，整理番号を付すとともに，管理票を作成し，管理上必要なときは，関係書類の写，図面等を添付して，管理担当者に交付しなければならない。ただし，臨時の借入れについては，この処理を省略することができる。

（貸出し，持出し）

第22条　物件を他の部課に貸し出すときは，管理担当者は，所属長の認可を受け，貸出先管理担当者から物件借用書を徴するとともに，主管部課長に報告しなければならない。ただし，臨時の貸出しについては，この報告を省略することができる。

2　物件を学外に持ち出すときは，持出責任者は，管理担当者に物件搬出書を提出し，主管部課長の認可を得なければならない。

3　物件を学外者に貸し出すときは，別に定める規程による。

（現品調査）

第23条　主管部課は，管理担当者の協力を得て，毎年決算時に，現品調査を行い，その結果を担当理事に報告しなければならない。

（改　　廃）

第24条　この規程の改廃は，理事会の決議を経て行う。

第6章　固定資産及び物品管理規程

附　　則

この規程は，平成○年○月○日から施行する。

3　固定資産及び物品調達規程（例3）

（参照）社団法人　日本私立大学連盟

第1章　総　　則

（適用範囲）

第1条　固定資産および物品（以下「物件」という。）の調達または売却の手続については，この規程の定めるところによる。

（調達の種類）

第2条　購入・請負・借入れ等による調達を学外調達とし，移管・在庫品の引渡し等によるものを学内調達とする。

（調達の原則）

第3条　調達にあたっては，経済性に留意するとともに品質，期限等需要に対する適合に遺漏のないように努めなければならない。

（調達資料の調査）

第4条　主管部課は，調達の万全を期するため市場の情況その他必要な資料を常に調査，収集しておかなければならない。

（取引先の調査）

第5条　取引先の選定にあたっては，事業経歴，営業状態の調査並びに取引銀行に対する照会その他により，その信用，経験，技術等について調査し，取引の万全を期さなければならない。

2　前項の調査に基づき，出入業社調査表を作成して備え付けておかなければならない。

（取引の停止）

第6条　次の各号の一に該当する者に対しては，一定期間取引を停止し，また

— 181 —

は以後の取引を認めないものとする。

⑴　調査にあたり，虚偽の申告をしたと認められるもの。

⑵　入札または見積にあたり，談合を行い，不利益を及ぼしたと認められるもの。

⑶　契約の履行に際し，故意に工事もしくは製造を粗雑にし，または物品の品質，数量に関し，不正の行為があったと認められるもの。

⑷　その他不利益を及ぼす行為をしたと認められるもの。

第2章　請求及び発注

（調達の請求）

第7条　各部課において物件の調達を受けようとするときは，調達請求書を主管部課に提出しなければならない。

2　調達請求書の発行取扱者は，原則として，固定資産及び物品管理規程に定める管理担当者とする。

（調達請求書の審査）

第8条　主管部課が調達請求書を受理したときは，次の各号について審査のうえ，第3章の定めるところにより，契約の手続きをとらなければならない。

⑴　学内調達による方法の有無

⑵　支出を伴うものについては，予算根拠

⑶　固定資産に関するものについては，固定資産整理上必要な事項

⑷　一括して調達するものについては，数量の適否

⑸　希望納期，仕様等調達上必要な事項

⑹　勘定科目，予算科目その他経理上必要な事項

（委託調達）

第9条　調達の請求を受けた主管部課が直接調達することを困難とし，または不利とするときは，他の部課にその調達を委託することができる。

2　前項により調達を委託するときは，調達請求書の写を送付するものとする。

— 182 —

第6章　固定資産及び物品管理規程

（発　　注）

第10条　主管部課が発注しようとするときは，入札，見積合せ等の結果に基づき，必要に応じ当該調達請求書に相手方金額及び納入期日を記入して稟議しなければならない。

2　発注にあたっては，原則として，注文書を発行するものとする。

（土地・建物の購入）

第11条　土地または建物の購入にあたっては，抵当権，地上権，賃借権等当該物件上に存する諸権利の有無を調査確認し，特に必要と認められるものについては，信頼しうべき機関の評価を徴する等の措置を講じなければならない。

（契約通知）

第12条　主管部課が契約を締結したときは，契約通知書により契約年月日，契約金額，契約先，納入期日等を請求部課に通知しなければならない。

（調達内訳簿）

第13条　主管部課においては，調達内訳簿を備え付け，調達の処理状況を記録しなければならない。

（調達関係書類の保存期間）

第14条　主管部課における調達関係書類の保存期間は，別に定める文書規程による。

第3章　契　　約

第1節　通　　則

（契約の方法）

第15条　契約をしようとするときは，第30条及び第31条に規定する場合を除き，すべて入札に付さなければならない。

（契　約　書）

第16条　契約の締結にあたっては，契約の目的，履行期限，支払条件その他必要な事項を詳細に記載した契約書を作成しなければならない。

2　前項の契約書について，工事または製造の請負，不動産または物品の購入及び不動産の貸借に関する契約については，通常の場合別に定める様式によるものとする。ただし必要あるときは，適宜必要な字句もしくは条項を追加し，または不要の字句もしくは条項を削除することができる。

（契約書の省略）

第17条　次の各号の一に該当するときは，前条に規定する契約書の作成を省略することができる。

⑴　契約金額が30万円を超えない契約をするとき。

⑵　法令またはこれに基づく官庁の許可，認可等により別に定められた形式の申込書または承諾書の提出により契約するとき。

（注文請書）

第18条　前条により契約書の作成を省略した契約については，次の各号の一に該当するものを除き，契約の相手方から，注文請書を提出させなければならない。

⑴　前条2号に該当するもの。

⑵　即時完了する取引または価格僅少の取引等で，契約の履行上支障がないと認められるもの。

（単価の契約）

第19条　主管部課において，一定期間内における随時の調達を容易にし，またはこれを経済的にするため，必要と認められるものがあるときは，一定期間を通じ，あらかじめ一定の単価をもって契約することができる。

（工事もしくは製造請負契約履行の監督）

第20条　主管部課は，工事または製造の請負契約の履行について，常に充分な監督をしなければならない。ただし，主管部課において適当と認めた場合は他の部課に監督を委託することができる。

（契約の変更）

第21条　契約の締結後その内容を変更する必要が生じたときは，軽易な仕様の

第6章　固定資産及び物品管理規程

変更等を除き，変更の事由に基づく処理を講じて稟議のうえ，契約を更改しなければならない。

2　主管部課が前項により契約を変更したときは，第12条に準じて，速やかに当該契約件名，変更事項等必要な事項を請求部課に通知しなければならない。

（契約の解除）

第22条　次の各号の一に該当する場合は，契約の全部または一部を解除することがある。

(1)　契約に定めた事項に違反したとき。

(2)　契約の履行について不正行為が存在し，不利益を及ぼしたとき。

(3)　その他必要と認めたとき。

2　契約を解除しようとするときは，軽易なものを除き，その理由，既払金の返還・損害賠償等必要な事項を記入して稟議しなければならない。

3　契約を解除した場合は，主管部課は，当該調達の請求部課にその旨を通知するとともに，協議のうえ，以後の措置を講ずるものとする。

　　　　第2節　入札契約

（入札参加者の指名）

第23条　入札に付そうとするときは，3名以上の入札参加者を指名しなければならない。

（入札注意事項）

第24条　入札に付そうとするときは，次の事項を入札参加者に通知しなければならない。

(1)　入札に付する事項

(2)　入札執行の場所及び日時

(3)　入札価格内訳明細書の要否

(4)　落札者の決定方法

(5)　交付図面

⑹　支払条件

⑺　納期及び納入場所

⑻　その他必要な事項

（予定価格の設定）

第25条　入札にあたっては，あらかじめ入札に付する事項の価格を仕様書，設計書等によって予定しておかなければならない。

（開　　札）

第26条　開札は，入札注意事項に示した場所及び日時に入札者立会のうえで行わなければならない。

２　いったん提出した入札書は，引換，変更または取消をすることができない。

３　入札参加の条件に違反した入札は，無効とする。

（落札者の決定）

第27条　開札の結果，予定価格の制限内の最低価格の入札者をもって，落札者とする。

２　特別の事由により，最低価格の入札者と契約を結ぶことが不適当と認められる場合は，他に落札者を決定することができる。

（再入札）

第28条　開札の結果，各人の入札価格がいずれも予定価格を超えたときは，その入札者をもって，直ちに再入札を行わなければならない。

２　前項の再入札を行っても，なお落札者が決定しないときは，その入札は無効とする。

（同価格入札の処理）

第29条　落札となるべき同価格の入札者が２名以上あるときは，直ちに抽せんで落札者を決定しなければならない。

　　　第3節　随意契約

（随意契約により得る場合）

第6章　固定資産及び物品管理規程

第30条　次の各号の一に該当する場合は，随意契約によることができる。

　(1)　契約の性質または目的が入札を許さないとき。

　(2)　緊急の必要により入札に付する暇がないとき。

　(3)　秘密を必要とするとき。

　(4)　予定価格が30万円を超えない工事もしくは製造の請負，または物件を購入するとき。

　(5)　土地，建物を購入し，または借り入れるとき。

　(6)　その他入札に付することを適当としないとき。

（随意契約の特例）

第31条　入札に付しても入札者がないとき，または再度の入札に付しても落札者が決定しないときは，随意契約によることができる。

2　落札者が契約を結ばないときは，その落札価格の範囲内において，随意契約によることができる。

3　前各項の場合においては，履行期限を除くほか，当初入札に付するときに定めた条件を変更することができない。

（予定価格の設定）

第32条　随意契約によるときは，あらかじめ，第25条の規定に準じて予定価格を定めなければならない。ただし，予定価格の作成を必要としないと認められるものについては，その作成を省略することができる。

（見積書の徴収）

第33条　随意契約によるときは，次の各号の一に該当する場合を除き，2名以上から見積書を徴さなければならない。

　(1)　2名以上から見積書を徴することを適当としないとき。

　(2)　緊急の必要により，2名以上から見積書を徴する暇がないとき。

2　前項各号の場合は，相手方から見積書を徴し，その内容を審査して，契約価格を決定するものとする。この場合には，その理由を調達請求書に明記しなければならない。

— 187 —

3　前各項の見積書の徴収について，処理上支障がない場合は，口頭をもって見積価格その他必要な事項を徴収し，その記録をもって見積書に代えることができる。

第4章　検収及び支払

（竣工届等の提出）

第34条　主管部課は，工事もしくは製造が完了し，または購入物件が納入されたときは，次の各号の一に該当する場合を除き，契約の相手方から竣工届または納品書を提出させなければならない。

⑴　取引の性質上竣工届または納品書を徴することを適当としないとき。

⑵　軽微な物件を現金引換により，購入または修理するとき。

⑶　新聞その他定期刊行物を継続的に購入するとき。

（検査の実施）

第35条　主管部課が，前条により，竣工届または納品書の提出を受けたときは，納入場所その他契約条項に定める場所において，契約条項，仕様書等に従って検査を実施のうえ，その結果について，検査報告書を作成し，担当理事に報告しなければならない。

2　軽易な物件の検査については，竣工届または納品書に検査済印を押すことをもって，前項の手続に代えることができる。

（既済部分または既納部分に対する検査）

第36条　工事もしくは製造の既済部分または物件の既納部分に対し，分割して支払をしようとするときは，既済部分に対する出来高報告書または既納部分に対する納品書を徴し，前条に準じて検査を行わなければならない。

（検査の委託）

第37条　主管部課において適当と認めた場合は，他の部課に検査の実施を委託することができる。

（電気・ガス等の検収）

第6章　固定資産及び物品管理規程

第38条　電気・ガス・水道等の使用及び新聞その他定期刊行物の購読等の供給については，受給部課において受給の事実を確認のうえ，請求書または料金計算書等にその証明をして主管部課に報告しなければならない。

(物件の引渡し)

第39条　主管部課は，第34条に定める完済もしくは完納物件または第36条に定める分納物件について，検収が完了したときは，固定資産及び物品管理規程に定める処理を講じたうえ，速やかにこれを請求部課に引き渡さなければならない。

2　物件の引渡しに際しては，調達請求書に当該請求書発行担当者の受領印を徴するものとする。ただし，調達請求書に受領印を徴し難い場合は竣工届または納品書に受領印を徴してこれに代えることができる。

3　学内調達による物件の引渡しに際しては，前項の規程に準じて行うものとする。

(代価の支払)

第40条　主管部課は，検収の完了後，別に定めるところにより，代価の支払の手続をとるものとする。

2　完済または完済前に分割して支払をする場合は，あらかじめ契約時に定めておくものとする。

第5章　売　　却

(売却の場合の準用規程)

第41条　第4条から第6条まで，第11条，第15条，第16条第2項，第17条，第22条から第26条まで，第27条第1項及び第28条から第32条までの規程中物件の購入に関する条項については，売却の場合これを準用する。この場合，第11条，第16条第2項及び第30条中「購入」は「売却」と，第27条中「最低価格」は「最高価格」と，第28条中「超えたとき」は「下回ったとき」と読み替えるものとする。

2　売却物件の引渡しは，原則として，売却代金の受入れ後もしくは同時に行うものとする。

（規程の改廃）

第42条　この規定の改廃は，理事会の決議を経て行う。

　　附　　　則

　この規程は，平成○年○月○日から施行する。

第6章　固定資産及び物品管理規程

【参考1】　校舎（校地）等変更届

<table>
<tr><td colspan="2"></td></tr>
</table>

文　書　番　号
平成　　年　　月　　日

文部科学大臣　　　　　殿

学校法人の主たる事務所の所在地
学校法人○○学園
理事長（記名・押印又は署名（自署））

校舎（校地）等変更届

　このたび○○大学の校舎（校地）を新築・増築・取毀（取得・処分）いたしたく学校教育法施行規則第2条及び第5条の規定によって届け出ます。
1　変更理由（必要な理由，具体的使用目的　教室，体育館，運動場，校舎敷地等）
2　変更時期（所有権保存（移転）登記予定年月日）
3　変更面積

（校舎）
(1) 所在　　(4) 構造
(2) 家屋番号　(5) 床面積　}※
(3) 種類

	面積	備考
現 有 校 舎	㎡	
増加・減少校舎	㎡	
合　　　計	㎡	

4　意思決定を行った年月日
　　理 事 会 議 決：平成○年○月○日
　　評議員会諮問：平成○年○月○日
※　登記簿どおりに，また，面積については
　　各階ごとに記載すること。

（校地）
(1) 所 在　}
(2) 地　番　}※
(3) 地　目　}
(4) 地　積　}

	面積	備考
現 有 校 地	㎡	
増加・減少校地	㎡	
合　　　計	㎡	

4　意思決定を行った年月日
　　理 事 会 議 決：平成○年○月○日
　　評議員会諮問：平成○年○月○日
※　各筆ごとに，登記簿どおりに記載すること。

備考　用紙の大きさは，日本工業規格A4とする。

（注）　添付書類
1　登記事項証明書
　　届出の前3ケ月以内に交付されたものを添付すること。
2　図面
(1) 建物の場合は既存校舎を含む配置図及び当該届出に係る建物の平面図（内容が表示されているもの），土地の場合は既存校地との位置図，当該届出に係る土地の地籍図及び利用計画図を添付すること。
(2) 変更部分については，適宜色分けする等により明示すること。
3　契約書
　　売買契約書，賃貸借契約書，譲渡契約書，建築請負契約書等届出物件に係る契約書のコピーを添付すること。
4　その他
　　土地のうち，農地法，森林法，都市計画法その他の法令により転用及び開発行為等に制限がある場合には，都道府県知事等により，あらかじめその行為の許可等を受けたうえ，当該許可書等（写）を添付すること。
　　学年進行中の大学等に係る届出の場合には，寄附行為（変更）認可書（写），設置認可書（写），寄附行為変更認可申請様式のうち「大学設置に要する経費及び初年度の経常的経費並びに支払い計画を記載した書類」，「創設費の算出基礎表」を添付すること。

— 191 —

【参考２】 固定資産の取得・処分に関する報告について

> 昭和60.2.4 59総学二第627号
> 学校法人理事長あて
> 東京都総務局学事部長通知

　学校法人の運営等の適正化については，59年５月11日付59総学一第76号により通知したところであり，貴法人においては，法人運営の適正な執行に努めていることと存じます。

　しかしながら，都の監査の指摘等に見られるように，未だ不適正な財務会計処理をしている学校法人が見受けられます。

　ついては，より一層の法人運営の適正化を図っていくため，下記により固定資産の取得・処分状況を報告していただくこととしましたので，遺漏のないようお取り計らい願います。

記

１　様　　式　別紙のとおり（１枚で足りない場合は複数枚の使用も可）

２　適用年度　昭和59年度から適用するものとする。

３　提出期限　当該年度の翌年度の６月30日

　なお，該当する固定資産の取得・処分がない場合でも報告書を提出すること。

番　　　　　号

昭和　　年　　月　　日

東京都知事

　　　　　　　殿

　　　　　　　　　　学校法人所在地

　　　　　　　　　　学校法人名

　　　　　　　　　　　理事長名　　　　　　　㊞

　　　　　　　　　　　（電話番号　　　　　　　）

　　　　　固定資産の取得・処分について（報告）

このことについて，別紙のとおり報告いたします。

第6章　固定資産及び物品管理規程

平成　　年度固定資産の取得・処分状況　　平成　　年3月31日

種類		名称	用途（部門名）	数量	金額	所在地	形式	取得・処分年月日	契約先
有形固定資産	土地								
	建物								
	構築物								
	教育研究用機器備品								
	その他の機器備品※								
	車両								
その他の固定資産	施設利用権								

注
(1) 処分の場合の金額は△印を付すこと。
(2) 金額欄は取得価額を記入すること。
(3) 形式欄には、土地については地目を、備品については型式を記入すること。
(4) 機器備品は1個又は1組につき100万円以上のものを記入すること。
(5) 用途欄はできるだけ具体的に記入すること。
(6) 契約先には、住所、氏名を記入すること。

※「その他の機器備品」は「管理用機器備品」と読み替えるものとする。

第7章　内部監査規程

　学校法人における内部監査の具体的な実施方法等については，法律で定められていないが，学校法人によっては理事長直轄部門として内部監査室等を設置し，教職員が理事長の指揮に従って学校業務監査及び会計監査を行っている場合がある。

　内部監査とは，学校法人の各組織が「ルールどおり」に機能していることを検証する機能である。すなわち，不正・誤謬を排除するように設計された業務手順が，その実務執行部門において，理解され遵守されていることを確認することである。内部監査は，規定どおり実務が運用されず，不正・誤謬の排除が有効に行われていない状況を把握したときには，理事者に対して，各部署への改善勧告を行うことを進言する。また，内部監査は，現状の規定では十分に機能しない可能性が検出された場合には，規程の改正を理事者に進言することが期待されている。

　本章の5（p.217〜）では，内部監査チェックリスト作成例(1)，(2)，及び(3)を挙げているが，(3)は簡易なチェックリストとなっており，(1)，(2)は法人全体の内部統制の整備状況と運用状況をチェックするリストとなっているので，各学校法人の実態に合わせて適宜修正し活用されたい。

1 学校法人○○大学内部監査規程（例1）

第1章 総 則

（目 的）

第1条 本規程は，学校法人の経理及び一般業務について，不正，誤謬，脱漏の防止，経営能率の向上を図ることを目的とし，内部監査実施に必要な事項について定める。

（監査組織）

第2条 理事長は，内部監査を実施するために，内部監査室を設け，内部監査担当者を任命する。

2 内部監査担当者は，○人とする。

3 内部監査室は，理事長の直轄部門とする。

（内部監査担当者の独立性）

第3条 内部監査担当者は，学校法人が設置する各学校，学部，学科等の部門（以下，「各部門」という。）から独立した立場で監査が行えるようにしなければならない。

（監査の区分）

第4条 内部監査は，定期監査と臨時監査に分かれるものとする。

2 定期監査は，毎年2回以上定時に行うものとする。

3 臨時監査は，必要に応じ理事長の承認を得て随時実施する。

（権 限）

第5条 内部監査担当者は，各部門に対して，監査遂行上必要な一切の関係書類の提出，事実の説明，実施の立会いを求めることができる。

2 前項の要求は，正当な理由なくして拒むことはできない。

3 前項の理由は，定期監査はあらかじめ事前に，臨時監査は随時通知する。

（遵守事項）

第6条　内部監査担当者は，次の事項を遵守しなければならない。

⑴　事実の認定，処理の判断，意見書の作成にあたっては，常に公正・不偏の態度を保持しこれを行わなければならない。

⑵　監査の結果知り得た事項を正当な理由なく他に漏えいし，または自ら窃用してはならない。

⑶　監査は各部門の通常業務をできるだけ阻害しないように実施しなければならない。

(監査業務)

第7条　監査に関する業務は，次のとおりとする。

⑴　監査計画の立案

⑵　監査の実施

⑶　監査調書の作成

⑷　監査意見書の作成（必要により監査報告書の作成）

⑸　その他必要と認める事項

第2章　監査計画

(監査計画)

第8条　内部監査担当者は，監査計画を立案し，あらかじめ理事長（又は理事長の指名した常務理事）の承認を得なければならない。

(監査計画書記載事項)

第9条　監査計画書には，次の事項を記載する。

⑴　当期の監査方針

⑵　監査項目

⑶　監査対象

⑷　監査方法

⑸　監査担当者

⑹　監査日程

第7章　内部監査規程

(7)　その他必要と認める事項

（監査実施の通知）

第10条　内部監査室は，監査にあたり，あらかじめ各部門に原則として内部監査実施通知書による監査の通知を行う必要がある。ただし，臨時監査の場合はこの限りではない。

第3章　監査の実施

（監査の実施）

第11条　内部監査担当者は，定期または必要に応じかつ監査計画に基づき，秩序整然と監査を実施しなければならない。

2　内部監査担当者は，監査計画に基づき必要な手続を選択適用し，自己の表明する意見を保証するに足る十分な監査を実施しなければならない。

（監査の方法）

第12条　内部監査は，原則として実地監査とする。ただし，必要ある場合は，書面監査によることができる。

2　実地監査は，内部監査担当者が直接監査場所に赴き，書面監査は，監査に必要な書類の提出を求めて行う。

（監査調書）

第13条　内部監査担当者は，監査の実施にあたり監査調書を作成し，監査終了後，内部監査室に提出する必要がある。

2　監査調書は，秩序整然かつ明瞭に作成されなければならない。

（監査調書記載事項）

第14条　監査調書には，次の事項を記載する。

(1)　監査実施年月日

(2)　監査項目

(3)　監査場所

(4)　監査方法

(5) 監査担当者

(6) 監査対応者

(7) 監査手続

(8) 監査証拠

(9) 監査結果

(監査結果の講評)

第15条　内部監査担当者は，監査実施後，各部門の責任者に対して，監査結果についての講評を行わなければならない。

2　重要な事項又は内部機密に関する意見報告については，理事長又はこれに代わる責任者の了承を得て講評するものとする。

第4章　監査意見

(監査意見)

第16条　内部監査担当者は，内部監査終了後，速やかに内部監査意見書を作成し，直ちにこれを理事長に提出しなければならない。

(内部監査意見書記載事項)

第17条　内部監査意見書には，次の事項を記載する。

(1) 監査日程

(2) 監査対象部門

(3) 監査担当者

(4) 監査項目

(5) 監査結果の総評

(6) 監査の概要

(7) 問題点及び改善指摘事項

(8) 各部門責任者の意見

(9) その他参考事項

(口頭の報告)

第7章　内部監査規程

第18条　内部監査担当者は，緊急報告の必要を認めた場合には，監査中においても随時口頭で理事長にこれを報告するとともにその指示を求めることができる。

第5章　改善措置

（改善の指示）

第19条　理事長は，内部監査意見書の内容について，重要と認めた事項を改善指示書として各部門及び内部監査室に送付する必要がある。

（改善状況の報告）

第20条　各部門の責任者は，改善指示のあった事項については，内部監査改善状況報告書によって，その改善状況を遅滞なく理事長及び内部監査室に報告しなければならない。

2　内部監査担当者は，後日，改善の確認を行わなければならない。

第6章　雑　　則

（規程の改廃）

第21条　この規程の改廃は，理事会の決議を経て行うものとする。

　　附　　則

　この規程は，平成〇年〇月〇日から施行する。

〔解　説〕

1．内部監査は，通常，次のような活動を含んでいる。

　(1)　財務情報及び業務情報の信頼性の評価

　(2)　業務の経済性，効率性及び有効性の評価

　(3)　法令，寄附行為，規程，その他規制，法人運営方針等への準拠性の評価

　　内部監査は，各部門の業務の内容をその部門から独立した内部監査担当者に

よってチェックするものであるため，内部監査室は理事長の直轄部門とする必要がある。そして，この業務を遂行するためには，内部監査担当者としての権限及び責任が付与されていなければならない。また，このことは内部監査規程においても明確にしておく必要がある。

2．内部監査の具体的業務は第7条で列挙したとおりである。

監査計画の立案

　監査計画は，年度全般の監査方法・監査対象を決定する年度の基本計画，さらに，基本計画に基づいた詳細な個別実施計画に区分して立案しなければならない。

　また，定期監査においては，各部門に対し，必要な監査資料の提出を事前に伝えることにより，監査当日の円滑な監査の実施が可能となる。

　通常，内部監査は，各部門に事前に通知し，協力を得ながら，各部門の監査を定期的・継続的に行う。

　しかし，このような定期監査のみでは，不正・違法行為の隠蔽が行われる危険があるので，臨時監査が必要になる場合もある。また，特別な設備の取得，建設，これに準じたプロジェクトについても必要となる場合もある。

監査の実施

　監査を効果的かつ効率的に行うために，あらかじめ監査手続書及びチェックリストを用意し，これに基づいて監査を実施する必要がある。

　監査手続書とは，各監査項目に対して監査証拠を入手するために行う監査技術の選択適用を示すものである。また，チェックリストは，監査項目をチェックするために一覧表の形式で作成する必要がある。

　ただし，監査が機械的で形式的なものとならないために，法人内外の環境の変化に対応して，常に内容の見直しを行い監査手続書の更新を行うとともに，監査手続書等に記載されていない事項であっても重要と思われる事項については適切な監査手続を実施するなど，柔軟な態度で監査を行うことに留意する必

要がある。

また，監査の方法としては，現場に赴いて各部門の担当者より内容を聴取しながら監査を実施する実地調査と，必要な書類を取り寄せてこれに対して監査手続を行う書面監査の2つがある。

通常は，実地監査を原則とするが，監査の効率性の観点から実地監査と書面監査を併用することができる。ただし，この場合によっても，監査の有効性が確保されなければならないことに留意する必要がある。

監査調書の作成

監査調書は，以下の目的のために作成される。

(1) 監査の計画的かつ円滑な遂行を図り，効果的かつ効率的な監査の実施とその管理に役立てる。

(2) 監査意見書作成のための資料とする。

(3) 内部監査担当者が内部監査規程を遵守し，自主性，客観性，独立性及び守秘義務を保持して監査を実施したことを立証するための資料とする。

(4) 次期以降の監査の合理的な実施を図るための資料とする。

監査意見書の作成

監査意見書の作成に際しては，明確な論理に裏付けられた客観的な事実の把握に基づき記載し，理事の判断を誤らせることのないように作成することが必要である。

理事長は，内部監査意見書を受領した後，問題事項及び改善事項について，理事会（又は常務理事会）でその内容を検討し，改善指示書をまとめ各部門に通知し，改善指示を行う。

各部門では，理事長より改善指示を受けた事項について，改善・是正措置を講じることになる。この改善状況を速やかに改善状況報告書により理事長及び内部監査室へ報告しなければならない。

また，内部監査担当者は，監査意見書で指摘した改善事項が，各部門において改善されていることを確認する必要がある。

— 201 —

加えて，内部監査担当者は，次年度の定期監査においても，当該改善状況に留意する必要がある。

2　学校法人○○大学内部監査規程（例２）

（目　的）

第１条　この規程は，学校法人○○大学（以下「本学」という。）における内部監査について定める。

2　内部監査は，本学業務の適正な執行を図るとともに，財務報告の信頼性確保，関連法規の遵守，効率的かつ効果的な業務運営及び改善を通じて，本学の価値向上に資することを目的とする。

（内部監査室）

第２条　前条第２項の目的を達成するための組織として，理事長の下に内部監査室を置く。

2　内部監査室は，理事長直属の組織とし，室長及び室員を置く。

3　内部監査室は，内部監査及び公益通報に係わる業務を行う。ただし，公益通報に係わる業務については，別に定める。

（内部監査の計画）

第３条　内部監査室長は，毎年，内部監査計画を策定し，理事会の議を経るものとする。

（内部監査の実施）

第４条　内部監査室長及び室長の許可を得た室員は，本学のすべての業務を内部監査の対象とし，内部監査計画に基づき定期的に内部監査を実施するものとする。

2　学術研究に関する事項については，部門長と協議するものとする。

3　内部監査室長及び室長の許可を得た室員は，内部監査の実施にあたり，内部監査の対象部局（以下「対象部局」という。）に書類の閲覧，提出及び説明を

第7章　内部監査規程

求めるとともに，関係者への質問等を行うことができる。

4　対象部局及び関係者は，内部監査の円滑かつ効果的な実施に協力しなければならない。

5　内部監査室長及び室員は，内部監査の実施にあたり，対象部局の業務運営及び事務処理等について，直接指揮命令をしてはならない。

6　内部監査室長及び室員は，内部監査の実施にあたり，対象部局の業務に著しい支障を与えないよう配慮しなければならない。

（法人監事及び会計監査人との相互補完）

第5条　内部監査室長及び室員は，法人監事及び会計監査人と相互に補完し，円滑かつ効果的な内部監査を行うものとする。

（内部監査調書の作成，保存）

第6条　内部監査室長は，実施した内部監査の内容，結果及び必要と考えられる事項について内部監査調書を作成し，これを保存しなければならない。

（内部監査報告書）

第7条　内部監査室長は，内部監査の終了後，理事会に内部監査結果を文書にて報告しなければならない。

2　内部監査室長は，内部監査の結果，必要と認めたときは，理事会に意見書を提出することができる。

（改善方策）

第8条　理事長は，前条第2項の規定に基づき，提出された意見書について，理事会の議を経て必要な措置等を講じなければならない。

（施行細則）

第9条　内部監査を実施する上で必要な細目については，別に定める施行細則による。

（公益通報窓口対応）

第10条　内部監査室長及び室員は，公益通報窓口への通報を受けたときは，別に定める「学校法人○○大学公益通報者の保護等に関する規程」に基づき対

応するものとする。

（会議への出席）

第11条　内部監査室長は，理事会，大学評議会及びその他諸会議に出席して意見を述べることができる。

（遵守事項）

第12条　内部監査室長及び室員は，次の各号に掲げる事項を遵守しなければならない。

　⑴　内部監査は事実及び検証力ある客観的証拠に基づいて行い，その結果に関する判断は，中立公正な立場から行うものとする。

　⑵　内部監査の結果，知り得た事項については，任期中及び退任後においても，将来的に守秘義務を負うものとする。

（規定の改廃）

第13条　この規程の改廃は，理事会の決議を経て理事長が行う。

　　附　　　則

　この規程は，平成○年○月○日から施行する。

3　学校法人○○学園内部監査規則（例3）

（目　　　的）

第1条　この規則は，学校法人○○学園（以下「学園」という。）における内部監査（以下「監査」という。）に関する事項を定め，監査の実施を円滑かつ効率的に推進することを目的とする。

（監査の担当部門）

第2条　監査の担当部門は，内部監査室とする。

2　内部監査室には，内部監査室長及び監査担当者○名を置く。

3　内部監査室長及び監査担当者は，理事長が職員の中から選任する。

第7章　内部監査規程

(他の監査機関との連携)

第3条　内部監査室長及び監査担当者は，監査の実施に際し，監事又は公認会
　　計士（監査法人を含む。以下同じ。）と緊密に連携し，監事又は公認会計士によ
　　る監査の補完を行い，学園の監査の効率的な実施に努めなければならない。

(監査の種類及び内容)

第4条　監査の種類及び内容は，次のとおりとする。

　(1)　業務監査

　　　業務の管理運営，適法性及び有効性並びに制度，組織，規則等の妥当性
　　に関する監査

　(2)　会計監査

　　　予算執行手続，会計処理，財産管理及び事務の効率性，適法性に関する
　　監査

(監査の区分及び内容)

第5条　監査の区分及び内容は，次のとおりとする。

　(1)　定期監査

　　　監査計画に基づいて定期的に実施する。

　(2)　臨時監査

　　　理事長の指示に基づいて随時実施する。

(監査の実施)

第6条　内部監査室長及び監査担当者は，書類調査，実地調査，報告及び説明
　　の要求その他の適切な方法により監査を実施しなければならない。

(職務権限)

第7条　内部監査室長及び監査担当者は，監査の実施に際し，被監査部門の責
　　任者に対し，監査の実施のために必要な帳票及び資料の提出又は事実の報告
　　及び説明を求めることができる。

2　被監査部門の責任者は，前項の要求があった場合には，正当な理由がある
　　場合を除いて，これに応じなければならない。

3　内部監査室長及び監査担当者は，監査の実施のために必要と認める場合には，理事長の許可を得て，理事会，常任理事会その他の会議に出席し，又はその議事録を閲覧することができる。

（遵守事項）

第8条　内部監査室長及び監査担当者は，次の事項を遵守しなければならない。

⑴　事実に基づいた監査を実施し，かつ，監査の意見の表明を行うにあたっては，常に公平不偏の態度を保持すること。

⑵　職務上知り得た事実を正当な理由なく他に漏らさないこと。

⑶　被監査部門の業務の遂行に重大な支障を与えないこと。

（監査計画）

第9条　内部監査室長は，毎会計年度開始後1か月以内に当該年度の監査計画を立案し，理事長の承認を受けなければならない。

（監査実施計画書）

第10条　内部監査室長は，定期監査を実施する場合には，内部監査実施計画書（別表1）を作成し，あらかじめ理事長の承認を受けなければならない。

（監査実施通知書）

第11条　内部監査室長は，監査を実施する場合には，その開始予定日の2週間前までに，被監査部門の責任者に対して，内部監査実施通知書（別表2）により通知しなければならない。ただし，臨時監査を実施する場合には，その通知を省略することができる。

（監査報告書の作成等）

第12条　内部監査室長は，監査終了後1か月以内に内部監査報告書（別表3）を作成し，理事長に提出しなければならない。

2　内部監査室長は，内部監査報告書の作成にあたっては，監査結果について被監査部門の責任者の意見を聴取し，必要があると認めるときは，関係部門の責任者の意見をも聴取し，これに付記しなければならない。

3　内部監査室長は，監査結果に基づいて，理事長に対して，被監査部門（必

第7章　内部監査規程

要があると認めるときは，関係部門を含む。以下同じ。）の業務の是正のための意見を述べることができる。

（業務是正）

第13条　理事長は，監査の結果を被監査部門の責任者に通知し，必要があると認めるときは，被監査部門に対して，業務の是正の指示を行わなければならない。

2　前項の指示を受けた被監査部門の責任者は，遅滞なく業務の是正を行い，その結果を業務是正報告書（別表4）により理事長に報告しなければならない。

（改　　廃）

第14条　この規則の改廃は，理事会の決議を経て，理事長が行う。

　　附　　　則

　この規則は，平成○年○月○日から施行する。

別表 1

内部監査実施計画書

平成　　年　　月　　日

学校法人○○学園
　理事長　○　○　○　○　殿

内部監査室長　　　　　　　㊞

　学校法人○○学園内部監査規則第10条の規定に基づき，定期監査を下記のとおり実施いたしますので，ご承認願います。

記

1　監査方針	
2　被監査部門	
3　監査日程	平成　　年　　月　　日～平成　　年　　月　　日（　日間）
4　監査の範囲	□　業務監査　□　会計監査　□　業務監査と会計監査の両方
5　監査の方法	
6　監査事項	
7　監査担当者	
8　その他	

　定期監査を実施することを承認する。

学校法人○○学園
　理事長　○　○　○　○　㊞

第7章　内部監査規程

別表2

内部監査実施通知書

平成　　年　　月　　日

部

　　　　殿

　　　　　　　　　　内部監査室長　　　　　　㊞

　学校法人○○学園内部監査規則第11条の規定に基づき，貴部門において下記のとおり内部監査を実施しますので，通知します。
　ついては，協力方よろしくお願いします。

記

1　監査日程	平成　　年　　月　　日～平成　　年　　月　　日（　　日間）
2　監査区分	□　定期監査　　□　臨時監査
3　監査の範囲	□　業務監査　　□　会計監査　　□　業務監査と会計監査の両方
4　事前準備をお願いしたい帳票,資料等	
5　立会・応答をお願いしたい職員	
6　監査担当者	
7　その他	

別表3

内部監査報告書

平成　　年　　月　　日

学校法人○○学園
　理事長　○　○　○　○　殿

内部監査室長　　　　　　　㊞

　下記のとおり内部監査を実施いたしましたので，学校法人○○学園内部監査規則第12条の規定に基づき，ご報告いたします。

記

1　被監査部門	
2　監査区分	□　定期監査　　□　臨時監査
3　監査の範囲	□　業務監査　　□　会計監査　□　業務監査と会計監査の両方
4　監査日程	平成　　年　　月　　日～平成　　年　　月　　日（　日間)
5　監査担当者	
6　監査実施経過	
7　監査結果	
8　被監査部門の責任者ないし関係部門の責任者の意見	
9　監査意見	
10　参考資料 　　□　別添	
11　その他	

第7章　内部監査規程

別表4

業務是正報告書

平成　　年　　月　　日

学校法人○○学園
　理事長　○　○　○　○　殿

　　　　　　　　　　　　　　　　　　　　　　　　　　部

　　　　　　　　　　　　　　　　　　　　　　　　　　　　　　㊞

　先般お受けした○○部の内部監査において，ご指示を受けた業務の是正措置について，学校法人○○学園内部監査規則第13条第2項の規定に基づき，下記のとおりご報告いたします。

記

1　監査実施日
　　　平成　　年　　月　　日～平成　　年　　月　　日（　　日間）

2　監査区分
　　　□　定期監査　□　臨時監査

3　監査の範囲
　　　□　業務監査　□　会計監査　□　業務監査と会計監査の両方

4　是正措置

A是正指示事項	B是正措置	C是正措置の内容 （Bで○を付した場合に記入）	D今後の是正予定 （Bで×を付した場合に記入）

※1　「A是正指示事項」欄については，是正を指示された事項すべてについて記入すること。
※2　「B是正措置」欄については，是正措置を講じた場合は○を，講じていない場合は×を記入すること。
※3　「C是正措置の内容」欄については，できるだけ詳しく記入すること。
※4　「D今後の是正予定」欄については，期限を明記して記入すること。

－211－

4 監事の監査について

① 学校法人の監事の特色

　私学法第35条は、「学校法人には、役員として、理事5人以上及び監事2人以上を置かなければならない」と定めている。民法第34条によって設立された財団又は社団では、定款又は寄附行為若しくは総会決議によって、監事を置くことができるという任意規定になっているのと比べ、私学法は監事を置くことを義務づけている。もっとも、財団及び社団であっても、主務官庁における認可時の指導により、大部分の法人が監事を置いている。

　一般の財団及び社団が、法律上監事の設置が任意なのに対し、学校法人で強制されているということは、学校法人が目的とする教育事業は、他の財団又は社団に比べ公共性が高いため、法人業務が少数の理事の専断によって運営されることのないよう、最低2人の監事によってチェックをさせ、より適正な法人運営をさせようとするものと考える。

イ 同族関係者の選任禁止

　役員のうちには、各役員について、その配偶者又は3親等以内の親族が1人を超えて含まれることになってはならない（私学法第38条第7項）ことになっている。役員とは、理事及び監事を指すので、理事及び監事の中で、3親等以内の親族が2人以上いてはならないことになる。

ロ 役員の欠格事由

　私学法第38条第8項は、役員については、校長及び教員の欠格事由（学校教育法第9条）を準用している。学校教育法では、次の一つに該当する場合には、校長又は教員になることはできないと定めている。

　　i　成年被後見人又は被保佐人

　　ii　禁錮以上の刑に処せられた者

　　iii　免許状がその効力を失い、当該失効の日から3年を経過しない者

第7章　内部監査規程

iv　免許状取上げの処分を受け，3年を経過しない者

v　日本国憲法又はその下に成立した政府を暴力で破壊することを主張する
政党その他の団体を結成し，又はこれに加入した者

以上の一つに該当する者は，学校法人の理事又は監事となる資格はないが，
理事又は監事になる者は，学校法人の管理運営に必要な知識又は経験を有し，
かつ，学校法人の理事又は監事としてふさわしい社会的信望のある者でなけれ
ばならない。

ハ　監事の兼職の禁止

監事は，その職務を遂行するうえで公正中立の立場に立ち，理事又は教職員
から独立した者でなければならない。私学法第39条は，監事は，理事，評議員
又は学校法人の職員（当該学校法人の設置する私立学校の校長，教員その他の職員を含
む。）と兼ねてはならないとして，監事の学校法人内での兼職を禁じている。

なお，「学校法人の寄附行為及び寄附行為の変更の認可に関する審査基準」
（最終改正　平成26.2.26文部科学省告示第18号）は，「理事及び監事は，他の学校法
人の理事又は監事を4以上兼ねていない者であること」（第1の3(2)）と定めて
いるので留意が必要である。

ニ　任期及び補充

理事又は監事の任期は特に定められてはいないが，一般的には寄附行為で2
～4年間と定めていることが多いようである。理事及び監事の任期は寄附行為
で明確に定めておくべきであろう。また，理事と監事の任期は，通常同じに定
めることが多いが，それぞれの任期を変えて定めることも可能である。会社法
では，取締役の任期は2年だが，監査役の任期は職務の重要性に鑑み4年とし
ている。

また，理事又は監事については，その定数の5分の1をこえる者が欠けたと
きは，1月以内に補充しなければならない（私学法第40条）と定めているので，
監事の定数が私学法に定める最低必要数の2名であれば，1名が欠けたときに
は，1月以内に補充をしなければならない。

② **監事の職務**

　監事は，私学法で2名以上を必要としているので，各自がそれぞれ単独で職務を遂行することも可能である。しかし，監事の職務は，会計監査から理事の業務執行まで広大な範囲にわたるので，全監事が協同して，職務を分担するなどして遂行するのが合理的である。

イ　**職務の範囲**

　私学法第37条第3項は，監事の職務について次のように定めている。

　i　学校法人の業務を監査すること。

　ii　学校法人の財産の状況を監査すること。

　iii　学校法人の業務又は財産の状況について，毎会計年度，監査報告書を作成し，当該会計年度終了後2月以内に理事会及び評議員会に提出すること。

　iv　学校法人の業務又は財産に関し不正の行為又は法令若しくは寄附行為に違反する重大な事実があることを発見したときは，これを所轄庁に報告し，又は理事会及び評議員会に報告すること。

　v　前号の報告をするために必要があるときは，理事長に対して評議員会の招集を請求すること。

　vi　学校法人の業務又は財産の状況について，理事会に出席して意見を述べること。

　財産の状況を監査するということは，いわゆる会計監査のことであり，業務を監査するということは，理事会が適正に運営され，決議内容が法令又は寄附行為等に違反していないか，さらに決議事項が適正に執行されているかなど，いわゆる業務監査といわれるものである。

　民法上の財団又は社団では，監査の結果，不整の行為又は法令若しくは定款に違反する重大な事実を発見したときは，監事は総会又は主務官庁に報告することになっているが，学校法人の監事も，そのような事態があるときは，所轄庁に報告し，又は理事会及び評議員会に報告することになっている。

第7章　内部監査規程

ロ　監事監査と公認会計士監査

　国又は地方公共団体から補助金の交付を受けている学校法人の大部分は，監事の監査の他に，私学振興助成法第14条第1項に基づき公認会計士（又は監査法人）による監査を受けなければならない。公認会計士による監査は，会計に関する監査に限られるが，会計に関する監査は，監事と公認会計士による二重の監査が義務づけられていることになる。

　会社法では，資本金5億円以上又は負債総額200億円以上の大会社については，監査役監査のほか，会計監査人（公認会計士又は監査法人）による会計監査を義務づけているが，会計部分の監査については，監査役は会計監査人の監査の方法及び報告を検討し，必要があれば監査人に質問するなどして，会計に関する監査を行ったとみなすこととしている。

　株式会社の監査役及び公益法人等の監事は，それぞれの法の中に会計監査人制度が導入されているため，その監査の中で会計監査人監査を利用することとなり，会計監査人の監査の方法及び結果の相当性を監査することによって自己の意見とすることができる。

　一方，私学法又は私学振興助成法のうえでは，学校法人における監事監査及び公認会計士監査の関連について明文はなく，監事監査の中で会計監査人監査を利用する制度が導入されていない。そのため，監事は会計監査人との連携によって監事監査の有効性，効率性を高めることはできるが，財産監査を自ら実施することを免れることはできない。

ハ　監査報告書

　監事の監査結果は，監査報告書に簡潔にまとめられるが，その書式に特別な決まりはない。次の文例は，特別な問題点のない場合の例である。

— 215 —

監 査 報 告 書

学校法人 ○ ○ 学 園

　理事長 　 ○ ○ ○ ○ 殿

平成 ○ 年 ○ 月 ○ 日

学校法人 ○ ○ 学 園

監 事 ○ ○ ○ ○

監 事 ○ ○ ○ ○

　私たちは，学校法人○○学園の監事として，私立学校法第37条第3項に基づいて同学園の平成○年度（平成○年4月1日から平成○年3月31日まで）における計算書類（資金収支計算書，事業活動収支計算書，貸借対照表並びに附属明細表）及び学校法人の業務執行状況について監査を行いました。

　監査の結果，私たちは上記の計算書類は学校法人会計基準（文部科学省令第15号，平成25.4.22.公布）に準拠しており，学校法人○○学園の平成○年3月31日現在の財政状態及び同日をもって終了する会計年度の経営状況を適正に表示しているものと認めました。また，学校法人の業務執行状況に関する不正の行為又は法令若しくは寄附行為に違反する事実のないことを確認いたしました。

※　収益事業を寄附行為で定めている場合には，収益事業に係る損益計算書，貸借対照表並びに付属明細表の監査状況を記載する。

第7章　内部監査規程

5　内部監査チェックリスト

(1)　運用状況チェックリスト

		チェック項目	チェック内容	チェック欄	
				然	否
1．統制環境とガバナンス					
1	法　人　全　般	経営理念と戦略の策定	学校法人は，建学の精神，経営理念を踏まえた経営戦略，中長期計画を踏まえた学園経営を行っているか。		
2	法　人　全　般	ガバナンスの確立（方針）	法人，各部門の長の方針をふまえて学園運営を行っているか。		
3	法　人　全　般		法人運営上の戦略に沿って，学園運営を行っているか。		
4	法　人　全　般		人事に関する方針並びに基準及び手順等に準拠して，学園運営を行っているか。		
5	法　人　全　般		建学の精神を支える規範となる行動規範や具体的なルール等に準拠して，運営を行っているか。		
6	法　人　全　般		学部長会，職員会議等の役割及び運営に関する規定は，実態を反映しているか。		
7	法　人　全　般	ガバナンスの確立（機関）	定められた手順や基準に沿って，理事を選任しているか。		
8	法　人　全　般		定められた手順や基準に沿って，理事会を運営しているか。		
9	法　人　全　般		定められた手順や基準に沿って，監事を選任しているか。		
10	法　人　全　般		会計監査人との意見交換を行い，指摘や助言を活用し，必要な改善策を立てているか。		
11	法　人　全　般	ガバナンスの確立（体制）	法人，学園の業務運営は法令，寄附行為，内部規程等に基づいて有効に機能しているか。		
12	法　人　全　般		組織の権限及び責任に関する規程は実態を反映しているか。		
13	法　人　全　般		理事会等で定めたリスクマネジメント対策は，構成員全員に周知徹底しているか。		
14	法　人　全　般		教員と職員の連携協力体制が構築されており，円滑に連携がとれているか。		
15	法　人　全　般	業務改革	理事会等で議論した組織の見直し対策は，構成員全員に周知徹底しているか。		
16	法　人　全　般		組織・事務処理体制・業務の見直しが恒常的に行われているか。		
17	法　人　全　般		業務改善，事務改善の取り組みが教職員も含めた全学的なものとなっているか。		
18	法　人　全　般		事務職員が法人経営に積極的に参画する仕組みの導入及び事務職員の経営への参加意識の向上に努めているか。		
19	法　人　全　般		会議時間の短縮や会議の実質化，経費の節減等が図られているか。		

― 217 ―

		2．リスク評価と対応			
20	法 人 全 般	リスクの評価とリスクへの対応	リスクの評価を受けて，当該リスクへの適切な回避，低減，移転または受容等，適切な対応を選択しているか。		
21	法 人 全 般		リスクへの対応が十分でなかった場合に生じたリスクに対して，その後，原因分析等が適切に行われたか。		
		3．統制活動			
22	業務プロセス	リスク・コンプライアンス体制の構築	セキュリティポリシーを構成員全員に周知徹底しているか。		
23	業務プロセス		科学研究費の使用・管理体制は実態を反映しており，有効に機能しているか。		
24	業務プロセス		個人情報を守るため整備された体制は実態を反映しており，その不正利用・漏えいを未然に防いでいるか。		
25	業務プロセス		知的財産の管理体制は有効に機能しており，その不正使用を未然に防いでいるか。		
26	業務プロセス		学生生徒と教員とが共同で創出した発明や著作などの知的財産が守られる仕組みとなっているか。		
27	業務プロセス		教職員の不正・不法行為を防止する体制は有効に機能しているか。		
28	業務プロセス		経営者間，教職員間，その他利害関係者間で訴訟等の紛争が生じた場合の対応体制は実態を反映しており，学校法人が負うリスクを低減する体制になっているか。		
29	業務プロセス		利益相反マネジメント体制は，実際に利益相反が生じた際の管理に有効な体制が整備されているか。		
30	業務プロセス		苦情の申し出や内部通報，提訴等に適切に対応できる体制は有効に機能しており，その後の対応によりそれ以降の発生を抑制することができる体制となっているか。		
31	業務プロセス		学生生徒及び教職員の安全確保のための警備体制は有効に機能しており，事件，犯罪，事故の発生を未然に防いでいるか。		
32	業務プロセス		研究倫理を確保するための体制は実態を反映しており，有効に機能しているか。		
33	業務プロセス		共同研究，受託研究等に関する規程は実態を反映しており，共同研究者，受託研究者の権利及び義務が守られるなど有効に機能しているか。また，共同研究，受託研究等が適切に行われているか。		
34	業務プロセス		毒劇物の管理体制は実態を反映しており，盗難防止び管理は有効に機能しているか。		
35	業務プロセス		安全衛生管理体制は実態を反映しており，教職員及び学生生徒の安全，衛生の確保の体制として有効に機能しているか。		
36	業務プロセス		安全衛生管理体制の各責任者は職責を正しく理解し，全うしているか。		
37	業務プロセス	ハラスメント防止体制の構築	ハラスメント防止のために整備された体制は有効に機能しており，ハラスメント発生の低減に効果を発揮しているか。		

第7章　内部監査規程

38	業務プロセス		ハラスメントのない学校法人にするために積極的な取り組みが行われているか。		
39	業務プロセス		ハラスメントの防止・対応に関する指針や相談員マニュアル等が作成されているか。また，ハラスメント相談窓口が設けられ，有効に機能しているか。		
40	業務プロセス		教職員に対するハラスメント対策の研修などの取り組みは行われているか。		
41	業務プロセス		ハラスメントに対する学生生徒への指導は十分に行われているか。		
42	業務プロセス		ハラスメント防止のためのポスター，ホームページ等によるキャンペーンが恒常的に行われているか。		
43	業務プロセス		ハラスメントが発生した場合，速やかに対応することができる体制となっているか。		
44	業務プロセス	危機管理体制の構築	危機管理マニュアル等について，構成員全員に周知徹底しているか。また，避難訓練等，危機管理体制がうまく機能するか検討しているか。		
45	業務プロセス		事故は常に起こり得ることを前提にした危機管理体制を整備しているか。		
46	業務プロセス		事故が発生した場合，速やかに対応することができる体制となっているか。		
47	業務プロセス		事故が発生した場合の情報公開は適正に行われているか。また，関係者の処分は適正になされているか（合理的な判断に基づいた処分であるか）。		
48	業務プロセス		事故等が発生した場合，理事長・担当理事・監事への報告が速やかに行われる体制となっているか。		
49	業務プロセス	人事管理，組織管理	労働基準法，労働安全衛生法に対応する規程，体制が構築されており，労働時間管理は適切に行われているか。		
50	業務プロセス		業務量の増大や長時間労働の防止への取り組みは十分に行われているか。		
51	業務プロセス		教職員の採用，育成，評価，配属などの人事に関する方針並びに基準及び手順に準拠した人事評価等がなされているか。		
52	業務プロセス		優秀な教職員を確保・採用するため，採用方法の工夫がなされているか。		
53	業務プロセス		研修制度の充実を含め，職員の育成プログラムが設けられているか。		
54	業務プロセス		教職員の評価システムを整備し，適正な評価を行った上で，評価が処遇に反映される仕組みとなっているか。		
55	業務プロセス	施設管理体制	施設の管理マニュアル等は実態を反映しており，施設の維持・管理に有効であるか。		
56	業務プロセス		保守点検等で不備や改善点が指摘された場合，迅速な対応がとられているか。		
57	業務プロセス		施設・設備・共同利用施設の利用状況に問題はないか。		

— 219 —

58	業務プロセス	資産運用管理	資産運用規程等の規程の整備は，時宜に即した規程の整備・見直しが行われており，規程に沿った運用が行われているか。		
59	業務プロセス		安全で効率的な資金運用が行われているか。		
60	業務プロセス	財務体質の改善	使途不明・不正流出・二重帳簿作成などの不適正な会計処理が生じないように実際にチェックをしているか。		
61	業務プロセス		財務計画は，経営戦略を実行するに際して，現実に有効なものであるか。		
62	業務プロセス		当該計画はこれを裏付ける財務計画があり，実効性があるものであるか。		
63	業務プロセス		効率的な予算の執行及び経費節減に努めているか。		
64	業務プロセス		法人が遊休の土地や建物を抱えていないか。		
65	業務プロセス		資産の取得，管理及び処分は適正に行われているか。		
66	業務プロセス		予算は，法人の目指す方針，計画を反映したものになっているか。		
67	業務プロセス		長期財政計画の策定を行うなど，将来を見据えた財政運営が行われているか。		
68	業務プロセス		作成した資金繰表等からキャッシュフローの動向を把握し，資金繰りを有効に管理できているか。		
69	業務プロセス		発注における業者選定は公平性，公正性，効率性を踏まえた規程に従って，選定しているか。		
70	業務プロセス		授業料，寄宿料等の未納対策は適正に行われているか。		
71	業務プロセス		経費削減のための具体的な対策を実行しているか。		
72	業務プロセス		物品購入の仕組み及び契約，価格等は適正なものになっているか。		
73	業務プロセス		外部資金の執行に関するルールは整備しているか。また，当該ルールを周知しているか。		
74	業務プロセス	教学体制の改善	学部・学科，課程の教育方針並びに目標が明確にされているか。		
75	業務プロセス		学部・学科，課程の教育方針・目標に整合した適切なシラバスを作成するための手順や基準が実際に運用されているか。		
76	業務プロセス		研究の全般的な評価体制が構築されており，有効に機能しているか。		
77	業務プロセス		教育方法の改善事例や授業評価実施等の結果を教員に公表し，教員の教育者としての能力及び大学等の教育機能の向上を図っているか。		
78	業務プロセス	国際交流	明確なビジョンを持って国際交流に取り組んでいるか。		
79	業務プロセス		留学生派遣について，障害となる語学力，留学資金等への配慮が行われているか。		
80	業務プロセス		外国語教育が適切になされているか。		
81	業務プロセス		単位互換や留学制度等により，国内外の大学等との連携を進めているか。		
82	業務プロセス		留学生について受け入れ基準を明確にし，出欠状況の確認等のサポートを適切に行っているか。		

83	業務プロセス	学生生徒確保	入試対策は，全入時代を迎える現状に合ったものとなっているか。		
84	業務プロセス		受験生への情報提供，オープンキャンパス，選抜方法の改善等の取り組みは積極的に行われているか。		
85	業務プロセス		学生生徒募集体制の強化を図り，募集結果の評価や次年度に向けた見直しを行っているか。		
86	業務プロセス	学生生徒支援	学生生徒支援策は，学生生徒の視点に立った有効なものであるか。		
87	業務プロセス		学生生徒のキャンパスライフ（学校生活）を充実させるための取り組みは活発であるか。		
88	業務プロセス		課外活動活性化のために積極的な支援を行っているか。		
89	業務プロセス		学生生徒の就職活動に対して積極的な支援を行っているか。		
90	業務プロセス		学生生徒の学習意欲の向上，キャリアアップをサポートする体制は有効に機能しているか。		
91	業務プロセス		学生寮，自習室，課外活動施設等の整備に力を入れているか。		
92	業務プロセス		遠隔講義システム，授業情報通知システム，自学自習システム等のITの整備や有効活用が図られているか。		
93	業務プロセス		図書館等の施設は，学生生徒の要望する図書の購入や開館時間など利便性を反映しているか。		
94	業務プロセス		図書館が地域にも開放され，実際に利用され地域貢献の役割を果たしているか。		
95	業務プロセス		学生生活の満足度を調査した結果に基づいて，サービス向上策を講じているか。		
96	業務プロセス		学生生徒の相談窓口等に相談された内容は，適切に管理されるだけでなく，内部通報機関等との連携が有効にとられているか。		
97	業務プロセス		中途退学や留年等を防ぐ対策は，実態を反映した有効なものであるか。		
98	業務プロセス		キャリア支援体制は，早期の就職活動やインターンシップなど，実態に即した支援が行える体制となっているか。		
4．情報伝達と情報公開					
99	業務プロセス	情報伝達	経営者は教職員に対して，自法人の財務状況を毎期十分に説明する機会を設けているか。		
100	業務プロセス		学校法人会計基準等の改正等があった場合に，財務担当者等の関係者に周知徹底しているか。		
101	業務プロセス		教職員からの意見を反映させる仕組みや業務分担体制は実態に適しており，有効に機能しているか。		
102	業務プロセス		学内のみならず，学外からもたらされる情報についても適時，適切に収集，把握及び処理する体制が有効に機能しているか。		
103	業務プロセス	情報公開と発信	学生生徒数や財務状況などの情報を適時・適切に更新しているか。		

104	業務プロセス		利害関係者に対して，事業報告書等による説明責任は十分に果たされているか。		
105	業務プロセス		地域社会に所在する大学・学校としての存在意義を発揮するため，地域への情報発信，交流，連携を積極的に進めているか。		
5．モニタリング					
106	法 人 全 般	経営計画の実質化	経営計画の実施状況の結果を定期的に把握し，結果の評価や見直しを次年度以降の計画に反映しているか。		
107	法 人 全 般		中長期計画の達成目標は具体的に明示しているか。		
108	法 人 全 般	内部監査の充実	内部監査部門は，業務内容の適法性について確認しながら監査を行っているか。		
109	法 人 全 般		内部監査部門は，監査を行うにあたり，VFM（Value For Money）を考慮した監査を行っているか。		
110	法 人 全 般		内部監査部門は，監査を行うにあたり，リスクアプローチの考え方を採用した監査を行っているか。		
111	法 人 全 般		内部監査部門は，教学監査の観点も考慮して監査を行っているか。		
112	法 人 全 般		内部監査部門は，財務の健全性についても確認を行っているか。		
113	法 人 全 般	実効性のある監査体制の構築	監事は，業務のチェック体制が機能しているかを確認しているか。		
114	法 人 全 般		監事は，経理又は財務に関して十分な知見を有しているか。		
115	法 人 全 般		監事は，業務内容の適法性について確認を行っているか。		
116	法 人 全 般		監事は，監査を行うにあたり，VFM（Value For Money）を考慮した監査を行っているか。		
117	法 人 全 般		監事は，監査を行うにあたり，リスクアプローチの考え方を採用した監査を行っているか。		
118	法 人 全 般		監事は，教学監査の観点も考慮して監査を行っているか。		
119	法 人 全 般		監事は，財務の健全性についても確認を行っているか。		
120	法 人 全 般		監事は，理事会，評議員会等の必要な会議に出席し，自身の意見を述べているか。		
121	法 人 全 般		三様（監事，会計監査人，内部監査）監査体制を通して積極的な情報交換を行った結果として，内部統制の有効性は向上したか。		
6．IT（情報通信技術）への対応					
122	法 人 全 般	ITへの対応	法人，各部門の長の手作業及びITを用いた統制の利用領域の判断の結果，業務は効率的に機能しているか。		
123	法 人 全 般		定められたIT環境整備に関する手順及び基準は中長期計画や経営戦略を反映しており，実効性のあるものであるか。		
124	法 人 全 般		IT環境，ITと手作業による統制の違いを把握し，法人の実態を反映した実効性のある方針であるか。		

第7章　内部監査規程

125	法人全般		ITの部門内の職務分担は組織図等で明瞭に分けられているか。		
126	法人全般		ITを利用することにより，新たなリスクが生じる場合に，当該リスクへの対応の定めに従って対応しているか。		
127	法人全般		重要なITプロセス，コントロールに関する記録の管理方針（作成・更新・保管・廃棄等）が定められているか。		
128	法人全般		ITは定められた方針及び手続きに準拠して利用されているか。 【想定される手続の例】 ① IT担当者の職務分掌 ② パスワード管理 ③ プログラム変更管理並びに不具合対処の進捗管理 ④ アクセス権管理及びサーバー室等の入退室管理 ⑤ 個人情報保護，外部記憶媒体の取り扱い ⑥ データバックアップ ⑦ その他		

(2)　整備状況チェックリスト

		チェック項目	チェック内容	チェック欄	
				然	否
1. ガバナンス					
1	法人全般	経営理念と戦略の策定	学校法人は，建学の精神，経営理念を踏まえた経営戦略，中長期計画を策定しているか。		
2	法人全般	ガバナンスの確立（方針）	法人，各部門の長は明確な経営方針を定めているか。		
3	法人全般		法人運営上の戦略を定めているか。		
4	法人全般		人事に関する方針並びに基準等を定めているか。		
5	法人全般		建学の精神を支える規範となる行動規範や具体的なルール等を定めているか。		
6	法人全般		学部長会，職員会議等の役割及び運営に関する規定を定めているか。		
7	法人全般	ガバナンスの確立（機関）	理事を選任する手順及び基準を定めているか。		
8	法人全般		理事会の役割及び運用に関する規定を定めているか。		
9	法人全般		監事の役割及び運用に関する規定を定めているか。		
10	法人全般		会計監査人との意見交換について定めているか。		
11	法人全般	ガバナンスの確立（体制）	内部統制の整備に関する事項を，内部統制基本方針などにより定めているか。		
12	法人全般		理事会の運営に関する規則などに，理事会の審議事項として組織及び人事に関することを定めているか。		
13	法人全般		理事会の運営に関する規則などに，理事会の審議事項としてリスクマネジメントを定めているか。		
14	法人全般		教員と職員の連携協力体制を構築しているか。		

| 15 | 法 人 全 般 | 業務改革 | 理事会の運営に関する規則などに，理事会の審議事項として組織体制を見直すことを定めているか。 | | |
| 16 | 法 人 全 般 | | 業務の改善に取り組む仕組みを構築しているか。 | | |

2．リスク評価と対応

| 17 | 法 人 全 般 | リスクの評価 | 学園の内外で発生するリスクを，組織全体の目標・計画にかかわる組織全体のリスクと組織の職能や活動単位の目標・計画にかかわる業務別のリスクに分類し，その性質に応じて，識別されたリスクの大きさ，発生可能性，頻度等を分析し，当該目標・計画への影響を評価しているか。
例
【内部要因のリスク】
倒産リスク，労働基準法違反，個人情報漏えい，ハラスメント
【外部要因のリスク】
少子化，経済不況，自然災害　など | | |

3．統制活動

18	業務プロセス	リスク・コンプライアンス体制の構築	セキュリティポリシーを確立しているか。		
19	業務プロセス		科学研究費を適切に使用・管理するための体制を構築しているか。		
20	業務プロセス		個人情報を保護するための体制を整備しているか。		
21	業務プロセス		知的財産の管理体制を整備しているか。		
22	業務プロセス		論文盗用などの教職員の不正・不法行為を防止する体制を整備しているか。		
23	業務プロセス		理事者間，教職員間，その他利害関係者間で訴訟等の紛争が生じた場合の対応体制を整備しているか。		
24	業務プロセス		社会貢献の一環として産学連携活動を行う場合，特定の企業に関与することになるため，教育・研究という学校法人としての責任と，産学連携活動に伴い個人が得る利益が衝突・相反する（利益相反）。この利益相反に対するマネジメント体制を整備しているか。		
25	業務プロセス		ハラスメントなどを含む，学生生徒及び教職員からの苦情の申し出や内部通報，提訴等に適切に対応できる体制を整備しているか。		
26	業務プロセス		キャンパスの防犯，セキュリティ対策など，学生生徒及び教職員の安全確保のための警備体制を整備しているか。		
27	業務プロセス		研究費の不正使用等を防止するために，研究倫理を確保するための規定等を定めているか。		
28	業務プロセス		共同研究，受託研究等に関する規定等を定めているか。		
29	業務プロセス		危険物及び毒劇物を適切に管理するための規定等を定めているか。		
30	業務プロセス		安全衛生管理体制を整備しているか。		
31	業務プロセス	ハラスメント防止体制の構築	ハラスメント防止体制を整備しているか。		
32	業務プロセス	危機管理体制の構築	危機管理マニュアル等を作成し，危機管理体制を整備しているか。		

33	業務プロセス	人事管理，組織管理	労働基準法，労働安全衛生法を遵守する体制を整備し，規程等を定めているか。		
34	業務プロセス		教職員の採用，育成，評価，配属などの人事に関する方針並びに基準及び手順を定めているか。		
35	業務プロセス		優秀な人材を確保するために，教職員の人材発掘や育成のための仕組み作りに取り組んでいるか。		
36	業務プロセス	施設管理体制	学園の方針に従った施設の管理マニュアルを整備しているか。		
37	業務プロセス	資産運用管理	資産運用規程等を整備しているか。		
38	業務プロセス	財務体質の改善	不適正な会計処理が起こらないような体制を整備しているか。		
39	業務プロセス		財務計画を編成しているか。		
40	業務プロセス		施設設備についての具体的な整備計画を立てているか。		
41	業務プロセス		予算策定・管理を行っているか。		
42	業務プロセス		資金繰表等を作成しているか。		
43	業務プロセス		発注における業者選定を公平性，公正性，効率性を踏まえた規程に沿って行っているか。		
44	業務プロセス		未納対策のマニュアルを作成しているか。		
45	業務プロセス		人件費や経費の抑制・縮減のため経費削減の具体的対策を計画しているか。		
46	業務プロセス		寄附金・競争的資金・事業収入等の外部資金獲得のための体制を整備しているか。		
47	業務プロセス	教学体制の改善	学部・学科，課程の教育方針並びに目標を定めているか。		
48	業務プロセス		学部・学科，課程の教育方針・目標に整合した適切なシラバスを作成するための手順や基準を定めているか。		
49	業務プロセス		研究の全般的な評価体制を構築しているか。		
50	業務プロセス		教育方法の改善や授業評価制度を採用しているか。		
51	業務プロセス	国際交流	国際交流に関する規程を整備しているか。		
52	業務プロセス		単位互換や留学制度等を導入しているか。		
53	業務プロセス		留学生に対するサポート体制を整備しているか。		
54	業務プロセス	学生生徒確保	全入時代を迎える現状に合った募集対策を立てているか。		
55	業務プロセス		学生生徒募集の強化体制を整備しているか。		
56	業務プロセス	学生生徒支援	学生生徒支援策は立てられているか。		
57	業務プロセス		図書館について，施設の維持・運営・管理のための規程を整備しているか。		
58	業務プロセス		学生生活の満足度を調査しているか。		
59	業務プロセス		面接指導やカウンセラーの設置等，学生生徒の相談窓口を整備しているか。		
60	業務プロセス		中途退学や留年等を防ぐため，有効な対策を講じているか。		
61	業務プロセス		キャリア支援体制を整備しているか。		

		4．情報伝達と情報公開			
62	業務プロセス	情報伝達	経営者は教職員に対して、自法人の財務状況を説明するためのルール等を定めているか。		
63	業務プロセス		経営者及び教職員は，学校法人の会計と財務の仕組みを十分に理解しているか。		
64	業務プロセス		教職員からの意見を反映させる仕組みや業務分担体制を整備しているか。		
65	業務プロセス		学内のみならず，学外からもたらされる情報についても適時，適切に収集，把握及び処理する体制を整備しているか。		
66	業務プロセス	情報公開と発信	ホームページ等を使って，学生生徒数や財務状況等を一般にわかりやすく情報公開する体制を整備しているか。		
67	業務プロセス		事業報告書等を使って，利害関係者に対する説明責任を果たす機能・体制を構築しているか。		
68	業務プロセス		地域への情報発信，交流，連携を進める制度・体制が構築されているか。		
		5．モニタリング			
69	法人全般	経営計画の実質化	経営計画の実施状況を把握し，必要に応じて次年度以降の計画に反映する仕組み等を構築しているか。		
70	法人全般	内部監査の充実	内部監査部門の役割・責任等を明らかにするために，内部監査基準等を定めているか。		
71	法人全般		監事の役割・責任の達成に資する監事監査基準等を定めているか。		
72	法人企業	実効性のある監査体制の構築	三様（監事，会計監査人，内部監査）監査体制を構築しているか。		
		6．IT（情報通信技術）への対応			
73	法人全般	ITへの対応	法人，各部門の長は，手作業及びITを用いた統制の利用領域について，適切に判断しているか。		
74	法人全般		情報システムの設計・開発などに関して，組織戦略に沿ったシステムにすることを考慮した手順及び基準を定めているか。		
75	法人全般		法人，各部門の長は，内部統制を整備する際に，IT環境を適切に理解し，これを踏まえた方針を明確に示しているか。		
76	法人全般		法人，各部門の長は，内部統制を整備する際に，IT環境に関する方針に沿って，担当者の職務の分担を明確に定めているか。		
77	法人全般		ITを用いた統制を整備する際には，ITを活用することにより新たなリスクが生じることを考慮し，当該リスクへの対応も定めているか。		
78	法人全般		統制活動で示したような学園にとって重要と思われるテーマについて，ITが利用されている場合には，その方針及び手続きを定めているか。【ITが利用されるテーマの事例】セキュリティ管理，公的研究費の管理，個人情報の保護，資産運用管理，会計処理，予算作成・管理，情報管理　　など		

第 7 章　内部監査規程

(3)　内部監査事項チェックリスト（簡易作成例）

1	内部監査の項	点検内容	チェック欄
		(1)　定期監査の実施に当たっては，被監査部局の長に対し，事前に文書で通知したか	
		(2)　内部監査は，実施計画書にしたがって実施したか	
		(3)　内部監査は，原則として，実地監査により行ったか	
		(4)　被監査部局の長からの概況を聴取したか	
		(5)　被監査部局の担当者から個別に聴取したか	
		(6)　帳簿その他証拠書類の原本を確認したか	
		(7)　書類と現物との照合確認をしたか	
		(8)　現地の実査を実施したか	
		(9)　監査終了後の講評を行ったか	
2	業務監査の項	点検内容	チェック欄
		(1)　業務運営が法令及び定款に準拠しているか	
		(2)　中期目標の達成のために業務が合理的に行われているか	
		(3)　業務マニュアル及び諸規程等の整備状況並びに遵守状況	
		(4)　中期計画及び年度計画の実施状況	
		(5)　組織運営及び人事管理の状況	
		(6)　その他業務に関する事項	
3	会計監査の項	点検内容	チェック欄
		(1)　取引が正当な証拠に基づいて適正に処理され，漏れなく会計帳簿に記録されているか	
		(2)　財産保全が適切に行われているか	
		(3)　決算（年次及び月次）の状況	
		(4)　予算執行及び資金運用の状況	
		(5)　契約の執行状況は適切に行われているか	
		(6)　債権管理の状況は適切に行われているか	
		(7)　資金管理の状況は適切に行われているか	
		(8)　金銭出納の状況は適切に行われているか	
		(9)　資産管理の状況は適切に行われているか	
		(10)　損益の状況を適切に把握しているか	
		(11)　その他会計に関する事項	

第8章　予算管理規程

　　予算を組むにあたっては，過年度から引き続いて行われる教育活動等に係る予算（これを「既定の予算」という。）と，当年度予算において新たに開始され、または臨時に行われる計画に係る予算（これを「新規の予算」という。）とがあり，それぞれを区分して編成することが必要である。

　　また、過年度に決定された事業計画で，当該予算年度に初めて計上される事業計画に関する予算は，これを新規の予算に含めることとする。

　　以下，「既定の予算」及び「新規の予算」を立案する際の留意事項について述べる。

既定の予算の立案

　①　既定の予算の立案においては，不変要因と変更要因とを区別する。

【不変要因とは】

　　既定の予算の算出の基礎となる要因のうち，過年度の実績がそのまま当該予算期間においても認められるものをいう。

※　不変要因の見積りは，過年度のこれに関する実績を継続して適用する。

【変更要因とは】

既定の予算の算出の基礎となる要因のうち，種々の理由により過年度の実績がそのまま当該予算期間に現れることが予想されず，当該予算期間について新たに見積り決定することを必要とするものをいう。

※　変更要因については，その見積りの過程及びそのために使用した資料を明らかにする。

②　既定の予算は，その資金収支と事業活動収支とを明らかにする。

予算の原則

予算の執行にあっては，守らなければならない，いくつかの原則がある。このうち特に重要な原則は，以下のとおりである。

①　事前決定の原則

予算の制度とは，諸活動の実行を計画に基づいて行うものであるから，新年度開始以前に計画ができていなければならない。

②　支出超過禁止の原則

予算を超えた支出を行うことを原則として禁止する原則である。なぜなら，支出超過は計画外の活動を意味するからである。しかし，状況の変化に対応するために，例外も認められる。支出超過には，①予算外支出（予算にない項目の支出）と②超過支出（予算項目の金額を超えた支出）の二つがあるが，これらに対して次のような方策を講ずる必要がある。

(ｱ)　予備費の使用…所定の承認を要す。

(ｲ)　科目間の流用…所定の承認を経て，通常は同一大科目内の小科目間の流用を認める。ただし，施設設備費の小科目流用は所定の承認を要する。

(ｳ)　予算の補正…評議員会の意見を聴いた上で理事会の決議を要する。

③　限定性の原則

科目間流用禁止の原則ともいう。無制限に科目間の流用を認めるとすれば，収支総額のみの計画となり，そもそも予算が無意味になる。また，部門間の流用も同じで，高等学校の予算項目を幼稚園の予算項目に流用することは計画を乱すことになる。反面，すべての流用を禁止すれば運営が硬直的になり，業務

を円滑に進めることができなくなるおそれもある。このため所定の承認手続により，同一部門における同一大科目内の範囲で流用を認める措置を講じることも認められるべきである。例えば，教育研究経費の中の印刷製本費の予算を，必要により消耗品費の予算に流用する場合等が考えられる。

④　総額表示の原則

　一般の会計の原則と同様に，収入と支出とを相殺したり，資産と負債とを相殺して純額で表示することは認められない。ただし学校法人会計基準で認められている経過的収支（預り金など）や補助活動事業の収支については純額によることができる。

⑤　積算正確性の原則

　予算は，過去の実績を参考にして将来の計画を立てるものであり，単に前年度の実績に適当に積み上げるものではない。計画である以上正確に金額を測定することは困難だが，各項目にわたり，できるだけ緻密に積算基礎を求め作成することが必要である。

⑥　収入金支弁の原則

　支出超過禁止または限定性の原則の例外として「収入金支弁の原則」というものがある。例えば売店の売上高予算を5,000万円，仕入高予算を4,000万円と計画していたところ，予想以上に売上が伸びて6,000万円の売上，仕入は4,800万円になったとした場合，仕入予算の支出超過額800万円は，収入の伸び高1,000万円で充当できるため，他の計画に何ら支障を来たさない。このように収入と支出の間に相関関係があると思われる補助活動事業，受託事業等の収入増加に伴い，予算超過支出があらかじめ承認されている場合は，所定の手続きを経て支出を行うことができるものとされている。これを予算の弾力的運用という（「「学校法人の予算制度に関する報告（中間報告第4号）について」について（通知）」文部省雑管第51号，昭和47. 11. 14）。

⑦　その他の原則

　その他の原則としては，明瞭性の原則，安全性の原則，単一性の原則などが

第8章　予算管理規程

あり，一般の会計原則と変わりない。

新規の予算の立案

① 　新規の予算の立案においては，目的及び方針を明らかにする。

② 　計画の完成までの期間が2会計年度以上にわたる場合は，各年度の完成目標を定め，将来目標を達成するための長期予算プランを立案する。

③ 　以下に示す新規の重要な計画については，その目的の達成の可能性，計画の効果，目的達成方法の能率性及び収支の経済性等を検討するため，必要で実行可能な方法を講じるとともに，これらの検討に用いた資料，予算額の算出のために行った見積りや比較等，検討の経過を明らかにする必要がある。

(ア) 業務あるいは人員構成の重要な変更を伴う計画

(イ) 重要な額の新たな資産支出を伴う計画

(ウ) 比較的長期間に亘り，新たに毎年経常的な支出を伴う計画

(エ) 重要な額の新たな収入を伴う計画

(オ) 比較的長期間に亘り，新たに毎年経常的な支出の削減を伴う計画

④ 　新規の重要な計画を提案する予算責任者は，入手可能で，その検討に必要な以下の資料を準備する。ただし，計画の内容により理事長の承諾を得た上で，又は監査人と協議の上でその一部を省略することができる。

(ア) 計画案に盛られた目的達成方法と，計画立案の過程で比較検討されたその他の達成方法について

a） 各方法の効果及び影響を説明する資料

b） 各方法の目的達成に対する能率を示す資料，及びその測定に用いた基礎資料

c） 各方法の実施に必要な予算額，各方法の収支の経済性の比較を示す資料，その算出に用いた基礎資料及び算出の過程

(イ) 計画案に盛られた達成方法を計画案に採用した理由，または計画案が

— 231 —

完成するまでに行われた比較検討の経過

⑤　前項の「方法」とは，計画の目的を達成するために必要な人員とその任務，資源（場所，施設，設備及び消耗資材の仕様と数量，用役（光熱水費及び必要資金をいう。）並びにその使用方法を含む。

⑥　新規の計画案の立案において複数の達成方法を比較する場合は，達成方法ごとに法人全体として新たに必要となる人員及び資源について行うものとする。

⑦　前項において，法人に既に在職する人員又は現有の資源を転用する場合は，その人員の現職に対する措置及び資源の現在の用途に対する措置についての計画案を明らかにする。

⑧　前項の計画案において法人が新たに人員の雇用または資源の取得を必要とする場合は，これらを⑥に定める「新たに必要となる人員及び資源」に含める。

　以上，既定の予算及び新規の予算を編成するにあたっての留意事項を述べたが，以下に予算を管理する上で必要な規程例を示すこととした。

1　予算統制標準規程

（参照）社団法人　日本私立大学連盟案

第1章　総　　則

（基　　準）

第1条　本学の予算統制は，本規程の定めるところによって行う。

（目　　的）

第2条　本規程は次の各号を目的とする。

⑴　将来の長期計画に基づき運営計画を明確な計数をもって表明する。

⑵　各学部，学校及び本部等の責任の範囲を明らかにする。

第8章　予算管理規程

(3)　各学部，学校及び本部等の活動の調整を図る。

(4)　収入及び支出の効率を高める。

(5)　予算の合理的な実行を図る。

(6)　予算実行の結果を的確に把握する。

（予算期間）

第3条　年度予算の予算期間は，毎年4月1日より翌年3月31日までとする。

2　四半期予算の予算期間は，年度予算の予算期間を四半期に細分し，次の通りとする。但し，1年を前期，後期と区分することができる。

　第1四半期　4月1日より6月30日まで

　第2四半期　7月1日より9月30日まで

　第3四半期　10月1日より12月31日まで

　第4四半期　翌年1月1日より3月31日まで

3　年度計画及び四半期計画は，前2項に準ずる。

4　将来の長期の計画を必要とするものについては，長期の予算期間によることができる。

（統制の方法）

第4条　予算統制の方法は，原則として収入及び支出の金額統制の方法による。但し，統制上の必要に応じ，数量統制を併用する。

（統制の時点）

第5条　予算及びその実行の把握は，原則として発生主義によってその時点を定める。但し，必要により発注時，権利確定時もしくは収支の時点によることができる。

2　設備の建設その他将来の特定な支出に備える資金の積立ては，予算及びその実行において，その予算期間の支出とみなすことができる。

第2章　予算単位及び責任者

（予算単位）

第6条　第2条の目的を達成するため予算単位を置く。

2　予算単位は，予算の実行を分担する活動単位であって，本学の収入及び支出は，すべていずれかの予算単位の収入及び支出としてこれを計算する。

3　予算単位は，別表「予算科目一覧表」に定めるところによる。

（予算責任者）

第7条　各予算単位に1名の予算責任者を置く。

2　予算責任者は，予算単位の予算案の編成及び実行について，理事長に対して責任を負う。

3　予算責任者は，第9条に定める予算会議の構成員となり，第11条に定めるところにより理事長を補佐する。

4　予算責任者は，別表「予算科目一覧表」に定めるところによる。

（細　　分）

第8条　予算責任者は，必要に応じてその予算単位を細分して，それぞれの小単位に各1名の責任者を置くことができる。

2　前項の措置をとった予算責任者が，これによって前条に定める責任の一部又は全部を免がれることはない。

第3章　予算会議

（目　　的）

第9条　予算編成の審議及び予算執行結果の検討を行わせるため，理事長の補佐機関として予算会議を置く。

（構　　成）

第10条　予算会議は，担当常任理事，第7条に定める各予算責任者及び第12条に定める予算事務局長をもって組織する。

2　予算会議は，理事長が定期もしくは随時に招集し，かつこれを司会する。

3　予算会議は，必要に応じて関係者の出席を求め，説明を聴取することができる。

第8章　予算管理規程

（任　　務）

第11条　予算会議は，次の各号に掲げる事項につき審議する。

　(1)　年度方針案及び予算方針案

　(2)　年度及び四半期予算案の編成

　(3)　経過期間の予算実績対照表に基づく予算執行結果の検討

　(4)　残存期間の予算について修正を必要とするときは，その修正案の編成

　(5)　その他予算統制に関して理事長の指示する事項

（予算事務局）

第12条　予算会議の事務を行わせるため，本部に予算事務局を置く。

2　予算事務局は，本部職員若干名をもって組織する。

3　予算事務局員の1名を予算事務局長とし，担当常任理事は，予算事務局を統括する。

第4章　予算の編成

（基　　準）

第13条　予算は明瞭な方針に基づき，本学の教育，研究その他の行事の計画と密接に連繋して編成されなければならない。

2　支出予算の額は，収入予算の額を超えてはならない。

（体　　系）

第14条　予算の体系は，別表「予算科目一覧表」に定めるところによる。

（方針の立案）

第15条　予算事務局は，理事長の指示に基づき，その意を体して，予算年度の学事及びその他の行事に関する運営の方針（以下これを「年度方針」という。）並びにこれに基づく年度予算の編成方針（以下これを「予算方針」という。）を起案する。

2　予算責任者は，年度方針及び予算方針に含めることを必要と判断した事項及びその他必要な事項を予算会議において理事長に提案する。

3　予算事務局は，過年度から継続している事項及び過年度に決定した計画事

項を漏れなく調査し，年度方針案及び予算方針案の決定において，既定の事項と矛盾するところのないよう理事長を補佐する。

4　理事長は，年度方針案及び予算方針案を決定する。

（方針の内容）

第16条　年度方針及び予算方針は，次の諸事項を主なる内容とする。

　(1)　教育関係

　　イ　一般方針

　　　A　予算年度の教育における重点及び予想される教育上の重要問題に対する方針

　　　B　過年度に決定した計画で，予算年度に実行する事項についての方針

　　　C　新たに，又は随時に行われる教育上の行事についての方針

　　ロ　学生募集について

　　　A　募集学生数についての方針

　　　B　募集方法についての方針

　　ハ　教育用施設，資材についての方針

　(2)　研究関係

　　イ　一般方針

　　　A　予算年度の研究活動の重点

　　　B　過年度に決定した計画で，予算年度に実行する事項についての方針

　　　C　新たに，又は臨時に行われる研究についての方針

　　ロ　研究用施設，資材についての方針

　(3)　付帯事業関係

　　イ　予算年度における当該事業の運営の方針

　　ロ　事業用施設，資材についての方針

　(4)　その他

　　イ　前各項のほか予算年度に予定される主要行事についての方針

　　ロ　前各項のほか施設，資材についての方針

第 8 章　予算管理規程

　(5)　人事関係

　　イ　予算年度における教員，職員の雇用，昇進，転任，退職についての方
　　　針

　　ロ　給与，手当等についての方針

　(6)　財務関係

　　イ　学事収入についての方針

　　ロ　借入，起債についての方針及び返済についての方針

　　ハ　募金についての方針

　　ニ　補助金申請についての方針

　　ホ　事業活動支出についての方針

　　ヘ　資産支出についての方針

（方針の決定）

第17条　理事長は，年度方針案及び予算方針案を理事会に付議し，その審議を
　経て，年度方針及び予算方針を決定し，これを各予算責任者に伝達する。

（予算単位別原案）

第18条　各予算単位責任者は，年度方針及び予算方針に基づいて当該予算単位
　の所管計画原案及び年度予算原案を作成して，これを予算事務局に提出する。

（総合原案）

第19条　予算事務局は，各予算単位の年度計画原案及び年度予算原案を総合し
　て，総合年度計画原案及び総合年度予算原案を作成し，予算単位別原案とと
　もに理事長に提出する。

2　理事長は，予算会議を招集して，前項の原案をこれに付議する。

3　予算会議は，年度方針及び予算方針に基づいて前項の原案を審議し，要す
　れば総合調整の方針を立案して，理事長に上申する。

4　理事長は，予算会議の審議を参照して調整方針を決定し，各予算責任者及
　び予算事務局にこれを示達する。

5　各予算責任者は，前項の調整方針に基づき，予算事務局の援助を得て，必

要な修正を行う。

6　理事長は，調整後の原案を予算会議に付議し，その審議を経て，年度計画案及び年度予算案を決定する。

（決　　定）

第20条　理事長は，年度計画案及び年度予算案を理事会に付議し，その審議を経て，年度計画及び年度予算を決定する。

（諮　　問）

第21条　理事長は，年度計画及び年度予算について，あらかじめ評議員会に意見を求めなければならない。

（四半期予算の編成）

第22条　四半期（又は前期，後期）予算は，年度計画，年度予算に基づき予算事務局がその原案を作成し，理事長を経由して予算会議に提出する。四半期（又は前期，後期）予算の決定及び承認は第20条並びに第21条に準ずる。

第5章　予算の修正

（修正を要する場合）

第23条　特別の事情により予算の実行に重大な支障を生じたときは，予算の修正を行う。

（修正の手続）

第24条　予算の修正は，予算会議の発議による場合のほか，各予算責任者が事由を付して理事長に予算の修正を請求することができる。

2　理事長は，前項の請求により，必要があると認めたときは評議員会を招集し，その審議の結果に基づき，理事会の審議を経て予算の修正を行う。

3　予算の修正は，評議員会に意見を求めなければならない。

第6章　予算の実行

（予算の遵守）

第8章　予算管理規程

第25条　予算責任者は，責任を持って予算を実行しなければならない。

2　予算責任者は，予算を超える支出をしてはならない。

3　予算に定めた科目以外に予算を流用してはならない。

（予算の流用）

第26条　前条の規定にかかわらず，やむを得ない事由により，ある科目の予算額を超えて支出しようとするときは，各予算単位における他の予算科目の予算額をもってその超える金額を補塡しうる範囲内の金額に限り，理事長（又は所定の承認責任者）の承認を得てこれを行うことができる。

2　前項の承認を求めるには，予算責任者はこれに必要な書類を作成し，予算事務局を経て理事長に提出する。

（予備費の使用）

第27条　予備費の使用は，原則として理事長の承認を得てこれを行う。但し，理事長の委任により部門の責任者の承認で行うことができる。

　　〔参考〕

　　　第26条及び第27条については，p.251「予備費使用・科目間流用申請書」様式を参照。

（予算の繰越）

第28条　予算残高の年度繰越は行わない。

（予算統制簿）

第29条　予算の実行にあたり，各予算責任者は，予算統制簿を備える。

2　予算統制簿には，少なくとも予算科目別に予算金額，実績金額及び予算残高の3欄を設けて継続記録を行う。

3　予算統制簿は，各予算単位内において，第8条に定める責任者別に細分して備えることができる。

第7章　予算実績の対照及び差異分析

（実績の把握）

第30条　予算責任者は，常に予算の実績を把握し，予算及び年度計画と対比し

— 239 —

て予算実行の結果の検討を行い，運営能率の向上を図らなければならない。

（差異の処置）

第31条　予算責任者は，予算の実行の途中において予算と実績との間に異常な
　　差異を予見し，又は発見したとき，及び次項に定める予算警告書を受けたと
　　きは，遅滞なくその対策を講じ，対策の経過を予算事務局を経て理事長に報
　　告しなければならない。

2　予算事務局が，各予算単位につき前項の差異を予見し，又は発見したとき
　　は，遅滞なく理事長に報告し，理事長を経由して予算警告書をその予算単位
　　の予算責任者に交付する。

（予算実績対照表）

第32条　予算事務局は，所定の期日までに四半期及び年度の予算単位別並びに
　　総合予算実績対照表を作成して，理事長に提出する。

2　予算と実績との間に著しい差異があるときは，その事由を調査して付記す
　　る。

3　理事長は，前項の予算実績対照表を予算会議に付議して検討するものとす
　　る。

第8章　報　　告

（理事会への報告）

第33条　理事長は，予算年度終了後2ヵ月以内に予算実績及び年度計画に対す
　　る実績を理事会に報告する。

2　理事長は，前項のため必要に応じ，各予算責任者からその予算単位の年度
　　計画の実施結果の報告を徴する。

（評議員会への報告）

第34条　理事長は，評議員会において事業報告及び決算報告をもって，年度計
　　画及び年度予算の実行の結果の報告を行い，その承認を得なければならない。

第8章　予算管理規程

第9章　審　　査

（専門家による審査）

第35条　理事長は，予算統制の運営を有効ならしめるため，年1回以上専門家に依頼して予算制度の審査を行わせ，各予算責任者及び予算事務局がその責任を有効に果しうるように専門的立場から必要な助言を提供させるとともに，運営の実情に対する客観的な分析，評定に基づいた意見及び勧告を徴するものとする。

※規程の改廃の決定機関及び施行日を記載すること。

2　予算編成要領

(1)　予算編成期間の基準（例）

予算の区分	本部方針	方針の部門提示	予算原案の作成	原案提出	本部集計	予算折衝	修正原案提出	集計印刷	理事会評議員会	所轄官庁提出
当初予算	11月	12月	12月～1月末日	2月1日	1週間	2週間	折衝後 7日以内	2月末日～3月20日	3月末日まで	6月末日
補正予算			約20日間		1週間	10日間	折衝後 7日以内	約20日間		決定後すみやかに

(2)　予算の見積り

（1）　予算はすべて予算科目を単位として，適正に見積り，所定のものについては見積内訳書（別紙）を作成する。

なお，大科目が予算額ゼロ円でも必ず記載することになっている。

（2）　予算原案には下記の資料を添付するものとする。

①　学生生徒数と納付金見積書　②　補助金収入見積書　③　寄付金収入計画書（付・現物寄付）　④　教職員人員等見積書　⑤　人件費見積内訳書（本部作成）　⑥　施設設備計画書　⑦　基本金組入計画書　⑧　その他重要事項

(3) 予算科目別見積要領

A 資金収支予算

大　科　目	中・小科目	当　初　予　算	補　正　予　算	見積上の注意
（収入の部） 学生生徒等納付 金収入	（略）	学部別，学科別，学年別 の各人員×1人当り単価 但し，新1年生について は募集予定数	同左　但し人員は確定数	1．実納付金額を算出す 　るに当っては，人員は 　期首在籍数±期中増減 　数＝実納付者数とし， 　期中増減数は過去3ヵ 　年の平均を原則とする。 2．高校においては，授 　業料軽減及び入学金軽 　減に係る補助金額を差 　引く。その1人当り単 　価は所轄庁の補助方針 　に基づく当該年度の単 　価とする。 3．授業料及び入学金等 　の減免対象者は区別し 　て明記する。
手　数　料　収　入	入学検定料収入	受験手続見込予定数×1 人当り単価	同　左	4．手数料収入について 　は，基礎単価，対象人 　員について年々の変動
	試　験　料　収　入	追試，再試験等の手数料 見積額	同　左	があるので，当該年度 　の見積りに際しては注
	証明手数料収入	前年度実績を参考とした 見積額	同　左	意する。
	その他の手数料 収入	前年度の収入内訳を調査 し当年度に期待し得る見 積額	同　左	5．入学検定料は次年度 　入学生の受験手続者の 　納付額。
寄　付　金　収　入	特別寄付金収入	寄付者が用途指定したも の	同　左	6．学生等父母からの寄 　付金は決算期前受金の 　段階で予測できるので，
	一般寄付金収入	部門の募金計画による。	同　左	補正の際は実績額。 7．父母の会，PTA等 　については確約された 　金額の計上が望ましい。

第8章　予算管理規程

大　科　目	中・小科目	当　初　予　算	補　正　予　算	見積上の注意
補　助　金　収　入		所轄庁の当該年度の補助方針に基づく。但し，予算年度の方針が不詳のときは，予算編成基本方針または前年度実績とする。	同　左	8．補助金は所轄庁に対する申請額として見積るため，算出基礎を明らかにする。
資産売却収入		理事会の決議を経た資産の売却処分の見積額	予算編成時までに実績のあるものはその実績額。その他は当初予算に準ずる。	
付　随　事　業・収　益　事　業　収　入	補助活動収入	補助活動事業予算に基づく。	同　左	9．必要に応じ補助活動及び収益事業会計予算を同時に作成する。
	附属事業収入	設置している附属機関で生じる総収入	同　左	10．収入の内訳見積りは別途に作成する。
	受託事業収入	外部から委託を受けた試験，研究等による総収入	同　左	
	収益事業収入	収益事業会計から繰入れた総収入	同　左	
受　取　利　息・配　当　金　収　入	第3号基本金引当特定資産運用収入	対象となる出資額，預金額等に基づいて試算する。	同　左	11．預金利息は預金有高によって決まるが，固定性のある一般積立，定期預金については金額×利率によって算出する。
	その他の受取利息・配当金収入			
雑　　収　　入	施設設備利用料収入	定額収入のもの（地代，家賃等）	同　左	
		臨時収入のもの（施設の賃料等）について見積る。	同　左	
	廃品売却収入	有形固定資産以外の物品の売却代金	同　左	
	出版物販売収入	教　本：単価×冊数　紀要等：単価×冊数	同左　但し実績のあるときは，その実績	12．金額が多額な場合は，大科目「付随事業・収益事業収入」の小科目に当該科目を設ける。
	保険料収入	損害保険料：火災及び自動車損害保険料の確定額	同　左	

— 243 —

大　科　目	中・小科目	当　初　予　算	補　正　予　算	見積上の注意
	その他の雑収入	その他上記の大・小科目に属さない帰属収入	同　左	
借入金等収入		（総支出）－（借入金収入を除く総収入）	同　左	13. 本部にて算出
前受金収入		前年度予算予定額	前年度決算額を基に算出した額	
その他の収入	○○引当特定資産からの取崩収入	当年度○○特定引当資産の取崩額	同　左	
	前期末未収入金収入	0とする。	前年度決算額のうち本年度の回収見込額	
	預り金受入収入	0とする。	同　左	
	仮払金回収収入	0とする。	前年度決算の支出未精算額	
	立替金回収収入	0とする。	前年度決算の支出精算額	
資金収入調整勘定	期末未収入金	0とする。	同　左	
	前期末前受金	前年度決算見込額（前受金収入）	前年度決算額（前受金収入）	
前年度繰越支払資金		前年度予算額（翌年度繰越支払資金）	前年度決算額（翌年度繰越支払資金）	
収入の部合計				
（支出の部）				
人件費支出	教員人件費支出 職員人件費支出	（本務者）当年度期首在籍予定者 　本俸，期末手当，その他の手当 　所定福利費は，予算編成基本方針による。 （兼務者）予算編成基本方針による。	【本務者】補正予算編成該当月の在籍者数 （1）本俸 　実績＋（月額×$\frac{未経過}{月　数}$） （2）期末手当　予算編成基本方針による。 （3）その他の手当 　（月例支給） 　実績＋（月額×$\frac{未経過}{月　数}$） 　（臨時支給） 　当初予算額。但し変更があるときは明らかにして計上できる。	14. 各部門は教職員人員等見積書を提出し，本部において集計の上，人件費の見積額を各部門に通知する。

— 244 —

第8章　予算管理規程

大　科　目	中・小科目	当　初　予　算	補　正　予　算	見積上の注意
			(4)　所定福利費 　　試算費 【兼務者】 (1)　本俸 　　実績 + $\left(月額 \times \dfrac{未経過}{月数}\right)$ (2)　期末手当 　　予算編成基本方針による。 (3)　その他の手当 　　見積額	
	役員報酬支出	予算編成基本方針による。	本務者及び兼務者に準ずる。	
	その他の人件費支出	臨時のアルバイトの人件費	当初予算に準ずる。	
	退職金支出	本部に一括計上。補正予算の際に各部門に移管する。	本部の試算額	
教育研究経費支出	（略）	予算編成基本方針による。但し実験実習費は，実験実習料収入に基づく年度計画による。また補助活動補助費は，「補助活動会計予算」と関連させて同額とする。	同　左	15.　光熱水費：施設の増加に伴うものを見落しやすい。また基礎単価使用料の変化についても測定しておくことが望ましい。 16.　奨学費：人員×単価 17.　印刷製本費：予算額の比較的多い科目であり，1年間の印刷物の内容を検討の上見積る必要あり。 18.　会費：毎年支払うものと臨時のものを区別する。 19.　支払報酬手数料：毎年慣例として支払っているものと各年度において臨時支出になるも

— 245 —

大　科　目	中・小科目	当　初　予　算	補　正　予　算	見積上の注意
				のを区別する。
				20. 修繕費：経常的なものと臨時的なものに区別する。
				21. 補助活動補助費：補助活動会計の予算に基づく。
管理経費支出	（略）	予算編成基本方針による。	同　左	
借入金等利息支出	借入金利息支出	期首残高予定借入金は約定により見積り，新規借入金については平均金利による。	期首残高借入金は約定により見積り，期中借入金については，約定のほかは平均金利による。	
借入金等返済支出	借入金返済支出	1. 約定による返済額 2. 新規借入金については借入条件を想定して見積る。	同　左	
施設関係支出	土　地　支　出	1. （面積×推定単価）＋取得経費 2. 整地費	1. 同左または決定単価を基にする。	
	建　物　支　出	1. 面積×推定単価 2. 付帯設備費 3. 登記その他の関係費用推定額	1. 契約成立時は契約額 2. 付帯設備費 3. 登記その他の関係費用	22. 付帯設備を明らかにしておく。ガス，火災報知機，エレベーター，防火シャッター，水槽，変電設備等
	構　築　物　支　出	規模，内容，用途，単価等を明らかにして見積る。	業者の見積り価額。但し見積等が入手できない時は推定価額。	
	建設仮勘定支出	上記固定資産のための当期支払予定額	同　左	
設備関係支出	教育研究用機器備品支出	個数×単価	同　左	23. 新たな計画に基づくときは，予算折衝後の計画内定額による。
	管理用機器備品支出	個数×単価	同　左	
	図　書　支　出	前年度実績を参考として見積る。	同　左	

第8章　予算管理規程

大　科　目	中・小科目	当　初　予　算	補　正　予　算	見積上の注意
資産運用支出	車　両　支　出	1．買替期限到来のもの 2．新規購入のものは，使 　用目的を明らかにする。	同　左	
	退職給与引当預 金繰入支出	1．役員生命保険料掛金 　を含む。 2．新規計画による引当 　預金を含む。	同　左	
	特定引当資産繰 入支出	資金運用計画による。	同　左	
	収益事業元入金 支出	理事会方針による。	同　左	
その他の支出	貸付金支払支出	都道府県への入学仕度金 借入申請額	都道府県入学仕度金の生 徒への貸付金人員×単価	
	(前期末)手形債 務支払支出	前年度振出額のうち，当 年度決裁額	同　左	
	前期末未払金支 払支出	前年度決算見込額（期末 未払金)	前年度決算額（期末未払 金)	
	預り金支払支出	0とする。	前年度決算額（預り金受 入収入)	
	仮払金支払支出	0とする。	同　左	
	立替金支払支出	0とする。	同　左	
予　　備　　費		(学校)経費及び設備関係 支出に対する予備費とし ての見積額	同　左	
		(本部)全学園を対象とし た予備費を計上	同　左	
資金支出調整勘 定	期　末　未　払　金	0とする。	同　左	
	前　期　末　前　払　金	前年度決算見込額（前払 金支払支出)	前年度決算額（前払金支 払支出)	
翌年度繰越支払 資金		(学校)0とする。	同　左	
		(本部)全部門の収支を集 計後，最終的に決定する。	同　左	
支出の部合計				

B　事業活動収支予算（資金収支予算関連科目を除く）

		科　目	当初予算	補正予算	見積上の注意
教育活動収支	事業活動収入の部	学生生徒等納付金			
		授業料			
		入学金			
		実験実習料			
		施設設備資金			
		手数料			
		入学検定料			
		試験料			
		証明手数料			
		寄付金			
		特別寄付金			
		一般寄付金			
		現物寄付	各部門見積	同　左	1．価格不明のと
		経常費等補助金			きは時価とする。
		国庫補助金			
		地方公共団体補助金			
		付随事業収入			
		補助活動収入			
		附属事業収入			
		受託事業収入			
		雑収入			
		施設設備利用料			
		廃品売却収入			
	教育活動収入計(1)				
		科　目	当初予算	補正予算	見積上の注意
	事業活動支出の部	人件費			
		教員人件費			
		職員人件費			
		役員報酬			
		退職給与引当金繰入額	退職給与引当金計	同　左	2．引当金の取崩
		退職金	算基準による。		額は計算に含ま
		教育研究経費			ない。私学退職
		消耗品費			金団体交付金及
		光熱水費			び私立大学退職
		旅費交通費			金財団に対する
		奨学費			掛金累計額及び
		減価償却額	前年度末の減価償	前年度末の減価償	交付金累計額を
			却対象資産（予定）	却対象資産及び当	算定し調整する。
			の当年度減価償却	年度取得予定の資	
			額の計算	産についての計上額	

— 248 —

第8章　予算管理規程

	管理経費			
		消耗品費		
		光熱水費		
		旅費交通費		
		減価償却額	前年度末の減価償却対象資産（予定）の当年度減価償却額の計算	前年度末の減価償却対象資産及び当年度取得予定の資産についての計上額
	徴収不能額等			
		徴収不能引当金繰入額		
		徴収不能額		徴収不能引当金への繰入れが不足していた場合には，当該会計年度において徴収不能となった金額と徴収不能引当金計上額との差額を徴収不能額とする。
	教育活動支出計(2)			
	教育活動収支差額(3)＝(1)-(2)			

		科　　目	当初予算	補正予算	見積上の注意
教育活動外収支	事業活動収入の部	受取利息・配当金			
		第3号基本金引当特定資産運用収入			
		その他の受取利息・配当金			
		その他の教育活動外収入			
		収益事業収入			
	教育活動外収入計(4)				
		科　　目	当初予算	補正予算	見積上の注意
	事業活動支出の部	借入金等利息			
		借入金利息			
		学校債利息			
		その他の教育活動外支出			
	教育活動外支出計(5)				
	教育活動外収支差額(6)＝(4)-(5)				
	経常収支差額(7)＝(3)+(6)				

		科　　目		当初予算	補正予算	見積上の注意
特別収支	事業活動収入の部	資産売却差額			同左。ただし，売却契約成立時には契約額と帳簿価格との差額	３．帳簿価格＞売却収入のときは資産処分差額として，特別支出に計上する。
			不動産売却差額（機器備品売却差額，図書売却差額は計上しない。）	土地，建物，構築物の売却代金見積額と帳簿価格との差額		
			有価証券売却差額	理事会方針による。	同　左	
		その他の特別収入	施設設備寄付金			
			現物寄付			
			施設設備補助金			
			過年度修正額			
		特別収入計(8)				
	事業活動支出の部	科　　目		当初予算	補正予算	見積上の注意
		資産処分差額				
		その他の特別支出	災害損失			
			過年度修正額			
		特別支出計(9)				
		特別支出差額(10)＝(8)－(9)				
〔予備費〕(11)						
基本金組入前当年度収支差額(12)＝(7)+(10)						
基本金組入額合計(13)		第１号から第４号までの基本金組入額。理事会方針による。△表示によること。				４．基本金組入対象資産
当年度収支差額(14)＝(12)－(13)						
前年度繰越収支差額(15)						
基本金取崩額(16)						
翌年度繰越収支差額(17)＝(14)+(15)+(16)						

(参考)

事業活動収入計(17)＝(1)+(4)+(8)		
事業活動支出計(18)＝(2)+(5)+(9)		

第8章 予算管理規程

(4) 予備費等流用申請

　予備費を使用したり，科目間の予算流用を行う場合には，経理規程や予算規程により所定の承認手続を経なければならない。これは通常の稟議書によってもよいが，次に示すような申請書を用意しておけばより便利である。

予備費使用・科目間流用申請書

平成　　年　　月　　日

　　　　　　　　　　　　　　　　　　　　起案部署　＿＿＿＿＿＿＿＿
　　　　　　　　　　　　　　　　　　　　起 案 者　＿＿＿＿＿＿＿＿㊞

　下記のとおり，予算執行上 予備費使用 を行いたいと存じますので，ご承認下さ
　　　　　　　　　　　　　　科目間流用
るよう伺います。

理 事 長	担当理事	事務局長	所 属 長	会　　計

申 請 事 由	金 額	振 替 科 目		被振替科目・予備費	
		科 目 名	予 算 残	科 目 名	予 算 残
		(　　　　)	(　・　)	(　　　　)	(　・　)
		(　　　　)	(　・　)	(　　　　)	(　・　)
		(　　　　)	(　・　)	(　　　　)	(　・　)
		(　　　　)	(　・　)	(　　　　)	(　・　)

（注）1．科目名は大科目　中科目を上部（　　）書に記入のこと。
　　　2．予算残は上部（　　）書に最近月日を記載し，その残高を記入のこと。

決 裁 者 意 見	否決の場合その理由

－ 251 －

第9章　個人研究費取扱規程

　個人研究費とは，教員の教育研究活動を支援するために，教員個人に割り当てられる個人研究費であり，「個人積算単価（職務に応じて）」に「所属の交付対象教員数※」を乗じた額が部署等（学部，学科）に交付され，これをそれぞれの部署が各教員に配分する研究費をいう。

　この研究費は，個人研究費の趣旨・目的に沿って，研究経費（図書資料・用品・消耗品・印刷製本・通信・修繕・賃借・雑費），学会・研究出張旅費等の費用に充てることができる。個人研究費の使用にあたっては，計画的かつ有効に使用するためにガイドラインを整備することが必要である。

※所属の交付対象教員数とは，教授，准教授，専任講師，特任教授，助教，教授（任期付），
　准教授（任期付），講師（任期付），助手のことをいう。

　なお，次の者は個人研究費の交付対象に含まれないので留意が必要である。

・当該年度を通じて休職中の者

・外部資金雇用の者

・外部の研究機関等が主本属の者

　個人研究費等の配分額は，文系の大学・学部と理系の大学・学部等の違いにより配分額に大きな差があるので，各学校法人の実態に則して定めることが望ましい。

第9章　個人研究費取扱規程

　以下，個人研究費を配分し，学校が管理するために必要な規程例を示すこと
とした。

1　個人研究費規程（例1）

（目　　　的）

第1条　この規程は，本学教員の個人研究費の使用について定めるものとする。

（対　　　象）

第2条　個人研究の配分を受ける者は，専任の教授，准教授，講師，助教及び
　　助手とする。

（区　　　分）

第3条　個人研究費は，研究費と研究旅費とに区分される。

（研 究 費）

第4条　研究費の使途は，次のとおりとする。

　(1)　研究用図書費

　(2)　研究用備品費

　(3)　消耗品費

　(4)　その他

（図書・備品）

第5条　研究費によって購入した図書及び備品は，本学に帰属し登録される。
　　ただし，専任教員として在籍中は，各自がこれを管理し専用することができ
　　る。

2　教員が退職するときは，登録されている図書，備品を本学に返還しなけれ
　　ばならない。ただし，本人の希望する場合，これを有償で譲渡することがで
　　きる。

（研究旅費）

第6条　研究旅費は，学会，研究（研修）会等出席及び研究調査のための出張

— 253 —

旅費として使用する。

2　研究旅費は，定額の範囲内で旅費規程に基づいて使用するものとする。

（流　　用）

第7条　個人研究費のうち研究旅費から研究費への流用は差し支えないが，逆は原則として認めない。

（手　　続）

第8条　個人研究費の使用は，研究計画に基づいて行うものとする。

（配 分 額）

第9条　個人研究費の配分額は，別表のとおりとする。

（報　　告）

第10条　個人研究費の使用状況は，研究支援課が管理し，年度終了後1カ月以内に個人研究費使途報告書を学長に提出するものとする。

（請求締切日）

第11条　個人研究費の請求締切は，3月25日までとし，翌年度に繰越すことはできない。

（助　　手）

第12条　助手が行う研究については，本規程に準じて個人研究費が配分されるが，研究計画及び研究費の使途について所属教員の指導によるものとする。

（変　　更）

第13条　この規程の変更は，教授会の議を経て学長が行うものとする。

（共同研究費）

第14条　共同研究費については，教授会の決議を経て学長から理事長に請求する。

附　　則

この規程は，平成〇年〇月〇日から施行する。

第9章　個人研究費取扱規程

別表

教員の個人研究費配分額

（平成○年○月○日改定）

区　　分	教　　授	准 教 授	講　　師	助教・助手
研 究 費	240,000	240,000	240,000	150,000
研究旅費	160,000	160,000	160,000	90,000
計	400,000	400,000	400,000	240,000

注1　配分額は，4月1日から翌年3月31日までの年額とし，年度途中の新任者又は昇任者
　　は月割で算出する。
　2　高額の設備・備品（機械・器具等）の購入は，原則として研究費で支出しない。

2　教員研究費規程（例2）

（目　　的）

第1条　この規程は，教員研究費の使用について必要な事項を定めることを目
　　的とする。

（対　　象）

第2条　教員研究費の支給を受ける者は，専任の教授，准教授，講師，助教及
　　び助手とする。

（区　　分）

第3条　教員研究費は，その使途により次のとおり区分する。

　(1)　研究図書費

　　　①研究用図書費

　(2)　研究備品・消耗品費

　　　①研究備品及び消耗品費

　　　②その他の経費

　(3)　研究旅費

（手　　続）

第4条　教員研究費の使用は，研究計画に基づいて行い，使用に際しては所定

— 255 —

の手続をとらなければならない。

（支給限度額）

第5条　教員研究費の支給限度額は，別表のとおりとする。

（研究図書）

第6条　研究費によって購入した図書は，本学に帰属し登録される。ただし，専任教員として在籍中は各自がこれを管理し専用することができる。

2　教員が専任の職を退く時は，登録されている図書を本学に返還しなければならない。

（研究備品・消耗品費）

第7条　研究備品・消耗品費によって購入した備品は，本学に帰属し登録される。ただし，専任教員として在籍中は各自がこれを管理し専用することができる。

2　学会費・入会金の経費は2つの学会についてのみ研究備品・消耗品費から支出することができる。

3　研究に供する目的であっても，備品等の賃借に係る経費を研究備品・消耗品費から支出することはできない。

4　教員が専任の職を退く時は，登録されている備品を本学に返還しなければならない。

（研究旅費）

第8条　研究旅費は，学会及び研究会並びに研究調査のための出張旅費として使用する。

2　研究旅費は，支給限度額の範囲内で旅費規程に基づいて使用するものとする。

（流　　用）

第9条　教員研究費のうち，研究備品・消耗品費並びに研究旅費から研究図書費への流用は差支えないが，逆は原則として認めない。

第9章　個人研究費取扱規程

附　　　則

1　この規程の改廃は，理事会の決議を経なければならない。

2　この規程は，平成○年○月○日から一部改定し実施する。

別表

教員研究費の支給限度額

	教　　　授	准 教 授	講　　　師	助教・助手
研 究 図 書 費	230,000	230,000	230,000	200,000
研究備品・消耗品費	50,000	50,000	50,000	40,000
研 究 旅 費	100,000	100,000	100,000	80,000

3　教員研究費並びに研究旅費規程施行細則（例3）

（目　　的）

第1条　この細則は，○○大学教員研究費並びに研究旅費規程（以下「規程」という。）の運用要領を明確にするものである。

（限 度 額）

第2条　規程第○条の支給限度額の年額は，次のとおりとする。

専任教員の区分	研究費	研究旅費
教　　　授	250,000円	100,000円
准 教 授	250,000円	90,000円
講　　　師	250,000円	80,000円
助教・助手	125,000円	45,000円

（共益費積立額）

第3条　規程第○条の共益費積立額は，前条金額の12％とする。

2　共益費に残額が生ずる見込みがあるときは，これを拠出した各教員研究費に繰り戻すものとし，同時に助成費残額も大学会計に繰り戻す。

（支出できない経費）

— 257 —

第4条　研究費からは，次のものを支出できない。

　⑴　建物等施設に関する経費

　⑵　雇用関係が生ずるような月極め給与，退職金，賞与等手当

　⑶　外国旅行の経費及び外国居住者招聘費

　⑷　机，椅子等の什器購入費

　⑸　本学で通常備えるべき教育研究用機械器具

　⑹　その他，研究に関連性のない経費（酒類等）

（旅行経費）

第5条　研究目的遂行のため本人又はその補助者が旅行するための経費は，研
　　究旅費から支出することができる。

2　研究旅費の計算は，別に定める旅費規程による。但し，日当は含めない。

（申　　　請）

第6条　研究費等の申請は，規程第○条の給付対象期間内の四半期末毎とする。
　　但し，申請の最終期限は，2月末日とする。

（給　　　付）

第7条　研究費等の給付の方法は，原則として本人が支出した費用について前
　　条の申請を受け付け，翌月中に本人の預金口座に振り込んで支払う。但し，
　　個人使用の電話度数料等通常大学側が立て替える部分については，別途精算
　　する。

2　前払いを受けるべき特別の事由がある場合は，予め研究計画書に記入し，
　　事務局に届け出て審査の上，事前給付を受けることができる。

（証憑の添付）

第8条　第6条の申請に際しては，支払を証する領収書並びに支払内容を明ら
　　かにする見積書，納品書及び請求書を付さなければならない。

（高額物件）

第9条　1件10万円以上の物件の購入については，予め研究計画書に記入の上
　　事務局に届け出て審査を受けなければならない。

第9章　個人研究費取扱規程

（台　　帳）

第10条　事務局は，研究費等の限度額及び実績について，第6条の申請及び第7条第1項但し書の立替実績に従って給付対象者別に台帳を作成して管理する。

2　各給付対象者は，必要に応じ前項の台帳（本人分に限る。）を閲覧することができる。

附　　則

この細則は，平成〇年〇月〇日から施行する。

4　教員研究費使用規程（例4）

（目　　的）

第1条　この規程は，教授，准教授，専任講師，助教及び助手の研究費の使用について定める。

（予　　算）

第2条　各年度における研究費の額は予算で定める。

（研究費の使途）

第3条　研究費の使途は，各人の専門部門の研究に必要な図書（複写を含む。）を購入するものとする。ただし，学部長の承認を得て，図書以外の物品の購入及び学会々費に充当することができる。

2　前項のほか，共同して専門部門の研究設備の購入に使用することができる。

（執行の責任）

第4条　研究費の執行については，学長がその責任を負うものとする。

（割当額の増額）

第5条　年度の途中において，身分に変更があったときは，割当額を増額することができる。

（購入の手続）

第6条　研究費により物品を購入しようとするときは，購入請求票を教務部に
　　提出しなければならない。

（整　　理）

第7条　研究費で購入した図書及び物品は，大学の所有とし，教務部において
　　登録整理のうえ各人の責任において保管利用するものとする。

2　研究費で購入した図書及び物品は，5年を経過した際及び5年以内に退職
　　した際には，教務部に返納しなければならない。ただし，希望により払下げ
　　ることができる。

3　研究費で購入した物品（消耗品を除く。）の保存期間は5年とする。

（流用の禁止）

第8条　研究費は，他から流用を受け若しくは他へ流用してはならない。

（委　　任）

第9条　この規程の施行について必要な事項は，学長が定める。

　　附　　　則

　　この規程は，平成○年○月○日から施行し，平成○年○月○日から適用する。

▽教員研究費使用規程施行細則

（購入の手続）

第1条　購入請求票は別紙様式(1)とし，所属学長部の承認を得て教務部に提出
　　するものとする。

（整　　理）

第2条　教務部は，物品の購入手続を終えたときは，購入請求票の写をとり，
　　各人別に整理しておかなければならない。

第3条　教員は，別紙様式(2)の教員研究費物品購入整理票に必要事項を記入し，
　　購入した物品とともに研究室に備付けておかなければならない。

第9章　個人研究費取扱規程

（返　　納）

第4条　退職の際は，整理票と物品を照合して返納するものとする。

（紛失の処理）

第5条　研究費で購入した物品を紛失したときは，速やかに学長に届出て，その指示を受けなければならない。

（払下げ）

第6条　研究費で購入した物品を払下げる場合は，5年を経過したものは購入価額の100分の2とし，5年以内の場合は，購入価額 $\times \dfrac{5年－経過年数}{20}$ により払下げるものとする。

　附　　則

　この細則は，平成○年○月○日から施行し，平成○年○月○日から適用する。

— 261 —

別紙様式(1)

平成　　年度　教員研究費物品購入請求票　　　No.

	学部長印	受付印	整理番号	業　者　払
	※	※	※ No.	立　替　払

※印欄は記入しないで下さい。

所　属　学　部	研究室番号（内線）	氏　　　名	研究区分
法・経・外・工 経営・理・短大　学部	－ （☎　　　　）	印	実験・非実験

研究課題名（テーマ）				

摘　　　　要	数量	購入先名（学会名）	金　　　額	※事務処理欄	
1				消・図・備・会	
2				消・図・備・会	
3				消・図・備・会	
4				消・図・備・会	
5				消・図・備・会	
6				消・図・備・会	
7				消・図・備・会	
8				消・図・備・会	
9				消・図・備・会	
10				消・図・備・会	
11				消・図・備・会	
12				消・図・備・会	
13				消・図・備・会	
14				消・図・備・会	
15				消・図・備・会	
16				消・図・備・会	
17				消・図・備・会	
18				消・図・備・会	
19				消・図・備・会	
20				消・図・備・会	
合　　　　計				台　帳　登　録	
				印	

第9章　個人研究費取扱規程

別紙様式(2)

平成　　年度　教員研究費物品購入整理票　　No.

（研究室保管用）

	学部長印	受 付 印	整理番号	業 者 払
	※	※	※ No.	立 替 払

※教員研究費使用規程第7条及び同施行規則第3条により5年間保存して下さい。

所　属　学　部	研究室番号（内線）	氏　　　名	研 究 区 分
法・経・外・工 経営・理・短大　学部	－ (☎　　　　　)	㊞	実験・非実験
研究課題名（テーマ）			

摘　　　要	数量	購入先名（学会名）	金　　　額	備　　　　考
1				
2				
3				
4				
5				
6				
7				
8				
9				
10				
11				
12				
13				
14				
15				
16				
17				
18				
19				
20				
合　　　計				

— 263 —

▽**教員研究費使用に関する取扱い内規**

1　教員研究費の使途については，教員研究費使用規程及び教員研究費使用規程施行細則のほか，この内規により取扱う。

2　研究費は５月１日に在職する教員（休職者を除く。）に配付する。ただし，５月２日以降採用され又は復職した教員に対しては，月割で配付する。

3　研究費の使途は，次のとおりとする。

⑴　研究用図書（資料を含む）購入費

⑵　研究用備品（標本を含む）購入費

⑶　研究発表のための印刷費

⑷　研究用消耗品購入費及び通信費

⑸　研究用調査費　一人年額研究費の50％を限度とする。

⑹　学会会費

4　調査費は，学会出張費にも使用することができる。この場合において旅費規程の学会出張費と合わせて同時に使用することはできない。

5　調査費により出張する場合の旅費計算は，学会出張旅費支給表による。

6　3－⑵の購入備品が専門分野に直接関係があり，リース契約を利用する方が研究上有利であると判断した場合には，学部長を経て学長に申請し，学長が認定したときはリース購入の特別の取扱いをすることができる。

7　前項の毎年度のリース購入限度額は各年度別の各人研究費限度額の範囲内の金額とする。契約期間は５年以内とし，その総額は900,000円以内を限度とする。

8　リース契約で購入した備品については，法人に所有権がないため教員研究費使用規程第７条第２項の払下げは適用しない。

9　リース契約期間中に退職した場合には，リース料の残額は大学に納付しなければならない。ただし他の教員が移管を承諾したときはこの限りでない。

10　リース契約による「特別の取扱い」は，総額900,000円の範囲内であれば複数のリース契約を認める。

第9章　個人研究費取扱規程

11　この取扱いは平成○年度から適用する。

5　個人研究費規程（例5）

（目　　的）

第1条　この規程は，本学の専任教員の研究の推進を図ることを目的とし，教員個人研究費の取扱いについて定める。

（対　　象）

第2条　個人研究費の交付を受ける者は，専任の教授，准教授，講師，助教及び助手とする。

（区　　分）

第3条　個人研究費は，研究費と研究旅費とに区分される。

（研　究　費）

第4条　研究費の使途は，次のとおりとする。

（1）　研究に必要な図書・雑誌・資料等の購入費

（2）　研究に必要な備品及び消耗品費

（3）　研究，特に調査のために必要とした労務費又は印刷費

　　　但し，委託研究の場合を除く。

（4）　その他

（権利の帰属）

第5条　研究費によって購入した図書及び備品は本学に帰属し，登録される。但し，専任教員として在籍中は各自がこれを登録した後，管理し使用することができる。

2　教員が退職するときは，登録されている図書等を本学に返還しなければならない。但し，本人の希望する場合，これを有償で譲渡することができる。

（研究旅費）

第6条　研究旅費は，学会出張及び研究（研修）会等出席のための出張旅費と

— 265 —

し，教職員旅費規程に基づき，年2回までとする。海外研修については別に
定める。但し，所属長の命令による研修についてはこの限りではない。

（支 給 額）

第7条　研究費の年間支給額の上限は，別表のとおりとする。

（支出方法）

第8条　研究費の支出は，教員が所定の様式（様式第1号）により学務部長を通
じて総務部総務課へ提出し，所定の手続きを経て支出するものとする。

（報　　告）

第9条　個人研究費の使用状況は使用者が管理し，年度終了後1週間以内に，
研究経過報告書に個人研究費使途報告書を添付して，学務部長を通じて学長
に報告する。

（助　　手）

第10条　助手が行う研究については，本規程に準じて個人研究費が交付される
が，研究計画及び研究費の使途については所属長の指導によるものとする。

　附　　則

この規程は，平成○年○月○日から施行する。

別表

区　　分	研究費支給額
教　　授	240,000円
准 教 授	240,000円
専 任 講 師	180,000円
助教・助手	60,000円

注1）研究費のうち旅費に消費しうる額は，原則として80,000円以内とする。

▽研究費取扱内規

（目　　的）

第1条　この内規は，教員の個人研究費の使途について定めるものとする。

第9章　個人研究費取扱規程

（研 究 費）

第2条　研究費の費目及びその内容は，次のとおりとする。

　(1)　研究図書費

　　　図書資料

　(2)　消耗品

　　　実験材料・その他の用品・使用料（リース料を含む）等

　(3)　研究旅費

　　　学会・ゼミ出張旅費・研究調査費等

　(4)　機器備品費

（計画書の提出）

第3条　研究費の交付を受けようとする者は，毎年5月中旬までに学務部長の
　承認を得た研究費使途計画書（様式第1号）を，総務課に提出しなければなら
　ない。

（交付申請）

第4条　研究費を使用する場合，所定（様式第2－1・2号）の手続きにより，
　総務課に交付申請しなければならない。

（保管・処分）

第5条　研究費で購入した物品等は，総務課で所定の手続きをした上，各人の
　責任において保管する。

2　研究費で購入した物品等が目的を完了し，不要となった場合又は修繕不能
　でその機能を停止した場合，学長に届け出なければならない。

（図書の登録）

第6条　研究費で購入した図書は，所定（様式第4号）の手続きにより，図書館
　に研究図書として登録しなければならない。

（精算・支払）

第7条　研究費に係る精算については，3月31日までに精算書（様式第3号）に
　領収書を添えて，総務課に提出しなければならない。

— 267 —

2　見積書・納品書・請求書・領収書の宛先は「○○大学」とする。

3　支払請求日は，５月または10月とする。

（次年度繰越し）

第８条　当該年度内に支払請求をしなかった研究費は，次年度に繰り越すことができない。

　　附　　　則

　この内規は，平成○年○月○日から施行する。

第9章　個人研究費取扱規程

（様式第1号）

平成　　年　　月　　日

○○大学

学長　○○○○　殿

学務部長　　　　　　　　　　　　　印

職・氏名　○○学部○○学科　　　　印

平成　　年度　研究費使途計画書

項　　目	金　額 （研究費予定額）	備　　　　考
研究図書費	円	
消耗品		
研究旅費		
機器備品費		
合　計		

（様式第2－1号）

整理No.

平成　　年　月　　日

平成　　年度　研究費交付申請書

○○大学

学長　○○○○　殿

学　務　部　長　　　　　　　　　㊞

下記により，お支払い下さるようお願いします。

記

請求者　職　名　○○学部○○学科
　　　　氏　名　　　　　　　　　㊞

項　　　　目	請　求　金　額	備　　　　　　　考
研　究　図　書　費	円	
消　　耗　　品		
研　究　旅　費		旅費等は旅費規程による。
機　器　備　品　費		出張後一週間以内に出張報告書提出。
合　　　　計		

－ 270 －

第9章　個人研究費取扱規程

（様式第2－2号）

No.	

支払年月日

平成　　年　　月　　日

金　額

¥

精算年月日

平成　　年　　月　　日

摘　要

　　研究費
　　　　5月　・　10月

○○大学長　殿　　　　　　　　No.

研究費支出伝票

¥

承認印	会計印

　但し，研究費（　5月　・　10月　）

上記の金額受領致しました。

平成　　年　　月　　日

　　　　　職　名　○○学部○○学科
　　　　　氏　名　　　　　　　　　㊞

上記金額精算年月日……3月31日まで
　　　※領収書添付のこと

平成　　年　　月　　日

承認印	会計印

（様式第3号）

整理No.＿＿＿＿＿＿

平成　　年　　月　　日

平成　　年度　　研究費精算書

○○大学

学長　○○○○　殿

学　務　部　長　　　　　　㊞

下記により，精算いたします。

記

職　名　○○学部○○学科
氏　名　　　　　　　　　㊞

精算金額＿＿＿＿＿＿＿＿円

項　　　目		精算金額	物品等保管場所	見積書	納品書	請求書	領収書
登録物品	研究図書費	円		通	通	通	通
	機器備品費						
消　耗　品							
研　究　旅　費							
合　　　計							

第９章　個人研究費取扱規程

（様式第４号）

整理No.　平成　　年　　月　　日

平成　　年度　研究図書登録済書

学部学科	○○学部○○学科
職名	
氏名	㊞

○○大学附属○○図書館

購入年月日	購入先	図書名	価格	図書館			
				登録年月日	登録番号	事項	検収印

備考）この登録済書は、２通作成すること。

6 個人研究費規程（例６）

（目　　的）

第１条　この規程は，○○大学（以下「本学」という。）の教育職員の個人研究費の使用について定めるものとする。

（対　　象）

第２条　個人研究費の交付を受ける者は，専任の教授，准教授，講師とする。

（研究費の区分）

第３条　個人研究費は，研究経常費と研究旅費に区分する。

2　研究経常費は，研究に要する器具備品，図書，消耗品の購入費並びに賃金，印刷製本費，通信運搬費等とし，研究図書費と消耗品費その他に区分して支給する。

3　研究旅費は研究のための国内旅行に要する出張旅費とし，定額の範囲内で旅費規程に基づいて支給する。

（手　　続）

第４条　個人研究費の使用は研究計画に基づいて行い，別表１に定める所定の手続を経るものとする。

2　研究旅費の支給を受けたときは，帰着後１週間以内に，学長に対し出張報告書を提出しなければならない。

（額）

第５条　個人研究費の額は毎年度初めに学長がこれを定める（別表２）。

（請求締切日）

第６条　個人研究費の請求締切は２月末日までとし，翌年度に繰り越すことはできない。

附　　則

第9章　個人研究費取扱規程

この規程は，平成○年○月○日から施行する。

別表1　研究費交付手続

1．研究図書費

　　請求者 ──▶ 学科長 ──▶ 学部長 ──▶ 副学長 ──▶ 学長決裁 ──▶ 総務課 ──▶ 請求者

　　①研究図書購入補助費申請書　　　　　　　　　　　　　　（支　払）

　　②図書購入リスト

　　③領収書

2．消耗品費その他

　　請求者 ──▶ 学科長 ──▶ 学部長 ──▶ 副学長 ──▶ 学長決裁 ──▶ 総務課 ──▶ 請求者

　　①研究補助費申請書　　　　　　　　　　　　　　　　　　（支　払）

　　②領収書（一個または一式で3万円以上の場合は，見積書・納品書・請求書も添付）

3．研究旅費

　　請求者 ──▶ 学科長 ──▶ 学部長 ──▶ 副学長 ──▶ 学長決裁 ──▶ 総務課 ──▶ 請求者

　　①学会出張補助費申請書　　　　　　　　　　　　　　　　（支　払）

　　②出張費計算書

　　※この申請をするためには，事前に「出張願」が受理されていること。

別表2　平成○年度の研究費額

区　　　分	教　　　授	准 教 授	講　　　師
研究経常費	233,000円	研究図書費　175,000円 消 耗 品 費　　58,000円	
研 究 旅 費	175,000円		

7 個人研究費規程（例7）

（目　　的）

第1条　この規程は，教員の個人研究費の使用についての必要な事項を定めることを目的とする。

（対　　象）

第2条　個人研究費の交付を受ける者は，専任の教授，准教授，講師（以下「専任教員」という。）とする。

（区　　分）

第3条　個人研究費は，研究費と研究旅費とに区分される。

（支 給 額）

第4条　個人研究費の年額支給額は，別表のとおりとする。

（流　　用）

第5条　個人研究費のうち研究旅費から研究費への流用は差し支えないが，研究費から研究旅費への流用は原則として認めない。

（研 究 費）

第6条　研究費の使途は，次のとおりとする。

　⑴　研究に必要な図書，雑誌，資料等の購入費

　⑵　研究に必要な備品，消耗品等の購入費

　⑶　研究，調査のため必要な労務費又は印刷費

　⑷　学会費

（研究旅費）

第7条　研究旅費は，教育研究上必要な学会出張及び研究のための出張旅費として使用する。

2　研究旅費は，定額の範囲内で旅費規程に基づいて使用するものとする。

（図書・備品の帰属）

第9章　個人研究費取扱規程

第8条　研究費によって購入した図書・備品は，本学に帰属し登録される。ただし，専任教員として在籍中は各自がこれを管理し専用することができる。

2　専任教員が退職するときは，登録されている図書・備品を本学に返還しなければならない。

（支出手続）

第9条　個人研究費の支出は，専任教員が所定の様式により事務局に請求し，事務局は第4条により定められた個人研究費予算額を確認の上支出するものとする。

2　手続の方法は別に定める。

（請求締切日）

第10条　個人研究費の請求締切は，2月末までとし，翌年度に繰越すことはできない。

（改　　正）

第11条　この規程の改正は，教授会の決議を経て理事会が行う。

附　　則

この規程は，平成○年○月○日から施行する。

別表

区　　分	教　　　授	准　教　授	講　　　師
研　究　費 （内，図書費）	400,000 （110,000）	350,000 （110,000）	300,000 （110,000）
研　究　旅　費	100,000	100,000	100,000

注）　支給額は年額とし，年度途中の新任者又は昇任者は月額で算出する。

第10章　情報機器管理規程

　企業経営ばかりでなく，学校経営においても，効果的で効率的な業務を遂行するためには，IT（情報技術）の活用が必要不可欠である。また，企業の内部統制の中で，情報システムに係る統制活動を一般的に「IT統制（情報システムの内部統制）」と呼んでいる。

　現在では，企業のあらゆる分野，部門でITが活用されており，内部統制活動においてもITを無視できない状況である。むしろIT無きところに企業の成長はないといっても過言ではない。パソコンは1人に1台が与えられ業務遂行上の必須のアイテムとなっており，それを活用して電子メールやインターネットの利用など，パソコンを利用していない企業はほとんどない。しかし，便利であるがゆえに想定しないセキュリティ上の危険や脅威にさらされる。

　そんな中，我が国では，昨今の急速なネットワーク社会の進化に伴い，セキュリティに関する技術や法整備が追いついていないのが現状である。不正アクセス事件や情報漏洩事件が後を絶たず，社会的問題となっている。学校教育の現場においても，学生生徒の個人情報等の情報セキュリティ管理の徹底が必須となっている。

　各学校法人においても，不正アクセス対策やウイルス対策などについての高

第 10 章　情報機器管理規程

度化が進められていると思うが，内部リスクに関する情報セキュリティ対策を
管理運営面から網羅的に行っている学校法人は数割程度に留まっているのでは
ないか。

セキュリティの脅威には，以下に示す事項が想定される。

①　故意による意図的脅威によるもの

例えば，学内機密の流出，卒業生・在校生の名簿流出，データの改竄・
偽造，クレーム情報の隠蔽など

②　事故や過失による偶発的脅威によるもの

例えば，ハードウェア故障やバグによるシステム停止，管理者の過失に
よるシステム停止，セキュリティの無知や無関心による情報漏洩など

③　災害等による環境的脅威によるもの

例えば，地震・火災・洪水・停電等によるシステム停止など

IT 統制は，理事者が構築するものであるが，それを有効なものとするため
の要件が IT コントロールである。

日本公認会計士協会　IT 委員会報告書第 3 号の中で「IT のコントロール目
標」が示されているので，以下に紹介する。

日本公認会計士協会　IT 委員会報告書第 3 号より「IT のコントロール目標」

準　　拠　　性	情報が会計原則，会計基準及び関連する法律等に合致して処理されていること
網　　羅　　性	情報が洩れなく，かつ重複なく記録されていること
可　　用　　性	情報が必要とされるときに利用可能であること
機　　密　　性	情報が正当な権限者以外に利用されないように保護されていること
正　　確　　性	情報が正確に記録され，提供されていること
維 持 継 続 性	必要な情報が正確に更新され，かつ継続使用が可能なこと
正　　当　　性	情報が正規の承認手続きを経たものであること

本章では，IT に関し内部に起因する危険や脅威を最小限に抑えるために，
対応する規程例を示すこととした。

また，参考までに，平成16年11月11日付，文部科学省告示第161号により，「学校における生徒等に関する個人情報の適正な取扱いを確保するために事業者が講ずべき措置に関する指針」が告示されているので，以下に全文を掲載する。

「学校における生徒等に関する個人情報の適正な取扱いを確保するために事業者が講ずべき措置に関する指針」

第1　趣旨

　この指針は，個人情報の保護に関する法律（以下「法」という。）に定める事項に関し，学校における生徒等に関する個人情報の適正な取扱いを確保するために事業者が講ずべき措置について，その適切かつ有効な実施を図るために必要な事項を定めたものである。

　なお，学校における生徒等に関する個人情報については，本指針によるほか，地方公共団体等が講ずる措置に留意するものとする。

第2　用語の定義

　法第2条に定めるもののほか，この指針において，次の各号に掲げる用語の意義は，当該各号に定めるところによる。

1　事業者　法第2条第3項に規定する個人情報取扱事業者であって，学校（学校教育法第1条に規定する学校，同法第82条の2に規定する専修学校及び同法第83条第1項に規定する各種学校をいう。以下同じ。）を設置する者をいう（第4に規定する場合を除く。）。

2　生徒等　次の各号に掲げる者をいう。

　(1)　前号に規定する事業者が設置する学校において教育を受けている者

　(2)　前号に規定する事業者が設置する学校において教育を受けようとする者

　(3)　過去において，前号に規定する事業者が設置する学校において教育

第10章 情報機器管理規程

を受けた者及び受けようとした者

第3 事業者が講ずべき措置の適切かつ有効な実施を図るための指針となるべき事項

1 法第15条に規定する利用目的の特定に関する事項

　　事業者は，利用目的の特定に当たっては，単に抽象的，一般的に特定するのではなく，本人が，取得された当該本人の個人情報が利用された結果が合理的に想定できる程度に，具体的，個別的に特定すること。

2 法第16条及び法第23条第1項に規定する本人の同意に関する事項

　　事業者は，本人の同意を得るに当たっては，当該本人に当該個人情報の利用目的を通知し，又は公表した上で，当該本人が口頭，書面等により当該個人情報の取扱いについて承諾する意思表示を行うことが望ましいこと。

3 法第20条に規定する安全管理措置及び法第21条に規定する従業者の監督に関する事項

　　事業者は，生徒等に関する個人データの安全管理のために次に掲げる措置を講ずるよう努めるとともに，当該措置の内容を公表するよう努めるものとすること。

⑴ 生徒等に関する個人データを取り扱う従業者及びその権限を明確にした上で，その業務を行わせること。

⑵ 生徒等に関する個人データは，その取扱いについての権限を与えられた者のみが業務の遂行上必要な限りにおいて取り扱うこと。

⑶ 生徒等に関する個人データを取り扱う者は，業務上知り得た個人データの内容をみだりに第三者に知らせ，又は不当な目的に使用してはならないこと。その業務に係る職を退いた後も同様とすること。

⑷ 生徒等に関する個人データの取扱いの管理に関する事項を行わせるため，当該事項を行うために必要な知識及び経験を有していると認められる者のうちから個人データ管理責任者を選任すること。

－ 281 －

(5) 生徒等に関する個人データ管理責任者及び個人データを取り扱う従業者に対し，その責務の重要性を認識させ，具体的な個人データの保護措置に習熟させるため，必要な教育及び研修を行うこと。

4 法第22条に規定する委託先の監督に関する事項

事業者は，生徒等に関する個人データの取扱いの委託に当たっては，次に掲げる事項に留意するものとすること。

(1) 個人データの安全管理について十分な措置を講じている者を委託先として選定するための基準を設けること。

(2) 委託先が委託を受けた個人データの安全管理のために講ずべき措置の内容が委託契約において明確化されていること。具体的な措置としては，以下の事項が考えられること。

① 委託先において，その従業者に対し当該個人データの取扱いを通じて知り得た個人情報を漏らし，又は盗用してはならないこととされていること。

② 当該個人データの取扱いの再委託を行うに当たっては，委託元へその旨文書をもって報告すること。

③ 委託契約期間等を明記すること。

④ 利用目的達成後の個人データの返却又は委託先における破棄若しくは削除が適切かつ確実になされること。

⑤ 委託先における個人データの加工（委託契約の範囲内のものを除く。），改ざん等を禁止し，又は制限すること。

⑥ 委託先における個人データの複写又は複製（安全管理上必要なバックアップを目的とするもの等委託契約範囲内のものを除く。）を禁止すること。

⑦ 委託先において個人データの漏えい等の事故が発生した場合における委託元への報告義務を課すこと。

⑧ 委託先において個人データの漏えい等の事故が発生した場合における委託先の責任が明確化されていること。

第 10 章　情報機器管理規程

5　法第23条に規定する第三者提供に関する事項

　　事業者は，生徒等に関する個人データを同窓会，奨学事業を行う団体
その他の第三者に提供する（法第23条第1項第1号から第4号までに該当する
場合を除く。）に当たっては，次に掲げる事項に留意するものとすること。

(1)　提供先において，その従業者に対し当該個人データの取扱いを通じ
　　て知り得た個人情報を漏らし，又は盗用してはならないこととされて
　　いること。

(2)　当該個人データの再提供を行うに当たっては，あらかじめ文書を
　　もって事業者の了承を得ること。ただし，当該再提供が，法第23条第
　　1項第1号から第4号までに該当する場合を除く。

(3)　提供先における保管期間等を明確化すること。

(4)　利用目的達成後の個人データの返却又は提供先における破棄若しく
　　は削除が適切かつ確実になされること。

(5)　提供先における個人データの複写及び複製（安全管理上必要なバック
　　アップを目的とするものを除く。）を禁止すること。

6　法第25条第1項に規定する本人からの保有個人データの開示に関する
事項

　　事業者は，保有個人データの開示に関し，次に掲げる事項に留意する
ものとすること。

(1)　事業者は，本人から当該本人の成績の評価その他これに類する事項
　　に関する保有個人データの開示を求められた場合におけるその開示又
　　は非開示の決定に当たっては，学校における教育活動に与える影響を
　　勘案すること。

(2)　事業者は，本人の法定代理人から当該本人に関する保有個人データ
　　の開示を求められた場合におけるその開示又は非開示の決定に当たっ
　　ては，当該本人に対する児童虐待（児童虐待の防止等に関する法律第2条
　　に規定する児童虐待をいう。）及び当該本人が同居する家庭における配偶

－ 283 －

者からの暴力（配偶者からの暴力の防止及び被害者の保護に関する法律第1条第1項に規定する配偶者からの暴力をいう。）のおそれの有無を勘案すること。

(3)　事業者は，非開示の決定をすることが想定される保有個人データの範囲を定め，生徒等に周知させるための措置を講ずるよう努めなければならないこと。

7　法第29条第2項に規定する本人の利便を考慮した適切な措置に関する事項

　　事業者は，本人からの保有個人データの開示等の求めができるだけ円滑に行われるよう，開示の求めに応じる手続について本人に周知するよう努めるとともに，閲覧の場所及び時間等について十分配慮すること。

8　法第31条に規定する苦情の処理に関する事項

　　事業者は，生徒等に関する個人情報の取扱いに関する苦情の適切かつ迅速な処理を行うため，苦情及び相談を受け付けるための窓口の明確化等必要な体制の整備に努めること。

第4　個人情報取扱事業者以外の事業者による生徒等に関する個人情報の取扱い

　　法第2条第3項に規定する個人情報取扱事業者以外の事業者（学校を設置する者に限る。）であって，学校における生徒等に関する個人情報を取り扱う者は，第3に準じて，その適正な取扱いの確保に努めること。

第 10 章　情報機器管理規程

1　情報ネットワークシステム利用規程（例 1）

（目　　的）

第 1 条　この規程は，学校法人〇〇学園の情報ネットワークシステム（以下「シ
ステム」という。）の利用，運用及び管理を円滑に図るため，必要な事項を定
める。

（構　　成）

第 2 条　この規程に定めるシステムの範囲は，次のとおりとする。

　(1)　基幹系統及びその管理機器

　(2)　学園内の建物内に敷設した配線設備及び情報コンセント

　(3)　校地間接続に利用する回線及び機器設備

　(4)　学外への接続に利用する回線及び機器設備

（接　　続）

第 3 条　システムに機器を接続できる者は，次の各号とする。

　(1)　本学園教職員

　(2)　その他，理事長が認めた者

（接続の承認）

第 4 条　システムに機器を接続しようとする者は，所定の申請書を理事長に提
出し，その承認を得なければならない。

　2　承認の手続きは，別に定める。

（接続の停止）

第 5 条　利用者が接続停止を希望する場合は，所定の申請書を理事長に提出し
なければならない。この場合，付与された IP アドレス及び端末接続用ケー
ブルは，速やかに返却しなければならない。

（利用資格）

第 6 条　システムを利用することができる者は，次の各号とする。

⑴　本学園教職員

⑵　本学園学生生徒

⑶　その他，理事長が認めた者

（利用時間）

第7条　システムの利用時間は，原則として終日とする。

（利用経費）

第8条　システムの利用にかかわる料金は徴収しない。

（利用者の義務）

第9条　機器を接続する者及び利用者は，次の各号の事項を守らなければならない。

⑴　学術研究及び教育利用以外の目的にシステムを利用しないこと。

⑵　通信の秘密を侵害しないこと。

⑶　個人情報を侵さないこと。

⑷　システムの運用に支障を及ぼすような利用を行わないこと。

（システムの停止）

第10条　理事長は，次の各号に該当する事態が発生した場合，システムの部分的または全面的な停止を行うことができる。この場合，利用者に事情を説明するとともに，事態が改善された場合，速やかに利用の再開の措置をとる。

⑴　利用者が前条各号に反する行為をとり，その事態が改善されない場合。

⑵　本学園のシステムが外部のネットワーク組織に重大な損害または不利益を与えた場合。

⑶　システム保守のため，接続機器等に対する作業が発生する場合。

⑷　その他，理事長が必要を認めた場合。

（運用管理）

第11条　この規程に定める事項のほか，システムの運用及び管理に関する必要な事項は，理事会が定める。

（規程の改廃）

第10章　情報機器管理規程

第12条　この規程の改廃は，理事会が行う。

附　　　則
この規程は，平成○年○月○日から施行する。

2　情報システム管理規程（例２）

第1章　総　　則

（目　　的）

第1条　この規程は，コンピュータによる当学園のシステムの計画，開発，運用及びセキュリティについて定めるものとし，情報処理業務を効率的かつ高い信頼性のもとに実行することを目的とする。

（適用範囲）

第2条　この規程は，情報システム部による情報処理の企画，開発，運用，保守，並びにコンピュータ付属設備の運用，セキュリティについて適用する。

2　パーソナルコンピュータ等で，学園内ネットワークに接続されない機器の運用・保全については，導入を主管した部門がこの規程に準じて行うものとする。

第2章　開　　発

（開発計画の立案）

第3条　システムの企画開発に当たっては，学園の経営方針，また学園内外の動向を十分に検討し，各業務間での整合性等を勘案して立案する。

2　開発計画には関連するハードウェア等の概算経費及び保守費用も含むものとする。

（開発の申請手続）

第4条　開発の申請手続は，前条で立案した開発計画に基づき，所定の決裁規

定に準じた決裁を得るものとする。

2　利用部署からの開発の申請については，所定の用紙に記入し，所属長の承認を受けたうえ提出する。

（開　　発）

第5条　所定の決裁を経た情報処理業務の開発計画に基づき，原則として下記項目を含む，より詳細な実施計画を作成する。

(1)　業務分析

(2)　要求仕様

(3)　内部設計

(4)　プログラミング作成

(5)　システムテスト

(6)　操作，運用マニュアルの作成

(7)　運用スケジュール

（推進体制）

第6条　大規模な開発計画の推進にあたっては，情報システム部及び利用部署のメンバーで委員会を結成し，これに当たるものとする。

2　小規模な開発計画の推進にあたっては，情報システム部がこれに当たるものとする。

（評価・報告）

第7条　開発終了後，情報システム部及び利用部署は協力して当初の計画に対する効果について評価を行い，その結果を定期的に理事長に報告する。

第3章　運　　用

（コンピュータ管理）

第8条　情報処理業務の合理的な運営を図るため，コンピュータ及び附属設備の管理，また運営に当たっての日程，時間等の計画は，情報システム部がこれを行うものとする。

2　各部署に設置してある端末機については，設置部門が同様の管理を行うものとする。

（消 耗 品）

第9条　情報処理業務に必要な消耗品は，原則として情報システム部が保管し，必要に応じて各部署に配布する。

（出力帳票）

第10条　情報システム部は依頼を受け，所定の手続を経て出力した帳票の内容を検証した上，定められた期日までに依頼部署の所属長に送付する。

2　各部門で出力した帳票については，出力した部署で管理し，不必要となった帳票については廃棄するものとする。ただし，機密性の高いものは裁断又は焼却するものとする。

3　出力帳票を学園外に提出する場合は，所属長，所属部長の決裁を得るものとする。

（入力原票）

第11条　入力原票の管理は，原則として利用部署で行うものとする。

第4章　情報セキュリティ

（コンピュータのセキュリティ）

第12条　コンピュータ，付属設備，プログラム及び外部メモリの保全は，情報システム部がこれを行うものとする。

2　コンピュータ室の立ち入りは，原則として情報システム部員以外は禁止する。

（データのセキュリティ）

第13条　コンピュータに記録してあるデータは，定期的に外部メモリ等にバックアップを行う。

2　外部メモリの保管に当たってはその内容，記録日等を明確にする。

3　プログラム，マスターファイル，特に重要なデータについてはバックアッ

プを複数作成し，別の場所に保管する。その際，1つは専門の倉庫業者等に依頼する。

（非常時の対策）

第14条　コンピュータ施設に対して火災，地震等の災害，又はコンピュータの故障により情報処理業務が停止することを想定し，情報システム部は利用部署と協議のうえ非常時の対策，及び代替処理の方法を協議しマニュアル化し，関係者に配布する。

（復旧作業）

第15条　情報処理業務が前条のいずれかの理由で停止した場合，情報システム部は関連部署，コンピュータメーカーと協議の上，速やかにその復旧に当たるものとする。

（仕様書，重要書類のセキュリティ）

第16条　システムの仕様書及び重要書類については，その対象，場所，期間等を明確にし保管しなければならない。また，変更のあった際は速やかに更新・追加する。

附　　則

この規程は，平成○年○月○日から実施する。

3　情報システムの運用及び管理に係る規程（例３）

（目　　的）

第1条　本規程は，教職員等及び学生生徒等が学校法人○○学園（以下「当学園」という。）の教育理念を実践する上で，当学園の情報システムがすべての教育研究活動及び管理運営の基盤として運用されるよう，適切な情報セキュリティ対策を講じることを目的とし，当学園における情報システムの運用及び管理について必要な事項を定める。

（運用の基本方針）

第2条　前条の目的を達するため，関連するネットワーク及び情報システムの運用細則等を別に定め，当学園情報システムの円滑で効果的な情報流通と安全性を図り，かつ安定的で効率的な運用を図る。

2　次の事項に関する基本的な取り組みを規定し，当学園情報システムの健全な運用と利用を実現し，情報社会の発展に貢献する。

ア　情報資産の保護

イ　情報システム運用に関連する各種法令の遵守

（適用範囲）

第3条　本規程は，当学園情報システムを運用及び管理する者，並びに利用者及び臨時利用者に適用する。

（用語の定義）

第4条　本規程において，次の各号に掲げる用語の意義は，当該各号の定めるところによる。

(1)　情報システム

　情報システムとは，情報処理及び情報ネットワークに係わるシステムで，学園情報ネットワークに接続する機器を含め次のものをいう。

　㋐　当学園が所有又は管理しているもの。

　㋑　当学園との契約あるいは他の協定に従って提供されるもの。

　㋒　私物のパソコンや携帯端末等を当学園の情報ネットワークに接続した場合。

　㋓　当学園の情報ネットワークに接続されていなくとも，以下で定義する情報資産を有する機器。

(2)　情報資産

　情報資産とは，情報システム並びに情報システム内部に記録された情報，情報システム外部の電磁的記録媒体に記録された情報及び情報システムに関係がある書面に記載された情報をいう。

⑶　実施規程

実施規程とは，本規程に基づいて策定される規程及び細則，基準，要領，内規をいう。

⑷　手順

手順とは，実施規程に基づいて策定される内規及び具体的な手順やマニュアル，ガイドラインを指す。

⑸　利用者

利用者とは，教職員等及び学生生徒等で，当学園情報システムの利用許可を受けて利用する者をいう。

⑹　教職員等

教職員とは，当学園の役員及び当学園に勤務する常勤又は非常勤の教職員（派遣職員を含む。）その他，情報システムネットワーク管理責任者が認めた者をいう。

⑺　学生生徒等

学生生徒等とは，当学園が設置する学校の大学学部学生，大学院学生，聴講生，生徒，児童，園児，研究生，研究員，研修員並びに研究者等，保護者，保証人，その他，情報システムネットワーク管理責任者が認めた者をいう。

⑻　臨時利用者

臨時利用者とは，教職員等及び学生生徒等以外の者で，学園情報システムを臨時に利用する許可を受けて利用する者をいう。

⑼　情報セキュリティ

情報セキュリティとは，情報資産の機密性，完全性及び可用性を維持することをいう。

⑽　電磁的記録

電磁的記録とは，電子的方式，磁気的方式その他人の知覚によって認識することができない方式で作られる記録であって，コンピュータによる情報処理の用に供されるものをいう。

第10章　情報機器管理規程

（情報システム委員会）

第5条　当学園情報システムの円滑な運用のための審議機関として，当学園に情報システム委員会（以下「本委員会」という。）を置く。

2　本委員会については「情報システム委員会規程」を別に定める。

（情報システムネットワーク管理責任者）

第6条　当学園情報システムの運用に責任を持つ者として，情報システムネットワーク管理責任者を置く。

2　情報システムネットワーク管理責任者は，当学園の情報システム委員会委員長とする。

3　情報システムネットワーク管理責任者は，本規程に基づく実施規程の整備や情報システム上の各種問題に対する処置を行う。

4　情報システムネットワーク管理責任者は，当学園の情報基盤として供される情報システムのうち，情報セキュリティが侵害された場合の影響が特に大きいと評価される情報システムを指定することができる。この指定された情報システムを「全学情報システム」という。

（当学園外の情報セキュリティ水準の低下を招く行為の防止）

第7条　情報システムネットワーク管理責任者は，利用者及び臨時利用者による当学園外における情報セキュリティ水準の低下を招く行為を防止するための措置に関する規程を整備する。

2　当学園情報システムを運用・管理する者，並びに利用者及び臨時利用者は，前項の規程に基づく当学園外における情報セキュリティ水準の低下を招く行為の防止に関する措置を講ずる。

（情報システム運用の外部委託管理）

第8条　情報システムネットワーク管理責任者は，当学園情報システムの運用業務のすべてまたはその一部を第三者に委託する場合には，当該第三者による情報セキュリティの確保が徹底されるよう必要な措置を講ずる。

（利用者の義務）

第9条　当学園情報システムを利用する者や運用の業務に携わる者は，本規程に沿って利用し，別に定める運用と利用に関する実施規程等を遵守する。

（利用の制限）

第10条　本規程に基づく実施規程に違反した場合の利用の制限は，それぞれの規程等に定めることができる。

（情報セキュリティ監査）

第11条　情報システムのセキュリティ対策が本規程に基づく手順に従って実施されていることを監査することができる。情報セキュリティ監査に際しては，別途定める「学校法人○○学園監査規程」に準ずる。

（罰　　則）

第12条　当学園は，本規定に基づく実施規程に違反した者に対し，必要な処分や措置を講じることができる。

（改　　廃）

第13条　本規程の改廃は，理事会の決議を経なければならない。

（事務主管）

第14条　本規程に係る事務主管は，総務部情報基盤推進課及び情報システム課とする。

附　　則

この規程は，平成○年○月○日から施行する。

4　情報管理室規程（例4）

第1章　総　　則

（目　　的）

第1条　この規程は，学校法人○○学園管理規程第○条第○項に基づき，学校法人○○学園（以下「学園」という。）における情報管理に関する必要な事項を

定め，情報管理の円滑な遂行を図ることを目的とする。

（情報管理）

第2条　この規程において情報管理とは，コンピュータその他の情報処理機器及び設備により処理される情報の管理，並びに情報処理機器及び設備の管理をいう。

（情報管理システム）

第3条　この規程において情報管理システムとは，情報管理に用いる機器・設備及びソフトウェアをいう。

2　情報管理システムのうち，事務処理を目的とするものを事務システム，教育を目的とするものを教育システムという。

（情報管理システムの企画）

第4条　情報管理システムは次の各号に定める方針に基づいてこれを企画する。

　(1)　情報管理システムは，学園全体にわたって，機器・設備・ソフトウェアに関して整合性を保つこと。

　(2)　事務システムは，学園の複数部門にまたがる情報処理について，処理データの一元性を保つこと。

　(3)　教育システムは，原則として事務システムとは独立するシステムとし，教育の目的に従ってこれを企画すること。

第2章　組織，職制及び職務

（組　　織）

第5条　学園本部に情報管理室を置く。

（職　　制）

第6条　情報管理室に室長1名及び職員若干名を置く。

第7条　学園本部・短期大学及び高等学校（以下「部門」という。）にそれぞれ情報主任及び職員若干名を置く。

第8条　前条に定める情報主任は，情報管理室長の推薦により理事長がこれを

任命する。

第9条　第7条に定める情報主任及び職員は，他の業務と兼任することを妨げない。

第10条　情報管理に関し，情報管理室長は理事長に直属する。

第11条　情報管理に関し，情報主任は当該部門の長に直属する。

（職　　務）

第12条　情報管理室長は，次章に述べる情報管理室の業務を遂行するとともに，学園の情報管理に関する業務を総括する。

第13条　情報主任は，次章に述べる当該部門の情報管理に関する業務を遂行し，これの実施を図る。

第3章　業　　務

（情報管理システムの所管）

第14条　情報管理システムの所管は，次の各号に定めるとおりとする。

⑴　部門が部門内の事務処理に用いる事務システムは，当該部門の所管とする。

⑵　教育システムは当該部門の所管とする。

⑶　第1号及び第2号以外の情報管理システムは，情報管理室の所管とする。

（業　　務）

第15条　情報管理室は，次の各号に定める業務を行う。

⑴　情報管理室の所管する事務システムの運営

⑵　部門の所管する事務システムの企画・立案及び運営に関する指導

⑶　部門が事務システムを用いて行う事務処理に関する指導

⑷　部門が行う教育システムの企画・立案及び運営に関する指導・助言

⑸　情報管理に関する職員研修の企画・立案及び運営

⑹　情報管理システムに関する調査及び研究

⑺　その他理事長の特命による事項

第10章　情報機器管理規程

第16条　情報管理に関し部門は次の各号に定める業務を行う。

(1)　当該部門の所管する事務システムの管理，運営

(2)　情報管理室との協議に基づく事務システムの企画・立案及び開発

第4章　費　　　用

(情報管理システムの費用)

第17条　情報管理システムに関する費用は，これを使用する部門の負担とする。

第18条　前条において複数の部門が同一の情報管理システムを使用する場合，その費用の負担比率は，これを所管する部門の長が情報管理室長の起案に基づいて決定する。

第19条　第17条に定める費用の予算の立案及び執行は，これを負担する部門の長が，情報管理室長の承認を得てこれを行う。

第5章　補　　　則

(細則の制定)

第20条　この規程の運用について必要のある場合には，理事長が細則を定めることができる。

第21条　部門の情報管理システムの管理・運用について必要のある場合には，情報管理室長の承認を得て当該部門の長が細則を定めることができる。

(規程の改廃)

第22条　この規程の改廃は，理事長が行う。

附　　　則

この規程は，平成〇年〇月〇日から施行する。

5 情報ネットワークシステム管理運用規程（例5）

（趣　　旨）

第1条　学園の情報ネットワークシステム（以下「ネットワーク」という。）の管理運用及び利用については，本規程の定めるところによる。

（目　　的）

第2条　ネットワークは，学園の教育・研究の支援及び学園の情報化推進のために運用される。

（運　　営）

第3条　ネットワークは，図書・情報センター長を管理責任者として運営し，それに関わる業務は図書・情報センターがあたる。

2　ネットワークの取り扱い及び利用については，別に定める。

（接　　続）

第4条　ネットワークに機器を接続できる者は，次のとおりとする。

⑴　本学園教職員

⑵　その他，図書・情報センター長が認めた者

2　接続を希望する者は，所定の申請書を提出し，その承認を受けなければならない。図書・情報センター長は，接続を承認した機器に対し，所定のIPアドレスを付与する。

（利　用　者）

第5条　接続機器からネットワークを利用できる者は，次のとおりとする。

⑴　本学園教育職員，事務職員，実習専門職員，技術職員，技能職員，嘱託職員

⑵　本学園学生生徒

⑶　その他，図書・情報センター長が認めた者

2　利用を希望する者は，所定の申請書を提出し，その承認を受けなければな

第 10 章　情報機器管理規程

らない。図書・情報センター長は，利用を承認した者に対し，ID を発行する。

3　ID 発行の手続きについては，別に定める。

（利用者の責任）

第 6 条　ネットワークの利用にあたり，利用者は次の事項についての責任を負わなければならない。

(1)　利用者がネットワーク上で行う通信の内容

(2)　利用者がネットワーク上で提供するサービス及び情報

(3)　科用者がネットワークシステムを利用することにより生ぜしめた損害

(4)　利用者がネットワークシステムを利用することにより生じた経費

(5)　利用者個人に属するデータの保存

(6)　接続に関する経費

2　前項の責任の負担については，別に定める。

（禁止事項）

第 7 条　機器接続者及び利用者は，ネットワークの運用維持に支障を来す行為をしてはならない。禁止事項については，別に定める。

（停止・処罰）

第 8 条　図書・情報センター長は，以下の事項に該当する事態が生じた場合，ネットワークの部分的あるいは全面的停止を行うことがある。

(1)　前条に反する行為があった場合

(2)　学園のネットワークシステムが外部のネットワークシステムに重大な損害又は不利益を与えた場合

(3)　システム保守等の必要が生じた場合

(4)　その他，図書・情報センター長が認めた場合

2　前項の事態が認められた場合は，利用者に対して利用の停止を行うことがある。

3　利用の停止及び処罰については，別に定める。

（改　　廃）

第9条　本規程の改廃は，理事会の決議を経て理事長が行う。

　　附　　　則

　　この規程は，平成○年○月○日から施行する。

6　情報ネットワークシステムの取扱い及び利用に関する内規（例6）

（目　　　的）

第1条　この内規は，情報ネットワークシステム管理運用規程第3条第2項に基づき，学園の情報ネットワークシステム（以下「ネットワーク」という。）の取扱い及び利用についての細部を定めるものである。

（利　用　者）

第2条　接続機器からネットワークを利用できる者は，次のとおりとする。

　⑴　本学園教育職員，事務職員，実習専門職員，技術職員，技能職員，嘱託職員

　⑵　本学園学生生徒

　⑶　公開講座の受講者であり，当該講座において接続機器を利用する者

　⑷　その他，図書・情報センター長が認めた者

2　利用を希望する者は，所定の申請書を提出し，その承認を受けなければならない。図書・情報センター長は，利用を承認した者に対し，IDを発行する。

3　前項において，本学園学生生徒がネットワークの利用を希望する場合は，図書・情報センター主催の情報倫理講習を受講し，同意書を提出しなければならない。ただし，公開講座受講者等でゲストとしてログインする者はこの限りではない。

（利用時間）

第3条　学園内でのネットワークの利用時間は，利用施設の定める時間による。

第10章　情報機器管理規程

（禁止事項）

第4条　機器接続者及び利用者は，次に掲げる行為をしてはならない。

　(1)　学術・教育・事務以外に利用する行為

　(2)　公序良俗に反する行為

　(3)　人権・知的財産権を侵害する行為

　(4)　有害なプログラム等を送信する行為

　(5)　ウイルスの侵入を目的とする行為

　(6)　ユーザー ID の譲渡又は貸与

　(7)　第三者に損害・不利益を与える行為

　(8)　第三者又は本学を誹謗中傷し，又はその名誉・信用を損なう行為

　(9)　選挙の事前運動，選挙運動又はこれらに類似する行為

　(10)　他の利用者の電子メールの内容を閲覧する行為

　(11)　その他，本学に不利益を与える行為

（管理責任者による閲覧）

第5条　前条第1項第10号にかかわらず，サーバーの危機及び維持管理のため
　に，図書・情報センター長は，情報教育委員会または学園長の承認を得て，
　利用者の電子メールのファイルを閲覧することができる。

（停止・処罰）

第6条　図書・情報センター長は，以下の事項に該当する事態が発生した場合，
　ネットワークの部分的あるいは全面的停止を行うことがある。

　(1)　第4条に反する行為があった場合

　(2)　学園のネットワークシステムが外部のネットワークシステムに重大な損
　　害又は不利益を与えた場合

　(3)　システム保守等の必要が生じた場合

　(4)　その他，図書・情報センター長が認めた場合

2　第4条に反する事態が認められた場合は，禁止行為に対して利用の停止を
　行うことがある。

— 301 —

3　利用権限の一時停止・失効等の決定は，情報教育委員会の議を経て，図書・情報センター長が行う。学生生徒の場合は，その後，図書・情報センター長は学生委員会等に対して経過を報告し，当該学生生徒の処分に関する処置を学生委員会等に付託する。

〔改　　廃〕

第7条　本内規の改廃は，部局長協議会の決議を経て学園長が行う。

　附　　則

この内規は，平成○年○月○日から施行する。

第11章　図書管理規程

第11章　図書管理規程

　昨今，我が国では，高度情報化とグローバル化が急速に進む中，各学校は教育の改革を迫られている。

　学校法人は，設置認可において大学，高等学校，中学校，小学校（以下「各部門」という。）には，図書館（図書室）の設置が義務づけられている。

　特に学術研究分野においては，大学図書館等は大学の教育と研究を支援する機関として位置づけられており，その課せられた使命は大きい。本章では，学校法人が保有する図書の管理に係る図書管理規程及び図書管理の中でも最も重要な位置にある大学図書館の運営を円滑に遂行するための規程例を示すこととした。

　以下に例示した図書管理規程等は，各学校法人の図書館の実状に合わせて作成され，図書館業務が支障なく遂行されなければならない。

　参考までに，旧文部省通知「「図書の会計処理について（報告）」について」（雑管第115号，昭和47.11.14）による図書の概念は以下のとおりである。

(1)　長期間にわたって保存，使用することが予定される図書は，取得価額の多寡にかかわらず固定資産に属する図書として取扱う。

(2)　固定資産に属する図書については，原則として減価償却経理を必要とし

ないものとする。この場合，図書の管理上，除却の処理が行われたときは，当該図書の取得価額相当額をもって消費支出に計上するものとする。

除却による経理が困難なときは，総合償却の方法により減価償却経理を行うことができる。

⑶　学習用図書，事務用図書等のように，通常その使用期間が短期間であることが予定される図書は，取得した年度の消費支出として取扱うことができる。

⑷　図書の価格には，原則として，取得に要する経費を含まないものとする。大量購入等による値引額および現金割引額は，「雑収入」として処理することができる。

⑸　消費支出として処理した雑誌等を合冊製本して長期間にわたって，保存，使用する図書とする場合は，その合冊製本に要した経費をもって，当該図書の取得価額とすることができる。

⑹　図書と類似の役割を有するテープ，レコード，DVD，フィルム等の諸資料は，利用の態様に従い，図書に準じて会計処理を行うものとする。

1　学校法人○○学園図書管理規程（例１）

第1章　総　則

（目　的）

第1条　この規程は，学校法人○○学園物品管理規程第○条に基づき，学校法人○○学園の施設に備える図書資料（以下「図書」という。）の調達及び管理の基準を定め，もって資産の保全を図るとともに，教育研究の効果を高めることを目的とする。

（用語の意義）

第2条　この規程における用語は，それぞれ次の意義に用いる。

⑴　図書とは，和漢書，洋書，逐次刊行物，視聴覚資料，その他これらに準

ずるもの及びビデオやDVD，レコード，CD，カセットテープその他光学的・電磁的記録媒体をいう。

(2)　調達とは，図書の選択，発注，譲受，譲渡，受贈，交換，受入，検収をいう。

(3)　管理とは，図書の登録，整理，保管，閲覧利用，点検，除籍，抹消，廃棄をいう。

（管理責任者）

第3条　図書の管理責任者は，○○大学，○○大学短期大学部（以下「大学・短期大学部」という。）については各図書情報センター長，○○高等学校，○○中学校（以下「高等学校・中学校」という。）については教育本部教頭とする。

（固定資産への計上基準）

第4条　図書は，次の各号に該当するものを除き，固定資産として計上する。

(1)　事務用図書

(2)　長期保有を要しない図書

(3)　加除式図書

(4)　消耗の激しい図書

(5)　その他管理責任者が固定資産として不適当と認めた図書

（価　　額）

第5条　図書の価額は取得価額とし，次の各号による。

(1)　購入のときは，購入価額とする。

(2)　譲受，受贈，交換のときは，定価又は評価額とする。

(3)　合冊製本したときは，その製本価額とする。

(4)　自己製作のときは，その費用相当額とする。

第2章　調　　達

（選　　択）

第6条　図書の選択は，次の各号による。

⑴　教職員の研究に必要とするもの

⑵　学生，生徒の教育に必要とするもの

⑶　学生，生徒の希望するもの

⑷　その他管理責任者が必要と認めたもの

2　前項により選択された図書の購入決定は，予算，重複及び蔵書構成を考慮

　して，各管理責任者が行う。

（発　　注）

第7条　図書の発注は，注文書によって行う。

（検収，受入）

第8条　図書の受入れは，注文書に基づき確実に行わなければならない。

第3章　管　　理

（登　　録）

第9条　図書は，所定の手続によって登録しなければならない。

（整理，保管，閲覧利用）

第10条　前条により登録した図書の整理，保管，閲覧利用については別に定め

　る。

（点　　検）

第11条　図書は，定期的に現品の照合点検を行わなければならない。

（除籍，抹消）

第12条　固定資産に計上した図書は，次の各号のいずれかに該当するときは，

　稟議決裁を受けて，除籍，抹消することができる。

⑴　紛失確認後2年を経過した図書。

⑵　破損，汚損，消耗等がはなはだしく，補修不能と認められる図書。

⑶　図書としての利用価値を失ったと認められるもの。

⑷　寄贈，交換，移管しようとする図書。

⑸　その他管理責任者が除籍，抹消を適当と認めた図書。

第11章　図書管理規程

（廃棄，売却）

第13条　前条により，除籍，抹消した図書は，廃棄又は売却する。

（報告義務）

第14条　各管理責任者は，固定資産に計上した図書の調達，管理の状況につき，毎年決算時に理事長に報告しなければならない。

（規程の改廃）

第15条　この規程の改廃は，理事会の決議を経て理事長が行う。

附　　則

この規程は，平成○年○月○日から施行する。

2　○○大学図書館に関する規程（例2）

（趣　　旨）

第1条　この規程は，○○大学図書館（以下「図書館」という。）の組織及び運営に関し，必要な事項を定める。

（目　　的）

第2条　図書館は，○○大学（以下「本学」という。）における教育研究及び学習上必要とする図書及びその他の資料（以下「図書館資料」という。）を収集，整理及び保管し，本学の教職員，学生等の利用に供することを目的とする。

（組　　織）

第3条　図書館に図書館長，司書及びその他の教職員を置く。

2　図書館長は，図書館の管理及び運営を統轄する。

3　司書及びその他の職員は，前条に掲げる目的を達成するための事務を掌る。

（図書館委員会）

第4条　図書館の運営に関する事項を審議するため，及び図書館長の諮問に応じ，その職務を助けるために図書館委員会を置く。

2　図書館委員会に関し，必要な事項は別に定める。

（図書館資料の範囲）

第5条　図書館資料の範囲は，次のとおりとする。

　⑴　図書

　　　①一般図書

　　　②参考図書

　　　③貴重図書

　⑵　逐次刊行物

　⑶　視聴覚資料

　⑷　特殊資料

2　図書館に前項第3号の図書館資料の利用等に供するため，視聴覚機器を置く。

（図書館資料の収集・管理）

第6条　前条第1項で定めた図書館資料の収集は，購入及び寄贈による。

2　図書館資料の収集・管理に関し，必要な事項は別に定める。

（寄　　託）

第7条　前条第1項のほか図書館資料の寄託を希望する者がある場合は，これに応ずることができる。

2　寄託資料は，状況によって特別の文庫名を付すことがある。

3　寄託資料の取扱いは，すべて図書館の管理する図書館資料と同一とする。

4　寄託資料の紛失及び損傷に対しては，図書館の過失によるもののほかその責任を負わない。

（図書館資料の利用）

第8条　図書館資料の利用は，次の方法で行う。

　⑴　館内閲覧

　⑵　館外貸出

　⑶　書庫内検索

第11章　図書管理規程

（開館時間等）

第9条　開館時間及び休館日は，次のとおりとする。ただし，図書館長が必要と認めたときは，これを変更することができる。この場合は，その都度掲示する。

　(1)　開館時間

　　　午前9時から午後6時まで

　(2)　休館日

　　　日曜日

　　　国民の祝日に関する法律（昭和23年法律第178号）に規定する休日

　　　本学園創立記念日（○月○日）

　　　夏期・冬期休業期間の定める日

　　　夏期休業（○月○日から○月○日まで）

　　　冬期休業（○月○日から翌年○月○日まで）

（利用者の範囲）

第10条　図書館を利用できる者は，次の各号の一に該当する者とする。

　(1)　教職員及び名誉教授

　(2)　学生

　(3)　科目等履修生及び委託生

　(4)　卒業生

　(5)　本学園が設置する大学又は研究所の教職員及び学生

　(6)　その他図書館長が許可する者

（証明書等の携帯）

第11条　図書館を利用しようとする者は，次の各号に掲げる証明書等を携帯し，所定の手続きを経なければならない。

　(1)　前条第1号から第3号まで掲げる者　身分証明書，学生証又は閲覧証

　(2)　前条第4号から第6号まで掲げる者　身分証明書又は閲覧許可書

（館内閲覧）

第12条 開架閲覧室に配架されている図書館資料は，閲覧室内で自由に閲覧できる。なお，閲覧の終わった図書館資料は，各自所定の場所に返却するものとする。

2 第10条第2号から第6号に定める者が閉架書庫内図書の閲覧を希望する場合は，カード目録等により検索し，所定の「図書利用票」に必要事項を記入のうえ閲覧証等を添えて係員に提出するものとする。

（館外貸出）

第13条 図書館資料の貸出を希望する者は，館外貸出を受けることができる。

2 館外貸出資料の冊数，期間その他の手続きに関し，必要な事項は別に定める。

（書庫内検索）

第14条 閉架書庫内に立ち入って図書館資料の検索ができる者は，本学教職員及び名誉教授の他図書館長が特に許可した者に限る。

2 前項の検索者が閉架書庫に立ち入る場合は，所定の「入庫者名簿」に署名するものとする。

3 検索者は，閉架書庫内に図書その他の物品を携帯することはできない。

（レファレンス・サービス）

第15条 図書館を利用する者は，次に掲げるレファレンス・サービスを受けることができる。

(1) 図書館資料及び施設の利用指導

(2) 図書館資料の所在及び所蔵についての調査及び援助

(3) 文献及び情報検索についての調査及び援助

（文献複写）

第16条 図書館資料の複写は，教育，調査及び研究の用に供することを目的とする場合のみ著作権法（昭和45年法律第48号）の範囲内において複写することができる。

2 図書館長は次の各号の一に該当する場合に複写を制限し，又は断ることが

第 11 章　図書管理規程

ある。

　(1)　複写により図書館資料の原形を損傷するおそれのある場合

　(2)　図書館資料の原形を解体しなければ複写できない場合

　(3)　はじめから図書館資料の損傷がはなはだしい場合

　(4)　図書館の複写処理能力を超える複写の申込みがあった場合

　(5)　その他図書館長が特別の事由があると認めた場合

3　複写による当該文献に関して，著作権法上の問題が生じた場合は，複写を依頼した者がその責任を全て負うものとする。

（相互協力）

第17条　図書館は利用者のため，広く他大学図書館等と協定したうえ閲覧，複写，貸借等の相互協力をはかるものとする。

2　図書館は，所蔵していない図書館資料について他大学図書館等に利用の依頼を行うことができる。なお，利用については，当該図書館の定めるところに従うものとする。

3　他大学等から図書館利用の申し出があるとき，図書館長は図書館の利用状況を考慮のうえ閲覧，複写，貸出等を許可することができる。

（弁償等）

第18条　図書館資料及び図書館設備に損傷を与えた者は，図書館長の指示に従ってこれを弁償しなければならない。

2　図書館利用者が，この規程及び別に定める諸規則に違反した場合は，図書館長は図書館の利用を制限又は禁止することがある。

（運営細則）

第19条　図書館の運営に必要な事項は，運営細則において定める。

（改　　正）

第20条　この規程は，教授会の決議を経て理事会が行う。

　附　　　則

この規程は，平成○年○月○日から施行する。

3 ○○大学図書館に関する規程運営細則（例３）

※本規程例は，（例２）に係る細則である。

（趣　　旨）

第１条　この細則は，○○大学図書館に関する規程（以下「図書館に関する規程」という。）の運営手続きについて定める。

（図書館委員会）

第２条　図書館に関する規程第４条に規定する図書館委員会（以下「委員会」という。）に関し，次のとおり定める。

⑴　委員会は，次の者で構成する。

　①図書館長１名

　②次の分野から学長が委嘱した者

　　各学科（専攻を含む。）所属教員から各１名５名

　　教養科目等を担当する教員２名

　③事務局長１名

　④図書館課長１名

⑵　前号①の委員の任期は，４月１日から次年度の３月31日までの２年とする。ただし，再任を妨げない。

⑶　委員に欠員が生じたときは，速やかに補充するものとし，その任期は前任委員の残存期間とする。

⑷　図書館長は，委員会の委員長となる。

⑸　委員長は，年２回定例会を開催し，又は必要に応じ随時臨時会を招集することができる。

⑹　委員会は，2/3以上の委員の出席がなければ開催できない。ただし，特

別の理由がある場合は，この限りではない。

(7) 委員会に付議すべき事項は，次のとおりとする。

①図書館資料の選択に関する事項

②図書館資料の除籍に関する事項

③その他図書館に関し図書館長が諮問する事項

（図書館資料の収集・管理）

第3条　図書館に関する規程第6条第2項に規定する図書館資料の収集・管理に関し，次のとおり定める。

(1)「収集」とは，図書館資料の選択，発注及び検収をいう。

①図書館資料の選択は，予算，収書方針，蔵書構成等を考慮して，図書館委員会が行い，図書館長が決定する。

②購入に係る発注は，原則として図書売買契約を締結した書店等に対し図書館が行う。

③寄贈及び寄託の申し出があった場合，図書館委員会は，その都度慎重に審議のうえ取捨選択をして，図書館長から理事長に報告する。

④図書館資料の検収は，納品時に行う。

⑤図書館資料の取得価額は，次のとおりとする。

　ア　購入した図書館資料は，定価

　イ　寄贈を受けた図書館資料は，定価又は評価額

　ウ　合冊製本した雑誌等の逐次刊行物は，その製本に要した経費

　エ　自館で製作した図書館資料は，その製作に要した経費

(2)「管理」とは，図書館資料の登録，整理，保存，点検及び除籍をいう。

①図書館資料は，全て固定資産に計上する。ただし，次の場合は計上しないこととし，その認定については，図書館委員会の議を経て，図書館長が行う。

　ア　事務用として使用するもの

　イ　長期保存を必要としないもの

ウ　新聞，雑誌等未合冊の逐次刊行物

エ　その他保存に適さないもの

②固定資産として計上する図書館資料には，登録番号（受入台帳及び図書原簿と同一番号とする。）を付す。

③合冊製本した雑誌等の逐次刊行物は，図書扱いとし，①及び②の処理を行う。

④受入れた図書館資料は，一定の規則で目録及び分類を行う。

⑤④で整理の終えた図書館資料は，装備して，所定の場所に配架保存する。

⑥図書館資料は，年1回の蔵書点検を行う。

⑦固定資産に属する図書館資料で，次に該当するものは，除籍することができる。

ア　破損及び汚損がはなはだしく，補修不能により利用に耐えないもの

イ　損失，盗難又は回収不能になってから，3年を経過したもの

ウ　蔵書点検による所在不明の判明が3回以上になったもの

エ　不時の災害によって滅失したもの

オ　合冊又は分冊によって，数量に変化が生じたもの

カ　資料内容が，すでに文献的価値を失っていると認められるもの

キ　他の図書館等に寄贈するもの

ク　その他図書館長が除籍を適当と認めたもの

⑧⑦に該当する図書館資料の除籍は，年1回実施する蔵書点検後に図書館委員会で審議し，除籍資料の明細を学長に報告のうえ，理事長の決裁を得なければならない。

（館外貸出）

第4条　図書館に関する規程第13条に規定する館外貸出資料の冊数，期間その他の手続きに関し，次のとおり定める。

⑴　館外貸出のできる図書の冊数及び期間

①教員50冊1年以内

第 11 章　図書管理規程

②職員30冊 6 ヶ月以内

③学生 3 冊 2 週間以内

④その他 5 冊 1 ヶ月以内

⑵　前号の規定にかかわらず，次の場合は，館外貸出期間を変更することができる。

①夏期，冬期休業等長期にわたる休業の場合

②学生が学外実習のため必要とする場合

③その他図書館長が必要と認めた場合

⑶　図書館資料のうち次に該当する資料は，館外貸出はできない。ただし，図書館長が必要と認めた場合はこの限りではない。

①事典，辞書，書誌類等の参考図書

②貴重図書

③特殊資料

④逐次刊行物の最新号

⑤その他図書館長が指定した図書館資料

⑷　研究上又は職務上その他において常時必要とする図書館資料は，当該資料の分置申請者の責任のもとに，図書館委員会の議を経て分置することができる。

⑸　貸出を受けた図書館資料は，丁重に取扱い，保管責任を負うものとし，他に転貸してはならない。また，貸出期限までに返却するものとするが，次の場合は，直ちに返却しなければならない。

①教職員が退職するとき

②学生が退学，休学，停学，転学又は除籍になったとき

③図書館が臨時に図書館資料の点検及び整理を行うとき

④その他図書館長が必要と認めたとき

⑹　貸出期限が過ぎた図書館資料の督促及び回収に要する費用は，貸出を受けた者が負担するものとする。

(7)　学生が貸出期限を過ぎて返却した場合は，次の日数の貸出を停止する。

　　①延滞1週間未満　延滞日数＋1週間の停止

　　②延滞1週間以上1ヶ月未満　延滞日数＋2週間の停止

　　③延滞1ヶ月以上　延滞日数＋1ヶ月の停止

(8)　図書館資料を紛失又は汚損，破損した場合は，同一の図書館資料又はそれに相当する金額の弁償をしなければならない。

（改　　　正）

第5条　この細則の改正は，教授会の決議を経て理事長が行う。

附　　　則

1　この細則は，平成○年○月○日から施行する。

2　第2条第2号の規定にかかわらず，この細則施行時に委員となった第2条第1号②の者の任期は，平成○年○月○日までとする。

4　○○短期大学図書館規程（例4）

第1章　総　　　則

（目　　　的）

第1条　この規程は，○○短期大学図書館（以下，「本館」という。）の運営に関する必要事項を定めることを目的とする。

（閲　　　覧）

第2条　本館は，広く，内外古今の図書及び資料（以下，「図書」という。）を収集保管して，本学の教職員，学生及びその他，館長が許可した者の閲覧に供する。

（分　　　類）

第3条　本館の図書は，管理運営上，次の6種に分類して管理する。

(1)　一般図書

第11章　図書管理規程

(2)　個人研究図書

(3)　特別図書 (辞典，事典及び年鑑類)

(4)　貴重図書及び特殊資料

(5)　新聞及び雑誌等定期刊行物

(6)　その他の図書及び資料

(休 館 日)

第4条　本館は，次の日を休館日とする。

(1)　日曜日

(2)　国民の祝日に関する法律 (昭和23年法律第178号) に規定する休日

(3)　学園の創立記念日

(4)　長期休業中の一定期間

(5)　図書整理日

(開館時間)

第5条　本館の開館時間は，次のとおりとする。

　　平　　日　　9：00～17：00

　　土曜日　　9：00～12：30

(閲覧・帯出)

第6条　本館が管理する図書を閲覧または帯出できる者は，本学の教職員ならびに学生，または閲覧証を所持する者に限る。

(閲覧証の交付)

第7条　とくに館長が許可した者は，閲覧証を交付し，閲覧または帯出を認める。

(閲覧証の有効期間)

第8条　閲覧証の有効期間は，次のとおりとする。

(1)　本学の非常勤教職員　　在職中

(2)　その他，とくに館長が許可した者　　指定した期間

(閲覧証の貸与の禁止)

第9条　閲覧証は，他人に貸与してはならない。

（閲覧証の再交付）

第10条　閲覧証を紛失した場合は，すみやかに届出をしなければならない。届
　　出を怠ることによって生じる事故は，名義人の責任とする。

2　学生に対する再交付は，所定の手続きを経て交付する。

（図書の点検）

第11条　本館は，毎年１回，管理する図書を点検する。このため，貸出または
　　貸出中の図書の返却を求めることがある。

（図書の汚損・紛失）

第12条　図書を汚損または紛失した場合は，その理由を具申し，館長に届け出
　　るとともに，現品またはこれに相当する代金を弁償するものとする。

2　弁償が終わらない期間は，本館の利用を禁ずることがある。

（入館の規則）

第13条　入館者は，次の事項を厳守しなければならない。

　⑴　容儀を正し，静粛にすること

　⑵　図書は大切に扱い，書き入れや汚損をしないよう注意すること

　⑶　机，椅子，その他の備品をみだりに移動または汚損しないこと

　⑷　閲覧に直接必要のない物品を大量に持ち込まないこと

　⑸　雑談，喫煙及び飲食等をしないこと

（閲覧及び帯出の禁止）

第14条　本館の諸規定または掲示に違反もしくは不都合な行為があった者は，
　　図書の閲覧を停止し，その帯出を禁止することがある。

（委託図書及び寄贈図書）

第15条　委託図書及び寄贈図書に関する事項は，館長が定める。

第２章　閲　　覧

（検　　索）

第 11 章　図書管理規程

第16条　書庫に入り閲覧及び検索できる者は，本学教職員の他，館長がとくに
　許可した者に限る。

2　図書を検索する場合は，その配列を乱さないよう留意しなければならない。

（閲覧図書の冊数）

第17条　閲覧図書の冊数は，一時に 3 冊以内とする。

（閲覧雑誌）

第18条　閲覧雑誌は，一時に新刊及び既刊を合わせて 2 種以内とする。

（持ち出しの禁止）

第19条　閲覧中の図書は，閲覧室以外に持ち出してはならない。

（退館，途中外出）

第20条　退館または途中外出する場合は，閲覧中の図書及び雑誌を所定の位置
　に配架する。

（貴重図書・特別図書）

第21条　貴重図書及び特別図書は，指定の場所において閲覧する。

第3章　帯　　出

（一般図書の帯出）

第22条　本学の教職員，学生及びその他，館長がとくに許可した者は，別に定
　める規定に基づいて，一般図書を帯出することができる。

（貴重図書・特別図書の帯出禁止）

第23条　貴重図書及び特別図書は，帯出することができない。ただし，特別の
　事情がある場合は，館長の裁量によって，とくに帯出を許可することがある。

（新着図書）

第24条　新着図書は，登録手続きが完了するまで，帯出することができない。

（帯出の継続）

第25条　帯出期間終了後，引き続き帯出を希望する場合は，他からの閲覧の申
　込みのない場合に限り，図書持参のうえ，所定の手続きを経て，帯出期間を

延長することができる。

（転貸の禁止）

第26条　帯出中の図書は，転貸してはならない。

（帯出図書の制限）

第27条　館長が必要と認める場合には，帯出図書の種類，冊数及び期間を制限
　し，または，期間内であっても，返却を求めることがある。

2　新聞，新刊号の雑誌，定期刊行物，及び視聴覚資料の帯出は行わない。

（教職員の帯出）

第28条　教職員が帯出できる図書の冊数は，10冊以内とし，期間は，1月以内
　とする。

（帯出図書の返却）

第29条　帯出図書に対して，館長が必要と認める場合は，返却を求めることが
　ある。

（図書の移管）

第30条　図書館は，次の各室の責任者の申し出によって，図書の一部を期間を
　定めて移管することができる。

　⑴　各個人研究室

　⑵　各事務室

　⑶　その他，管理者が認める場所

（学生の帯出・帯出の禁止）

第31条　学生が帯出することができる図書の冊数は，原則として5冊以内とし，
　期間は，2週間以内とする。この期間に返却しない者は，一定期間，帯出を
　禁止することがある。ただし，休暇中の帯出期間及び冊数は，その都度，掲
　示する。

2　学生が図書を帯出する場合は，館外帯出票に必要事項を記入し，学生証を
　添えて係員に提出するものとする。

（学生の帯出特別許可）

－ 320 －

第11章　図書管理規程

第32条　館長は，学生が，卒業論文作成等の理由で，指導教員の指導を経て，所定の申請書を提出し，その許可を願い出たときは，前条第1項に定める以上の冊数及び期間の図書の帯出を特別に許可することがある。

（帯出図書の返却）

第33条　休学もしくは停学中の学生には，貸出中の図書を返却させ，かつ，この期間，貸出を停止するものとする。

2　退学及び卒業する際には，帯出中の図書を直ちに返却するものとする。

（館長が許可した者の帯出）

第34条　特別に館長が許可した者が帯出できる図書の冊数は5冊以内とし，期間は3月以内とする。

（文献複写）

第35条　図書館に所蔵する資料の複製及び複写を依頼する場合は，著作権関係法令（著作権法第31条）に基づく係員の指示に従うものとする。

2　前項の著作物の利用目的による一切の責任は，本人が負う。

（改　　廃）

第36条　この規程は，教授会の決議を経て，理事会が行う。

　附　　則

1　この規程は，平成○年○月○日から施行する。

2　館長は，この規程運営上の細則を定めることができる。

第12章　科学研究費補助金事務取扱規程

　科学研究費補助金（以下「科研費」という。）は人文・社会科学から自然科学まで，あらゆる分野における優れた研究を発展させることを目的として，大学等の研究者又は研究者グループが計画する基礎的研究から応用研究までのあらゆる独創的・先駆的な学術研究（研究者の自由な発想に基づく研究）に対して，審査・選考の後に，研究者又は研究者グループに対して交付される補助金である。

　また，科研費は採択された研究課題の研究を行うための研究費であり，対象となる研究課題の「補助事業の遂行に必要な経費（研究成果の取りまとめに必要な経費を含む。）」として幅広く使用することができるが，補助対象となる研究活動以外の研究に使うことは目的外使用になり認められていない。ルールに従って使用することが求められており，研究者の勝手な解釈によってルールに違反して使用した場合は，不正使用として返還や，ペナルティが科せられることになっている。

　昨今，研究者又は研究者グループによる科研費の不正受給及び不正使用が取りざたされているが，各学校法人においては，学内に内部監査室等を設置し，若しくは公認会計士又は監査法人の内部監査の支援を受けるなど，内部牽制作用が働く組織づくりと，第三者の目が通るような仕組みづくりが必要である。

第12章　科学研究費補助金事務取扱規程

以下，本章では，科研費を管理する際に必要な規程例を取りまとめたので，各大学等の実態に合わせて規程を作成されたい。

1　公的研究費補助金（科学研究費補助金）経理事務取扱要領（例1）

（趣　　旨）

第1条　○○大学・○○大学短期大学部（以下「本学」という。）における公的研究費補助金（科学研究費補助金）に関する経理事務の取扱いについては，「研究機関における公的研究費の管理・監査のガイドライン（実施基準）」（平成19年2月15日文部科学大臣決定，平成26年2月18日改正）を踏まえ，「補助金等に係る予算の執行の適正化に関する法律施行令」（昭和30年政令255号），「科学研究費補助金取扱規程」（昭和40年文部省告示第110号），「文部科学省科学研究費使用ルール」その他法令等に定めるもののほか，この要領の定めるところによる。

（定　　義）

第2条　この要領において，次の各号に掲げる用語の意義は，当該各号に定めるところによる。

(1)　「公的研究費補助金」とは，文部科学省及び他府省が所管する競争的資金制度に基づく「科学研究費補助金」等の公的研究費をいう。

(2)　「研究者」とは，本学役員及び教職員で補助金の応募資格を有する者をいう。

(3)　「補助事業者」とは，研究代表者及び研究分担者をいう。

(4)　「直接経費」とは，補助事業の遂行に必要な経費及び研究成果の取りまとめに必要な経費をいう。

(5)　「間接経費」とは，補助事業の実施に伴う本学の管理等に必要な経費をいう。

（公的研究費補助金の事務）

第3条 本学は，研究者が交付を受ける公的研究費補助金について，次の事務を行う。

(1) 研究者に代わり，公的研究費補助金を管理すること。

(2) 研究者に代わり，公的研究費補助金に係る諸手続きを行うこと。

(経理事務の委任)

第4条 学長は，公的研究費補助金に係る経理事務の統括を事務局長に委任するものとする。

2 事務局長は，公的研究費補助金に係る経理事務を教務課において取扱うものとし，教務課長を担当者とする。

3 前項の経理事務を行うときは，この要領に定めるもののほか，「学校法人○○学園経理規程」，「学校法人○○学園経理規程施行細則」，「学校法人○○学園経理事務処理要領」の取扱いに準ずるものとする。

(経理の委任)

第5条 補助事業者は，公的研究費補助金の交付を受けたときは，その経理を事務局長に委任するものとする。

(公的研究費補助金の取扱い)

第6条 補助事業者は，文部科学省又は日本学術振興会（以下「文部科学省等」という。）から補助金の交付内定通知があったときは，学長に対し速やかに報告するとともに，文部科学省等に対し，補助金の交付申請を行わなければならない。

2 補助事業者は，文部科学省等から補助金の交付決定通知があったときは，学長に対し速やかに報告するものとする。

3 学長は，補助金の交付決定通知に基づき，受入決定を行い，事務局長に通知するものとする。

4 学長は，指定口座に補助金の振り込みがあったときは，事務局長に通知するものとする。

(公的研究費補助金の受入れ)

第12章　科学研究費補助金事務取扱規程

第7条　教務課長は，補助金が交付されたときは，受入決議書（別紙様式1）を作成し，教務課長名義で研究種目別及び研究代表者別に銀行等に預託するとともに，その旨研究代表者に通知するものとする。

2　預金により生じた利息は，当該研究に必要な経費に充てなければならない。

（直接経費の管理）

第8条　教務課長は，研究代表者及び研究分担者が交付された直接経費の使用を速やかに開始できるよう，必要な事務を迅速に行う。必要な経費は，直接経費受領後に支出することを原則とするが，受領前に研究を実施することに伴う経費の支払いについては，事務局長の了承を得た上で資金の立替を行い，直接経費受領後に精算を行うものとする。

2　教務課長は，収支簿（別紙様式2）を備え，研究課題別にその収支を明らかにするとともに，その費目別の使途を明らかにしなければならない。

3　補助事業に係る物品の納品，役務の提供，これに係る支出は補助事業を行う年度の3月31日までに行う。

（経理の手続き）

第9条　研究代表者及び研究分担者が補助金（直接経費）を使用するときは，費目別（「物品費」，「旅費」，「謝金等」，「その他」）に行い，次の各号に掲げる手続きによるものとする。

(1)　研究に要する物品費の支出については，物品購入依頼書（公的研究費補助金であることを明記すること。）を作成，見積書及び必要に応じカタログ，仕様書等を添付して教務課補助金担当者に提出するものとする。

(2)　研究に要する旅費の支払いについては，出張は「承認出張」区分とし，事前に出張命令書（補助事業に伴う出張であることを明記すること。）により学長の承認を得たうえで出張命令書を教務課補助金担当者に提出し，出張後は，出張報告書を学長に提出するとともに，旅費請求書を作成のうえ，出張報告書を添えて（成果発表の場合はプログラム，スケジュール等も添付すること。）教務課補助金担当者に提出するものとする。

— 325 —

他の研究機関所属の研究分担者に出張を依頼する場合は，出張依頼書を所属する機関に送付し，「出張承諾書」を取得するものとする。

　　国内旅費の額については，「○○大学旅費規程」，○○大学短期大学部旅費規程」を準用する。なお，主催団体等の指定施設を利用した場合の宿泊料は，当該施設の既定宿泊料金相当額を支出する。

(3)　外国に居住する研究者の招聘を行った場合は，研究代表者が招聘の必要理由・当該研究計画遂行上での招聘研究者の役割について記載した書類を作成し，「出張報告書」に添付する。この場合の旅費の算出は次の通りとする。

　　招聘研究者の旅費の算出：

　　　　①　　　　②

　　（運賃）＋（滞在費×日数）＋（雑費）＝招聘研究者旅費

　　①運賃：招聘研究者の外国に居住する地から本邦に入国する地及び国内移動費並びに外国に居住する地までの運賃。

　　②滞在費：招聘研究者の入国の日から帰国の日までの滞在費（日当・宿泊料に相当）。原則として，別表３（「外国旅費（招聘）の滞在費」）の額を上限とする。

(4)　研究に要する謝金等の支払い（当該研究遂行のため資料整理，実験補助，翻訳，校閲，専門知識提供，アンケート配布・回収，研究資料収集への謝金，報酬）を必要とするときは，金額算出の基礎を明らかにした書類を添付して教務課補助金担当者に提出するものとする。謝金の単価については，別表２（「謝金の単価表」）に定める。

(5)　研究支援員に係る給与の支払いを必要とするときは，毎月初めに前月分の勤務時間報告書（出勤表）を作成（公的研究費補助金であることを明記すること）し，教務課補助金担当者に提出するものとする。

2　教務課補助金担当者は，前項による請求を受けたときは，次により処理するものとする。

第 12 章　科学研究費補助金事務取扱規程

⑴　教務課補助金担当者は，物品については物品購入依頼書，見積書に基づ
　き発注を行う。購入物品の納品については，総務課において納品検査及び
　検収を行う。この場合，設備等については，直ちに本学への寄付受入れ手
　続きを行い，消耗品は，当該研究代表者に交付するものとする。ここで，
　消耗品とは，「学校法人○○学園物件管理規程」に準じ，１個又は１組の
　価額が30,000円（税込み）未満のものをいう。

　　教務課補助金担当者は，総務課担当者からの納品検査終了の旨の検収報
　告を確認し，発注先への支払いを行う。

　　留意事項：物品購入に際し，

　　一　小型物品【消耗品〈金額30,000円（税込み）未満〉】・図書【〈金額
　　　30,000円（税込み）未満〉】については，研究代表者による業者への直
　　　接発注行為を認めるものとする。この場合であっても納品は総務課に
　　　おいて納品検査を行い，検収後研究代表者が受領する。

　　二　大型物品【準備品〈金額30,000円（税込み）以上〉】・図書【〈金額
　　　30,000円（税込み）以上〉】・【備品〈金額100,000円（税込み）以上〉】に
　　　ついては，教務課補助金担当者が業者への発注を行う。

　　　　(注)　金額は「学校法人○○学園物件管理規程」による。

⑵　教務課補助金担当者は，第１項及び第２項第１号による補助金の支払い
　については，見積書，納品書，請求書が整っていることを確認し，予算請
　求書（別紙様式３）及び旅費精算書（別紙様式４）により行うものとする。ま
　た，支払後は必ず領収書を受領しておく。

３　教務課補助金担当者は，第１項及び第２項により支払いが終了したときは，
　直ちに収支簿に記帳するものとする。

（設備等の寄附及び返還）

第10条　研究代表者及び研究分担者は，直接経費により設備，備品又は図書
　（以下「設備等」という。）を購入したときは，直ちに（ただし，第11条の規定に該当
　する場合にあっては，当該寄附が延期された時期に）本学に寄附しなければならな

— 327 —

い。また，当該研究者が他の研究機関に所属することとなる場合には，その求めに応じて，これを当該研究者に返還するものとする。

2　設備等の寄附については，設備，備品は，1個又は1組の価額が30,000円（税込み）以上の準備品から対象とし，図書については，雑誌を除き全て寄附受入対象とする。

3　第1項による寄附手続きは，「学校法人○○学園物件管理規程」第○条に基づき，寄附申込書により行う。設備，備品は，総務課において備品登録，登録番号の貼付を，図書（雑誌を除く。）は，図書・情報センターにおいて全て登録，登録番号の貼付を行い，寄附受入れ手続きを行う。手続き完了後，研究代表者が受領する。

4　返還手続きは，返還申出書により行い，返還を受けた研究代表者及び研究分担者から，受領書の提出を受ける。

（寄附延期に係る手続き）

第11条　研究代表者及び研究分担者は，直接経費により購入した設備等を，購入後直ちに本学に寄附することにより，研究上の支障が生じる場合であって，当該研究代表者又は研究分担者が寄附の延期を希望する場合には，当該研究代表者が作成する寄附延期承認申請書により申請を行い，文部科学大臣の承認を得る手続きを行う。

（間接経費の管理）

第12条　研究代表者及び研究分担者は，文部科学省等から間接経費を含む交付決定通知があったときは，交付決定通知書に記載された間接経費を本学に譲渡するために，間接経費譲渡申出書を速やかに学長に提出しなければならない。

2　学長は，補助金の交付決定通知書及び間接経費譲渡申出書に基づき，間接経費の受入れ決定を行い，事務局長に通知するものとする。

3　間接経費は，補助事業を行う年度の3月31日までに使用する。

4　間接経費は，補助事業の実施に伴う本学の管理等に必要な経費として，研

究代表者及び研究分担者の研究環境の改善や本学全体の機能の向上に活用するものであり，学長の責任の下で，公正・適正かつ計画的・効率的に使用するものとする。

参考：別表1（「間接経費の主な使途の例示」）

5　学長は，毎年度の間接経費使用実績について，翌年度の6月30日までに，間接経費執行実績報告書により文部科学省に報告する。

6　学長は，補助事業者が年の途中で他の研究機関に異動した場合，異動先の研究機関が間接経費を受け入れないこととしている場合を除き，直接経費の残額の30％に相当する額の間接経費を当該研究代表者に返還することとする。

（証拠書類の保管）

第13条　公的研究費補助金の収支を明らかにした証拠書類は，研究種目及び研究代表者別に整理の上，補助事業を行った年度終了後5年間保管するものとする。

（規程の改廃）

第14条　この規程の改廃は，教授会の決議を経て学長が行う。

　　附　　　則

　この要領は，平成○年○月○日から施行する。

(別紙様式1)

受　入　決　議　書

平成　年度　　科学研究費補助金　　研究課題名

事務局長	教務課長	担当者	研究代表者

研究種目	研究代表者	受入金額
		千円

受　入	平成　年　月　日
収支簿登記日	平成　年　月　日
金融機関名	
受入金額	千円

受入金分等			
謝金等	旅費	物品費	その他
千円	千円	千円	千円

備考

第 12 章　科学研究費補助金事務取扱規程

（別紙様式 2）

平成　　年度科学研究費補助金〔　　　〕収支簿

（金額単位：円）

研究代表者の氏名		研究課題名	
経費負担者の所属 部局・職・氏名			
うち	直接経費　　円		
	間接経費　　円	課題番号	

年月日	摘要	収入	支出	残額	支出費目				備考		
					物品費	旅費	謝金等	その他	伝票番号	支払先	その他

— 331 —

（別紙様式３）

予算請求書（大学・短期大学部）

平成　年　月　日

認	学長	事務局長	総務課長	所属長	担当者	係

印

請求書　No.
請求書　所属　　氏名

予算部署

大学
112 大総務　113 大教務　114 大学・就　115 大図・情　117 大入試　118 大教セ　000 個人研究
131 ○○学部　132 △△学部　133 ×学部

短大
012 短総務　013 短教務　014 短学・就　015 短図・情　017 短入試　018 短大教セ　000 個人研究
021 ○○学科　022 △△学科　023 ×学科

品名	品目	単価	数量	金額	所属長	担当者
合計						

部門	大	短	計

部門　21 大学　31 短大　41 大短共通

添付物件：請求書・領収書　契約書・領収書・検収書　見積書・稟議書　No.

検収日　平成　年　月　日
支払日　平成　年　月　日

購入先
振込先
小口払

検収印	受領印	照合者	入力者

業者 No.

入力　年　月　日

備考

No.

（伝票経路）請求者→所属長（担当者）→総務課長→事務局長→学長→総務課・教務課

第12章　科学研究費補助金事務取扱規程

(別紙様式４)

旅費精算書

自　年　月　日
至　年　月　日　　日間

提出日　年　月　日　　No.＿＿＿＿

出張先

目的

所属

氏名

資格　　　　印

月日	発 地名 時刻	着 地名 時刻	交通 便名・種別	等級	費 金額	日当	宿泊 地名・旅館名	費 金額	案内 使役 務途	費 金額	備考

小計

消費税額等（　　％）

接待・交際費

その他

特記事項

旅費総額	円/日	接待・交際費	その他
仮払金額			
差引戻・払額			

会計印	検算印	所属長印	担当者

別表 1

間接経費の主な使途の例示

被配分機関において，当該研究遂行に関連して間接的に必要となる経費のうち，以下のものを対象とする。

○管理部門に係る経費

　・管理施設・設備の整備，維持及び運営経費

　・管理事務の必要経費

　　　備品購入費，消耗品費，機器借料，雑役務費，人件費，通信運搬費，謝金，国内外旅費，会議費，印刷費　等

○研究部門に係る経費

　・共通的に使用される物品等に係る経費

　　　備品購入費，消耗品費，機器借料，雑役務費，通信運搬費，謝金，国内外旅費，会議費，印刷費，新聞・雑誌代，光熱水費

　・当該研究の応用等による研究活動の推進に係る経費

　　　研究者・研究支援者等の人件費，備品購入費，消耗品費，機器借料，雑役務費，通信運搬費，謝金，国内外旅費，会議費，印刷費，新聞・雑誌代，光熱水費

　・特許関連経費

　・研究棟の整備，維持及び運営経費

　・実験動物管理施設の整備，維持及び運営経費

　・研究者交流施設の整備，維持及び運営経費

　・設備の整備，維持及び運営経費

　・ネットワークの整備，維持及び運営経費

　・大型計算機（スパコンを含む）の整備，維持及び運営経費

　・大型計算機棟の整備，維持及び運営経費

　・図書館の整備，維持及び運営経費

　・ほ場の整備，維持及び運営経費　等

○その他の関連する事業部門に係る経費

　・研究成果展開事業に係る経費

　・広報事業に係る経費　等

＊上記以外であっても，研究機関の長が研究課題の遂行に関連して間接的に必要と判断した場合，執行することは可能である。なお，直接経費として充当すべきものは対象外とする。

【出典：競争的資金の間接経費の執行に係る共通指針】

（平成26年 5 月29日　競争的資金に関する関係府省連絡会申し合わせ）

第12章　科学研究費補助金事務取扱規程

別表2

謝　金　の　単　価　表

	内　　　　容	単　　位	金　　　額
1	資料整理・実験補助 （研究室での研究補助）	1日当たり （時　給）	7,600円 （950円）
2	アンケート配布・回収 資料収集 旅行を伴う場合	1日当たり	7,600円 プラス 旅行に要した実費
3	翻訳・校閲 （本業ではない）	翻　訳 日本語400字当たり 校　閲 外国語300語当たり	4,800円 2,600円
4	講　　　　演	1回当たり	30,000円
5	通　　　　訳	1時間当たり	10,000円
6	取材・インタビュー 調査	1回当たり	10,000円

（注）研究室に一定期間出勤して資料整理を行う場合には，勤務時間報告書（出勤表）を整
　　備すること。

別表3

外国旅費（招聘）の滞在費（第9条第1項(3)②関係）

滞在日数31日までに係る1日当たり単価	滞在日数32日から61日までに係る1日当たり単価	滞在日数62日以上に係る1日当たり単価
18,000円	16,200円	14,400円

※国家公務員等の旅費に関する規程を準用している。

2　公的研究費の不正防止に関する規程（例２）

第1章　総　　則

（目　　的）

第1条　この規程は，○○大学（以下「本学」という。）における公的研究費の取扱いに関して，適正に運営及び管理するために必要な事項を定めることを目的とする。

（定　　義）

第2条　この規程において，次の各号に掲げる用語の意義は，当該各号に定めるところによる。

⑴　「公的研究費」とは，文部科学省及び他府省が所管する競争的資金制度に基づく科学研究費補助金等の公的研究費補助金をいう。

⑵　「研究費の不正使用」とは，実体を伴わない謝金又は給与の請求，物品購入等による架空の請求，不当な旅費の請求をはじめとして，法令，公的研究費を配分した機関（以下「資金配分機関」という。）が定める規程等及び本学規程等に違反する経費の使用をいう。

⑶　「研究活動上の不正行為」とは，研究の立案，計画，実施，成果の取りまとめ（報告を含む。）の各過程においてなされる次の各号に掲げる行為をいう。ただし，故意によるものでないことが根拠をもって明らかにされた場合，又は適切な方法により正当に得られた研究成果が結果的に誤りであった場合は，研究活動上の不正行為には当たらないものとする。

　　ア　捏造　存在しないデータ，研究結果等を作成する行為。

　　イ　改ざん　研究資料，機器，研究過程を変更する操作を行い，データ，研究活動によって得られた結果等を真正でないものに加工すること。

　　ウ　盗用　他の研究者のアイディア，分析・解析方法，データ，研究結果，論文又は用語を当該研究者の了解又は適切な表示なく流用する行為。

— 336 —

第12章　科学研究費補助金事務取扱規程

(4) 「教職員等」とは，役員，教職員及び学生等をいう。

(5) 「部局」とは，各学部，事務局をいう。

(6) 「被通報者」とは，直接の通報の対象となった研究者をいう。

第2章　体制及び責務

(責任と権限)

第3条　本学の公的研究費を適正に運営及び管理するために，最高管理責任者，統括管理責任者，部局責任者を置く。

(1) 最高管理責任者は，本学全体を統括し，公的研究費の運営及び管理について最終責任を負うものとし，学長をもって充てる。

(2) 統括管理責任者は，最高管理責任者を補佐し，公的研究費の運営及び管理について本学全体を統括する実質的な責任と権限を持つものとし，事務局長をもって充てる。

(3) 部局責任者は，当該部局の公的研究費の運営及び管理について実質的な責任と権限を持つものとし，学部長をもって充てる。

(4) 最高管理責任者は，統括管理責任者及び部局責任者が責任をもって公的研究費の運営及び管理並びに研究上の不正行為の防止が行えるよう，適切にリーダーシップを発揮しなければならない。

(教職員等の責務)

第4条　教職員等は，高い倫理性の保持に努めるとともに，研究活動上の不正行為及び不正使用（以下「不正行為等」という。）を行ってはならない。

2　教職員等は，この規程及びこの規程に基づく部局責任者の指示に従うとともに，調査への協力の要請があった場合は，これに協力しなければならない。

(公的研究費の事務管理)

第5条　最高管理責任者は，公的研究費に係る事務等を事務局に委任し，公的研究費の申請・相談窓口，経理事務手続きに関する業務については教務課が，公的研究費の使用ルール等の研究者，事務職員への周知，物品の検収，監査

については総務課が行う。

2　事務分掌その他必要な事項は別に定める。

第3章　不正防止計画等

（不正防止計画）

第6条　最高管理責任者は，公的研究費に関する不正行為等を発生させる要因を把握し，その対応のため，具体的な研究活動上の不正防止計画（以下「不正防止計画」という。）を策定し，自ら不正防止計画の進捗管理に努める。

（不正防止委員会）

第7条　本学の公的研究費を適正に運営・管理するため，最高管理責任者の下に，全学的観点から不正防止計画を推進する担当部署として公的研究費不正防止委員会を置く。

2　公的研究費不正防止委員会について必要な事項は，別に定める。

（不正防止計画の実施）

第8条　各部局は，主体的に不正防止計画を実施するとともに，公的研究費不正防止委員会と連携及び協力するものとする。

第4章　通報等の受付

（通報窓口）

第9条　本学における公的研究費に係る不正行為等に関する通報及び告発（以下「通報等」という。）に対応するため受付窓口（以下「通報窓口」という。）を総務課に置き，総務課長が担当する（以下「窓口担当」という。）。

（通報の受付）

第10条　不正行為等の疑いがあると思料する者は，何人も，通報等をすることができる。

2　通報等の方法は，文書，ファックス，電子メール，電話又は面談により行うものとする。

第 12 章　科学研究費補助金事務取扱規程

3　通報等は，原則として顕名により行われ，不正行為等を行ったとする研究者・グループ，不正行為等の態様等，事案の内容が明示され，かつ不正とする合理的理由が示されていなければならない。

4　前項の規定にかかわらず，匿名による通報等があった場合，その内容によっては，顕名による通報等に準じた取扱いをすることができる。

5　通報窓口は，通報等を受け付けたときは，速やかに最高管理責任者に報告するとともに，通報等を受け付けた旨を，当該通報等を行った者（以下「通報者」という。）に通知するものとする。この場合において，書面（封書，ファックス及び電子メールをいう。）以外の方法で通報を受け付けたときは，当該通報者に口頭で受け付けた旨を連絡することにより通知を省略するものとする。

6　最高管理責任者は，前項の報告を受けたときは，直ちに統括管理責任者及び関係する部局責任者その他必要な者を指名し，当該通報等の事案に係る予備調査の実施の要否を協議の上，決定する。

7　統括管理責任者は，前項の協議の結果，当該通報等を受理しないこととなった場合，その旨を，理由を付して通報者に通知する。

（管理方法）

第11条　受け付けた通報等の内容の管理方法については，「学校法人○○学園公益通報者の保護等に関する規程」第○条第○項及び第○条第○項の規定を準用する。

第5章　通報者及び被通報者の取扱い

（秘密保持等）

第12条　窓口担当は，通報等の内容及び通報者の秘密を守るため，通報等を受け付ける場合は，通報者が特定されないように適切な措置を講じるものとする。

2　最高管理責任者は，通報者，被通報者，通報内容及び調査内容について，調査結果の公表まで，通報者及び被通報者の意に反して調査関係者以外に漏

洩しないよう，秘密の保持を徹底しなければならない。

3　通報窓口の職員及びこの規程に定める業務に携わる者は，業務上知ることのできた秘密を漏らしてはならない。その職を辞した後も同様とする。

（通報者の保護）

第13条　部局責任者は，通報等をしたことを理由として，当該通報者の職場環境等が悪化することのないように，適切な措置を講じなければならない。

2　教職員は，通報をしたことを理由として，当該通報者に対して不利益な取扱いをしてはならない。

（悪意に基づく通報等）

第14条　何人も，悪意（被通報者を陥れるため若しくは被通報者が行う研究を妨害するため等，専ら被通報者に何らかの損害を与えること又は被通報者が所属する組織等に不利益を与えることを目的とする意思をいう。以下同じ。）に基づく通報を行ってはならない。

第6章　通報等に係る事案の調査

（調査を行う機関）

第15条　最高管理責任者は，本学に所属する教職員の不正行為等の通報等があった場合は，当該通報等された事案に関わる調査を行う。

2　被通報者が複数の研究機関等に所属する場合は，被通報者が通報された事案に係る研究等を主に行っていた研究機関等を中心に，所属する複数の研究機関が合同で調査を行うものとする。

（予備調査）

第16条　統括管理責任者は，第10条第6項の規定により，当該通報等された事案に係る予備調査の実施が決定されたときは，当該通報等された事案に係る予備調査を迅速かつ公正に行う。

2　統括管理責任者は，予備調査を行うため，予備調査委員会（予備調査委員長は統括管理責任者とする。）を設置する。この場合において，予備調査委員会は，

統括管理責任者が指名する者を委員として組織する。その際，最高管理責任者が指名する者を委員として加える。

3　予備調査委員会は，関係者とのヒアリングを行い，通報等の内容の合理性，調査可能性等の予備調査を実施する。

4　統括管理責任者は，通報等を受理した日から起算して概ね20日以内に予備調査の結果を最高管理責任者に報告する。

（本調査の通知・報告）

第17条　最高管理責任者は，前条第4項の報告に基づき，当該通報等された事案に係る本調査を実施するか否かを決定する。

2　最高管理責任者は，前項により本調査を実施することを決定した場合，当該資金配分機関に対し，本調査を行う旨報告する。

3　最高管理責任者は，第1項により本調査を実施することを決定した場合，通報者並びに被通報者に対し，本調査を行うことを通知し，調査への協力を求める。被通報者が本学以外の機関に所属している場合には，当該所属機関に対しても本調査を実施する旨通知するものとする。

4　最高管理責任者は，第1項により本調査を実施しないことが決定された場合は，その理由を付して当該通報者に通知する。

5　本調査は，第1項による本調査の実施の決定された日から起算して概ね30日以内に開始するものとする。

6　通報等された事案の調査に当たっては，通報者が了承したときを除き，調査関係者以外の者や被通報者に通報者が特定されないよう配慮する。

（本調査中における一時的措置）

第18条　最高管理責任者は，本調査の実施が決まった後，調査委員会の調査結果の報告を受けるまでの間，当該通報等をされた研究に係る公的研究費の執行の停止その他必要な措置を講ずることができる。

2　最高管理責任者は，当該資金配分機関から被通報者への当該研究費の支出停止等を命ぜられた場合は，必要な措置を講じる。

（調査委員会）

第19条　最高管理責任者は，本調査実施を決定した場合は，直ちに統括管理責任者に対し，本調査の実施を指示する。

2　統括管理責任者は，本調査を行うため，調査委員会（調査委員長は統括管理責任者とする。）を設置する。この場合において，調査委員会は，当該通報者及び被通報者と直接の利害関係を有しない者のうちから統括管理責任者が指名するものを委員として組織する。その際，最高管理責任者が指名する者を委員として加える。

3　調査委員会が必要と認めたときは，委員以外の出席を求め，意見を聞くことができる。

4　調査委員会は，調査委員長が招集し，委員の3分の2以上の出席がなければ，委員会を開き，議決することができない。また，議事は，出席した委員の過半数で決し，可否同数のときは，調査委員長が決定する。

5　調査委員長は，調査委員会を設置したときは，調査委員会委員の所属及び氏名を通報者及び被通報者に通知するものとする。

6　前項の通知を受けた通報者及び被通報者は，当該通知を受けた日から7日以内に，調査委員長に対し，異議申立てをすることができる。

7　調査委員長は，前項の異議申立てを受け，その内容が妥当と判断したときは，当該異議申立てに係る調査委員会委員を交代させるとともに，その旨を通報者及び披通報者に通知する。

（本調査の実施）

第20条　調査委員会は，指摘された当該研究に係る論文，実験・観察ノート，生データ等の各種資料の精査，関係者のヒアリング，再実験等の要請等により本調査を行う。また，研究費の不適切な使用に係る事案のときは，各種伝票，証拠書類，申請書等の関係書類の精査，関係者のヒアリング等により行う。

2　調査委員会は，本調査の実施に当たり，被通報者に対して，弁明の機会を

第 12 章　科学研究費補助金事務取扱規程

与えなければならない。

3　最高管理責任者は，調査の終了前であっても資金配分機関から求められた
ときは，調査の中間報告を行う。

（証拠の保全）

第21条　調査委員会は，本調査に当たって，通報等された事案に係る研究又は
研究費に関して，証拠となる資料，関係書類等を保全する措置をとる。研究
等が行われた研究機関等が本学でないときは，調査委員会は，当該研究機関
に対し証拠となる資料，関係書類等を保全する措置をとるように依頼するも
のとする。

（事実認定）

第22条　調査委員会は，不正行為等か否かの認定を本調査開始後概ね150日以
内に行う。

2　調査委員会は，研究活動上の不正行為が行われたものと認定したときは，
その内容，研究活動上の不正行為に関与した者及びその関与の度合，研究活
動上の不正行為と認定された研究に係る論文等の各著者の当該論文等及び当
該研究における役割を認定するものとする。

3　調査委員会は，研究費の不適切な使用が行われたものと認定したときは，
その内容，研究費の不適切な使用に関与した者及びその関与の度合，不適切
に使用された研究費の額を認定するものとする。

4　調査委員会は，不正行為等が行われていないと認定した場合で，本調査を
通じて通報等が悪意に基づくものであることが判明したときは，併せてその
旨の認定を行うものとする。

5　調査委員長は，認定が終了したときは，直ちに最高管理責任者にその結果
を報告する。

（調査結果の通知）

第23条　最高管理責任者は，前条第5項の報告を基に，調査結果（認定を含む。
以下同じ。）を速やかに通報者及び被通報者（被通報者以外で不正行為等に関与した

と認定された者を含む。）に通知するとともに，被通報者が本学以外の機関に所属している場合は，当該所属機関にも通知するものとする。

2　最高管理責任者は，当該資金配分機関に，調査結果を通知するとともに，当該公的研究費に関して必要な協議を行う。

3　最高管理責任者は，悪意に基づく通報等との認定があった場合において，通報者が本学以外の機関に所属しているときは，当該所属機関にも通知するものとする。

（不服申立て及び再調査）

第24条　不正行為等と認定された被通報者又は悪意に基づく通報等と認定された通報者は，前条に規定する通知を受けた日から起算して15日以内に，書面により調査委員会に対して不服申立てをすることができる。ただし，その期間内であっても同一理由による不服申立てを繰り返すことはできないものとする。

2　調査委員長は，不服申立てがあった場合は，調査委員会において，当該不服申立ての審査を行う。

3　不服申立てがなされたときには，調査委員長は，直ちに最高管理責任者へ報告するとともに，調査委員会に諮り，不服申立ての趣旨，理由等を検討し，当該事項の再調査を行うか否かを速やかに決定する。

4　最高管理責任者は，被通報者から不正行為等の認定に係る不服申立てがあったときは，当該通報者にその旨通知するものとする。

5　最高管理責任者は，不服申立てがなされたときには，当該資金配分機関に通知する。不服申立ての却下又は再調査開始の決定をしたときも同様とする。

6　調査委員長は，再調査を行う決定を行った場合は，直ちに最高管理責任者へ報告するものとする。

7　最高管理責任者は，前項の報告を基に，再調査の旨を当該申立人に通知し，先の調査結果を覆すに足る資料等の提出等，当該事案の速やかな解決に向けて，再調査への協力を要請する。その協力が得られない場合には，再調査を

第12章　科学研究費補助金事務取扱規程

行わず，審査を打ち切ることができる。

（再調査結果の通知及び報告）

第25条　調査委員長は，再調査を開始した場合は，概ね50日以内に，調査委員会において先の調査結果を覆すか否かを決定し，その結果を直ちに最高管理責任者へ報告する。

2　最高管理責任者は，再調査結果を踏まえ，不服申立てに対する処置を決定する。

3　最高管理責任者は，再調査結果の通知を行う場合は，第23条の規定に準じて行う。

（調査結果の公表）

第26条　最高管理責任者は，不正行為等が行われたと認定した場合は，速やかに調査結果を公表する。公表内容は，不正行為等に関与した者の所属及び氏名，不正行為等の内容，本学が公表時までに行った措置の内容，調査委員会委員の所属及び氏名，調査方法，手順等とする。

2　最高管理責任者は，不正行為等が行われなかったとの認定があった場合は，原則として調査結果を公表しない。ただし，公表までに調査事案が外部に漏洩していた等の場合には，通報者及び被通報者等の了解を得て，調査結果を公表する。

3　最高管理責任者は，悪意に基づく通報等であった場合には，通報者の所属及び氏名，通報等が悪意であると認定した理由を公表する。

第7章　認定後の措置

（認定後の措置）

第27条　最高管理責任者は，不正行為等の事実が認定された場合には，次に掲げる措置をとるものとする。

(1)　不正行為等への関与が認定された者（以下「被認定者」という。）に対し，直ちに当該認定に係る公的研究費の使用中止を命ずるとともに，必要な措

置を講じるものとする。

⑵　被認定者に対し，当該認定に係る論文等の取り下げを勧告するものとする。

2　本学就業規則に基づく懲戒処分の手続きを行う。

3　本学と取引する業者が不正行為等に関与している場合は，別に定める「物品購入等契約に係る取引休止等の取扱規程」により措置を講じる。

4　最高管理責任者は，被通報者に不正行為等の事実がないと認定された場合には，研究活動の円滑な再開，当該通報等をされた研究に係る公的研究費の執行停止の解除等名誉回復のため必要な措置を講じるものとする。

（是正措置等）

第28条　最高管理責任者は，本調査の結果，不正行為等が行われたものと認定した場合は，当該部局責任者に対し是正措置等を講じる旨を命ずるとともに，再発防止のために必要な是正措置等を講じたことの内容を当該通報者及び当該資金配分機関に対して通知するものとする。

第8章　監　　査

（内部監査）

第29条　最高管理責任者は，公的研究費の内部監査部門を総務課内に置き，監査担当者は，別に定める「公的研究費に関する内部監査規程」により公的研究費に関わる監査を行う。

2　監査担当者は，監査内容に応じて，担当以外の教職員を指名し，専門的な意見を徴することができる。

3　公的研究費監査部門は，監査結果を最高管理責任者に報告するものとする。

4　最高管理責任者は，検査結果を第7条に規定する公的研究費不正防止委員会において公表する。公的研究費監査部門は，公的研究費不正防止委員会との連携により，研究上の不正発生要因を把握し，それに応じた実効性のある監査を行う。

第 12 章　科学研究費補助金事務取扱規程

（学園本部監査）

第30条　学園本部は，学校法人○○学園管理規程第○条に基づき監査を行う。

2　学園本部監査は，別に定める「内部監査規程」により，学園全体の視点から公的研究費の運営及び管理並びに研究活動上の体制等を含め監査を行う。

第9章　雑　　則

（雑　　則）

第31条　この規程に定めるもののほか，この規程の実施に関し必要な事項は別に定める。

（改　　廃）

第32条　この規程の改廃は，理事会の決議を経て理事長が行う。

附　　則

この規程は，平成○年○月○日から施行する。

3　公的研究費補助金に関する内部監査規程（例３）

（趣　　旨）

第1条　この規程は，○○大学・○○大学短期大学部（以下「本学」という。）における公的研究費補助金に関する内部監査の実施について必要な事項を定めるものとする。

（監査目的）

第2条　内部監査は，本学における公的研究費補助金に関する運営体制及び会計処理についての適法性等について，公正かつ客観的に調査，検証し，その監査結果に基づき助言・提言を行うことにより，公的研究費補助金の適正な運営に資することを目的とする。

（監査責任）

第3条　監査責任者は，学長とする。

（監査部門）

第4条　学長は，公的研究費補助金に関する内部監査を実施するため，総務課に監査部門を置く。

2　監査は学長の命により，事務局長を統括者（以下「監査統括者」という。）とし，監査担当者に総務課職員をもって充てる。

3　学長は，必要に応じて，別に指名する者を監査担当者に加えることができる。

（監査の種類）

第5条　監査の種類は，次の通りとする。

　⑴　業務監査

　⑵　会計監査

（監査の項目）

第6条　藍査の主要内容項目については，次のとおりとする。

　⑴　業務監査

　　ア　運営状況

　　　・研修会・説明会の実施，監査の実施

　　　・研究者及び事務職員の行動規範・ルール理解度の確認　等

　　イ　管理状況

　　　・文書保管（申請書，誓約文書等）

　　　・定例報告書の整理保管

　　　・購入物品（図書を含む。）の保管・使用状況

　　　・業者への発注・納品検収体制

　　　　出張計画実行状況（出張命令書，領収書，航空券半券等）・出勤管理簿　等

　⑵　会計監査

　　　・補助金の収支に関する会計証憑書類の検証

　　　　（見積書，納品書，請求書，領収書　等）

第 12 章　科学研究費補助金事務取扱規程

・収支簿のチェック

・預金通帳の確認

・予算の執行状況の検証

・法令及び学内規定との整合性　等

（監査の方法）

第7条　補助事業についての無作為抽出による実地検査とする。

（他の監査機能との関係）

第8条　監査責任者は，別途実施される「学校法人○○学園内部監査規程」に基づく，全体的視点から行われる学園本部監査との連携を図り，的確な監査が実施されるように努める。

（監査の区分及び時期）

第9条　監査は，定期監査と臨時監査に区分する。

2　定期監査は，原則としてして予め定められた監査計画に基づき継続的に実施するものをいう。

3　臨時監査は，定期監査以外で学長が特に必要があると認めた場合など，臨時に実施するもので，事実関係等厳密な確認を行う監査をいう。

（被監査部署）

第10条　被監査部署は，本学内の公的研究費補助金の管理・運営に直接係る研究員，事務職員を含め，教務課補助金担当部門，総務課物品検収部門，図書・情報センターその他関連する部署とする。

（監査担当者の権限）

第11条　監査担当者は，監査を実施するに当たり，関係資料の提出，事実の説明，報告その他監査の実施上必要な行為を求めることができる。

2　被監査部署は，円滑かつ効果的に監査が実施できるよう積極的に協力しなければならない。

3　被監査部署は，前第1項の求めに対して，正当な理由なくこれを拒否することはできない。

（監査担当者の遵守事項）

第12条　監査担当者は，監査の実施に当たり，次の事項を遵守しなければならない。

　（1）　監査担当者は，真実に基づき公正不偏に監査を実施しなければならない。

　（2）　職務上知り得た事項を正当な理由なくして他に漏らしてはならない。

　（3）　監査担当者は，いかなる場合においても，監査を受ける者に対し，業務の処理方法について直接指揮命令をしてはならない。

（監査計画）

第13条　監査統括者は，毎年度初めに，当該事業年度に係る監査実施計画を作成し，監査責任者の承認を得なければならない。ただし，臨時監査については，この限りではない。

（監査通知）

第14条　監査責任者は，監査を実施するに当たり，あらかじめ被監査部署に通知するものとする。ただし，緊急を要する場合は，この限りではない。

（監査報告）

第15条　監査統括者は，監査終了後遅滞なく，監査報告書を作成し，監査責任者に提出しなければならない。

2　監査責任者は，監査報告書の写しをもって被監査部署に通知するものとする。

（是正改善措置の要求）

第16条　監査統括者は，監査の結果，是正又は改善を要する事項がある場合は，監査責任者の指示に基づき，当該被監査部署に対し，是正又は改善の措置（以下「是正改善措置」という。）を求めるものとする。

2　被監査部署は，是正改善措置を求められたときは，速やかに是正改善措置の内容及び期限等を記載した回答書を作成し，監査統括者に提出しなければならない。

3　監査統括者は，回答書を受理したときは，監査責任者に報告するものとす

第12章　科学研究費補助金事務取扱規程

る。

（是正改善措置の確認）

第17条　監査総括者は，是正改善措置の実施状況，効果等について，調査及び確認を行い，その結果を監査責任者に報告するものとする。

（監査報告）

第18条　監査責任者は，教授会の審議を経て監査結果を理事長に報告しなければならない。

2　監査責任者は，監査結果を公的研究費不正防止委員会に報告し，連携を図ることにより監査効率の向上に努める。

（学園本部との連携）

第19条　監査責任者は，内部監査に関し，学園本部監査担当，監事及び会計監査人との緊密な連携を図りつつ，不正発生要因の把握防止に努めるものとする。

（雑　　則）

第20条　この規程に定めるもののほか，監査の実施に関し必要な事項は別に定める。

（規程の改廃）

第21条　この規定の改廃は，教授会の決議を経て学長が行う。

附　　則

この規程は，平成○年○月○日から施行する。

第13章　奨学金規程

　奨学金には，国や地方公共団体が取り扱う奨学金，企業が行う奨学金，学校法人独自の奨学金，留学生のための奨学金制度がある。さらに，それぞれ，給付型奨学金，貸与型奨学金に区分されるものがある。

　通常，先進国における奨学金は，返済義務のない給付型奨学金をいうが，日本では，貸与型奨学金が大半を占めているのが現状である。また，奨学金は，金銭的，経済的理由により修学に困難がある優れた学生生徒等に修学を促すことを目的としているものや，金銭的，経済的な必要性を問わず，学生生徒の学業成績や文化・スポーツ等，学生生徒の能力に対して給付される奨学金がある。

　学校法人が独自で行う奨学金制度には，前述のような学業成績，文化・スポーツなどの能力に応じたものや，学生生徒等が教育ローンを利用して学費等を借り入れた金銭の利子を補給するための奨学金等，様々な制度がある。また，学校法人会計基準では，第30条第１項第３号に基金（奨学基金，研究基金，国際交流基金等）として継続的に保持し運用する金銭等として，第３号基本金が設定されている。この章では，学校法人が独自に行う学費減免を含む奨学金制度及び奨学金運用規程について編集することとした。

　また，奨学金の貸与・返還に係る契約書については，第15章の「３　金銭消

第13章　奨学金規程

費貸借契約」(p.519〜523) を参考とされたい。

　なお，本章では外国人留学生に係る規程（例7）を一部紹介しているが，各学校法人においては，学納金のみならず，制服の支給，通学定期代の支給，教科書支給，帰国旅費の一部支給等，取扱いが異なるので，実態に合わせた規程を整備する必要がある。以下，中学校，高等学校の生徒に対する奨学金もこれに準ずる。

　※1　奨学金の貸与を受けた者が，奨学金の返還にあたって何らの理由もなく滞納が相当期間続いた場合は，在学中の分割返還にあたっての滞納については除籍の可能性がある旨，卒業生については卒業取消しの処分がある旨等を内規として規定化し，貸与金を回収する努力が必要と思われる。数度にわたる配達証明や内容証明等による督促をし，回収努力をしても返済がない貸与金については，貸倒れ処理する等の規定を設けることも必要である。

　※2　奨学金の貸与とは別件であるが，除籍に関するものとして学費の未納がある。学費の未納者に対しては，督促，教授会による除籍審議，学生宛の除籍通知と同時にその写しを保証人に送付する等の措置をとる。

1　学校法人○○学園奨学金給付規程（例1）

（総　　則）

第1条　学校法人○○学園（以下「学園」という。）は，人材の育成に資するため奨学金を設定し，その目的にふさわしい学生生徒に奨学金を給付する。

（奨学生の資格）

第2条　奨学生は，学園に在学している学生生徒で次の条件を具えなければならない。

　(1)　人物及び学業成績が優秀であること

　(2)　経済的理由により学業の継続が困難であること

（奨学生の選考及び決定）

第3条　奨学生の採用は，学生生徒生活委員会（以下「委員会」という。）の選考
　　に基づき学園長が決定する。

2　学園長は，奨学生の採用決定を本人及び保証人に通知する。

（誓約書）

第4条　奨学生に採用された者は，本人及び保証人連署の誓約書を学園長に提
　　出しなければならない。

（奨学金の給付額）

第5条　奨学金の給付額は，採用者1人につき，原則として次の各号の一とす
　　る。

　⑴　授業料全額相当額

　⑵　授業料半額相当額

　⑶　授業料3分の1相当額

2　学園長は，委員会の意見を徴して，特に必要と認める場合は，当該年度の
　　奨学費予算を超えない範囲内で，給付額を増額又は減額することができる。

（奨学金の給付時期）

第6条　奨学金は，原則として6月，11月の2回に分けて支給する。

（奨学金の給付期間）

第7条　奨学金の給付有効期間は，当該年度1ヵ年とする。ただし，次年度の
　　審査を経て更新することができる。

（奨学生の募集）

第8条　奨学生の募集については，毎年4月学内に公示する。

2　志望者は，公示に基づき，所定の申請書に必要事項を記入し，保証人の所
　　得証明書を添え，所定の期間内に申請しなければならない。ただし，家計急
　　変者の場合は，その期間にかかわりなく申請することができる。

3　すでに日本学生支援機構，地方公共団体その他の奨学生である者も併願す
　　ることができる。

第13章　奨学金規程

（奨学金の廃止）

第9条　奨学生が次の各号の一に該当すると認められる場合は，委員会の意見
　　を徴して，奨学金の給付を廃止し，返還を求めることがある。

　⑴　休学又は長期にわたって欠席し，成業の見込みがなくなったとき

　⑵　学業成績又は性行が不良となったとき

　⑶　学生生徒の身分を失ったとき

　⑷　奨学金を必要としなくなったとき

　⑸　奨学生願書に記入すべき事項を故意に記入せず，又は虚偽の記入をした
　　ことにより奨学生となったことが判明したとき

（奨学金の返還）

第10条　奨学生が当該年度の中途において前条の理由により奨学生としての資
　　格を失い，すでに支給されたその年度の奨学金の返還を求められた場合は，
　　定められた期限までに返還しなければならない。

（奨学生に関する事務）

第11条　この規程に関する事務は，事務局が行う。

（そ　の　他）

第12条　この規程の実施に関する細則は，別に定める。

　附　　　則

　この規程は，平成○年○月○日から施行する。

▽新入生奨学金規程

（趣　　　旨）

第1条　この規程は，学校法人○○学園の設置する大学，高等学校，中学校
　　（以下「学園」という。）を第一志望とし，入学を許可された者の中で，経済的
　　理由により入学が困難で，かつ，学園に入学する以前の学校の成績と学園の
　　入学試験の成績が優秀な者を新入奨学生（以下「奨学生」という。）として採用

し，授業料相当額若しくはその一部の学資金の給付を行うことにより，人材の育成に資するための事項を定めたものである。

（奨学生の選考及び決定）

第2条　奨学生の採用は，学生生徒生活委員会（以下「委員会」という。）の選考に基づき，学園長が決定する。

2　学園長は，奨学生の採用決定を本人及び保証人に通知する。

（奨学生の選考及び決定の時期）

第3条　奨学生の選考及び決定の時期は，原則として入学試験時とする。

（奨学生の選考手続）

第4条　奨学生の選考手続は，次のとおりとする。

⑴　学生生徒募集のための入試要項に奨学金の趣旨を明示する。

⑵　志望者は，所定の願書を委員会委員長（以下「委員長」という。）に請求する。

⑶　志望者は，所定の願書に必要事項を記入し，委員長に提出する。

⑷　志望者は，所定の願書に出身学校長の推薦書を添付する。

⑸　委員長は，候補者各人につき諸般の事情を調査の上，候補者名簿を作成し，委員会に提出する。

⑹　委員会は，選考の結果を委員長を経て学園長に上申する。

（誓約書）

第5条　奨学生と決定された者は，本人及び保証人連署の誓約書を学園長に提出しなければならない。

（給付期間）

第6条　奨学金の給付期間は1年間とする。

（奨学金の廃止）

第7条　奨学生が次の各号の一に該当すると認められる場合は，委員会の意見を徴して，奨学金の給付を廃止し，返還を求めることがある。

⑴　休学又は長期にわたって欠席し，成業の見込みがなくなったとき

⑵　学業成績又は性行が不良となったとき

第13章 奨学金規程

(3) 学生生徒の身分を失ったとき

(4) 奨学金を必要としなくなったとき

(5) 奨学生願書に記入すべき事項を故意に記入せず，又は虚偽の記入をした
ことにより奨学生となったことが判明したとき

(奨学生に関する事務)

第8条 奨学生に関する事務は，事務局が行う。

(奨学金の併願)

第9条 奨学生は，日本学生支援機構等本学園以外の奨学金を除き，本学園の
他の奨学金に原則として応募することはできない。

(奨学生の異動届出)

第10条 奨学生は，休学・留学又は退学したとき及び本人又は保証人の氏名・
住所その他重要な事項に変更があったときは，直ちにその旨を事務局に届け
出なければならない。

(辞 退)

第11条 奨学生は，いつでも奨学金の辞退を申し出ることができる。ただし，
辞退する場合には，本人，保証人及び推薦者連署の届出書を学園長に提出し
なければならない。

(寄 付)

第12条 奨学生は，卒業後経済的余裕があるときは，本奨学制度の趣旨にかん
がみ，奨学基金への寄付をなすことが望ましい。

(実 施)

第13条 この規程の実施に関する細則は，別に定める。

附 則

この規程は，平成○年○月○日から施行する。

▽新入生奨学金規程の実施に関する細則

（趣　　旨）

第1条　学校法人○○学園新入生奨学金規程第13条に基づき，新入生奨学金規程の実施に関する細則について定める。

（奨学金の給付額）

第2条　奨学金の給付額は，採用者1人につき，原則として次の各号の一とする。

　(1)　授業料全額相当額

　(2)　授業料半額相当額

　(3)　授業料の3分の1相当額

（奨学金の給付時期）

第3条　奨学金は，原則として4月，10月の2回に分けて支給する。

　　附　　　則

　この細則は，平成○年○月○日から施行する。

2　○○短期大学奨学金規程（例2）

（趣　　旨）

第1条　○○短期大学学則第○条の規定に基づき，○○短期大学（以下「本学」という。）に奨学資金を置き，本学に在学する学生で学業・人物ともに優秀であるにもかかわらず，経済的事由によって修学困難な者に対し，奨学金を給付又は貸与する。

（種　　類）

第2条　奨学金の種類は，次の各号に掲げるとおりとする。

　(1)　第1種給付奨学金

　(2)　第2種給付奨学金

第13章　奨学金規程

(3)　第1種貸与奨学金

(4)　第2種貸与奨学金

(資　　格)

第3条　第1種給付奨学金は，本学の1年次生であって，学業・人物とも特に優秀であり，かつ経済的理由により修学困難であると認定された者に対して給付する。

2　第2種給付奨学金は，本学の2年次生であって，学業・人物とも特に優秀であり，かつ経済的理由により修学困難であると認定された者に対して給付する。

3　第1種貸与奨学金は，原則として本学の1年次生であって，学業・人物とも特に優秀であり，かつ経済的理由により修学困難であると認定された者に対して貸与する。

4　第2種貸与奨学金は，主たる家計維持者の死亡・疾病，風災害，火災等の突発的な理由により家計に重大な変化が生じた結果，学費の納入が極めて困難な状態に陥った者であって，かつ学業継続の意志があると認定された者に対して貸与する。

(資　　金)

第4条　奨学金の給付及び貸与に要する資金は，次の各号に掲げる資金をもって充てる。

(1)　本学が毎年度予算に計上する資金

(2)　貸与奨学生からの返還金

(3)　寄附金

(選考及び決定)

第5条　奨学生の選考は，教務・学生委員会で行い，学長が決定する。

(奨学金の額)

第6条　第1種給付奨学金の額は，入学年度の入学金相当額を限度とする。

2　第2種給付奨学金の額は，当該年度に納入すべき授業料半額相当額を限度

とする。

3　第1種貸与奨学金の額は，月額40,000円とする。

4　第2種貸与奨学金の額は，当該年度に納入すべき学費相当額を限度とする。

（給付及び貸与の期間）

第7条　第1種および第2種給付奨学金の給付期間は，当該年度限りとする。

2　第1種貸与奨学金の貸与期間は，本学に入学した年度の7月から学則第○条に規定する修業年限の終期の属する月までを限度とする。

3　第2種貸与奨学金の貸与期間は，当該年度限りとする。ただし，当該年度を超えて貸与を希望する者は，あらためて出願することができる。

（庶　　　務）

第8条　奨学金に関する庶務は，学生課で処理する。

（規程の改廃）

第9条　この規程の改廃は，教授会の決議を経て，理事会の承認を要するものとする。

（実施規定）

第10条　この規程の施行について必要な事項は，教務・学生委員会の決議を経て，学長が定める。

　　附　　　則

　この規程は，平成○年○月○日から施行する。

▽給付奨学金に関する内規

（目　　　的）

第1条　この内規は，○○短期大学奨学金規程第2条の規定に基づき，第1種及び第2種給付奨学金に関し必要な事項を定めることを目的とする。

（出願の時期）

第2条　出願時期は，学生課長が公示する。

第 13 章　奨学金規程

（出願の手続き）

第3条　奨学金を志望する者は，連帯保証人（以下「保証人」という。）と連署した本学所定の願書及び本学が指定した書類を提出しなければならない。

2　前項の保証人は，学生の父母又はこれに準ずる者で，独立の生計を営む者でなければならない。

（奨学生の選考及び決定）

第4条　選考基準は，教務・学生委員会（以下「委員会」という。）が定める。

2　学生課長は，出願者各人についての学業成績・経済的状況等を調査のうえ，学科別の出願者一覧表を作成し，学科長に意見を求める。

3　学生課長は，奨学生の面接を行い，推薦順位を決定する。

4　学生課長は，推薦順位を記入した出願者一覧表を委員会に提出する。

5　委員会は，出願者一覧表に基づき奨学生の選考を行い，学長に答申し，学長がこれを決定する。

第5条　奨学生を決定したときは，本人及び保証人に通知する。

2　前項の通知を受けた奨学生は，所定の誓約書を提出しなければならない。

（奨学金の交付）

第6条　奨学金は，原則として一括交付する。

2　奨学金は，銀行振込その他の方法で交付する。

（奨学生の異動届）

第7条　奨学生は，次の各号の一に該当する場合は，保証人と連署のうえ，直ちに届け出なければならない。

　(1)　休学又は退学するとき

　(2)　本人又は保証人の氏名，住所等に変更があったとき

（他の奨学金との関係）

第8条　給付奨学生は，その資格を有する期間，第1種貸与奨学金との併給を受けることができない。

（奨学金の辞退）

第9条　奨学生は，いつでも奨学金を辞退することができる。

（奨学生の資格の喪失）

第10条　奨学生が次の各号の一に該当する場合は，その資格を失う。

　⑴　前条の規定により給付を辞退したとき

　⑵　休学又は退学したとき

　⑶　停学処分を受けたとき

　⑷　学業成績又は性行が不良となったとき

　⑸　その他委員会が奨学生として適当でないと認めたとき

（奨学金の停止）

第11条　奨学生がその資格を失ったときは，奨学金の給付を停止する。

（奨学金の返還）

第12条　奨学生の資格を失った者は，委員会の定めるところにより，奨学金を返還しなければならない。ただし，第9条の規定により給付を辞退した場合については，この限りではない。

　　附　　　則

　この内規は，平成○年○月○日から施行する。

▽貸与奨学金に関する内規

（目　　　的）

第1条　この内規は，○○短期大学奨学金規程第2条の規定に基づき，第1種及び第2種貸与奨学金に関し必要な事項を定めることを目的とする。

（出願の時期）

第2条　第1種貸与奨学金の出願時期は，学生課長が公示する。

2　第2種貸与奨学金の出願は，随時受け付けるものとする。

（出願の手続き）

第3条　奨学金を志望する者は，連帯保証人（以下「保証人」という。）と連署し

第13章　奨学金規程

た本学所定の願書及び本学が指定した書類を提出しなければならない。

2　前項の保証人は，学生の父母又はこれに準ずる者で，独立の生計を営む者でなければならない。

（奨学生の選考及び決定）

第4条　選考基準は，日本学生支援機構業務方法書に準じて，教務・学生委員会（以下「委員会」という。）が定める。

2　学生課長は，出願者各人についての学業成績・経済的状況等を調査のうえ，出願者一覧表を作成し，委員会に提出する。

3　委員会は，出願者一覧表に基づき奨学生の選考を行い，学長に答申し，学長がこれを決定する。

第5条　奨学生を決定したときは，本人及び保証人に通知する。

2　前項の通知を受けた奨学生は，所定の誓約書を提出しなければならない。

（奨学金の交付）

第6条　第1種貸与奨学金は，毎年1ヵ月分ずつ交付することを常例とし，特別の事情があるときは2ヵ月分以上を合わせて交付することがある。

2　第2種貸与奨学金は，原則として一括交付する。

3　奨学金は，銀行振込その他の方法で交付する。

（奨学生の異動届）

第7条　奨学生は，次の各号の一に該当する場合は，保証人と連署のうえ，直ちに届け出なければならない。

　(1)　休学又は退学するとき

　(2)　保証人を変更したとき

　(3)　本人又は保証人の氏名，住所その他重要な事項に変更があったとき

（奨学金の停止）

第8条　奨学生が次の各号の一に該当する場合は，奨学金の交付を停止する。

　(1)　○○短期大学給付奨学生に採用されたとき

　(2)　明らかに成業の見込みがないとき

⑶　学業成績又は性行が不良となったとき

⑷　休学又は退学するとき

⑸　その他委員会が奨学生として適当でないと認めたとき

（奨学金の辞退）

第9条　奨学生は，いつでも奨学金を辞退することができる。

（奨学金借用証書の提出）

第10条　奨学生が次の各号の一に該当する場合は，保証人と連署した本学所定の奨学金借用証書及び奨学金返還明細書を提出しなければならない。

⑴　貸与期間が満了したとき

⑵　交付を停止されたとき

⑶　奨学金を辞退したとき

（奨学金の利息）

第11条　奨学金には利息を付さない。

（奨学金の返還方法及び期限）

第12条　奨学生が第10条各号の一に該当するときには，貸与の終了した月の翌月から起算して6ヵ月を経過した後，10年以内に奨学金を返還しなければならない。

2　奨学金の返還は，原則として年賦とする。

3　奨学金はいつでも繰上げ返還することができる。

（延　滞　金）

第13条　奨学金の返還を6ヵ月以上延滞したときは，延滞金を徴するものとする。

2　前項に規定する延滞金の額は，その延滞している返還年賦額に延滞した期間が6ヵ月を超えるごとに6ヵ月について100分の5の割合を乗じて得た金額とする。

（奨学金の返還猶予）

第14条　奨学生であった者が，次の各号の一に該当する場合は，願い出によっ

て奨学金の返還を猶予することができる。

⑴　災害又は疾病によって返還が困難になったとき

⑵　本学卒業後引き続き大学又は大学院等の上級学校に在学するとき

⑶　その他委員会が返還猶予を適当と認めるとき

2　返還猶予の期間は，前項第2号に該当するときは，その事由の継続中とする。その他の各号の一に該当するときは，1年以内とし，願い出により1年ごとに延長することができる。ただし，5年を超えることはできない。

（返還猶予の願い出）

第15条　奨学金の返還猶予を受けようとする者は，その事由を明記した奨学金返還猶予願を提出しなければならない。ただし，前条第1項第2号に該当するときは，奨学金返還猶予願に在学証明書を添付しなければならない。

2　前項の返還猶予願について，特に必要があると認めたときは，その事由を証明することのできる書類を提出させることがある。

（貸与終了後の異動届）

第16条　奨学生であった者は，奨学金返還完了前に氏名，住所，職業その他重要な事項に変更があったときは，直ちに届け出なければならない。

2　前項の規定は，保証人についても準用する。

（奨学生の死亡届）

第17条　奨学生が死亡したとき又は奨学生であった者が奨学金返還完了前に死亡したときは，保証人又は相続人は，死亡届に戸籍抄本を添付して，直ちに提出しなければならない。

2　奨学生が死亡したときは，第10条の規定に準じて，奨学金借用証書及び奨学金返還明細書を合わせて提出しなければならない。

（奨学金の返還免除）

第18条　奨学生又は奨学生であった者が死亡し，又は精神若しくは身体の機能に著しい障害を残して労働能力に高度の制限を有し，その奨学金の返還未済額の全部又は一部について返還不能となったときは，その全部又は一部につ

いて返還を免除することがある。

（返還免除の願い出）

第19条　奨学金の返還免除を受けようとするときは，本人又は相続人は保証人との連署による奨学金返還免除願に，それぞれ次の各号の書類を添付して，返済不能の事由が発生した時から１年以内に提出しなければならない。

　(1)　死亡によるときは戸籍抄本

　(2)　心身障害によるときは次の書類

　　　イ　その事実及び程度を証する医師又は歯科医の診断書

　　　ロ　返還不能の事情を証する書類

（返還免除の決定）

第20条　奨学金返還免除願の提出があったときは，委員会が審査を行い，学長がこれを決定する。

２　審査の結果は，保証人又は相続人に通知する。

　　附　　　則

　この内規は，平成○年○月○日から施行する。

3　短期貸付金規程（例３）

（目　　的）

第１条　この規程は，本学園に在学する学生生徒が学生生活に支障を来し，一時的又は緊急に生活資金を必要とする場合の短期貸付金（以下「貸付金」という。）の貸付けについて定める。

（対　象　者）

第２条　貸付けを受けることができる者は，次の各号の一に該当する者とする。

　(1)　自宅以外からの通学者で，仕送りが遅延しているとき

　(2)　本人の急病，傷害等により，緊急に生活資金が必要となったとき

(3) 家計支持者の死亡，失職等により，一時的に生活資金が必要になったとき

(4) 両親若しくは祖父母の病気及び死亡又は本人の病気療養のため，緊急に帰省する必要が生じたとき

(5) その他やむを得ない理由により，貸付けの必要が生じたとき

(貸 付 額)

第3条　貸付金は，1,000円単位として30,000円を限度とし，利息を付さない。

2　すでに貸付けを受けている者が新たに貸付けを願い出たときの貸付額は，前項の貸付限度額と既貸付額の未済の金額との差額の範囲内とする。

(出　　願)

第4条　貸付けを受けようとする者は，短期貸付金申請書を学園長に提出しなければならない。

(決　　定)

第5条　貸付けの決定は，面接のうえ，学園長が行う。

(借用証書)

第6条　貸付けを受けることが決定した者は，短期貸付金借用証書を提出しなければならない。

(返済方法)

第7条　貸付金の返済は，貸付けを受けた翌日から3ヵ月以内に一括又は分割にて行うこととする。

2　学生生徒が退学又は除籍になったときは，直ちに未済残額を返済しなければならない。

(細　　目)

第8条　手続きに関する必要な事項については，別に定める。

(改　　正)

第9条　この規程の改廃には理事長の承認を要する。

附　　則

この規程は，平成○年○月○日から施行する。

▽自立援助奨学金規程

（目　　的）

第1条　この規程は，養護施設等の入所者で保護者等から学費の支援が得られ
ない状況にあるが，向学心が強く本学園への進学を切望する者に対し，将来
の自立の道を確保するために，修学の費用を学校法人○○学園自立援助金
（以下「基金」という。）から奨学金として支給援助することについて必要な事
項を定める。

（適用対象者）

第2条　奨学金を受給できる者は，次の各号に該当する者とする。

⑴　養護施設等の入所者で保護者等から学費の支援が得られない者

⑵　向学心が強くかつ本学園への進学を切望する者

⑶　本学園の修学に堪えうる能力があると認められる者

⑷　入所施設長の推薦のある者

（奨学金受給者の決定）

第3条　奨学金の受給者は，理事会の議を経て学園長が決定する。

（支　給　額）

第4条　奨学金として支給する額は，理事会の議を経て学園長が決定する。

（支給方法）

第5条　奨学金の支給は，毎年4月と9月に行い，受給者への口座振込とする。

第6条　奨学金の支給期間は，受給者の在学期間内とする。

2　休学した場合その期間は奨学金の支給を停止する。

（受給資格の取消）

第7条　前条の受給期間内であっても，次の各号の一に該当する場合は理事会
の議を経て学園長が受給資格を取消すことができる。

⑴　保護者等からの学費の支援が得られることになった場合

第 13 章　奨学金規程

(2)　学生生徒としての本分にもとる行動があった場合

(3)　その他受給者として不適格であると認定された場合

(基金の構成)

第8条　基金は次の各号に掲げるものをもって構成する。

(1)　学校法人○○学園による積立金

(2)　寄附金

(3)　資金の運用から生ずる果実

(基金の管理)

第9条　基金の管理運用は，学校法人○○学園財務部が行う。

(規程の改廃)

第10条　この規程の改廃は理事会の承認を得なければならない。

附　　　則

この規程は，平成○年○月○から施行する。

▽就職活動短期貸付金規程

(目　　的)

第1条　この規程は，本学に在学する大学及び短期大学の学生が満足のいく就職活動ができるよう，大学として費用の一部を貸し付ける就職活動短期貸付金（以下「貸付金」という。）について定める。

(対 象 者)

第2条　貸付けを受けることができる者は，次の各号の一に該当する者とする。

(1)　就職活動の資金に困窮している者

(2)　両親等からの援助が受けられない状況にある者

(3)　その他やむを得ない事情があるとき

2　貸付けの利用は1人1回限りとする。

(貸 付 額)

— 369 —

第3条　貸付金は，10,000円単位として50,000円から100,000円までを限度とし，利息を付さない。

（出　　願）

第4条　貸付けを受けようとする者は，就職活動短期貸付申請書を提出しなければならない。

（決　　定）

第5条　貸付けの決定は，就職センターで面接のうえ，学生センター長が行う。

（借用証書）

第6条　貸付けを受けることが決定した者は，就職活動短期貸付金借用証書を提出しなければならない。

（返済方法）

第7条　貸付金の返済は，貸付けを受けた翌日から6ヵ月以内に一括又は分割にて行うこととする。

2　学生が退学又は除籍になったときは，直ちに未済残額を返済しなければならない。

（細　　目）

第8条　手続きに関する必要な事項については，別に定める。

（改　　正）

第9条　この規程の改廃には理事長の承認を要する。

　　附　　　則
　この規程は，平成○年○月○日から施行する。

4　給費生規程（例4）

（趣　　旨）

第1条　この規程は，○○大学学則第○条及び○○大学短期大学部学則第○条

第13章　奨学金規程

に基づき，給費生制度に関し必要な事項を定める。

（目　　的）

第2条　この給費生制度は，○○大学の建学の精神を顕現するために設けるものであり，広く全国から優秀な学生を募り，その才能が十分に発揮できるよう修学を奨励し，有為な人材を育成することを目的とする。

（給費生の定義）

第3条　給費生は，大学及び短期大学部が実施する給費生試験において給費生に合格し，所定の入学手続を完了した者をいう。

（給費生試験）

第4条　前条の給費生試験の実施に関し必要な事項は，別に定める。

（給費金の額）

第5条　給費生に支給する給付金（以下「給費金」という。）の額は，別に定める。

（給費金の支給期間）

第6条　給費金の支給期間は，大学学則又は短期大学部学則（以下「各学則」という。）に定める修業年限期間内とする。

（給費金の支給）

第7条　給費金は，前期分と後期分からなるものとし，年2回に分けて支給する。

（給費金の支給停止）

第8条　給費生が次の各号の一に該当する場合には，当該各号に定める給費金の支給を停止する。

⑴　各学則の定めるところにより取得単位数が不足し留年となったときは，その次年度分

⑵　教授会において成績不良その他の理由により給費金の支給を停止することが相当であると認められたときは，その次年度分

⑶　給費生が休学したときは，当該年度に支給された給費額に相当する次年度分

— 371 —

（支給停止の解除）

第9条　前条の規定により給費金の支給が停止された理由が消滅した場合には，支給停止が行われた年度の翌年度から支給停止を解除する。

（給費生の資格喪失）

第10条　給費生が次の各号の一に該当する場合には，その資格を喪失する。

　⑴　本人の願出により退学したとき

　⑵　各学則の定めるところにより除籍となったとき

　⑶　各学則の定めるところにより学籍上の身分異動（転部，転科）があったとき

　⑷　各学則の定めるところにより懲戒処分を受けたとき

　⑸　第8条第1号又は第2号の規定により給費金の支給が停止された理由が支給停止となった年度以降も引き続き継続していると教授会が認めたとき

（事務の所掌）

第11条　この規程に関する事務は，学生部学生課及び事務部学生課が所掌する。

2　前項にかかわらず，第4条に規定する給費生試験に関する事務は，大学入試センターが所掌する。

（実施細則）

第12条　この規程に定めるもののほか，この規程の実施に関し必要な事項は，別に定める。

　　附　　　則

　この規程は，平成○年○月○日から施行する。

▽給費生規程施行細則

（趣　　旨）

第1条　この細則は，○○大学給費生規程（以下「規程」という。）第12条の規定に基づき，規程の実施に関し必要な事項を定める。

（給費金の額）

第２条　規程第５条に規定する給費金の額は，次の各号に定めるところによる。

　(1)　理学部及び工学部に在籍する給費生に対する給費金の額は，年120万円

　(2)　その他の各学部及び短期大学部に在籍する給費生に対する給費金の額は，
　　　年100万円

（給費金の支給）

第３条　規程第７条に規定する給費金の支給は，原則として毎年５月及び９月
　　に行う。

２　給費生は，前項の規定により給費金を受給するために必要な手続をとらな
　　ければならない。

（支給停止の通知）

第４条　規程第８条の規定により給費金の支給を停止したときは，その旨を当
　　該給費生及びその保証人あてに通知する。

（解除の通知）

第５条　規程第９条の規定により給費金の支給停止を解除したときは，その旨
　　を当該給費生及びその保証人あてに通知する。

（資格喪失の通知）

第６条　給費生が規程第10条の規定によりその資格を喪失したときは，その旨
　　を当該給費生及び保証人あてに通知する。

　附　　　則

　この規程は，平成○年○月○日から施行する。

▽貸費生貸与金規程

（趣　　　旨）

第１条　この規程は，○○大学学則第○条，○○大学短期大学部学則第○条及
　　び○○大学大学院学則第○条の規定に基づき，貸費制度に関し必要な事項を

定める。

（目　　的）

第2条　この貸費制度は，経済的理由により学費の支弁が困難な学生に対し学資を貸与し，修学を奨励することを目的とする。

（貸費生の資格）

第3条　大学，短期大学部又は大学院に在籍する学生で，経済的理由により学費の支弁が困難であると認められる学生は，学資が貸与される貸費生となることができる。ただし，本学学則に定める修業年限を超えて在籍する者及びすでに日本学生支援機構その他の団体から奨学金を得ている者（風水害，地震，火災等の災害により学資の支弁が著しく困難になった者は除く。）は，貸費生になることはできない。

（貸与金の額及び利息）

第4条　貸費生に貸与される貸与金の額は，別に定める。

2　前項に規定する貸与金には，利息を付すものとし，その利率は，年3％とする。ただし，貸費生の在学中は利息を付さない。

（貸与金の貸与）

第5条　貸与金の貸与は，貸与を希望する学生の修業年限期間内に1回とする。ただし，特別の理由があると認められるときは，2回以上貸与することができる。

（出　　願）

第6条　貸費生となることを希望する者は，所定の貸費生願書に必要資料を添えて，学長に願い出なければならない。

2　前条ただし書きの規定により貸与金の貸与を希望する者は，その都度，改めて出願しなければならない。

（採用の決定）

第7条　貸費生の採用は，大学及び短期大学部にあっては学生部委員会，大学院にあっては大学院委員会（以下両委員会を「委員会」という。）の選考を経て，

第 13 章　奨学金規程

学長が決定する。

（資格の喪失及び取消）

第8条　貸費生は，第7条に定める貸費生の採用決定通知後，1ヵ月を経過しても所定の手続をとらず，又通知後2ヵ月を経過しても貸与金を受領しない場合には，その資格を失う。

2　第6条第1項に定める貸費生願書に虚偽の記載があることが判明した場合には，学長は，委員会の議を経て，貸費生の資格を取り消すことができる。

（借用書の提出）

第9条　貸費生に採用された者は，連帯保証人署名の所定の借用証書を提出しなければならない。

2　連帯保証人は，父母のいずれか，又は25歳以上で独立の生計を営む者とする。

（各種異動の届出）

第10条　貸費生（貸費生であった者を含む。以下同じ。）は，貸費生として提出した各種書類の記載事項について異動を生じた場合，別に定めるところにより速やかに所定の届出をしなければならない。

2　貸費生が貸与金の返還終了前に死亡したときは，連帯保証人は死亡診断書を添えて，その旨を届け出なければならない。

（貸与金の返還）

第11条　貸与金は，貸費生が学生の身分を喪失した日の属する年から10年以内に返還しなければならない。ただし，貸費生が在学中に貸与金を返還することを妨げない。

2　前項に規定する返還は，元利均等額を年賦の方法により行うものとする。ただし，貸与金は，随時繰り上げ返還することができる。

（返還の猶予）

第12条　貸費生が大学又は短期大学部を卒業又は退学後，新たに大学又は大学院へ入学した場合には，その者からの願出により，在学期間中は，貸与金の返還を猶予することができる。

（返還の免除）

第13条　貸費生が死亡したため貸与金の返還が困難と認められる場合には，連帯保証人からの願出により，学長は委員会の議を経て，貸与金の返還未済額の全部又は一部の返還を免除することができる。

（事務の所掌）

第14条　貸費生の出願，採用の決定及び各種届出に関する事務は，学生部学生課，第二部教務部教務課及び事務部学生課が所掌する。

2　貸与金の貸与，借用証書の管理及び返還に関する事務は，財務部財務課が所掌する。

（実施細則）

第15条　この規程に定めるもののほか，この規程の実施に関し必要な事項は，別に定める。

附　　　則

この規程は，平成○年○月○日から施行する。

▽貸費生貸与金規程施行細則

（趣　　　旨）

第1条　この細則は，○○大学貸費生貸与金規程（以下「規程」という。）第15条の規定に基づき，規程の実施に関し必要な事項を定める。

（貸与金の額）

第2条　規程第4条第1項に規定する貸与金の額は，次の各号に掲げる額とする。

⑴　大学又は短期大学部に在学する貸費生の貸与金の額は，当該学生が納入すべき授業料の年額の50％に相当する額

⑵　大学院に在学する貸費生の貸与金の額は，当該学生が納入すべき授業料の年額の70％に相当する額

— 376 —

第13章　奨学金規程

（貸与の時期）

第3条　規程第5条に規定する貸与金の貸与の時期は，原則として毎年7月とする。

（出　　願）

第4条　規程第6条第1項の規定により提出する貸費生願書に添付する必要書類は，次の各号に掲げるものとする。

　(1)　成績証明書又は成績通知書

　(2)　学資の支弁が困難である事情を証明する書類

　(3)　自然災害及び火災等による場合は，罹災を証明する書類

　(4)　世帯全員（本人を含む。）の住民票

　(5)　その他必要な書類

2　規程第6条に規定する貸費生の出願の時期は，原則として毎年6月とする。

（選考基準）

第5条　規程第7条の規定により貸費生を選考するために必要な事項は，別に定める。

（採用の通知等）

第6条　規程第7条の規定により貸費生の採用が決定したときは，本人及び連帯保証人あてに通知する。

2　規程第8条第2項の規定により貸費生の採用を取り消した場合は，本人及び連帯保証人あてに通知する。

（届出の事項）

第7条　規程第10条の規定により貸費生（貸費生であった者を含む。以下同じ。）が提出した各種書類の記載事項のうち，次の各号に掲げる事項に変更があった場合には，速やかに届け出なければならない。

　(1)　貸費生に係る事項

　　ア　現住所，電話番号及び改姓したときはその新旧の氏名

　　イ　勤務先の名称，所在地及び電話番号

— 377 —

⑵　連帯保証人に係る事項

　　ア　現住所及び電話番号

　　イ　勤務先の名称，所在地及び電話番号

（返還の時期）

第8条　規程第11条に規定する貸与金の返還の時期は，原則として毎年7月と
する。

（返還免除の願出）

第9条　規程第13条の規定により貸与金の返還免除を希望する場合には，連帯
保証人はその事実が発生した日から6ヵ月以内に願い出なければならない。

（貸与金台帳）

第10条　規程第14条第1項に規定する貸費生の事務を所掌する部課は，貸費生
の貸与金に係る貸与金台帳を作成・保管し，当該貸費生が学生の身分を喪失
したときは，当該貸与金台帳を財務部財務課へ移管する。

　　附　　　則

　この細則は，平成○年○月○日から施行する。

5　給付奨学金規程（例5）

（目　　　的）

第1条　○○学園給付奨学金は，学業等において本学園の学生の模範となるべ
き人材の育成を目的として給付する。

（財　　　源）

第2条　この奨学金の財源は，学校法人○○学園が奨学基金として設定した資
金であり，毎年度これへの引当金及び奨学寄付金（以下「奨学基金」という。）
及びその運用果実をもってこれに充てるものとする。

（基金の管理・運営）

— 378 —

第 13 章　奨学金規程

第 3 条　奨学基金の管理及び運営は，法人本部長（又は法人事務局長）がこれに
　　当たる。

（選考手順）

第 4 条　法人本部長（又は法人事務局長）は，年度の始めに奨学金給付希望者を
　　公募し，奨学生を決定するために奨学生選考委員会（以下「委員会」という。)
　　に諮るものとする。

2　特別奨学生は応募することができない。

（決　　定）

第 5 条　奨学生の採用は，委員会が，学力及び人物がともに優秀で，向学心堅
　　固な者を出願者中より選考し，理事会（又は所属学部教授会，又は職員会議）の
　　議を経て，理事長がこれを決定する。

2　奨学生の人数は，理事長が毎年度予算の範囲内でこれを決定する。

3　奨学生が次年度において継続出願することは，これを妨げない。

（給付金額等）

第 6 条　奨学金は，その給付期間を 1 ヵ年，奨学生 1 人に対する給付額を年額
　　上限30万円とし，7 月に一括してこれを支給する。

（資格取消し）

第 7 条　奨学生が学業の状況又は性行等により奨学生として適格性を欠いたと
　　認められたときは，奨学生の資格を取り消す。

（取消手続）

第 8 条　前条による奨学生の給付の停止は，学生部（学生担当部署）が委員会に
　　諮り審議し，理事会（又は所属学部教授会，又は職員会議）の議を経て理事長が
　　決定する。

（奨学金返還）

第 9 条　奨学金は，これを返還することを要しない。ただし，次に掲げる場合
　　には，理事長は，奨学金の返還を請求することができる。

（1）　奨学生が奨学金を第 1 条に定める目的に反して用いたとき

— 379 —

⑵　奨学金受給後において，奨学生として適格性を欠いたと認められたとき

⑶　奨学生が退学等により本学学生（又は生徒）でなくなったとき

（所　　管）

第10条　本規程に関する所管は，学生部（学生担当）とする。

（併　　給）

第11条　本学の支給する特別奨学金を除き，日本学生支援機構の支給する奨学金その他の奨学金との併給は，これを妨げない。

（改　　廃）

第12条　この規程の改廃は，委員会，各学部教授会を経由し理事会の決議を経るものとする。

附　　則

この規程は，平成〇年〇月〇日から施行する。

6　奨学基金運用規程（例6）

（目　　的）

第1条　この規程は，〇〇〇奨学基金（以下「本基金」という。）として保有する資産の運用指針，運用手続等について定め，もって資産の適正かつ効率的な運用に資することを目的とする。

（事　　業）

第2条　この事業は別に定める「〇〇〇奨学金規程」に定める。

（基金の構成と取扱い）

第3条　本基金は，寄付金，法人からの繰入金及びそれらの果実の使用残額をもって構成する。

2　本基金は，第3号基本金引当特定資産（又は奨学金引当特定資産）とする。

（運用責任者）

第13章　奨学金規程

第4条　資産運用の責任者は，法人本部長（又は常務理事，財務部長）とする。

（運用対象）

第5条　運用対象は，次のとおりとする。

　　ア．郵便貯金

　　イ．金融機関への円建預金

　　ウ．日本国国債，都道府県債及び政府保証債

2　第1項の規定にかかわらず，理事会が特に認めた場合は，第1項に掲げる
　運用対象以外の金融商品で運用することができる。

（運用手続）

第6条　資産運用責任者は，運用にあたっては，あらかじめ理事長（又は常務
　理事）の決済を受けなければならない。

2　資産運用責任者は，前項にかかわらず，前条第1項に掲げる運用で1,000
　万円以下の場合に限り，理事長の決裁を受けずに運用することができる。

3　資産運用責任者は，前項により運用をした場合は，速やかに運用報告書を
　作成し，理事長の決裁を受けるものとする。

（運用報告）

第7条　資産運用責任者は，資産運用の状況及び結果を理事長に報告しなけれ
　ばならない。

2　理事長は，資産運用の状況及び結果を理事会及び評議員会において報告し
　なければならない。

（その他）

第8条　この規程の改廃は，理事会の議を経て理事長が行う。

　　附　　則

　この規程は，平成○年○月○日から施行する。

（編者注）　本規程中の奨学基金は第3号基本金引当特定資産をいうが，現況の資金運用の果
　　　　　　実からみて通常の特定資産，例えば，「奨学金引当特定資産」として元本から直接

奨学金に充てる方法も可能である。

7　私費外国人留学生授業料減免に関する規程（例7）

（目　　的）

第1条　この規程は，学校法人○○学園（以下，「学園」という。）における私費
　　外国人留学生（以下「留学生」という。）の経済的負担を軽減し，勉学に支障の
　　ないよう，授業料の減免に関する必要事項を定めることを目的とする。

（資　　格）

第2条　この減免の対象となる留学生は，学園において教育を受ける目的を
　　もって入国し，学園の正規の課程に入学した外国人留学生（出入国管理及び難
　　民認定法別表第1の4に定める在留資格「留学」を有する者）で，経済的理由により
　　授業料の納入が困難であり，かつ，学業・人物ともに優秀と認められる者と
　　する。ただし，次のいずれかに該当する者は除く。

　⑴　留年した者（病気その他やむを得ない理由により留年した者は除く。）

　⑵　休学中の者

（申　　請）

第3条　授業料減免を希望する留学生は，次の各号に掲げる書類を，所定の期
　　限までに，学園長に提出しなければならない。

　⑴　私費外国人留学生授業料減免申請書（以下「申請書」という。）

　⑵　調査票（生計その他経済状態を記入したもの）

　⑶　担当教員の推薦書

　⑷　前年度の学業成績証明書。ただし，1年次生についてはこれを省略する。

　⑸　前各号のほか，学園が特に必要とする書類

（提出期限）

第4条　申請書類提出期限は，減免を受けようとする年度の4月末日までとす
　　る。

－ 382 －

（審　　査）

第5条　授業料減免に関する審査は，奨学生委員会（以下，「委員会」という。）で選考する。

（認　　定）

第6条　学園長は，前条の選考結果に基づいて理事会に上申し，認定は理事長が行う。

（減免の額）

第7条　前条により認定された留学生については，年間授業料の2分の1以内を減免する。ただし，減免の総額は，予算の範囲内とする。

（減免の期間）

第8条　減免の期間は1ヵ年とする。ただし，継続を希望する留学生は，減免を受けた年度の翌年度分について，再度，減免を申請し，認定されなければならない。

（減免の時期）

第9条　減免を行う時期は，後期の授業料納入のときとする。

（減免の取消）

第10条　減免を認定された留学生が，次の各号のいずれかに該当するときは，減免の認定を取り消すことがある。

　(1)　学則に基づき，懲戒処分を受けたとき

　(2)　申請書類に虚偽の記載があったと判明したとき

　(3)　その他減免の資格を失ったとき

2　学園長は，減免の取り消しについて，委員会の議を経て理事長に上申し，理事長が認定の取消しを決定する。

（返　　還）

第11条　留学生が，前条により減免の認定を取り消されたときは，既に減免した授業料を返還（納入）させる。

（細則の制定）

第12条　減免に関し，この規程に定めるもののほか，取扱細則等必要な事項は，
　理事長が定める。

（事務の所管）
第13条　減免に関する事務は，事務局が行う。

（規程の改廃）
第14条　この規程の改廃は，理事会の決議を経て理事長が行う。

　　附　　　則
　この規程は，平成○年○月○日から施行する。

8　特待生選考規程（例8）

（目　　的）
第1条　この規程は，○○大学（以下「本学」という。）の特待生選考方法に関し，
　必要な事項を定めることを目的とする。

（定　　義）
第2条　この規程において，特待生とは，次の各号に該当し，かつ本学の学風
　の振興に寄与する見込みがあると学長が認めた者をいう。
　⑴　一般入学試験の成績が非常に優秀で，高等学校の調査書評定平均値も優
　　秀である者（以下，「A特待生」という。）
　⑵　一般入学試験の成績が優秀で，高等学校の調査書評定平均値も優秀であ
　　る者（以下，「B特待生」という。）
　⑶　特待生選抜試験（以下，「特待生試験」という。）の成績が非常に優秀である
　　者（以下，「C特待生」という。）
　⑷　特待生試験の成績が優秀である者（以下，「D特待生」という。）
　⑸　併設高等学校からの一般入学試験又は特待生試験の成績が優秀である者
　　（以下，「E特待生」という。）

－ 384 －

第 13 章　奨学金規程

（選　　考）

第３条　一般入学試験及び特待生試験による特待生の選考は，入試委員会が行う。

２　入試委員会は，出願書類並びに一般入学試験の結果，特待生試験の結果に基づき特待生を選考する。

（決　　定）

第４条　学長は，入試委員会及び教授会の審議を経て特待生を決定し，理事長が承認する。

（特待生の人数）

第５条　特待生の人数は，次のとおりとする。ただし，当該年度予算の範囲内において決定する。

⑴　A特待生は，若干名とする。

⑵　B特待生は，10名以内とする。

⑶　C特待生は，若干名とする。

⑷　D特待生は，10名以内とする。

⑸　E特待生は，若干名とする。

２　前項特待生については，該当者がいない場合もある。

（特待生の特典）

第６条　特待生の特典は次のとおりとする。

⑴　A特待生，C特待生及びE特待生は，学則第○条に規定する授業料の２分の１を免除する。

⑵　B特待生とD特待生は，学則第○条に規定する授業料の４分の１を免除する。

⑶　特典の期間は，入学時から４年間とする。

（特待生待遇の停止）

第７条　学長は，特待生が次の各号のいずれかに該当したと認められた場合は，各学部教授会の議を経て，特待生待遇を停止する。

⑴　休学・転学・退学，又は除籍となったとき。

⑵　学則及び学生懲戒規程による懲戒処分を受けたとき。

⑶　学業成績が著しく不良のとき。

⑷　その他特待生として不適当であると認められたとき。

（所　　管）

第8条　この規程の運用に必要な事務は，入試広報課及び教務課の所管とする。

（特待生試験の受験資格者）

第9条　○○大学を次の各号のいずれかの入学者選抜試験（以下「入学試験」という。）により合格し，入学手続きをした者とする。

⑴　推薦入学試験

　推薦には次の種類の推薦を含む。

　　ア．指定校推薦

　　イ．公募推薦

　　ウ．自己推薦

⑵　AO（アドミッション・オフィス）入学試験

　　ただし，社会人のAO入学試験は除く。

（そ の 他）

第10条　この規程の施行に関し，必要な事項は学長が定める。

（規程の改廃）

第11条　この規程の改廃は，理事会の決議を経て理事長が行う。

　　附　　　則

　この規程は，平成○年○月○日から施行し，平成○年度以降の入学試験から適用する。

第13章　奨学金規程

（別紙）

特 待 生 調 査 書

学籍番号 ＿＿＿＿＿＿＿＿＿＿　氏名 ＿＿＿＿＿＿＿＿＿＿＿

出身高校 ＿＿＿＿＿＿＿＿＿＿　入試区分　AO　　推薦　　一般

特待生種別　：　A特待生　　B特待生　　C特待生　　D特待生　　E特待生

| 1年終了時　　　修得単位数（　　）単位　　評価A以上の科目数（　　）　　単位数（　　） |
| 　　　　　　　　　　　　　　　　　　　　評価Fの科目数　　　（　　）　　単位数（　　） |

ゼミ担当教員所見
①学生生活について

②特記事項（学友会・クラブ・サークル・ボランティア活動等）

　　　　　　　　　　　　　　　　　　２０　　年　　月　　日　ゼミ担当教員　　　　　印

| 2年終了時　　　修得単位数（　　）単位　　評価A以上の科目数（　　）　　単位数（　　） |
| 　　　　　　　　　　　　　　　　　　　　評価Fの科目数　　　（　　）　　単位数（　　） |

ゼミ担当教員所見
①学生生活について

②特記事項（学友会・クラブ・サークル・ボランティア活動等）

　　　　　　　　　　　　　　　　　　２０　　年　　月　　日　ゼミ担当教員　　　　　印

| 3年終了時　　　修得単位数（　　）単位　　評価A以上の科目数（　　）　　単位数（　　） |
| 　　　　　　　　　　　　　　　　　　　　評価Fの科目数　　　（　　）　　単位数（　　） |

ゼミ担当教員所見
①学生生活について

②特記事項（学友会・クラブ・サークル・ボランティア活動等）

　　　　　　　　　　　　　　　　　　２０　　年　　月　　日　ゼミ担当教員　　　　　印

【特待生として不適当であると認められた場合の具体的な事項】

9 特待生・奨励生制度及びその選考に関する内規（例9）

1 特待生・奨励生制度の理念

　本学学生で向上心に燃え，人物・学力ともに優秀な学生を表彰するための特待生・奨励生制度を設ける。この制度は日本学生支援機構の奨学生制度とは全く別途に実施するものであるから，特待生・奨励生が日本学生支援機構の奨学生であることを妨げない。

2 特待生・奨励生の種類と待遇

　特待生は人物・学業成績の状況を考慮し，次の三種類とする。

　　　　A特待生　　　学費全額免除

　　　　B特待生　　　授業料全額免除

　　　　C特待生　　　授業料半額免除

　奨励生は特待生に準ずる者で，授業料の1/4の額を免除する。

3 特待生・奨励生となる資格

　特待生・奨励生となる資格は，4を満たしかつ5による学業成績指数が次の条件を満たすものとする。

　　　　A特待生　　　0.95以上

　　　　B特待生　　　0.90以上〜0.95未満

　　　　C特待生　　　0.85以上〜0.90未満

　　　　奨励生　　　　0.80以上〜0.85未満

4 選考の対象となる学生

　特待生・奨励生は次の条件を満たさなければならない。

⑴　前年度に履修した科目が全部「可以上」であること。

⑵　前年度において交通事故，傷害，窃盗，公安事件など法的処罰を受けていないこと。

⑶　前年度に学内において，訓告も含むいかなる処分も受けていないこと。

5　学業成績の評価方法

⑴　4によって選出された学生の前年度の学業成績を評価するため，次の評価点を設ける。

「優」は1単位につき　　＋1.00

「良」は1単位につき　　＋0.50

「可」は1単位につき　　　0

⑵　評価点の総和を総単位数で除したもの（小数第3位以下切捨）を学業成績指数とする。

⑶　評価点の算出は，卒業要件の62単位のうち，必修科目34単位と選択科目中の成績上位28単位を対象として行う。

⑷　評価の対象となる科目は，別表による。

6　特待生・奨励生の推薦方法

　4の資料作成は年度末に学生委員会がこれを行い，5の資料作成は年度末に事務室がこれを行う。

　この4，5の資料に基づいて各班担任は以下の事項を確認し，学生委員会に推薦する。

⑴　担任は3により特待生・奨励生の資格を確認する。

⑵　担任は特待生・奨励生を次により推薦する。

イ　特待生の最大の数は各班3名とする。

ロ　同点者が複数の時であっても人物を勘案し3名を限度とする。ただし，この場合当該学生の人物評価を付記しなければならない。

ハ　有資格者で特待生に推薦されなかった学生は奨励生とする。

ニ　各班に特待生有資格者がいない時は，最高学業成績指数の者を1名奨励生とする。

7　特待生・奨励生の選考及び決定

　学生委員会は，各班担任からの推薦に基づき，各学年最大3名の特待生・奨

励生を選考し，教授会に提出する。教授会はこれを審議し決定する。

8　特待生・奨励生の公表及び表彰

　　特待生・奨励生については，学内掲示板により公表し，表彰については，各学科事務室を通して該当者に連絡する。

　　附　　　則

　　この内規は，平成〇年〇月〇日から施行する。

別表（省略）

10　学費減免規程（例10）

（目　　的）

第1条　この規程は，本学における学費（授業料及び施設費をいう。以下同じ。）の減免の取扱に関し定めることを目的とする。

（減免の適用）

第2条　学費の減免は，経済的理由により学費の納入が困難であり，かつ，学業，人物ともに優秀と認められる学生について，教授会で選考のうえ，学長が許可する。

（減免の総額）

第3条　学費の減免の総額は，予算に定める額を超えないものとする。

（減免の額）

第4条　学費の減免の額は，原則として各期分（第1学年前期分を除く。以下同じ。）についてその全額又は半額とするが，その都度，教授会の議を経て，学長が決定する。

（願　い　出）

第5条　学費の減免を受けようとする者は，次の書類をもって願い出なければ

— 390 —

第13章　奨学金規程

ならない。

(1)　学費減免願（様式第1号）

(2)　家庭調書

(3)　学費の納入が困難であることに係る収入証明書

(4)　その他学長が必要と認める書類

(減免の取扱)

第6条　学費の減免の取扱は，各期分の学費の納付期限までに受理した願い出に対し，当該期分の学費について許可するものとする。

(減免の取消し)

第7条　学費の減免を受けている者が，次の各号の一に該当するときは，学長は，教授会の議を経て，学費の減免の特典を取消し，学費の納入を命ずるものとする。

(1)　出席状況が不良となったとき

(2)　本学の名誉を傷つけ，又は学生の本分に反する行為があったとき

附　　則

この規程は，平成○年○月○日から施行する。

様式第1号

平成　　年　　月　　日

○○大学長　殿

_____ 学科 _____ 専攻　学籍番号 _____

氏　　名

住　　所

学　費　減　免　願

　下記により学費の減免を受けたいので，ご許可下さいますよう，関係書類を添え，保証人連署をもってお願い申し上げます。

記

1．理由（詳しく記入すること）

2．減免期間及び減免額

　　平成　　年度　　期分（平成　　年　　月から平成　　年　　月まで）

　　合計　　　　　　円のうち　　　　　円

本 人 氏 名　　　　　　　　印

保証人氏名　　　　　　　　印

第13章　奨学金規程

11　学費減免奨学生規程（例11）

（趣　　旨）

第1条　この規程は，○○大学学則第○条及び○○大学短期大学部学則第○条
及び○○大学大学院学則第○条の規定に基づき，学費減免制度に関し必要な
事項を定める。

（目　　的）

第2条　この学費減免制度は，学業成績，人物ともに優れ，かつ，経済的理由
により修学が困難と認められる者に対し，授業料を減免することによりその
修学を奨励することを目的とする。

（奨学生の資格）

第3条　大学，短期大学部又は大学院に在籍する学生で，学業成績，人物とも
に優れ，かつ，経済的理由により修学が困難であると認められる者（以下「一
般減免対象者」という。）は，学費減免を受ける奨学生となることができる。た
だし，大学及び短期大学部の1年に在籍する者，本学学則に定める修業年限
を超えて在籍する者並びに○○大学給費生規程第○条の規定による給費生で
ある者は，奨学生となることはできない。

2　前項に規定するもののほか，本学に在籍する外国人留学生で学業成績，人
物ともに優れ，かつ経済的理由により修学が困難であると認められる者（以
下「外国人減免対象者」という。）は奨学生となることができる。

（学費減免額）

第4条　奨学生に対する減免額は，本学に納入すべき授業料の年額のうち，別
に定める割合に相当する額とする。

2　前条第2項の規定により奨学生に採用された者のうち，特に学業成績が優
秀と認められる外国人減免対象者に対しては，学費減免額を同条第1項に定
める一般減免対象者の学費減免率と同率とすることができる。

— 393 —

（出　　願）

第5条　奨学生を志望する者（以下「志望者」という。）は，所定の学費減免願書に必要資料を添えて，学長に願い出なければならない。

2　志望者のうち外国人留学生は，前項の規定により提出する書類のほか，外国人登録済証明書の写しを添付しなければならない。

（採用の決定）

第6条　奨学生の採用は，大学及び短期大学部にあっては学生部委員会，大学院にあっては大学院委員会（以下両委員会を「委員会」という。）の選考を経て，学長が決定する。

2　奨学生の採用は，1学年ごとに採用するものとし，その学年限りのものとする。ただし，次の学年以降も奨学生となることを妨げない。

（採用の取消）

第7条　奨学生が第5条の規定により提出した学費減免願書に虚偽の記載事項があると判明したときは，学長は，委員会の議を経て，奨学生の採用を取り消すことができる。

（資格の喪失）

第8条　奨学生が次の各号の一に該当する場合には，その資格を喪失する。

　(1)　休学若しくは退学し，又は除籍となったとき

　(2)　本学学則の定めるところにより懲戒処分を受けたとき

（減免された学費の返還）

第9条　第7条の規定により奨学生の採用が取り消された場合又は前条の規定によりその資格を喪失した場合には，学長は，委員会の議を経て，その当該年度に減免された授業料相当額の全部又は一部を返還させることができる。

（事務の所掌）

第10条　この規程に関する事務（財務部財務課が所掌する事項を除く。）は，学生部学生課，第二部教務部教務課及び事務部学生課が所掌する。

2　学費減免に伴う給付に関する事務は，財務部財務課が所掌する。

第 13 章　奨学金規程

（実施細則）

第11条　この規程に定めるもののほか，学費減免の実施に関し必要な事項は，
　　別に定める。

附　　　則

この規程は，平成○年○月○日から施行する。

▽学費減免奨学生規程施行細則

（趣　　旨）

第１条　この細則は，○○大学学費減免奨学生規程（以下「規程」という。）第11
　　条の規定に基づき，規程の実施に関し必要な事項を定める。

（学費減免の額）

第２条　規程第４条に規定する減免の額は，次の各号に定めるとおりとする。

　（1）　規程第３条第１項に該当する者は，その者が大学，短期大学部及び大学
　　　　院（以下「本学」という。）に納入すべき当該授業料の年額の50％に相当する
　　　　額

　（2）　規程第３条第２項に該当する者は，その者が本学に納入すべき当該授業
　　　　料の年額の30％に相当する額

（出　　願）

第３条　規程第５条の規定により提出する学費減免願書に添付する必要資料は，
　　次の各号に定めるとおりとする。

　（1）　成績証明書又は成績通知書

　（2）　学資の支弁が困難である事情を証明する書類

　（3）　世帯全員（本人を含む。）の住民票

　（4）　その他必要な資料

　２　学費減免の出願の時期は，原則として毎年７月とする。

（選考基準）

第4条　規程第6条の規定により奨学生を選考するために必要な事項は，別に
　　定める。

　　附　　　則
　この細則は，平成○年○月○日から施行する。

▽職員（子女）の学費減額規程

（目　　　的）

第1条　この規程は，就業規則第○条により，職員又は職員の子が本学に在学
　　するときの学費の減額について規定する。

（減　　　額）

第2条　職員及び満5年以上勤続した職員の子が法人が設置する学校に入学し
　　たときは，授業料及び施設設備資金の半額を減額する。

（申　　　請）

第3条　学費の減額を受けようとするものは，学費減額願（子の場合は戸籍抄本
　　を添付）を理事長に提出しなければならない。

2　理事長が学費の減額を承認したときは，その旨文書をもって本人に通知す
　　る。

（取り消し）

第4条　学費の減額を受けている者が，学年の中途においてその資格を失った
　　場合には，次の納期から学費の減額を取り消す。

（例　　　外）

第5条　職員が死亡又は定年退職した場合には，第4条の規定にかかわらずそ
　　の子が卒業するまで学費を減額する。

（期　　　間）

第6条　学費の減額は正規の在学期間に限る。

附　　則

この規程は，平成○年○月○日から施行する。

12　授業料等学納金優遇措置取扱規程（例12）

（総　　則）

第1条　本学園各校の入学金・授業料等学納金の優遇措置の取扱いについては
この規程による。

（優遇措置）

第2条　学納金の一部または全額につき，減額または免除する。

（対象者及び減額または免除額）

第3条　この規程による優遇措置を受けることのできる者及びその減額または
免除額は，次のとおりとする。

⑴　学園の専任教職員で引き続き3年を超えて在籍している者の子女は，入
学金・授業料を全額免除する。

⑵　学園の専任教職員で在籍年数が3年以下の者の子女は，入学金・授業料
の半額を免除する。

⑶　学園の各校在校者で上部校に進学する者は，次に掲げる場合について減
額する。

ア　中学校から高等学校への進学者について，入学金から30,000円を減額
する。

イ　幼稚園から小学校及び小学校から中学校への進学者については，入学
金から20,000円を減額する。

⑷　中学校・高等学校・専門学校・短期大学・大学において特待生と認めら
れた者は，各校について別に定めるところにより，その授業料の一部また
は全額を免除する。

⑸　その他，理事長が特に認めた者については，理事長が決定した額を減額

— 397 —

または免除する。

（許　　可）

第4条　前条各号に該当する者は，次に掲げる各号に定める証明を添えて，理事長に申請し許可を得るものとする。

⑴　前条第1号及び第2号に該当する者は，理事長の証明した在籍証明書を，入学しようとする学校に入学手続と同時に提出する。

⑵　前条第3号に該当する者は，それぞれの在籍または卒業した学校の学校長の証明に基づき，入学しようとする学校の学校長に申請する。また，申請のあった学校の学校長は，理事長にその旨報告申請するものとする。

⑶　前条第4号に該当する者については，その在籍する学校長がこれを申請する。

⑷　前条第5号に該当する場合は，理事長の証明を添付して当該学校長に申請する。

（優遇措置の増加または消滅）

第5条　学園の専任教職員で，在籍期間の増加による資格獲得または退職等による資格喪失等の変更があった場合には，変更のあった日の属する月の翌月から増加または消滅する。

附　　則

この規程は，平成○年○月○日から施行する。

13　職員子女の授業料減額に関する規程（例13）

（目　　的）

第1条　この規程は，本学園が設置する学校に勤務する職員の子女が，○○短期大学，○○高等学校又は○○中学校に就学することを奨励し，授業料の減額を行うことを目的とする。

第 13 章　奨学金規程

（定　　義）

第2条　前条の規定の「職員」とは，専任の職員をいい，「子女」とは，職員
　の子でその者と生計を同じくし扶養を受けている者をいう。

（資格及び期間）

第3条　子女が，当該学校の第1学年に入学した場合に限りこの規程の資格を
　生じ，入学年度から卒業年度までの期間について授業料を減額する。

2　前項の規定にかかわらず，当該職員が退職した場合には，その退職日に属
　する年度をもって減額措置を打ち切るものとする。ただし，退職の理由が職
　員の死亡又は定年退職であるときはその限りでない。

（減　額　率）

第4条　減額の割合は，学則に定める授業料の2分の1とする。

（減額方法）

第5条　減額の方法は，還付方式とし，各年度の夏季及び冬季の期末手当のそ
　れぞれの支給時に，当該年度の授業料の額に25％を乗じて得た額を期末手当
　に加算して支給する。

（手　　続）

第6条　職員が，この規程による措置を希望する場合には，第3条の規定の入
　学年度の当初に理事長に対し，所定の申請書を提出して申請を行わなければ
　ならない。

2　理事長は，申請を審査し措置を決定し，その結果を当該職員に通知するほ
　か，措置の状況について直近の理事会に報告しなければならない。

（○○学園奨学金との競合）

第7条　第3条第1項及び前条の規定にかかわらず，子女が別に定める○○学
　園奨学金の給付の決定を受けた場合，理事長は，当該年度のこの規程による
　措置を取り消すものとする。

（委　　任）

第8条　この規程の施行について必要な事項は，理事長が定める。

附　　則

この規程は，平成○年○月○日から施行する。

14　教職員及びその子女に対する学費減免規程（例14）

第１条　学校法人○○学院（以下「本法人」という。）に在籍する専任教職員（以下「教職員」という。）及びその扶養する子女が本法人の設置する学校に在学する場合は，この規程の定めるところにより学費の減免を行う。

2　この規程において学費とは，授業料・保育料をいうものとする。

第２条　学費の減免は，各学校の授業料・保育料の５割の額とする。

第３条　この学費の減免を受けようとする者は，別に定める学費減免申請書（子女の場合は，初回に限り戸籍抄本またはこれに代わる書類を添付）を，毎年４月10日までに理事長宛に提出しなければならない。

第４条　学費の減免を行う期間は，各学校ごとに次に掲げる年限を超えないものとする。ただし，休学期間はこの年限に含めない。

①　大学院（修士課程）２年　　②　大学４年　　③　短期大学２年

④　高等学校３年　　⑤　中学校３年　　⑥　幼稚園３年

2　休学期間の授業料については，この規程は適用しない。

第５条　教職員の身分に変更があった場合は，この規程の適用については，次のとおりとする。

⑴　定年退職または死亡による退職の場合は，減免対象者は現に在学する学校において引き続きこの規程の適用を受けることができる。

⑵　自己の都合または懲戒による退職の場合は，その年度に限り規程を適用する。

第６条　教職員が故意または過失により本学の名誉を著しく棄損した場合及び減免対象者が学則・校則により懲戒処分された場合には，次年度より学費の減免を取り消すものとする。

第13章　奨学金規程

第7条　この規程を改廃するときは，理事会の決議を経なければならない。

第8条　この規程の実施について必要な事項は，理事長がこれを定める。

　附　　　則

　この規程は，平成○年○月○日から施行する。

第14章　その他の財務関連諸規程

　本章では，第1章の3で述べた経理業務に係る関連諸規程例を紹介したが，特に，就業規則等で定められている慶弔時の金品等の支給に関する規程例や，教職員等に支給する出張旅費に係る規程例については，所得税基本通達を引用し，非課税とされる旅費の範囲や，教職員の雇用契約に基づいて支給される結婚祝金等及び弔慰金，葬祭料，香典又は罹災見舞金に係る課税・非課税の取扱いについて，参考までに説明を加えることとした。

　なお，個々の具体的事案については，一般的に公正妥当と認められる適切な処理を図るよう求められている。

1　旅費規程

　旅費を支給するためには旅費規程を作成していることが必要条件となる。なぜならば，税務調査等が入った場合に，旅費規程が作成されていないまま出張手当等を支給している場合は，受給者の所得税を追加課税される可能性があるからである。

　また，所得税法上，旅費については実費精算が要求されていないため，交通

費や宿泊費・出張手当のすべて又は一部について旅費規程で定められた金額をそのまま支給することが可能な法令となっている。つまり，出張旅費の精算の仕方については2つの方法があることになる。

すなわち，一つは，実費精算によるもの。もう一つは，旅費規程に基づく精算である。

だからといって，無制限に支給してよいかということではなく，出張手当の支給金額については，次の条件が必要となる。

① 役員と教職員（使用人）のすべてを通じて，適正なバランスが保たれていること。

② 同業種，同規模の他の学校法人等の支給金額に照らし，一般的に相当であるか。

（参考）所得税基本通達

（非課税とされる旅費の範囲）

9-3　法第9条第1項第4号の規定により非課税とされる金品は，同号に規定する旅行をした者に対して使用者等からその旅行に必要な運賃，宿泊料，移転料等の支出に充てるものとして支給される金品のうち，その旅行の目的，目的地，行路若しくは期間の長短，宿泊の要否，旅行者の職務内容及び地位等からみて，その旅行に通常必要とされる費用の支出に充てられると認められる範囲内の金品をいうのであるが，当該範囲内の金品に該当するかどうかの判定に当たっては，次に掲げる事項を勘案するものとする。

　(1)　その支給額が，その支給をする使用者等の役員及び使用人の全てを通じて適正なバランスが保たれている基準によって計算されたものであるかどうか。

　(2)　その支給額が，その支給をする使用者等と同業種，同規模の他の使用者等が一般的に支給している金額に照らして相当と認められるものであるかどうか。

学校法人○○学園旅費規程（例１）

（目　　的）

第１条　この規程は，学校法人○○学園（以下「学園」という。）就業規則第○条の規定に基づき，教職員の国内出張に関して基準を定め，業務の円滑な運営に資するとともに，旅費の適正な支出を図ることを目的とする。

２　教職員の国外出張に関する旅費については理事会に諮り，理事長が決定する。

（定　　義）

第２条　出張とは，業務のため理事長又は校長が命令した旅行をいう。

（出張の種別）

第３条　出張の種別は，次のとおりとする。

　⑴　一般出張

　⑵　研修出張

　⑶　引率出張

（一般出張）

第４条　一般出張とは，業務調査，広報活動，教育視察，その他業務のための出張をいう。

（研修出張）

第５条　研修出張とは，研究会，研修会等に参加するための出張をいう。

（引率出張）

第６条　引率出張とは，生徒を引率し，その指導に当たるための出張をいう。

（出張命令）

第７条　出張命令は，予算上旅費の支出が可能である場合に限り発するものとする。

２　出張命令は，所要の事項を記載した出張命令表により行う。

（出張の届出）

第８条　出張を命じられた者は，所定の出張日程表に必要事項を記入し，関係

第14章　その他の財務関連諸規程

部署の責任者を経由して，理事長又は校長に届け出なければならない。

（旅費の支給）

第9条　出張を命じられた者には，それぞれ出張旅費を支給する。

（旅費の概算前払い）

第10条　教職員が出張する場合には，旅費の概算前払いを受けることができる。

2　前項の場合，帰任後7日以内に精算しなければならない。

（出張旅費の種類）

第11条　出張旅費の種類は，鉄道賃，船賃，航空賃，車賃，日当及び宿泊料とする。

（旅費の支給基準）

第12条　旅費の支給基準は，次のとおりとする。

(1)　鉄道賃は，鉄道旅行について路程に応じ旅客運賃等により支給する。ただし，特別急行（急行）列車については片道100kmを超える場合に限り，特急（急行）運賃を支給する。

(2)　船賃は，水路旅行について路程に応じて旅客運賃を支給する。

(3)　航空賃は，航空機によることが必要と認めた場合に限り旅程に応じて航空運賃を支給する。

(4)　車賃は，陸路（鉄道を除く。）旅行について実費額を支給する。

(5)　日当は，旅行中の日数に応じ，1日当たりの定額により支給する。

(6)　宿泊料は，旅行中の宿泊数に応じ，実費額を支給する。

（経済路線）

第13条　旅行の経路は，最も経済的な経路及び方法により支給する。ただし，天災その他特別な事情が生じた場合は，実際に経由した経路及び方法による。

2　前項ただし書きによるときは，帰着後ただちに経路変更の承認を得なければならない。

（旅費支給の特例）

第14条　児童，生徒等の見学，指導，修学旅行等の引率その他特別な場合の出

— 405 —

張については，日当を除く旅費は実費とする。

2　本学園以外の機関その他から旅費が支給される場合には，この規程の定める旅費からその額を減額して支給する。

3　前2項のほか，事情によって旅費の実費を支給することができる。

（近距離出張の特例）

第15条　教職員が片道100km未満の旅行をする場合にあっては，運賃のほか日当の2分の1を支給する。ただし，業務上の必要又はその他やむを得ない事由により宿泊する場合は，宿泊料及び日当を支給する。

（短時間出張の旅費）

第16条　往復4時間未満の出張における旅費は，実費額により支給する。

第17条　出張期間中に負傷，疾病，天災その他やむを得ない事故のため，あらかじめ定められた日程以上に滞在（入院を除く。）したときは，その間の日当及び宿泊料を支給することができる。

2　前項の日当及び宿泊料を請求しようとするときは，負傷又は疾病の場合は医師の診断書を，その他の事故のときはこれを証明するものを添付して申請しなければならない。

（規程の改廃）

第18条　この規程の改廃は，理事会の決議を経て行うものとする。

（細則の制定）

第19条　理事長は，この規程の施行上必要と認めるときは，細則を定めることができる。

　　附　　　則

　この規程は，平成○年○月○日から施行する。

第14章　その他の財務関連諸規程

学校法人○○学園旅費規程（例２）

（目　　的）

第１条　この規程は，学校法人○○学園（以下「本学園」という。）の法人役員，評議員及び職員（以下「役職員」という。）が，職務のため出張する場合の旅費に関する事項を定めることにより，職務の円滑な運用を図ることを目的とする。

2　役職員以外の者が，本学園の依頼により出張する場合は，特別の事情のない限り，この規程を準用する。

（定　　義）

第２条　この規程にいう出張とは，役職員が職務のため一時学園を離れて旅行し，又は役員及び評議員が職務のため一時その住所又は居所を離れて旅行することをいう。

2　この規程にいう旅費とは，前項の出張に要する交通費，日当，宿泊費，食卓料及び旅行雑費をいう。

3　交通費，日当，宿泊費，食卓料及び旅行雑費には次の括弧書きのものが含まれる。

(1)　交通費（鉄道運賃・航空運賃・船舶運賃・バス，モノレール運賃等）

(2)　日当（昼食代・茶代）

(3)　宿泊費（泊まり賃・夕食及び朝食代）

(4)　食卓料（夕食，朝食代及びこれに伴う雑費）

(5)　旅行雑費（外国出張に伴う雑費）

（復　　命）

第３条　出張者は，帰着後速やかに文書による復命を行わなければならない。ただし，内容が軽微なものについては，口頭による報告で代えることができる。

（交通費の計算）

第４条　交通費は，最も経済的で合理的な通常の経路及び方法により旅行した

— 407 —

場合の計算により算出された額とする。ただし，天災その他止むを得ない事由のため，通常による経路あるいは方法によることができない場合は，この限りでない。

2　旅費の計算は，本学園又は届け出ている現住所を起点又は終点として行う。

3　出張経路と通勤経路が重複する場合は，通勤と重複する部分の旅費は支給しない。

（旅費の請求）

第5条　旅費の支給を受けようとする者は，所定の用紙に出張命令その他の必要な書類を添えて，提出しなければならない。

（旅費の概算前渡し）

第6条　旅費は必要に応じ，概算渡しをすることができる。ただし，この場合は，帰着後3日以内に精算しなければならない。

（鉄道運賃）

第7条　鉄道運賃は，別表第1に規定する交通費，特別急行（新幹線を含む。以下同じ。）料金及び急行料金とし，特別急行料金及び急行料金は，営業キロ数による片道の距離が100キロメートル以上ある場合に支給する。

2　前項以外の場合でも，業務の内容により必要があると認められるときは，特別急行列車又は急行列車を利用することができる。

（船舶運賃）

第8条　船舶運賃の額は，別表第1に規定する旅客運賃とする。

（航空運賃）

第9条　国外又は島しょ若しくは遠隔地のため，鉄道，船舶等の利用により余分な日数を必要とする場合は，航空機を利用することができる。この場合の航空運賃は，別表第1に規定する基準により現に支払った運賃による。

（バス等の運賃）

第10条　バス，モノレールその他これらに類する交通機関（以下「バス等」という。）の運賃は，原則として路線交通費の実費額による。ただし，出張以前

第14章　その他の財務関連諸規程

に必要経費の確認ができない場合は，帰着後精算する。

2　出張地において，バス等の利用が不能，又はバス等を利用しては用務の達
　成が難しい場合は，車（タクシー，レンタカー等）を利用することができる。

3　前項に係る精算には，必要性を証明するもの及び領収書を必要とする。

（日　　当）

第11条　日当は，出張した日数に応じ，別表第1の基準により支給する。

2　出張に必要とする日数は，出張先における用務の開始時間に合わせ，自宅
　あるいは学園を出発する時間を7時とし，用務終了後，直ちに帰宅あるいは
　帰学した場合の，自宅又は学園への到着時間を20時までの場合を1日として
　算出する。

（宿　泊　費）

第12条　宿泊費の額は，別表第1に規定する定額とする。

2　業務上必要である場合又は天災その他のやむを得ない事情により旅行するこ
　とができず宿泊した場合にあっては，その宿泊数に応じて宿泊費を支給する。

（近地出張）

第13条　県内に出張する場合（用務のため宿泊を必要とする場合を除く。）は，交通
　費の実費のみを支給し，日当は支給しない。

2　近地出張に関する取扱いは，別表第2に規定する基準による。

3　前項の規定は，法人役員，評議員並びに本学園又は大学が出張依頼をした
　学外者には適用しない。

（団体行動）

第14条　学生・生徒の見学・指導又は修学旅行に係る出張で，貸切バス等によ
　る団体行動を必要とする場合の旅費は，別表第3に規定する基準による。

（旅費の打切り）

第15条　出張の性質によっては，旅費の一部を打ち切ることができる。

（依頼出張）

第16条　本学園以外の機関等からの依頼により出張する場合は，本学園からの

旅費は支給しない。

（外国出張）

第17条　外国出張に関する取扱いは，別表第4に規定する基準による。

（食　卓　料）

第18条　食卓料の額は，別表第4に規定する定額とする。

2　食卓料は，外国出張において船舶運賃若しくは航空運賃のほかに別に食費を要する場合又は船舶運賃若しくは航空運賃を要しないが食費を要する場合に限り，支給する。

（旅行雑費）

第19条　旅行雑費は，外国出張に伴う雑費について，実費額により支給するものとし，旅行雑費の額は，出張者の予防注射料，空港施設使用料，燃油サーチャージ料，査証手数料（その取得に係る代行手数料を含む。）及び入出国税の実費額による。

（端数の取扱い）

第20条　この規程の定めによって算出した旅費の額に円未満の端数を生じたときは，これを切り捨てる。

（そ　の　他）

第21条　役職員が，補助金等による業務において旅行する場合は，当該補助金等に定められた旅費規程等を優先する。

（規程の改廃）

第22条　この規程の改廃は，理事会が行う。

　　附　　　則

　この規程は，平成〇年〇月〇日に制定し，平成〇年〇月〇日から施行する。

第14章　その他の財務関連諸規程

別表第1

〔交通費・日当・宿泊費の支給基準〕（第7条・第8条・第9条・第11条・第12条関係）

区分	交通費	日当	宿泊費
理事長・学長	実費（ファーストクラス・グリーン料を含む。）	4,000円	15,000円
法人役員及び評議員・教授・准教授・校長・教頭（待遇を含む。）・事務局長・事務局次長・部長・課長	実費（エコノミークラス）	3,000円	12,000円
講師・教諭・係長・主任級事務職員	実費（エコノミークラス）	3,000円	12,000円
助教・一般事務職員他	実費（エコノミークラス）	3,000円	10,000円

　ただし，団体行動又は諸会議，研修等により宿泊場所が指定されている場合の宿泊費は上記によらず利用施設所定の実費を支給する。

別表第2

〔近地出張に関する取扱い〕（第13条関係）

　　近地出張に係る経費は交通費実費の実費払いとし，給料日に前月分を支給する。

　　近地出張は「近地出張命令簿」により，所属長の許可を得て行う。

　　近地出張した場合の報告は，原則として当日（帰着時間が通常の勤務時間に間に合わない場合は，電話又は翌日）に行う。

　　出張報告を受けた所属長は，「近地出張命令簿」に内容を記載処理する。

別表第3　〔団体行動に関する旅費〕（第14条関係）

　　貸切バス等により団体行動を行う場合の交通費は，貸切経費（有料道路経費を含む。）を参加者数で除して得た額を実費とする。

別表第4 （第17条・第18条関係）

外国出張の日当，宿泊費及び食卓料の額は，出張先の区分に応じた定額による。

区分	日当 （1日につき）			
	指定都市	甲地方	乙地方	丙地方
理事長・学長	8,300円	7,000円	5,600円	5,100円
法人役員及び評議員・教授・准教授・校長・教頭・事務局長・事務局次長・部長・課長・係長以上事務職員	7,200円	6,200円	5,000円	4,500円
講師・教諭・主任級事務職員	6,200円	5,200円	4,200円	3,800円
助教・一般事務職員他	5,300円	4,400円	3,600円	3,200円

区分	宿泊費 （1夜につき）			
	指定都市	甲地方	乙地方	丙地方
理事長・学長	25,700円	21,500円	17,200円	15,500円
法人役員及び評議員・教授・准教授・校長・教頭・事務局長・事務局次長・部長・課長・係長以上事務職員	22,500円	18,800円	15,100円	13,500円
講師・教諭・主任級事務職員	19,300円	16,100円	12,900円	11,600円
助教・一般事務職員他	16,100円	13,400円	10,800円	9,700円

区分	食卓料 （1夜につき）	
理事長・学長	7,700円	
法人役員及び評議員・教授・准教授・校長・教頭・事務局長・事務局次長・部長・課長・係長以上事務職員	6,700円	
講師・教諭・主任級事務職員	5,800円	
助教・一般事務職員他	4,800円	

備　考

1　指定都市，甲地方，乙地方及び丙地方とは，次の各号に掲げるものとする。

（1）　指定都市

　　　シンガポール，ロサンゼルス，ニューヨーク，サンフランシスコ，ワシントン，ジュネーブ，ロンドン，モスクワ，パリ，アブダビ，ジッダ，ク

第14章　その他の財務関連諸規程

ウェート，リヤド及びアビジャンの地域

(2)　甲地方

北米地域，欧州地域，中近東地域として2で定める地域のうち指定都市
の地域以外の地域でアゼルバイジャン，アルバニア，アルメニア，ウクラ
イナ，ウズベキスタン，エストニア，カザフスタン，キルギス，グルジア，
クロアチア，スロバキア，スロベニア，セルビア，タジキスタン，チェコ，
トルクメニスタン，ハンガリー，ブルガリア，ベラルーシ，ポーランド，
ボスニア・ヘルツェゴビナ，マケドニア旧ユーゴスラビア共和国，モルド
バ，モンテネグロ，ラトビア，リトアニア，ルーマニア及びロシアを除い
た地域

(3)　乙地方

指定都市，甲地方及び丙地方の地域以外の地域

(4)　丙地方

アジア地域，中南米地域，アフリカ地域及び南極地域として2で定める
地域のうち指定都市の地域以外の地域でインドシナ半島（シンガポール，タ
イ，ミャンマー及びマレーシアを含む。），インドネシア，大韓民国，東ティ
モール，フィリピン，ボルネオ及び香港並びにそれらの周辺の島しょを除
いた地域

2　各地域の区分は，次の各号に掲げるものとする。

(1)　北米地域

北アメリカ大陸（メキシコ以南の地域を除く。），グリーンランド，ハワイ諸
島，バミューダ諸島及びグアム並びにそれらの周辺の島しょ（西インド諸島
及びマリアナ諸島（グアムを除く。）を除く。）

(2)　欧州地域

ヨーロッパ大陸（アゼルバイジャン，アルメニア，ウクライナ，ウズベキスタン，
カザフスタン，キルギス，グルジア，タジキスタン，トルクメニスタン，ベラルーシ，
モルドバ及びロシアを含み，トルコを除く。），アイスランド，アイルランド，英

— 413 —

国，マルタ及びキプロス並びにそれらの周辺の島しょ（アゾレス諸島，マディラ諸島及びカナリア諸島を含む。）

(3) 中近東地域

アラビア半島，アフガニスタン，イスラエル，イラク，イラン，クウェート，ヨルダン，シリア，トルコ及びレバノン並びにそれらの周辺の島しょ

(4) アジア地域

アジア大陸（アゼルバイジャン，アルメニア，ウクライナ，ウズベキスタン，カザフスタン，キルギス，グルジア，タジキスタン，トルクメニスタン，ベラルーシ，モルドバ，ロシア及び前号に定める地域を除く。），インドネシア，東ティモール，フィリピン及びボルネオ並びにそれらの周辺の島しょ

(5) 中南米地域

メキシコ以南の北アメリカ大陸，南アメリカ大陸，西インド諸島及びイースター島並びにそれらの周辺の島しょ

(6) 大洋州地域

オーストラリア大陸及びニュージーランド並びにそれらの周辺の島しょ並びにポリネシア海域，ミクロネシア海域及びメラネシア海域にある島しょ（ハワイ諸島及びグアムを除く。）

(7) アフリカ地域

アフリカ大陸，マダガスカル，マスカレーニュ諸島及びセーシェル諸島並びにそれらの周辺の島しょ（アゾレス諸島，マディラ諸島及びカナリア諸島を除く。）

(8) 南極地域

南極大陸及び周辺の島しょ

3　船舶又は航空機による旅行（外国を出発した日及び外国に到着した日の旅行を除く。）の場合における日当の額は，丙地方につき定める定額とする。

第14章　その他の財務関連諸規程

学校法人○○大学　国内旅費規程（例３）

（目　　的）

第１条　この規程は，学校法人○○大学（以下「本学」という。）の役員及び学校法人○○大学勤務規則に規定される教職員が，業務で国内に出張しようとする場合及び出張を命ぜられた者の旅費に関する事項を定め，業務の円滑な実施及び適正な経費の支給を図ることを目的とする。

２　本学役員及び教職員以外の者が，本学の依頼によって国内に出張する場合は，特別の事情がない限りこの規程を準用する。

（旅費の定義）

第２条　「旅費」とは，出張に要する交通費，宿泊料及び日当をいう。

（旅費の計算）

第３条　旅費の計算は勤務地を起点とし，最も経済的な通常の経路及び方法による。ただし，業務上の必要又は天災，その他やむを得ない事情がある場合は，実際に利用した経路及び方法により算出する。

（手　　続）

第４条　出張は，出発前に所定の手続によらなければならない。

（旅費の前渡し・精算）

第５条　出張が急を要する場合又は出張に要する経費が定まらない場合は，旅費を概算前渡し金として支払い，又は本人が立替払いをすることができる。この場合，帰着後速やかに精算するものとする。

（交　通　費）

第６条　交通費は，航空運賃，船舶運賃，鉄道運賃その他の交通機関利用料金の実費とし，別表１の備考により支給する。

（日　　当）

第７条　日当は出張の日数に応じ，別表１の区分により支給する。また，日当の支給基準は別表２による。

（宿　泊　料）

— 415 —

第8条　宿泊料は目的地到着後の夜数に応じ，別表1の区分により支給する。

2　航空機，船舶又は列車における移動において機中等での宿泊を伴う場合は，宿泊料は支給しない。

（随行出張）

第9条　理事，監事，総長等の役員と随行出張を命ぜられた場合は，現に同一の経路及び方法により随行したときに限り，交通費のみ役員と同額を支給することができる。

2　役職等が上位にある者と随行出張を命ぜられた場合は，出張の性質によっては前項を準用することができる。

（出張期間の変更）

第10条　出張中，負傷，疾病，天災その他やむを得ない事情のため，あらかじめ定められた日程を変更したときは，その間の日当及び宿泊料を減額または追加支給することができる。

2　前項の日当及び宿泊料を請求するときは，負傷及び疾病の場合は医師の診断書を，その他の事故のときは，これを証明するものを添付しなければならない。

（事務引継ぎ等の旅費）

第11条　本学を退職後，事務引継ぎ等本学業務のため出張する者に対しては，退職時の役職又は職能により旅費を支給する。

（旅費の特別措置）

第12条　業務の内容，性質によっては，定額によらず必要とする額を旅費として支給することがある。

2　業務の形態により，旅費の一部又は全部を他から支給された場合は，その額を所定の旅費から差し引くことがある。

3　同一地での長期滞在又はその他出張先での事情などにより，所定の旅費では不足又は余分が生じることが明らかになったときは，当該の旅費は実費とする。

第14章　その他の財務関連諸規程

4　出張中，自己の都合により迂回又は宿泊等をした場合の経路及び日数に相当する旅費は，支給しない。

5　学用車による出張の場合は，それを使用した区間の運賃相当額は支給しない。

6　交通費及び宿泊料が包括された商品を利用する場合は，本規程による定額の旅費の範囲において，その実費を支給する。

（適用除外）

第13条　研修，修学旅行，体育大会参加等のため，学生，生徒等を引率して出張する場合の旅費は，本規程を適用しない。

2　出張の性質又はやむを得ない事情により，理事長又はこれに代わる命令権者が認めた場合は，本規程を適用しないことがある。

　　附　　　則

この規程は，平成○年○月○日から施行する。

別表1

区分	日当 （1日につき）	宿泊料（1夜につき）	
		甲地方	乙地方
1 総長・役員・学長	3,000円	15,000円	13,000円
2 部長・所長・校園長相当職以上の職務または職能にある者	2,600円	13,000円	11,000円
3 課長・教授・教頭相当職以上の職務または職能にある者	2,400円	11,000円	10,000円
4 上記以外の教職員	2,200円	11,000円	10,000円

備考

1　航空運賃及び船舶運賃において，総長・理事長は最上級の運賃，役員・学長は上級の運賃。

2　急行列車及び特別急行列車を利用する揚合は，次の各号の基準による。

　(1)　急行料金　　　普通急行列車を運行する路線による出張で1回の乗車が50km以上

— 417 —

の場合

(2) 特急料金　　　特別急行列車を運行する路線による出張で1回の乗車が100km以上の場合

(3) 指定席料金　　指定席のある路線で1回の乗車が100km以上の場合

(4) 新幹線　　　　新幹線の利用が至便な出張で1回の乗車が100km以上の場合

3　鉄道運賃において，総長・役員，学長はグリーン運賃。

4　乗車運賃は，次の各号の基準により支給する。

(1) バス　　　　　乗車距離が2km以上の場合，その乗車に要する実費を支給する。

(2) タクシー料金　出張用件が急を要する場合又は他の交通機関の使用が困難な場合に限り，その実費を支給する。

5　代行，代理，待遇は各職位に含める。

6　甲地方とは，東京都（島しょを除く），大阪市，名古屋市，横浜市，京都市及び神戸市をいい，乙地方とは，その他の地域をいう。

7　宿泊で本学の施設を利用する場合は実費支給とする。

別表2

区　　　　　　分	日　当
1　勤務地より全経路で150km未満の出張の場合	無
2　勤務地より全経路で150km以上の出張の場合	定額
備考：出張において，移動日の日当は支給しない。ただし，移動日に業務が生じる場合は支給することができる。	

第14章　その他の財務関連諸規程

学校法人○○学園旅費規程（例４）

第1章　総　　則

（目　　的）

第1条　この規程は，学校法人○○学園（以下「学園」という。）の本部職員が公務のため旅行する場合の旅費に関し，その基準を定めることを目的とする。

（用語の意義）

第2条　この規程において，次の各号に掲げる用語の意義は，当該各号に定めるところによる。

　⑴　旅行命令権者とは，学園長をいう。

　⑵　所属長とは，学園の就業規則に定めるところによる。

　⑶　内国旅行とは，本邦における旅行をいう。

　⑷　外国旅行とは，本邦と外国との間における旅行及び外国における旅行をいう。

　⑸　出張とは，職員が公務のため一時在勤部署を離れて旅行することをいう。但し，学園内（学園本部と学園の設置する学校及び施設相互間等）の一時的な移動は，出張とみなさない。

　⑹　赴任とは，新たに採用された職員が，その採用に伴う移転のため，住所若しくは居所から在勤部署に旅行することをいう。

　⑺　扶養親族とは，学園の給与規程の定めるところによる。

（旅行命令等）

第3条　職員の旅行は，次に掲げる区分により旅行命令権者の発する旅行命令又は承認によって行われなければならない。

　⑴　一般出張

　　　職員が公務の遂行のため旅行命令権者の命令又は依頼を受けて旅行する場合をいい，主として職務上の調査，業務上の処理，広報宣伝活動，公的研修及び情報収集等における出張をいう。

— 419 —

⑵　引率出張

　　職員が学園で定める教育活動を実施するため，旅行命令権者の命令を受けて学生・生徒を引率して旅行する場合をいい，主として修学旅行その他学校行事として位置づけられた校外教育活動等における引率をいう。

⑶　承認出張

　　職員が前各号に該当せず，公務の遂行に直接関係なく，又は任意団体からの依頼に基づくなどの個人的事由で，旅行命令権者の承認により旅行する場合をいい，主として個人研究旅行，任意の教育活動に基づく旅行等をいう。

2　当該旅行者は，別に定める出張命令書に出張内容の詳細を記入し，事前に旅行命令権者に提出し，命令を受けなければならない。但し緊急を要する場合で，やむを得ず旅行命令権者に事前に出張命令書を提出できない場合は，当該旅行が完了した後，3日間以内に当該旅行者は旅行命令権者に提出しなければならない。

3　承認出張の承認は，あらかじめ当該旅行者は別に定める様式により，旅行命令権者の承認を得なければならない。但し緊急を要する場合で，やむを得ず旅行命令権者に事前に承認願の提出ができない場合は，当該旅行が完了した後，3日間以内に当該旅行者は旅行命令権者に提出して承認を受けなければならない。

（旅費の支給）

第4条　職員が前条第1項第1号及び第2号により出張した場合には，当該職員に対し，旅費を支給する。

2　職員が前条第1項第3号による旅行をした場合には，この規程に基づく旅費の支給は行わない。但し，別に定める規程又は規約に該当する場合は，その予算額の枠内においてこの規程を準用することがある。

3　職員が赴任する場合には，当該職員と赴任に要する費用について取り決めがあった場合に限り，旅費を支給する。

第 14 章　その他の財務関連諸規程

（旅費の種類）

第5条　旅費の種類は，鉄道賃，船賃，航空賃，車賃，日当，宿泊料，弁当料，移転料及び支度料とする。

2　鉄道賃は，鉄道旅行について，路程に応じ旅客運賃等により支給する。

3　船賃は，水路旅行について，路程に応じ旅客運賃等により支給する。

4　航空賃は，航空旅行について，路程に応じ旅客運賃等により支給する。

5　車賃は，陸路（鉄道を除く。以下同じ。）旅行について，路程に応じ1km当たりの定額又は実費額により支給する。

6　日当は，宿泊を要する旅行中の日数に応じ1日当たりの定額により支給する。

7　宿泊料は，旅行中の夜数に応じ1夜当たりの別表に定める定額又は実費額により支給する。

8　弁当料は，宿泊を伴わない旅行で，次条第4項に定めるものに関してのみ定額により支給する。

9　移転料は，赴任に伴う住所又は居所の移転について，路程等に応じ実費額により支給する。

10　支度科は，外国への出張について，定額により支給する。

（旅費の計算）

第6条　旅費は，最も経済的な通常の経路及び方法により旅行した場合の旅費により計算する。但し，公務上の必要又は天災その他やむを得ない事情により最も経済的な通常の経路及び方法によって旅行し難い場合には，その現によった経路及び方法によって計算する。

2　日当の計算は，出発日及び旅行完了日を含め旅行の区分により計算するものとし，1日当たりの定額は別表に定める。

3　学園の施設又は主催団体等の指定施設を利用した場合の宿泊料は，当該施設の規定宿泊料金相当額を支給する。但し，宿泊料金相当額に代えて，宿泊利用券を支給することがある。

— 421 —

4　就業規則で定める就業時間内の旅行（宿泊を伴わない日帰り出張等）は原則として旅行の区分を問わず弁当料の支給は行わない。但し，出張に要する時間が継続して6時間以上にわたる場合又は就業時間を超えて（就業を要しない日を含む。）相当の時間出張する場合に限り，別表に定める1回当たりの定額を支給する。

（旅費の減額）

第7条　旅費の一部が学園以外から支給される場合は，その部分についてはこの規程による旅費の支給は行わない。但し，その他の部分については支給することができる。

2　旅費は，現物支給その他の事情により定額を減ずることがある。

（旅費の請求手続）

第8条　旅費（概算払いに係る旅費を含む。）の支給を受けようとする旅行者及び概算払いに係る旅費の支給を受けた旅行者でその精算をしようとする者は，所定の請求書に必要な書類を添えて，これを当該旅行命令権者に提出しなければならない。この場合において，必要な添付書類の全部又は一部を提出しなかった者は，その請求に係る旅費額のうちから，その書類を提出しなかったためにその旅費の必要が明らかにされなかった部分の全額の支給を受けることができない。

2　概算払いに係る旅費の支給を受けた旅行者は，当該旅行を完了した後3日間以内に，当該旅行について前項の規定による旅費の精算をしなければならない。

3　第1項に規定する請求書及び添付書類の種類，記載事項及び様式等については別に定める。

（旅費の支出）

第9条　旅費の支給に関しては，所属長が行う。

（特別の事情ある場合の旅費）

第10条　特別の事情によりこの規程により難い場合の旅費は，旅行命令権者の

第14章 その他の財務関連諸規程

申し出により理事長が決裁する。

（職員以外の者の旅費）

第11条 学園の職員以外の者が，学園の出張依頼により公務を帯びて出張する場合は，この規程に基づいて旅費を支給することができる。

第2章 内国旅行の旅費

（鉄 道 賃）

第12条 鉄道賃の額は，その乗車に要する旅客運賃（以下この項において「運賃」という。）並びに次に規定する急行料金，特別急行料金及び座席指定料金による。但し，通勤乗車券の使用可能な区間の運賃は支給しない。

⑴ 急行料金を徴する客車を運行する路線による旅行をする場合には，運賃のほかその乗車に要する急行料金を，片道50km以上のものに該当する場合に限り支給する。

⑵ 特別急行料金を徴する客車を運行する路線による旅行をする場合には，運賃のほかその乗車に要する特別急行料金を，片道100km以上のものに該当する場合に限り支給する。

⑶ 座席指定料金を徴する客車を運行する路線による旅行をする場合には，運賃，第1号に規定する急行料金又は第2号に規定する特別急行料金のほか座席指定料金を，片道100km以上のものに該当する場合に限り支給する。

（船 賃）

第13条 船賃の額は，次の各号に規定する旅客運賃（はしけ賃および桟橋賃を含む，以下本条において「運賃」という。）並びに座席指定料金による。

⑴ 運賃の等級を3階級に区分する船舶による旅行の場合には，中級の運賃

⑵ 運賃の等級を2階級に区分する船舶による旅行の場合には，上級の運賃

⑶ 運賃の等級を設けない船舶による旅行の場合には，その乗船に要する運賃

⑷ 公務上の必要により別に寝台料金を必要とした場合には，前3号に規定

— 423 —

する運賃のほか，現に支払った寝台料金

⑸　第3号の規定に該当する船舶で特別船室料金を徴するものを運行する航路による旅行をする場合には，同号に規定する運賃及び前号に規定する寝台料金のほか，現に支払った特別船室料金

⑹　座席指定料金を徴する船舶を運行する航路による旅行をする場合には，前各号に規定する運賃及び料金のほか，現に支払った座席指定料金

（航空賃）

第14条　航空賃は，現に支払った旅客運賃による。

（車賃）

第15条　車賃の額は，走行距離1kmにつき別表の定額による。但し，公務上の必要又は天災その他やむを得ない事情により本規程による車賃で旅行の実費を支弁することができない場合には，実費額による。

2　実費は，全路程を通算して計算する。

3　前項の規定により通算した路程に1km未満の端数を生じたときは，これを切り捨てる。

4　学園が所有又は管理する自動車（以下「公用車」という。）を使用する場合には，車賃は支給しない。

5　職員が公務上の都合又は天災その他やむを得ない事情により公用車以外の車を使用する場合には，あらかじめ所定の車使用願により，旅行命令権者の許可を得なければならない。また事後によらざるを得ない場合は，当該旅行が完了した後速やかに車使用願を旅行命令権者に提出して許可を得なければならない。

6　バス等の公共交通機関又はタクシーを使用した場合には，その現に支払った実費を支給する。但し，タクシー，レンタカー等を使用する場合には，あらかじめ旅行命令権者の承認を受けなければならない。

（日当）

第16条　日当の額は，別表の定額による。

第14章　その他の財務関連諸規程

（宿　泊　料）

第17条　宿泊料の額は，別表の定額又は実費額による。

（弁　当　料）

第18条　弁当料の額は，別表の定額による。

2　弁当料は出張区分に基づき定める。

3　引率出張で就業を要しない日（休日等）における出張は，全日又は半日に分けて弁当料を定める。

（移　転　料）

第19条　移転料は，荷物運送料及び移転旅費に区分され，当該職員及び扶養親族に対して，次の基準により支給する。

　⑴　荷物運送料は，荷物保険を除く別表の限度額の範囲で実費額を，当該職員に対して支給する。

　⑵　移転旅費は，当該職員及び扶養親族に対し，鉄道賃，船賃，航空賃，車賃を第12条，第13条，第14条，第15条により支給する。

2　赴任の際扶養親族は移転しないが，赴任を命ぜられた日の翌日から1年以内に扶養親族が移転する場合には，前項第1号の定額の範囲内でかつ既に支給された実費額との残額の範囲内で荷物運送料を支給するほか，前項第2号の各移転旅費を支給する。

第3章　外国旅行の旅費

（本邦通過の場合の旅費）

第20条　外国旅行中本邦を通過する場合には，その本邦内の旅行について支給する旅費は，前章に規定するところによる。

（鉄　道　賃）

第21条　鉄道賃の額は，次の各号に規定する運賃，急行料金および寝台料金（これらのものに対する通行税を含む。）による。

　⑴　運賃の等級を3以上の段階に区分する路線による旅行の場合には，最上

— 425 —

級の直近下位の級の運賃

⑵　運賃の等級を2以上の階級に区分する路線による旅行の場合には，上級
　　の運賃

⑶　運賃の等級を設けない路線による旅行の場合には，その乗車に要する運
　　賃

⑷　公務上の必要により特別の座席の設備を利用した場合には，前3号に規
　　定する運賃のほか，その座席のために支払った運賃

⑸　公務上の必要により別に急行料金又は寝台料金を必要とした場合には，
　　前各号に規定する運賃のほか，現に支払った急行料金又は寝台料金

（船　　　賃）

第22条　船賃の額は，次の各号に規定する運賃及び寝台料金（これらのものに対
する通行税を含む。）による。

⑴　運賃の等級を2以上の段階に区分する船舶による旅行の場合には，最上
　　級の運賃とし，最上級の運賃を更に2以上に区分する船舶による旅行の場
　　合には，次に規定する運賃

　　　ア　最上級の運賃を4以上に区分する船舶による旅行の場合には，最上
　　　　級の2階級下位の級の運賃

　　　イ　最上級の運賃を3又は2に区分する船舶による旅行の場合には，す
　　　　べて下級の運賃

⑵　運賃の等級を設けない船舶による旅行の場合には，その乗船に要する運
　　賃

⑶　公務上の必要によりあらかじめ旅行命令権者の許可を受け，特別の運賃
　　を必要とする船室を利用した場合には，前2号に規定する運賃のほか，そ
　　の船室のために支払った運賃

⑷　公務上の必要により別に寝台料金を必要とした場合には，前3号に規定
　　する運賃のほか，現に支払った寝台料金

（航空賃及び車賃）

第 14 章　その他の財務関連諸規程

第23条　航空賃の額は，次の各号に規定する運賃による。

　(1)　運賃の等級を２以上の段階に区分する航空路による旅行の場合には，最
　　　上級の直近下位の級の運賃

　(2)　運賃の等級を設けない航空路による旅行の場合には，航空機の利用に要
　　　する運賃

２　車賃の額は，実費額による。

（日当及び宿泊料）

第24条　日当及び宿泊料の額は別表に定める。

（支　度　料）

第25条　支度料は５日間以上外国に滞在し，学生生徒の指導に当たる場合に限
　　り別表に定める定額を支給する。但し，年１回とする。

（団体の一員としての旅行の場合）

第26条　当該旅行について，団体の一員として学園が一括支払いを行った場合
　　はその部分に関し，この規程による旅費の支給は行わない。

　　附　　　則

　　この規程は，平成○年○月○日から施行する。

別表（第5条第7項，第6条第2項，第6条第4項，第15条第1項，第16条，
　　　第17条，第18条第1項，第19条第1項，第24条，第25条関係）

旅　費　定　額　表

旅費の種類	内　国　旅　行		外　国　旅　行	
	一般出張	引率出張	一般出張	引率出張
車　　　賃	1キロメートル当たり60円又は実費			
日　　　当	1日当たり 2,000円	1日当たり 4,000円	1日当たり 4,000円	7日まで1日当たり 5,000円
宿　泊　料	1夜当たり 12,000円以内 の実費	1夜当たり 12,000円以内 の実費	1夜当たり 12,000円以内 の実費	1夜当たり 12,000円以内 の実費
弁　当　料	6時間以上 1,000円． 就業時間を 超える場合 1,000円	6時間以上 平日　　1,500円 休日 （半日）1,300円 （全日）2,600円		
移　転　料	荷物運送料として100,000円以内の実費			
支　度　料				5日以上 21日間未満 20,000円 21日間以上 50,000円

［備　考］

1．車賃の定額は燃料代，償却費，任意保険料の一部を加えて算出したものである。

2．日当には平日，休日等の区別は行わない。

3．一般出張における弁当料の最高額は2,000円とし，平日，休日の区別は行わない。

第14章　その他の財務関連諸規程

2　慶弔・見舞金規程

　慶弔金の支給であるが，まず，祝い金に伴う金品の贈呈は，当該慶弔にふさわしい金品の受領については，一定の条件を満たす場合は非課税扱いとされている。

　この非課税扱いの条件としては，①雇用契約等に基づいて支給されるものであること，②結婚・出産等の祝金品の支給であること，③その金額が受給者の地位に照らして社会通念上相当と認められること，となっている。

　当該通達の趣旨は，「社会的慣行の尊重および少額非課税の原則によるもの」と，「労働協約，就業規則等の規定により，または慣習によって使用者から支給されるもの」とがあり，結婚・出産祝等の金品贈答は，広く社会的慣習として一般的に行われていることから，社会常識に照らし相当な金額のものには課税しないことになっている。

（参考）所得税基本通達

（雇用契約等に基づいて支給される結婚祝金品等）

28-5　　使用者から役員又は使用人に対し雇用契約等に基づいて支給される結婚，出産等の祝金品は，給与等とする。ただし，その金額が支給を受ける者の地位等に照らし，社会通念上相当と認められるものについては，課税しなくて差し支えない。

　また，弔慰金・見舞金については「所得税基本通達9-23」が適用されることとなっており，通常，弔慰金・見舞金の支給は，学校法人内の内規（慶弔見舞金規程）や就業規則等で定められており，労使の協定事項になっている。

　その場合，弔慰金・見舞金の支払いは雇用者の義務であって，被雇用者側に

— 429 —

は請求権が発生する。このような雇用契約に基づく給付は，労働条件の一部と解されるため，給与として課税するのが妥当となるが，前述した趣旨から，被雇用者等の「所得」とみるのは妥当でないため，一定条件の下で非課税扱いとなっている。

通達等による非課税限度額は明示されていないが，通常は，就業規則や慶弔規程等の範囲内と想定する。したがって，これを超える場合は非課税の適用がなくなり，全額課税されると推定されるので留意が必要である。

（参考）所得税基本通達
（葬祭料，香典等）
9-23　葬祭料，香典又は災害等の見舞金で，その金額が受贈者の社会的
　　　地位，贈与者との関係等に照らし社会通念上相当と認められるものにつ
　　　いては，令第30条の規定により課税しないものとする。

学校法人○○学園　慶弔・見舞金規程（例1）

第1条　この規程において職員とは，専任及び準専任職員をいい，非常勤職員とは，講師及び嘱託をいう。

第2条　次の場合には祝金を贈呈する。

⑴　職員の結婚　　○万円

⑵　子女の出生　　○万円

⑶　子女の結婚　　○万円

⑷　外部団体からの表彰その他特に必要と認める場合，常勤理事の協議により決定する金額

第3条　職員が次の場合には見舞金を贈呈する。

⑴　2週間以上の就床加療又は3日以上の入院加療　　○万円

⑵　1月以上の就床加療　　　　　　　　　　　　　○万円

⑶　3月以上の就床加療　　　　　　　　　3月ごとに○万円

第14章　その他の財務関連諸規程

第4条　職員の配偶者又は同居の一親等血族が次の場合には見舞金を贈呈する。

　⑴　1月以上の就床加療又は3日以上の入院加療　○万円

　⑵　3月以上の就床加療　　　　　　　　　　　　○万円

2　職員の非同居一親等血族の重病に関し，特殊な事情がある場合には，常勤
　理事の協議により見舞金を贈呈することがある。

第5条　職員又はその近親者の死亡の場合の弔慰金は，次のとおりとする。

　⑴　職員の死亡　　　　　　　　　　　　　　○○万円（花環及び生花）

　⑵　配偶者の死亡　　　　　　　　　　　　　○万円（花環及び生花）

　⑶　一親等血族の死亡　　　　　　　　　　　○万円（花環又は生花）

　⑷　配偶者の一親等尊属の死亡　　　　　　　○万円（同居の場合は

　　　　　　　　　　　　　　　　　　　　　　　　　　　　花環又は生花）

　⑸　上記以外で職員の同居三親等以内の親族の死亡　　○万円

第6条　非常勤職員の重病に対する見舞金，又は死亡の際の弔慰金の金額につ
　いては，常勤理事の協議によって決定する。

第7条　職員・非常勤職員又は生徒父母の住宅が火災・水害等特殊な災害を受
　け被害程度が大きい場合，又は職員の特殊な災厄に対しては，常勤理事の協
　議により見舞金を贈呈することがある。

第8条　生徒が授業及び部活動・修学旅行等正規の教育活動に直接起因する住
　所で入院加療を要する場合には，常勤理事の協議により見舞金を贈呈する。

第9条　生徒又は父母が死亡した場合の弔慰は，次のとおりとする。

　⑴　生徒○万円（花環又は生花）

　⑵　父母○万円

第10条　本学園に特に功労のあった者が重病あるいは死亡の場合には，常勤理
　事の協議により特別の見舞い又は弔慰を行うことがある。

　　附　　　則

　この規程は，平成○年○月○日から実施する。

慶 弔 等 通 知 書

承　認

年　　月　　日

事務(局)長	所属長

学校法人○○学園法人本部総務部長　殿

通知者 職名

氏名 _____ ㊞

該当者 職名

氏名 _____

以下のとおり通知いたします。

□忌　　引	続　柄	□配偶者 □実養父 □実養母 □実養子女 □祖父 □祖母 □兄 □弟 □姉 □妹 □配偶者の実養父 □同実養母	
	氏　名		
	死亡日	年　　月　　日	
	葬　儀	日　時	お通夜：　　年　　月　　日（　）　　　時
			告別式：　　年　　月　　日（　）　　　時
		場　所	（住所：　　　　　　　　　　　　　　）
		喪　主	氏名：　　　　　　　　（続柄：　　　）
□結　　婚	結婚式	日　時	年　　月　　日（　）　　　時
		式　場	（住所：　　　　　　　　　　　　　　）
□出　　産	生年月日	年　　月　　日（第　　子，性別：□ 男 □ 女）	
□傷病見舞	病名等		
	入院先	（住所：　　　　　　　　　　　　　　）	
□災害見舞	程　度	□ 家屋，家財の全焼又は全壊流失 □ 家屋，家財の半焼又は半壊流失 □ 家屋，家財の軽度の損害	
	原　因		
（添 付 書 類 等）			

〈法人本部使用欄〉

室　長	担　当

慶弔見舞金額　　　　　　　　　円

第14章　その他の財務関連諸規程

学校法人○○学園　教職員慶弔規程（例２）

第1章　通　　則

（給　付）

第1条　学校法人○○学園（以下「法人」という。）は，教職員の災厄，結婚若しくは転退職，教職員若しくはその配偶者の分娩又は教職員若しくはその家族の死亡に関し次に掲げる給付を行う。

(1)　災害見舞金

(2)　弔慰金

(3)　結婚祝金

(4)　出産祝金

(5)　餞別金

(6)　傷病見舞金

(7)　葬祭補助金

（家族の範囲）

第2条　この規程において家族とは教職員の父母，配偶者（婚姻の届出をしないが，事実上婚姻関係と同様の事情にある者を含む。以下同じ。）の父母及び子をいう。

（給付を受けるべき遺族の範囲）

第3条　第1条の規定により給付を受けるべき教職員の遺族の範囲は次の各号に掲げる者とする。

(1)　教職員の配偶者

(2)　教職員の子，父母であって教職員死亡当時主としてその収入によって生計を維持していた者

(3)　教職員の子，父母，孫及び祖父母で第2号に該当しない者

(4)　前号に掲げる者を除くほか，教職員の死亡当時主としてその収入によって生計を維持していた者

（給付を受けるべき順位）

— 433 —

第4条　教職員が死亡した場合において給付を受けるべき遺族の順位は，前条の順序とする。

（給付の制限）

第5条　一時に多数の教職員が災害救助法の規定により救助を受けるような事態の発生した時は，法人理事会の決定により支給する。

（給付の消滅）

第6条　この章に規定する給付を受ける権利は，その給付事由発生の日から1年間請求しないときは消滅する。

第2章　災害見舞金

（災害見舞金）

第7条　教職員が水震火災，その他非常災害によってその住居又は家財に損害を受けたときは，その災害の程度に応じて次の区分により災害見舞金を支給する。

⑴　住居及び家財の全部が焼失又は滅失したとき及び同程度の損害を受けたとき　　　　　　10万円以内

⑵　住居及び家財の2分の1以上が焼失又は滅失したとき及び同程度の損害を受けたとき　　5万円以内

⑶　その他の場合は損害に応じて支給する。

⑷　同一世帯に2人以上の教職員がある場合は最初の1人は全額を，他は1人につきその3割に相当する金額を支給する。

第3章　弔 慰 金

（弔慰金及び家族弔慰金）

第8条　教職員又はその家族が死亡したときは，次の区分により弔慰金を支給する。なお，教職員が死亡したときは，葬祭に当たり法人理事長名をもって花輪を供えるものとする。

第14章　その他の財務関連諸規程

(1)　教職員　　　　　　　10万円

(2)　配偶者　　　　　　　3万円

(3)　教職員の父母　　　　1万円

(4)　配偶者の父母　　　　1万円

(5)　子　　　　　　　　　1万円

第4章　結婚祝金

(結婚祝金)

第9条　教職員が結婚したときは，結婚祝金として3万円を支給する。

第5章　出産祝金

(出産祝金)

第10条　教職員又はその配偶者が分娩したときは，出産祝金として1万円を支給する。

第6章　餞別金

(餞別金)

第11条　教職員であった期間を通じて3年以上の者が転退職したときは，餞別金として3年の者に対しては3,000円を，以下満1年を増すごとに1,000円を増額し，最高を1万円までとしてそれぞれ支給する。ただし，第8条第1号の規定による給付を受ける場合は支給しない。

第7章　傷病見舞金

(傷病見舞金)

第12条　教職員が疾病，負傷，その他の事由により入院1週間以上又は就床3週間以上の療養を必要とする場合には，傷病見舞金として1万円を支給する。ただし，同一疾病の場合は1年を経過しないときは支給しない。

第８章　葬祭補助金

（葬祭補助金）

第13条　教職員が死亡した場合において，第８条第２号，３号，５号に区分する給付を受ける者がいないときは，葬祭を行った者に対し２万円の限度において，その葬祭を行うに要した費用に相当する金額を葬祭補助金として支給する。

　　附　　　則

　　この規程は，平成○年○月○日から施行する。

学校法人○○学園　慶弔見舞金規程（例３）

（目　　　的）

第１条　この規程は，学校法人○○学園に勤務する教職員に慶弔のあったとき又は傷病，災害を受けたときの祝金，弔慰金及び見舞金について定める。

２　教職員の家族又は非常勤講師等が死亡したときの弔慰金について定める。

（祝金，弔慰金等の範囲）

第２条　祝金，弔慰金及び見舞金の範囲は，次のとおりとする。

　(1)　教職員の結婚

　(2)　教職員又は配偶者の出産

　(3)　教職員の死亡

　(4)　家族の死亡

　(5)　非常勤講師等の死亡

　(6)　退職者の死亡

　(7)　教職員の傷病

　(8)　教職員の罹災

　(9)　その他必要と認めたとき

（祝金，弔慰金等の基準）

第14章　その他の財務関連諸規程

第3条　祝金，弔慰金及び見舞金の基準は，別表のとおりとする。

(1)　教職員の結婚祝金

ア　教職員が結婚したときは，別表1に定める結婚祝金を贈る。

イ　法人又は学校を代表して式に出席する場合は，別表1に定める祝金を加算することができる。ただし，教職員同士が結婚する場合は，いずれか一方に加算する。

(2)　出産祝金

教職員又はその配偶者が出産したときは，別表1に定める出産祝金を贈る。

(3)　弔慰金

ア　教職員とその家族又は非常勤講師等が死亡したときは，別表2に定める弔慰金を贈る。

イ　本学園を勤続10年以上で定年退職した者又は定年以外で勤続20年以上の退職者が死亡したときは，別表2に定める弔慰金又は供物を贈ることができる。

(4)　見舞金

教職員が罹病，受傷又は罹災したときは，別表3に定める見舞金を贈る。

(特例事項)

第4条　この規程に定めのないもの及び増額して贈る必要を認めたときは，その都度協議する。

(申請手続)

第5条　祝金，弔慰金の申請手続については，大学・短期大学教員（研究室所属職員を含む。）にあっては所属学科長等，中学・高等学校教員等の場合は教頭，事務職員，技術職員等の場合は所属課長が稟議書を作成し，法人課長に提出するものとする。

附　　則

この規程は，平成○年○月○日から施行する。

— 437 —

別表1 （祝金）

区　分	教　職　員	代表出席の場合の加算	配　偶　者
結　婚	30,000円	20,000円	
出　産	10,000円		10,000円

別表2 （弔慰金）

区　分	勤務年数	本人の死亡	配偶者の死亡	親又は子の死亡
教　職　員	20年以上	200,000円	50,000円	20,000円
	10年以上	100,000円	30,000円	
	10年未満	50,000円	20,000円	
非常勤教職員	10年以上	30,000円		
	10年未満	10,000円		
退　職　者	定　年	10,000円		
	定年以外	10,000円		

① 教職員が死亡したときは，弔慰金のほか供花2基を贈る。

② 教職員以外の者が死亡したときは，弔慰金のほかに供花1基を贈ることができる。ただし，配偶者の親又は子が死亡したときは，教職員と同居中の者に限り贈ることができる。

③ 兄弟姉妹複数の教職員の親が死亡したときは，弔慰金及び供花を重複して贈ることはない。

別表3 （見舞金）

傷病見舞金	休業1か月以上	10,000円
	引き続き6か月以上	20,000円
災害見舞金	家屋全焼，全壊，全流失	50,000円
	家屋半焼，半壊，半流失	30,000円
	家屋の床上浸水等で実情に応じて	20,000円

① 同病名で再休業したときは，傷病見舞金を重複して贈ることはない。

② 兄弟姉妹等複数の教職員が同居中に罹災したときは，災害見舞金を重複して贈ることはない。

第14章　その他の財務関連諸規程

3　法人管理規程

　法人管理規程は，学校法人が寄附行為に定めた目的及び事業を達成するために，法人の業務及び法人が設置する学校その他の事業の業務を管轄し，経営，管理するために作成するものである。

　学校法人の寄附行為は，私立学校法や学校教育法に従い，学園の大枠の法律（＝憲法のようなもの）として定めたものであるのに対し，法人管理規程は，学校法人が寄附行為で定めた規則を細則的に補う形を取っている。例えば，寄附行為では理事会，評議員会についての規定が設けられているが，実際の理事会，評議員会の運営にはもう少し詳細な規定が必要とされるからである。

　理事会や評議員会は学外の非常勤理事・評議員をも構成員としているため，常時開催するわけにはいかず，年3回程度の定時開催のほか臨時開催する場合がある。

　本規程例の他に個別に定めた規程，例えば，理事会会議規程，常務理事会設置規則等があるが，いずれの作成においても，寄附行為との整合性に留意する必要がある。万が一，寄附行為の規定と理事会会議規程等との規定が異なっているときは，まず寄附行為の規定を改正する必要があることに留意が必要である。

学校法人○○学園管理規程（例）

第1章　総　　則

（目　　的）

第1条　この規程は，学校法人○○学園（以下「法人」という。）が，当法人の寄附行為（以下「寄附行為」という。）第○章に規定する目的及び事業を達成するため，業務の執行等につき必要な管理の基本的事項を定めることを目的とす

— 439 —

る。

（定　　義）

第2条　この規程で管理とは，法人が目的及び事業を達成するために，法人の業務及び法人が設置する学校その他の事業の業務を管轄，経営，処理することをいう。

（管理の原則）

第3条　この法人は創設者の教育理念に基づき，私学の特性に鑑み，必要な諸条件の整備確立を目標として，適正にして円滑な管理を行わなければならない。

第2章　業務の決定

（法人の業務）

第4条　この法人の業務は，寄附行為第○条に定める学校の設置に必要な業務で，法人の不動産・動産の取得，維持，処分等の管理，資産の運用・保全等の管理，法人職員の人事に関する管理，学園本部の事務の管理及び補助活動事業に関する管理とする。

（業務の決定）

第5条　この法人の業務は，私立学校法第36条及び寄附行為第○条の規定に基づき，理事会の議を経て決定する。

第1節　理事会

（決議事項）

第6条　理事会において決議する事項は，寄附行為に規定するもののほか，次のとおりとする。

⑴　学校の設置，分合及び廃止

⑵　学校その他重要な施設の設置，分合及び廃止

⑶　各学校における学務に関する重要な事項

ア　学校教育に関する基本方針及び基本計画

イ　学校の課程，編成の設定及び変更

ウ　教科書その他の教材の取扱い方針

エ　学費の決定，学生・生徒の募集及び入学者選抜方針

オ　学生・生徒の表彰・懲戒の基準

カ　学生・生徒の安全・衛生，福利・厚生に関する方針

キ　学校の施設，設備，校具，教材等の整備に関する方針

(4)　役員及び職員の人事に関する重要事項

ア　副理事長，常務理事の選任及び理事の分担業務の決定

イ　常任理事の選任

ウ　学長・校長の任免

エ　大学及び短期大学部の教育職員の採用

オ　職員の定年延長，懲戒及び解雇

(5)　職員の重要な労働条件

(6)　重要な規程の制定及び改廃

(7)　重要な交渉，契約及び訴訟

(8)　重要な広報

(9)　重要な資産の取得及び処分

(10)　補助活動事業に関する重要な事項

(11)　寄附金品の募集に関する事項

(12)　その他法人の業務に関する重要な事項で，理事長が必要と認めた事項

（報告事項）

第7条　理事会には次の事項を報告する。

(1)　寄附状況

(2)　公認会計士の監査報告及び法人の財政状況

(3)　職員団体との交渉等労務に関する重要事項

(4)　入学試験及び入学者の状況

⑸　学校の施設，設備の整備及び改修の状況

⑹　重要な事業の進捗状況

⑺　その他報告を要すると認められる事項

（招集及び会議）

第8条　理事会の招集及び会議については，寄附行為に規定するもののほか，次の通りとする。

⑴　理事会は原則として毎年度5月，9月，12月及び3月定期に，及び必要があるときは臨時に，理事長が招集する。

⑵　理事長は会日の10日前までに，各理事に議案を付して通知する。ただし，緊急を要するときはその期間を短縮する。

⑶　理事会の開催は，あらかじめ監事及び顧問に通知する。

⑷　理事会は公開しない。

（決　議　録）

第9条　議長は，法人の事務所に次の事項を記載した理事会の決議録を備える。

⑴　日時及び場所

⑵　出席者の氏名及び出欠状況

⑶　議　案

⑷　議事の経過及び結果

2　決議録には議長のほか，当日出席した理事が記名押印する。

第2節　評議員会

（諮問事項）

第10条　理事長は，寄附行為に規定する事項については，あらかじめ評議員会の意見を聞かなければならない。

2　理事長は前項に規定する事項のほか，必要と認める事項について，評議員会の意見を聞く。

（報告事項）

第14章　その他の財務関連諸規程

第11条　評議員会には，第7条に規定する事項のうち，理事長が必要と認めた事項を報告する。

（招集及び会議）

第12条　評議員会の招集及び会議については，寄附行為に規定するもののほか，次の通りとする。

　(1)　評議員会は原則として毎年度5月及び3月定期に，及び必要があるときは臨時に，理事長が招集する。

　(2)　理事長は会日の10日前までに，各評議員に議案を付して通知する。ただし，緊急を要するときはその期間を短縮する。

　(3)　評議員会の開催は，あらかじめ監事及び顧問に通知する。

　(4)　評議員会は公開しない。

（決議録）

第13条　議長は，法人の事務所に次の事項を記載した評議員会の決議録を備える。

　(1)　日時及び場所

　(2)　出席者の氏名及び出欠状況

　(3)　議　案

　(4)　議事の経過及び結果

2　決議録には議長のほか，当日出席した評議員のうち，議長の指名した決議録署名人2人が記名押印する。

第3章　業務の執行

（業務の執行）

第14条　法人の業務は，理事会の決議に基づき理事がこれを執行する。

（理事長）

第15条　理事長は，法令及び寄附行為に規定する職務を行い，法人全体の事務を総括し，法人の行う業務について，法人を代表する。

2　理事長は，前項の規定によるほか次の職務を執行する。

⑴　理事会及び評議員会に対する議案を作成し，及び提出すること。

⑵　法人及び法人の設置する学校及び事業の管理職以上を任免すること。

⑶　就業規則に基づく職員の任用，服務，給与，分限等の人事を行うこと。

⑷　法人及び法人の設置する学校及び事業の職員を指揮，監督すること。

⑸　常務会を主宰すること及び常務会に関する細則を定めること。

⑹　委任業務を処理すること。

（副理事長）

第15条の2　副理事長は，理事会の議を経て理事長が任命する。副理事長の職を解任するときも，同様とする。

2　副理事長は，理事長を補佐する。

（専務理事）

第15条の3　専務理事は，常勤理事の中から理事長が任命する。専務理事の職を解任するときも，同様とする。

2　専務理事は，理事長を補佐する。

（常務理事）

第16条　常務理事は理事長を補佐し，次条第2項の規定により法人の事務を分担するとともに，理事長から委任された事項について理事長の職務を代行する。

（理　　事）

第17条　理事長である理事以外の理事は理事長を補佐し，法人内部の事務を分担する。

2　理事の分担する事務は次の通りとし，理事会で決定する。

⑴　理事のうち1名は学長，1名は校長とする。

⑵　その他の理事は，第4条で定める法人の管理業務を分担する。

3　理事の分担事務における任期は，前項第1号学長については4年，同号校長及び第2号については2年とし，再任することができる。ただし，前項第

第14章　その他の財務関連諸規程

　1号については理事の3分の2以上の同意を得なければならない。

（常務理事会）

第18条　法人の業務を適正かつ能率的に執行するため，常務理事会を置く。

2　常務理事会は，理事長，専務理事及び常務理事をもって組織する。

3　常務理事会には，前項に規定する理事のほか，理事長が指名する者が出席

　する。

（常務理事会の協議事項）

第19条　常務理事会は，次の事項について協議する。

　(1)　業務執行に関する重要な事項

　(2)　理事の担当業務について報告，連絡及び調整を要する事項

　(3)　業務の企画及び立案に関する事項

（常務理事会の開催）

第20条　常務理事会は原則として毎月1回開催する。ただし，理事長が必要と

　認めたときは臨時に開催することができる。

2　常務理事会の会議，議事録の作成・保管その他の庶務は，学園本部が担当

　する。

（委員会等）

第21条　法人の業務執行に当たり必要のある場合には，委員会その他の機関を

　設けることができる。委員会等の設置，運用に関する事項はその都度理事長

　が定める。

第4章　業務の監査

（内部監査）

第22条　法人の内部統制と事務の能率向上をはかるため，内部監査を行う。

2　内部監査は，別に定める内部監査規程により実施する。

（監　　事）

第23条　監事は寄附行為第○条に定める職務を行うほか，理事会に出席して意

見を述べることができる。

2　監事のうち1名は常任監事とする。

3　常任監事は，理事会の議を経て理事長が任命する。

（監査会）

第24条　法人業務の監査を行うに当たり，必要がある場合には，監査会を開くことがある。

2　監査会は，監事が法人の財産の状況及び理事の業務執行の状況を監査するものとする。

3　常任監事は内部監査を総理し，適時学園において会計処理の適正化を図る。

第5章　学園本部

（学園本部）

第25条　法人の業務を処理するために学園本部を設ける。

第1節　学園本部の組織，職制，職務及び職員

（組　織）

第26条　学園本部に，秘書広報室，開発・情報管理室，法人本部室，その他必要に応じ特設の室を設置する。

2　特設の室は，期限を付して設置することができる。

3　各室の業務及び運営に関する規程は，第34条に定める。

4　理事長は，必要と認めたときは，学園本部の事務の一部を，法人が設置する学校の学長又は校長に委任することができる。

5　前項の規定により，学長又は校長に委任する事務の範囲その他必要な事項は，その都度理事長が定める。

（職制・職務及び任免）

第27条　学園本部に，学園長，学園本部長，室長等の管理職のほか，専門職として参事及び事務処理のための職員を置く。

第14章 その他の財務関連諸規程

2 学園長は，学園の建学の精神に基づき，学園本部及び学園の設置する各学校を統督し，学園本部長及び各学校長に指導，助言を行う。

3 学園本部長は，学園本部の事務を統括し，所属職員を指揮監督し，業務命令を下す。

4 室長は，学園本部長の命を受け，所轄の事務を統括するほか，所属職員に対する指導及び助言を行う。

5 参事及び職員は，室長の命を受け，それぞれ事務，技術，技能等定められた職務に従事する。

6 業務の都合により，学園本部に臨時的に嘱託又は非常勤の職員を置くことができる。

（本　部　会）

第28条　学園本部の事務を適正かつ能率的に処理するために，臨時本部会を開催することができる。

2 本部会は，学園長，学園本部長，室長及び参事をもって組織する。

3 本部会の議事録の作成，保管等は法人本部室が担当する。

（職　　　員）

第29条　職員は職制に従い，それぞれ事務，技術，技能等定められた職務に従事する。

2 職員は，労働組合法第3条に規定する労働者とみなされる。

第2節　事務の処理

（事務処理の原則）

第30条　法人の事務は，すべて次の原則によって処理するものとする。

(1) 職制は常に統一を保ち，これを紊してはならない。ただし，緊急即決を要する事項又は定例のある事項は担当者が専決し，事後所属長の承認を受けるものとする。

(2) 各担当は相互に関連のある業務については，進んで協調するものとする。

⑶　職務権限を超える事項については所属長の承認を求め，又は稟議により決裁を受けるものとする。

⑷　事務の処理は職制の系統に従い，所管事項のうち重要な事項を処理したときは，所属長に報告するものとする。

（決　　裁）

第31条　学園本部の事務は理事長が決裁する。ただし，補佐機関に専決させることがある。

2　理事長の決裁を要する事項及びその手続き等については，別に定める稟議規程による。

（公印・文書）

第32条　公印・文書の種類，取扱及び保管については，別に定める公印取扱規程及び文書取扱規程による。

（経理業務の処理）

第33条　法人の経理業務の処理については，別に定める経理規程による。

第3節　事務の分掌

（学園本部の事務分掌）

第34条　秘書広報室は，次の事務を処理する。

（秘書担当）

⑴　理事長の秘書業務に関すること

⑵　理事長室，秘書広報室の管理，整頓，清掃に関すること

⑶　理事長捺印簿，学園捺印簿に関すること

⑷　理事長，秘書広報室長に対する電話対応に関すること

⑸　理事長，秘書広報室長の来客の接待に関すること

⑹　理事長室，秘書広報室の書類整理，管理，保管に関すること

⑺　法人及び法人の設置する学校への連絡調整

⑻　その他，理事長より指示された事項

第 14 章　その他の財務関連諸規程

（広報担当）

(1)　学園全体及び法人の設置する学校の広報企画，調査及び総括

(2)　法人の設置する学校の広報，広告，宣伝等に関すること

(3)　法人の広報誌，出版物の企画，編集，出版に関すること

(4)　法人の設置する学校の刊行する出版物の企画，編集，出版に関すること

(5)　駅看板，電車内広告等に関すること

(6)　コミュニケーションボードに関すること

(7)　業者の選定，見積，契約，支払いに関すること

(8)　学園の写真，録音，ビデオ，映画フィルム等の記録，刊行物及び資料の整備，保管に関すること

(9)　その他広報に関すること

（国際交流センター）

(1)　法人及び法人の設置する学校の国際交流及び国際教育振興に関すること

(2)　海外教育機関との教育業務委託，姉妹提携，交流に関すること

(3)　海外短期留学，海外セミナー，海外視察等のプログラムの作成，連絡調整に関すること

(4)　法人の設置する学校との連絡，調整に関すること

(5)　通訳，翻訳に関すること

(6)　業者との折衝，見積，支払いに関すること

(7)　国際交流及び国際教育振興に関する出版物の企画，編集，出版に関すること

(8)　その他国際交流に関すること

2　開発・情報管理室は，次の事務を処理する。

（開発担当）

(1)　法人の事業の開発及び企画に関すること

(2)　記念館の運営に関すること

(3)　固定資産の取得，管理及び処分に関すること

— 449 —

⑷　不動産の登記に関すること

⑸　施設，設備，備品の調達，改造，貸与及び処分に関すること

⑹　損害保険及び公租・公課に関すること

⑺　物件の購入，保管及び検査に関すること

⑻　その他理事長の特命に関すること

（情報担当）

⑴　電算機等情報関連機器の技術的処理に関すること

⑵　情報管理及び機密保持に関すること

⑶　OA関係機器の購入，維持，保全及び処分に関すること

⑷　その他理事長の特命に関すること

（事業担当）

⑴　補助活動事業に関する運営及び企画に関すること

⑵　保養所及び研修施設の営業及び宣伝に関すること

⑶　保養所及び研修施設の予算及び決算に関すること

3　法人本部室は，次の事務を処理する。

（総務担当）

⑴　経営方針，経営計画の企画，立案に関すること

⑵　理事会，評議員会その他諸会議に関すること

⑶　役員の人事及び庶務に関すること

⑷　組織，制度の制定及び改廃に関すること

⑸　諸規則の制定及び改廃に関すること

⑹　職員の採用計画，人事及び研修に関すること

⑺　職員の就業管理及び服務規律に関すること

⑻　役員及び職員の報酬・給与・退職金に関すること

⑼　職員の福利厚生及び慶弔に関すること

⑽　労働組合に関すること

⑾　諸式・行事及び学校との連絡調整に関すること

第14章　その他の財務関連諸規程

⑿　重要文書・機密文書及び公印の管理に関すること

⒀　一般文書の取扱及び稟議書の進達に関すること

⒁　重要な契約，訴訟，登記，登録及び届出に関すること

⒂　官庁，団体との折衝，受付，渉外及び寄付に関すること

⒃　統計・調査及び法人広報に関すること

⒄　他の室の事務に属さないこと

（財務担当）

（1）　予算及び決算に関すること

（2）　経理関係票の作成，記録及び管理に関すること

（3）　経理手続きの制定及び改廃に関すること

（4）　経理統計及び月報の作成に関すること

（5）　税務に関すること

（6）　資金計画及び資金の調達に関すること

（7）　金融資産の管理，運用及び有価証券に関すること

（8）　補助金，助成金，寄付金，委託金等に関すること

（9）　現金，預金，小切手の出納管理に関すること

⑽　設備関係費，物件費及び諸経費の需給計画に関すること

第6章　補　　則

（規程の改廃）

第35条　この規程の改廃は，理事会の決議による。

（細則の制定）

第36条　この規程の運用について必要のある場合には，理事長の承認を得て細則を定めることができる。

附　　則

この規程は，平成○年○月○日から施行する。

— 451 —

4　稟議規程

　官庁では起案書という名称で呼ぶことが多いようであるが，企業でも学校法人でも，稟議書という名称の他に，起案書，立案書，企画書などという名称が用いられている場合もある。ここでは稟議書という名称を用い，規程例を紹介することとした。

　稟議及び稟議書は，組織の意思決定に用いられる一つの方法である。通常，組織の意思決定は，原則として理事会の決議によって行われるが，理事会の開催は，非常勤理事等各理事者の日程調整等が必要な場合があり，時間や費用がかかる。そのため，日常的に発生する簡易な決裁等は，各部門単位で決裁権者を定めて一任することが多い。また，最終的な決裁権者にすべての判断を求めることは，個々の案件について考慮・審査が疎かになるおそれがある。

　そこで，決裁前に決裁内容に関係する部門の長が承認していれば，決裁後の業務執行も円滑に行われる。また，決裁権者が決裁する前に，多数の者を関与させることにより，慎重に考慮し審査する仕組みが稟議である。

　このように，決裁を求める文書を関係者（関係部署）に回議し，承認したことを示す印を捺した稟議書が作成される。最終的な決裁権者は，回議先での意見形成と決裁内容が承認されていることを確認し，組織としての最終的な意思決定が行われることとなる。

　作成すべき文書には，意思決定に関する文書，事務的文書，事業の実績に関する文書等がある。意思決定に係る文書は，最終的な意思決定のみがわかるのではなく，必ず経過・過程を跡付け，検証できるよう作成する。また，事務的文書，事業の実績に関する文書等は，事務及び事業の実績を合理的に跡付け，検証できるよう作成することが望ましい。

　なお，組織において意思決定に至るまでの過程は文書の形で記録に残すことが望ましい。昨今，電子メール決裁等が流行りのようであるが，メール決裁を

経たとしても，最後は回議承認を経た稟議書（紙媒体）を残すことが重要である。

学校法人○○学園稟議規程（例）

第1章　総　　則

（目　　的）

第1条　この規程は，法人の稟議事項及び稟議の手続きについて定め，業務の円滑な推進を図ることを目的とする。

（定　　義）

第2条　稟議とは，稟議者がその主管事項のうち職務権限を超える事項（以下「稟議事項」という。）について，所定の手続きにより理事長の決裁を受けることをいう。

（稟議の原則）

第3条　稟議事項は，原則として決裁の前に実施してはならない。やむを得ない場合に，口頭，電話，電子メール等で承認を得て着手した事項並びに理事長の指示により実施した事項であっても，事後直ちに稟議しなければならない。

2　稟議は，すべて定められた手続きに従い，別に定める様式により行わなければならない。

（稟議事項）

第4条　稟議事項は，別表の通りとする。

2　理事会の決議事項に該当する事項は，その案について，稟議事項に準じて予め理事長の決裁を得るものとする。

（決　裁　者）

第5条　稟議は，理事長が決裁する。

2　理事長は，学園本部の各室長，学長及び校長に稟議の決裁を一部委任することができる。

— 453 —

第2章　起　　案

（稟議者）

第6条　稟議者は，学園本部の各室，学校及び事業体の長とする。

（起案前の打合わせ）

第7条　稟議者は，起案に当たってはその案件の内容を充分に調査，研究し，必要あるときは直接関係ある部門と打合わせを行うものとする。

（起案の要請）

第8条　主管の業務でない事項について，稟議の必要を認めた部門の長は，その事項を主管する稟議者に起案を要請することができる。起案の要請を受けた稟議者は，その要請を妥当と認めたときは，速やかに起案しなければならない。

（稟議書に記載する事項）

第9条　稟議者は，稟議書に次の事項を明確に記載し，正本1部を進達者に提出する。ただし，学校及び事業体より稟議する場合は，正本1部を進達者に提出し，控1部を保管する。

(1)　起案年月日

(2)　起案番号

(3)　起案者の職名，氏名

(4)　秘又は緊急扱いの必要ある場合はその指定

(5)　件名及び稟議の内容

(6)　起案理由，目的及び実施により期待する効果

(7)　金銭の支出を伴う稟議には，その見積額，予算との関係，勘定科目の指定，支払い条件（仕様書，見積書及び必要な図面等を添付）

(8)　実施する時期

(9)　他の稟議と関係のあるものは，その関係稟議の起案番号

(10)　その他特に必要と認めた事項

（起案者）

第14章　その他の財務関連諸規程

第10条　稟議者は，所属の職員に稟議書の起案を行わせることができる。

第3章　進達及び回議

（進　　達）

第11条　進達とは，提出された稟議の受理，回議，上申などの手続きをいう。

（進達者）

第12条　進達者は，学園本部の総務を主管する室長とする。

（受　　理）

第13条　進達者は，受け付けた稟議書を次の通り処理する。

　(1)　起案の内容が稟議事項に適合するものであるか，形式上不備な点がない
　　　かを審査し，軽微な不備を認めたときは稟議者に照会し，了解を得て修正
　　　する。修正の不可能な稟議書は，理由を添えて稟議者に返戻する。

　(2)　完備した稟議書は，受理し，稟議台帳に登録する。

　(3)　受理手続きを終えた稟議書は，速やかに回議先に回付する。

（回　　議）

第14条　回議とは，稟議の内容に直接関係のある部門の長，学園本部でその稟
　　　議事項を主管する室長及び担当参事（以下「回議者」という。）に回議書を回付
　　　し，その意見を求めることをいう。

（回議者）

第15条　回議者は，稟議者が指定する。進達者は回議者を追加し，又は削除す
　　　ることができる。

（回議の順序）

第16条　稟議書は，その稟議の内容に最も関係の密接な回議者から順に回付す
　　　るものとする。

（回議者の審査）

第17条　回議者は，回付された稟議書を主管業務の立場から，その責任と権限
　　　の範囲内で審査し，意見を付し，次の回議者に回付する。

— 455 —

（回議中の内容変更及び稟議の取り下げ）

第18条　回議中に稟議者が稟議の内容を変更し又は稟議を取り下げようとする

　　ときは，進達者に対して文書により通知しなければならない。この場合，進

　　達者は既に回付の終わった回議者に対してその旨通知するものとする。

（回議の促進）

第19条　回議者は，回付された稟議書の審査を迅速に行わなければならない。

２　回議者が不在のため審査が遅滞するおそれのある場合には，進達者が回議

　　者の代理者と認める者に審査を行わせることができる。

３　秘又は緊急扱いの稟議書は回議を省略し，必要に応じて事後回覧すること

　　ができる。

第4章　決　　裁

（決　　裁）

第20条　回議の終わった稟議書は，進達者から決裁者に上申して決裁を受ける。

（決裁の形態）

第21条　決裁の形態は，次の通りとする。

　⑴　承　　認　原案又は修正案の通り承認する。

　⑵　修正承認　原案又は修正案の一部を修正して承認する。

　⑶　保　　留　決裁を一時延期する。

　⑷　否　　認　否認する。

（決裁の通知）

第22条　稟議が決裁されたときは，進達者は速やかに稟議者に通知しなければ

　　ならない。この場合，学校及び事業体起案の稟議については，進達者は決裁

　　通知書を発行し，稟議書（写）とともに，学校及び事業体に送付する。

２　修正承認，保留及び否認の場合には，その理由を付して通知するものとす

　　る。

（決裁の効力）

第14章　その他の財務関連諸規程

第23条　決裁の効力は進達者が決裁の通知を行った日に発生するものとする。

2　決裁後3カ月又は稟議事項の実施を予定した年度の末日の，いずれか長い期間を経過しても着手しない場合には，決裁は効力を失う。

第5章　報告及び保管

（決裁事項の実施報告）

第24条　稟議者は，決裁事項のうち特に重要と認められるもの又は決裁者の指示によるものは，その実施結果について，決裁者に報告しなければならない。

（稟議書の保管）

第25条　決裁を終わった稟議書は，次のとおり保管する。

　(1)　学園本部の保管

　　ア　学園本部起案の稟議は，学園稟議書綴に一括保管する。

　　イ　学校及び事業体起案の稟議は，学校及び事業体別の稟議書綴に，稟議書（正）に決裁通知書（写）を添付して保管する。

　(2)　学校及び事業体の保管

　　　稟議書（写）に決裁通知書（正）を添付して起案部署で一括保管する。

（規程の改廃）

第26条　この規程の改廃は，理事会の決議による。

　　附　　　則

　この規程は，平成○年○月○日から施行する。

稟 議 事 項

No. 1

No.	項　　　目	稟　　議　　事　　項	備考
1	経営方針，経営計画	(1)経営方針，経営計画の決定及び変更	
		(2)重要な経営方針，経営計画の発展	
2	理事会，評議員会	理事会，評議員会の招集，議案及び議事録の決定	
3	役員の人事，報酬等	(1)副理事長，常務理事の任免及び理事の分担業務の決定	
		(2)役員の報酬，賞与，退職慰労金，功労金及び特別功労金の決定	
4	組織，制度	組織，制度，業務分掌及び執行基準の制定及び改廃	
5	諸規程	重要な規程の制定及び改廃	
6	職員の採用，人事，服務，研修	(1)定員又は標準人員の決定	
		(2)職員の募集，採用計画の決定	
		(3)学長，校長の任免	
		(4)大学及び短期大学部の教育職員の採用	
		(5)職員の採用，配置，異動，昇進，降格，人事考課，休職，復職，定年及び退職の決定	
		(6)職員の定年延長，懲戒及び解雇	
		(7)職員の海外出張及び留学の決定	
		(8)職員の教育事業，事務，私企業への関与の承認	
		(9)職員の教育，研修計画の決定	
7	職員の給与，賞与，退職金	(1)職員の給与改定及び重要な労働条件の決定	
		(2)職員の賞与及び退職金の基準の決定	
8	福利厚生，慶弔	(1)職員の福利厚生計画の決定	
		(2)役員の慶弔見舞の決定	
9	労働組合	労働組合との交渉及び労働協約の締結	
10	諸式，行事	重要な諸式，行事の計画の決定	
11	交渉，契約，訴訟，登記	(1)重要な交渉，契約及び訴訟の決定	
		(2)登記の承認	
12	申請，願，届	重要な申請，願及び届出の承認	
13	諸団体	(1)重要な団体等への加入及び脱退の承認	
		(2)私学団体に関する重要な事項の決定	
14	事業計画，予算決算	(1)事業計画の決定及び変更	
		(2)予算の決定及び変更	
		(3)決算処理上の重要事項の決定	

第14章　その他の財務関連諸規程

No. 2

No.	項　　目	稟　議　事　項	備考
15	資金計画	(1)資金の調達及び運用方針の決定	
		(2)長期資金の借り入れの決定	
		(3)資金募集計画の決定	
16	固定資産	(1)重要な資産の取得及び処分の決定	
		(2)一件50万円を超える固定資産の取得及び処分の決定	
17	寄附金	寄附金品の募集	
18	金融機関	取引金融機関の決定及び変更	
19	予算の執行	(1)予算内支出で，一件50万円を超えるもの。ただし下記を除く	
		①既契約に基づく支払い	
		②電話料，電気料，水道料，ガス代，コピーパフォーマンスチャージ，共済掛金，労働保険料	
		(2)予算外支出及び予算超過の支出	
20	収益事業	(1)収益事業に関する重要な事項の決定	
		(2)保養所及び研修施設運営の重要事項の決定	
		(3)諸税の申告の承認	
21	広報，広告，宣伝，出版	(1)広報，広告，宣伝，出版方針，計画の決定及び変更	
		(2)重要な広報，広告，宣伝及び出版の決定	
22	寄附，寄贈	重要な寄附，寄贈及び付届の決定	
23	記録，資料	重要な記録，資料の編さん，収集方針の決定	
24	情報処理	(1)学園内情報処理方針，計画の決定及び変更	
		(2)情報処理に関する研修，指導計画の決定	
		(3)一件50万円を超えるOA関係機器の購入及び処分	
25	開発，企画	(1)学校の設置，分合及び廃止	
		(2)学校その他重要な施設の設置，分合及び廃止	
		(3)学園全体の施設，設備計画の決定	
26	学事	(1)学校教育に関する基本方針及び基本計画の決定及び変更	
		(2)学校の課程，編成の設定及び変更	
		(3)教科書その他の教材の取扱い方針の決定及び変更	
		(4)学費の決定，学生・生徒の募集及び入学者選抜方針の決定及び変更	
		(5)学生・生徒の表彰，懲戒の基準の決定及び変更	

— 459 —

No. 3

No.	項　　目	稟　　議　　事　　項	備考
27	その他	(6)学生・生徒の安全衛生，福利厚生に関する方針の決定及び変更 (7)学校の施設，設備，校具，教材等の整備に関する方針の決定及び変更 (8)学生・生徒の奨学金，特待生制度の決定及び変更 (1)法人の業務に関する重要な事項で，理事長が必要と認めた事項 (2)稟議決済を受けた事項の重要な内容の変更又は不履行の承認 (3)例規のない重要な事項の決定	

（注）下線は理事会決議事項。

第14章　その他の財務関連諸規程

稟　議　書

（様式）

		発　送　区　分	速達　・　普通　　メール便		
		起　案　番　号	○発　　第○—○号		
受付年月日	年　　　月　　　日	起　案　年　月　日			
決裁年月日	年　　　月　　　日	起　案　者　名			㊞
決　裁　区　分	1．　承認　　　　2．　修正承認　　3．保留　　　4．否認				

理事長	常務理事	事務局長	部長	課長	係長	意見がある場合は※欄にその旨を記入すること
㊞	㊞	㊞	㊞	㊞	㊞	

（件名）

理由又は趣旨		予算額（又は支払額）
		円
実施時期		

回議者付記事項	修正承認，保留，否認の場合その理由
※	※

（注）　稟議書には，必要な証憑書類を添付すること。

— 461 —

5 公印取扱規程

　学校法人における公印には，理事長印，学校印（部門単位で例えば幼稚園，小学校，中学校，高等学校，大学等），銀行印，PTA会長印，後援会長印，同窓会長印等，様々な種類の公印が存在し，用途により字句，形状，寸法，書体，保管者及び個数が異なることがある。

　このように種々の公印を適正に管理・使用するに当たって，公印を主管する部署を定め，いつ，だれが，どのような文書に公印を使用したかを公印使用簿等に記録する方針及び手続を定めたものが公印取扱規程である。

　公印は法人の花押であるので，粗末に取り扱ってはならない。

学校法人○○学園公印取扱規程（例１）

（趣　　旨）

第１条　この規程は，学校法人○○学園における公印の保管，使用その他公印に関し，必要な事項を定めるものとする。

（公印の名称等）

第２条　公印の名称，寸法，ひな形，使用区分，管理者及び管理代理者は別表のとおりとする。

（公印の保管）

第３条　管理者は，その管理する公印を常に金庫に納め錠を施す等の方法により確実に保管しなければならない。

（公印の管理代理者）

第４条　管理者，管理代理者双方とも不在で，緊急やむを得ない場合は，管理者及び管理代理者は，公印管理代理者（以下「代理者」という。）を定め公印の保管，使用その他関係事務を処理させることができる。

（公印の使用）

第14章　その他の財務関連諸規程

第5条　管理者は，公印の押印を求められたときは，押印しようとする文書と決裁文書の提示を求め，照合の結果公印を押印することが適当であると認めたときは，押印しようとする文書に明瞭かつ正確に押印しなければならない。

2　第1項の場合において，公印の押印を求める者は，様式第1号の公印捺印簿に必要事項を記載し管理者に提出する。

3　管理者が不在の場合，管理代理者は，管理者の公印捺印業務を代行する。

4　管理者不在の時に使用された捺印簿は，後日捺印簿使用者が管理者に提出し，承認を得るものとする。

5　公印の押印は勤務時間中とする。ただし，あらかじめ管理者の承認を受けた場合は，この限りでない。

（事前押印及び印影印刷）

第6条　公印を事前に押印することを必要とするとき又は公印の印影若しくはその縮小したものを印刷しようとするときは，管理者の承認を得なければならない。

2　前項により事前に押印し，又は印影を印刷した用紙等は厳重に保管し，常にその受け払いを明確にし，不用となったときは当該用紙を溶解又は裁断処分しなければならない。

（公印の事故届）

第7条　公印に関し，盗難，紛失，損傷その他の事故が生じたときは，様式第2号の公印事故届を管理代理者が作成し速やかに理事長に提出しなければならない。

（公印の新調，改刻又は廃止）

第8条　公印の新調，改刻又は廃止は，理事長が行うものとする。

2　管理代理者は，公印を新調，改刻又は廃止する必要があると認めたときは，様式第3号の公印新調（改刻，廃止）申請書を理事長に提出しなければならない。

3　管理代理者は，公印を廃止（改刻による廃止を含む。）したときは，不用と

なった旧公印を理事長に引き継がなければならない。

4　理事長は廃止した公印を廃止した年度の翌年度から起算して３年間保存した後廃棄するものとする。

（公印台帳）

第９条　法人本部室長は，様式第４号の公印台帳を備え，公印の新調，改刻又は廃止のあったつど必要な事項を記載し整理しておかなければならない。

（印鑑証明書の取扱い）

第10条　印鑑証明書の交付申請を行うときは，様式第５号の印鑑証明書授受管理簿に使用目的，通数等を記載し，管理代理者の承認を受けなければならない。

2　申請時使用した印鑑カードは，使用後直ちに管理代理者に返却しなければならない。

3　印鑑証明書を使用するときは，印鑑証明書授受管理簿に使用目的，使用通数等を記載し，管理代理者の承認を受けなければならない。

4　印鑑カード及び未使用の印鑑証明書は管理代理者が保管する。

（公印の保管等の調査）

第11条　理事長は必要があると認めたときは，公印の保管，使用その他公印に関し調査するものとする。

（規程の改廃）

第12条　この規程の改廃は理事長が行う。

　　附　　　則

　この規程は，平成○年○月○日から施行する。

別表（第2条関係）

名称	寸法 (mm)	ひな形	使用区分	管理者	管　理 代理者
角　印 　学校法人○○学園 　理事長の印	方 24		一般文書 理事長名 公文書一般 契約書(重要) 辞令	理事長	法人本部 室　　長
丸　印 　同　　上	直径 18		印鑑証明 法務局 銀行支払い	理事長	法人本部 室　　長
角　印 　同　　上	方 23		源泉徴収票 同　合計表 同封書類 　　発送案内 共済積立金 　　預金申込 財形申込 グループ 　　保険申込 労災，雇用 　　保険書類 施設貸与 　　許可書 決済済契約書 　　(軽易) 統計・ 　調査表類	法人本部 室　　長	法人本部 次　　長

様式第1号（第5条関係）

			公 印 捺 印 簿					
月日	件　　　名	稟議№	内容又は金額	捺印数	請求者印	代理者印	承認印

第14章　その他の財務関連諸規程

様式第2号（第7条関係）

第　　　　号
年　　月　　日

学校法人○○学園 理事長 殿

　　　　　　　　　　管理代理者
　　　　　　　　　　職　　氏名　　　　　印

公 印 事 故 届

　　　次のとおり公印に事故があったので，お届けいたします。

公印の名称，寸法	
事 故 発 生 年 月 日	
事 故 の 内 容	
事故処理のてん末	
そ の 他 必 要 事 項	

— 467 —

様式第３号（第８条関係）

<table>
<tr><td colspan="2" style="text-align:right">第　　　　号
年　　月　　日</td></tr>
</table>

学校法人○○学園 理事長 殿

職　　　　氏名　　　　　　印

公 印 新 調（改 刻，廃 止）申 請 書

次のとおり公印の新調，（改印，廃止）を申請します。

名　　　　称		使用区分	
寸 法 お よ び ひ な 形 見 本			
理　　　　由			
使用開始(廃止) 予 定 年 月 日			

第14章　その他の財務関連諸規程

様式第4号（第9条関係）

<table>
<tr><td colspan="2" align="center">公　印　台　帳</td></tr>
<tr><td colspan="2" align="right">整　理　番　号</td></tr>
<tr><td colspan="2" align="center">（印　　影）
新 調 時 の 印 影　　　　　　　　廃 止 時 の 印 影</td></tr>
<tr><td>名　　　　　称</td><td></td></tr>
<tr><td>寸　　　　　法</td><td></td></tr>
<tr><td>使　用　区　分</td><td></td></tr>
<tr><td>保　管　所　掌　名</td><td></td></tr>
<tr><td>管　理　者　職　名</td><td></td></tr>
<tr><td>使 用 開 始 年 月 日</td><td></td></tr>
<tr><td>廃 止(改刻)年 月 日</td><td></td></tr>
<tr><td>備　　　　　考</td><td></td></tr>
</table>

様式第５号（第10条関係）

印 鑑 証 明 書 授 受 管 理 簿 （　　　　　年度）						
月	日	通　　数			取扱者印	代理者印	使 用 目 的 ・ 使 用 先 等
		申請	使用	残高			

第14章　その他の財務関連諸規程

学校法人○○学園公印取扱規程（例２）

（目　　的）

第１条　この規程は，学校法人○○学園の公印及びその取扱いに関して，必要な事項を定めることを目的とする。

（定　　義）

第２条　この規程において「公印」とは，業務上作成された文書に使用する印章で，これを押印することにより当該文書が真正なものであることを認証するためのものをいう。

（公印の種類）

第３章　公印の種類は，次の各号に掲げるとおりとする。

　(1)　第１種公印

　　ア　法人印　　　イ　理事長印

　(2)　第２種公印

　　ア　学校印　　　イ　校長印　　　　ウ　事務（局）長印

　(3)　第３種公印

　　ア　辞令に使用する専用の法人印又は理事長印

　　イ　学費，小切手等に使用する専用の法人印又は理事長印

　　ウ　卒業証書，賞状等に使用する専用の学校印及び校長印

（公印の様式）

第４条　公印の様式は別表のとおりとする。（※掲載略）

（公印の保管）

第５条　公印の管理責任者（以下「管理責任者」という。）は，事務（局）長とする。

２　管理責任者は，必要に応じて，公印管理代理責任者（以下「代理責任者」という。）を定め，公印の保管，使用その他関係事務を処理させることができる。

３　管理責任者又は代理責任者は，その保管に属する公印を公印箱に収めて保管し，使用しないときは，これを金庫その他確実な保管設備のあるものに格納し，かつ，施錠しておかなければならない。

－471－

（公印の使用）

第6条　管理責任者又は代理責任者は，公印の押印を求められたときは，押印すべき文書と決裁文書の提示を求め，照合の結果，公印を押印すべきものと認めたときは，当該文書に明瞭，かつ，正確に押印するものとする。

2　管理責任者又は代理責任者は，公印の押印について，やむを得ない理由があるときは，当該公印の押印を求めた者に，これを補助させることができる。

（公印の作成・改廃）

第7条　公印を作成し，又は改廃しようとするときは，それぞれの申請書により，管理責任者が理事長の決裁を経て行う。

2　廃止した公印は，廃止した年度から起算して3年間保存したのち，管理責任者が理事長の承認を経て廃棄するものとする。

（公印の登録）

第8条　公印を作成又は改廃したときは，管理責任者は，公印登録簿に所要事項を記入し，第1種理事長印については，法務局に登録しなければならない。

2　公印は，すべて登録手続を終了したのちでなければ，これを使用してはならない。

（公印の事故届）

第9条　管理責任者は，公印に関し損傷し，若しくは紛失し，又は盗難にあったときは，速やかに理事長に届け出たうえ必要な措置を講じなければならない。

（規程の改廃）

第10条　この規程の改廃は，理事会の決議を経て行うものとする。

附　　則

この規程は，平成○年○月○日から施行する。

第14章　その他の財務関連諸規程

6　文書取扱規程

　学校法人及び設置する学校及び事業体の諸活動に係る公的文書等の作成及び接受，管理・保存等に関する基本的事項を定めることにより，将来にわたり適切な文書の利用等を図ることができるものと考える。

　また，学校法人の業務が適正かつ効率的に運営され，これらの公的文書により，学校法人及び設置する学校及び事業体の諸活動を，現在及び将来にわたり在籍する職員，父母等に説明する責務が全うされることを希望する。

　ここに紹介する規程例はその一部であるが，公的文書の管理・保存に当たっては，図書館等とも連携を図り管理することも必要である。

学校法人〇〇学園文書取扱規程（例1）

第1章　総　　則

（目　　的）

第1条　この規程は，学校法人〇〇学園（以下「学園」という。）における文書取扱いの正確，迅速かつ円滑を期し，もって事務能率の向上を図ることを目的とする。

（定　　義）

第2条　この規程において文書とは，その内容が学園の業務にかかわるもので，次の各号に掲げるものをいう。

　⑴　授受文書

　⑵　発送文書

　⑶　諸規程及び内規文書

　⑷　起案文書

　⑸　議事録

— 473 —

⑹　表簿

⑺　図書，図面，写真及びフィルム（図書館管理のものを除く。）

⑻　電報及び記録された電話

⑼　その他の記録資料

第2章　文書処理の原則

（文書処理の原則）

第3条　文書処理は，すべて文書をもって行うことを原則とする。

2　文書事務は，正確かつ迅速に取扱い，責任をもってこれを処理しなければ
　ならない。

（文書処理）

第4条　文書は常に丁寧に取り扱うとともに，その受渡しを確実に行い，汚損
　又は紛失しないように注意しなければならない。

2　秘密を要する文書には秘印を押し，特に注意を払って取り扱わなければな
　らない。

（文書の作成）

第5条　文書は，次の各号により作成しなければならない。

⑴　文書は，口語体によりできるだけ平易，簡潔に表現すること。

⑵　字体は，原則として楷書を用い，ボールペン，インキ等により明瞭に記
　　載すること。

⑶　かなは，平がなで，現代かなづかいを用い，漢字は当用漢字を用いるこ
　　と。

⑷　文書は，原則として，左横書き及び左とじとすること。

第3章　文書の管理及び文書管理責任者

（文書管理の主管）

第6条　文書管理の主管は，総務課とする。

第 14 章　その他の財務関連諸規程

（文書管理の責任者）

第7条　文書管理についての総括責任者（以下「文書管理責任者」という。）は事務局長とし，文書取扱責任者（以下「文書管理者」という。）は総務課長とする。

第4章　文書の接受及び配布

（文書の接受）

第8条　学園に到達した文書は，すべて総務課において接受する。ただし，入学願書等校務に関する特別な文書については関係部署において接受することができる。

（接　受　簿）

第9条　文書を接受したときは，総務課において開封点検し，課別に分類のうえ当該文書に接受番号及び接受年月日を記入し，接受簿に所定の事項を記載しなければならない。ただし，軽易な文書にあっては，接受簿への記入を省略することができる。

2　前項の文書に現金，郵便切手その他有価証券等が付されている場合は，現金等接受簿に所定の事項を記入し，経理課に配布しなければならない。

3　前2項の規定にかかわらず，親展，秘密を要する特定の文書は，封緘のまま名宛人に配布する。ただし，名宛人においてこれを受信簿に記入する必要を認めたときは，総務部に回付する。

（文書の配布）

第10条　前条の手続を経た文書は，文書管理者の点検を受けたうえ，当該部署に配布し，当該部署は上司の判断を必要とするものについては，あらかじめその意見を聴いたうえで起草，供覧，合議等の措置をしなければならない。

第5章　文書の起案及び決裁

（起　　案）

第11条　決裁を要する文書の起案は，原義書及び起案用紙によるものとする。

— 475 —

2 起案文書は，原則として，一案件について一文書とする。

3 起案文書には，案件の概要及び処理理由を明らかにした説明を案文の前に記入しなければならない。

4 起案文書には，必要に応じて説明資料又は関係資料を添付するものとする。

5 起案者が起案文書を訂正したときは，その箇所に押印しなければならない。

（決　　裁）

第12条　起案文書は，別に定めるところにより，決裁権限を有する者の決裁を受けなければならない。

2 起案文書は，起案者が必要事項を記入のうえ，所属の上司（校務についてはそれぞれの主任）の承認を受けたのち総務課に回付し決裁を受けるものとする。ただし，合議を必要とする文書は合議に付したのち総務課に回付するものとする。

（承　　認）

第13条　起案文書で理事長の決裁を受けなければならないものについては，事前に常務理事（校務については校長）の承認を受けなければならない。

2 常務理事又は校長の決裁又は承認を受けなければならないものについては，事前に事務局長又は教頭の承認を受けなければならない。

3 事務局長又は教頭の決裁又は承認を受けなければならないものについては，事前に課長（校務についてはそれぞの主任）の承認を受けなければならない。

（違式文書等の取扱い）

第14条　起案文書に違式，誤り，脱字又は用語上不適当なものがあるときは，文書管理者において適宜処理するものとする。

2 起案文書の内容に重要な変更を加える必要があるときは，文書管理者において起案者の上司（校務についてはそれぞれの主任）と協議のうえ適宜処理するものとする。ただし，合議者が文書の訂正を必要とすると認めたときは，起案者の上司と協議する。

（持ち回り決裁）

— 476 —

第14章　その他の財務関連諸規程

第15条　機密又は特に緊急を要する起案文書については，起案者が持ち回りを
　　して決裁を受けることができる。

（決裁済文書の処理）

第16条　起案文書で決裁を受けたものは，総務課において原議書の決裁欄に決
　　裁年月日，文書記号及び文書番号を記入し，決裁文書処理簿に記入したのち
　　起案部署に返付するものとする。

第6章　発送文書の浄書及び発送

（浄書及び発送）

第17条　発送文書の浄書及び発送は総務課において行う。ただし，次の各号に
　　掲げるものは事前に総務課の承認を得て当該事務主管の部署において行うこ
　　とができる。

　(1)　校長名義のもの

　(2)　特に急を要する文書

　(3)　その他各課等で行うことを適当と認めたもの

2　浄書に関し，外注希望のある場合は，起案者において決裁の原議に浄書
　　依頼書を添えて総務課に回付するものとする。

（発送文書の押印）

第18条　発送する文書には，別に定める公印取扱規程の定める区分により押印
　　するものとする。

（発　信　簿）

第19条　発信簿には，発送する文書の文書記号，文書番号及び所定の事項を記
　　入し，また，当該発送文書は，契印を押印したうえ速やかに発送するものと
　　する。

2　前項の場合，同一内容の文書で名宛人が複数のときは，同一文書番号とす
　　る。

3　文書番号は，年度毎に更新する。

第7章　文書の整理，保管及び保存

（決裁文書等の整理）

第20条　決裁済，供覧済の文書及び発送終了により処理が完結した文書は，総務課においてそれぞれの完結文書綴に完結年月日を記入し，文書記号別かつ文書番号順に整理し完結文書綴に綴り込むものとする。

（重要文書の保管）

第21条　総務課は法人の諸規程，細則，内規，通達，議事録，教職員の人事記録，資産に関する文書及び機密を要する文書等で重要な文書については，それぞれ原簿を作成し所定の事項を記入のうえ安全な場所に保管しなければならない。

（文書の保存）

第22条　文書の保存については，別に定める文書保存規程により処理するものとする。

第8章　雑　　則

（細則の制定）

第23条　理事長は，この規程の施行について必要と認めるときは，細則を制定することができる。

（規程の改廃）

第24条　この規程の改廃は，理事会の決議を経て行うものとする。

附　　則

この規程は，平成○年○月○日から施行する。

機密文書取扱規程（例２）

（機密の定義）

第１条　機密とは，それが学外に洩れることによって，第三者に何らかの利益

第14章　その他の財務関連諸規程

を与え，逆に学園が有形，無形の損失を蒙るもの，又はそのおそれがあるものをいう。

（機密の区分）

第2条　学園が取扱う機密事項を次の通り区分する。

　(1)　極秘……最高の重要機密に属するもので，当事者以外には知らせない。

　(2)　秘……前項に次いで機密に属するもので，関係部以外には知らせない。

　(3)　親展……学外への発送，学外よりの収受郵便の取扱いで，宛名人自身でないと開封できない。

（機密文書の性格）

第3条　機密文書とは，その内容が目的達成に至るまでの間，その担当者又は関係当事者以外には洩らしてはならない文書で，次の各号の一に該当する重要事項を記載したものをいう。

　(1)　学園の重要施策，又は未発表の人事に関する事項（極秘）

　(2)　重要会議の主題，経過状況，決定事項，並びに議事に関する事項（秘）

　(3)　学園の諸規程の制定，命令内容の変更等で重要事項とみなし，特に指定した事項（秘）

（極秘及び秘文書の取扱者）

第4条　極秘及び秘文書の取扱い並びに保管は，作成者自らこれに当たるものとし，理事長，理事の特命なき限り，第三者はもちろん，直属の長にも見せてはならない。

2　極秘及び秘文書の作成者は，前条各号に定められた機密事項の意図を深く認識し，その取扱い及び保管については，紛失したり盗難に遭わないよう細心の注意を払わなければならない。紛失や盗難が発覚した場合，その取扱者は懲戒処分の対象とすることがある。

（極秘及び秘文書の作成）

第5条　極秘及び秘文書の作成は，理事長，理事の特命により，指定された取扱者又は当事者が行うものとする。取扱者又は当事者は理事長，理事の許可

— 479 —

なくして補助者にその業務の一端を分担させてはならない。また，その作成
に当たっては，その内容が当事者以外に洩れるおそれのある方法で行っては
ならない。

（極秘及び秘文書の配布）

第6条　極秘文書は，作成者より必要ある担当者に直接配布し，各自，自ら，
これを開封処理するものとする。担当者不在の場合といえども，その代表者
に預けてはならない。

2　極秘及び秘文書を学内で持ち運びする場合は，封緘して持ち運ばなければ
ならない。

（極秘及び秘文書の写）

第7条　極秘及び秘文書は理事長，理事の承認なくして写を作成することはで
きない。承認を得て写を作成したときは，その枚数及び配布先を記録する。

（極秘及び秘文書の発送）

第8条　極秘及び秘文書を郵送で学外へ発送する場合，文書発信簿に所要事項
を記入し，必ず書留郵便にて発送する。この場合，書留郵便の受取書は，極
秘及び秘文書取扱者が保管しなければならない。また，極秘及び秘文書を発
送する封書には「宛名人開封」の印を捺印する。

（極秘及び秘文書の収受）

第9条　極秘及び秘文書を書留郵便で受け取った場合，文書受信簿に受領年月
日，発信者及び受信者の名前を記入し，配達されたままの密封封書を直接宛
名人に手渡さなければならない。この場合，文書収受者は必ず受取者の捺印
をとらなければならない。

（極秘及び秘文書並びに草案書類の処分）

第10条　極秘及び秘文書の草案及び反古の廃棄は，作成者とその当事者又は責
任者が立会いの上，溶解又は裁断処分する。

（親展文書の取扱い）

第11条　文書作成担当者が必要と認めたときは，所属長の許可を受け，親展の

取扱いをするものとする。

2　親展文書の発送に当たって郵便物処理の担当者は，その封書に必ず「親展」の朱印を捺印した後，発送するものとする。

3　親展文書を収受した郵便物処理担当者は，これを一般郵便物と同一扱いにすることなく，配達された密封封書のままで直接宛名人に手渡す。

附　　　則

この規程は，平成○年○月○日から施行する。

7　文書保存規程

　文書管理の流れは，文書の作成から始まり，文書の整理，文書管理簿への記載，文書の保存又は移管・廃棄が考えられる。ここで紹介する規程例は，学校法人が所有する文書等の保存から廃棄までの方針及び手続きを定めたものであり，文書の保存手続きに従い文書を保存し，移管・廃棄する場合は関係部門及び部署と事前に協議し，文書を他部門に移管するもの，保存するもの，廃棄するものとに区別する必要がある。

　ここに紹介する保存年限及び保存する文書の種別等については一例にすぎず，各学校法人において適切な保存年限等を定める必要がある。

学校法人○○学園文書保存規程（例）

（目　　　的）

第1条　この規程は，文書取扱規程第22条に規定する文書の保存に関し，必要な事項を定めることを目的とする。

（対　　　象）

第2条　この規程において，保存の対象となる文書とは，原則として，その内容の処理が完結した文書をいう。

（文書の保存）

第3条　文書の保存は，法令その他別に定めのあるもののほか，別表のとおりとする。

2　前項の表に記載されていない文書については，類似文書を参考として，文書管理責任者が各部署と協議のうえその保存期間を定める。

（保存期間の起算）

第4条　保存期間の起算日は，原則として，文書処理が完結した翌年度の4月1日とする。

（保存文書目録）

第5条　各部署においては，保存文書目録を作成するものとする。ただし，1年保存文書についてはこの限りでない。

（廃　　棄）

第6条　保存期間を経過した保存文書は，廃棄するものとする。ただし，廃棄時において，各部署と文書管理責任者が協議のうえ，特に必要と認めたときは，保存期間を延長することができる。

2　保存期間内の文書で，保存の必要がなくなったものについては，前項の手続を経て廃棄することができる。

3　廃棄処分に付した文書については，保存文書目録に廃棄年月日を記入するものとする。

（廃棄処分の方法）

第7条　廃棄処分の決定した文書は，当該文書の内容を考慮して，溶解，裁断等の処分をするものとする。ただし，特に重要な文書は，焼却処分にしなければならない。

（規程の改廃）

第8条　この規程を改廃するときは，理事長の決裁を経て行うものとする。

　　附　　　則

第14章　その他の財務関連諸規程

この規程は，平成○年○月○日から施行する。

文書の種別及び保存年限表

別　　表

種　別	保存年限	文　　　書
第1種	永　年	諸規程の制定及び改廃に関する書類
		登記関係書類
		役員及び教職員の人事に関する重要書類
		資金収支元帳，総勘定元帳及び不動産に関する重要書類
		決算に関する重要な書類
		重要な契約，協定及び覚書に関する書類
		理事会，評議員会の議事録
		指導要録（その写を含む。）
		卒業証書発行台帳
		創立者及び創立功労者に関する重要書類
		その他法人が特に重要と認めた書類
第2種	10　年	経営，研究及び教育に関する重要な統計表
		制度及び組織の制定並びに改廃に関する書類
		給与に関する重要書類
		資産の調達及び運用に関する重要書類
		予算に関する重要書類
		資産台帳
第3種	5　年	生徒の入学に関する重要な書類
		優等生，奨学生名簿
		学校要覧，生徒便覧
		退学，転校，休学，復学及び長期欠席者名簿
		文書接受簿及び文書発信簿
		補助金，助成金及び借入金等に関する重要書類
		会計勘定の記録及び整理に関する補助簿

		会計伝票及び収入・支出に関する証拠書類（消費税関係は7年）
		資産の評価及び減価償却に関する書類
		各種証明書発行台帳
		業務日誌
		現金等接受簿
		再試及び追試の受験者名簿
		就職・進学に関する書類
		官公署関係の軽易な認可，認可出願及び報告に関する書類
		予算に関する書類
第4種	1　年	第1種，第2種，第3種に属さない軽易な文書

第14章　その他の財務関連諸規程

表簿保存年数一覧表

500　人　事

整理番号	（業務）・表簿	保存年数	整理番号	（業務）・表簿	保存年数
（501）	（職員の定数）		511-2	私学退職金財団掛金関係綴	永年
501-1	教職員名簿	永年	（513）	（職員の出張事務）	
（502）	（職員の任免・配置）		513-1	出張命令・出張承認関係綴	3
502-1	辞令写綴	永年	513-2	職員勤務に関する許可・承認簿（各部門）	3
502-2	職員履歴書綴	永年	513-3	旅費計算書綴	3
502-3	職員経歴名簿	永年	（514）	（宿日直配置）	
（503）	（職員の分限・進退）		514-1	宿日直割当表綴	1
503-1	職員現況届綴	5	514-2	宿直簿・日直簿	1
（504）	（職員の人事記録）		（515）	（職員貸付金事務）	
504-1	欠勤・遅刻・早退届綴	5	515-1	貸付金関係書類綴	5
504-2	休暇願綴	5	（517）	（給与調査・統計）	
504-3	振替休日請求願綴	5	517-1	諸手当申告書綴	3
504-4	旅行願綴	5	517-2	住居手当支給申請書綴	3
（505）	（職員の服務）		517-3	通勤届綴	3
505-1	タイムカード	3	（518）	（人件費計画）	
505-2	職員出勤状況一覧表	5	518-1	人件費支出予算表	3
（506）	（職員の表彰・懲戒）		（520）	（職員身分証明書）	
506-1	表彰・懲戒記録簿	永年	520-1	職員身分証明書発行簿	5
（507）	（職員の研修）		（521）	（給与補助金申請）	
507-1	研修承認願綴	1	521-1	給与補助金関係綴	5
507-2	研修奨励金受賞者名簿	永年	（522）	（納税事務）	
（508）	（職員の慶弔）		522-1	一人別源泉徴収簿	10
508-1	慶弔等通知書	3	（524）	（職員の健康診断管理）	
（509）	（給与算定支給）		524-1	職員健康診断票綴	3
509-1	給与台帳	5	（525）	（共済組合異動報告）	
（510）	（源泉徴収事務）		525-1	共済組合資格取得喪失関係書類綴	5
510-1	源泉徴収簿	10	（526）	（掛金払込業務）	
（511）	（社会保険事務）		526-1	共済組合・私学退職金財団掛金納付書綴	5
511-1	労働・労災保険関係綴	5	その他	公文書綴	5

— 485 —

600 財 務

整理番号	（業務）・表簿	保存年数
(605)	（　借　入　業　務　）	
605-1	私 学 事 業 団 契 約 書 綴	永年
605-2	私学事業団年度別関係書類綴	永年
605-3	県私学振興資金関係書類綴	5
605-4	借 入 金 明 細 帳	5
(606)	（　帳　簿　の　記　帳　）	
606-1	総 勘 定 元 帳	10
606-2	資 金 収 支 元 帳	10
606-3	現 金 預 金 出 納 帳	5
606-4	現 金 残 高 集 計 表	5
606-5	基 本 金 台 帳	10
(607)	（　帳　簿　の　整　理　）	
607-1	請 求 書 綴	5
607-2	領 収 書 綴	5
(608)	（　決　算　業　務　）	
608-1	残 高 試 算 表 綴	3
608-2	資 金 収 支 計 算 書 綴	3
(610)	（ 予 算 の 編 成 ・ 統 制 ）	
610-1	予 算 関 係 綴	3
(613)	（　奨　学　関　係　の　業　務　）	
613-1	奨 学 資 金 貸 与 申 請 書 綴	5
613-2	奨 学 資 金 貸 与 台 帳	5
(617)	（　旅　行　積　立　金　事　務　）	
617-1	旅 行 積 立 金 帳 簿	3
617-2	旅 行 関 係 証 憑 綴	3
(621)	（　電　話　料　収　支　事　務　）	
621-1	電 話 料 金 受 払 簿	1
(622)	（　授　業　料　補　助　金　申　請　）	
622-1	授 業 料 補 助 金 申 請 関 係 綴	5

700 管 理

整理番号	（業務）・表簿	保存年数
(701)	（建　築・修　繕・営　繕）	
701-1	固 定 資 産 台 帳	永年
701-2	建 築 図 面	永年
701-3	土 地 売 買 契 約 書 綴	永年
701-4	各 種 見 積 書 綴	永年
(705)	（　自　動　車　の　管　理　）	
705-1	自 動 車 使 用 簿	1
(706)	（　駐　車　場　の　管　理　）	
(715)	（学　園　施　設　の　貸　与　事　務）	
715-1	施 設 貸 与 簿	1
(716)	（関　係　官　公　署　と　の　連　繋）	
716-1	公 文 書 綴	15
716-2	諸 届 ・ 諸 願 書 綴	永年
716-3	認 可・許 可 関 係 書 類	永年
716-4	監 査 関 係 書 類 綴	5
(717)	（防　犯・防　火　機　材　の　管　理）	
717-1	消 防 署 関 係 綴	5
717-2	火 災 報 知 機 点 検 表 綴	5
(718)	（建物・部屋の使用，配当）	
718-1	施 設 配 置 図	永年
(720)	（理 振※1・産 振※2 台 帳）	
720-1	理 振 設 備 台 帳	5
720-2	産 振 施 設 台 帳	5
720-3	産 振 設 備 台 帳	6
(721)	（　補　助　金　申　請　）	
721-1	建 築 補 助 金 関 係 綴	5
721-2	産 振 施 設 補 助 金 関 係 綴	5
721-3	結 核 補 助 金 関 係 綴	5
721-4	特 色 教 育 補 助 金 関 係 綴	5
721-5	クラブ活動設備補助金関係綴	5
(722)	（　学　校　基　本　調　査　）	

第14章　その他の財務関連諸規程

700　管　理

整理番号	（業務）・表簿	保存年数
722-1	学校基本調査関係綴	5
(723)	（土地建物の管理）	
723-1	年度別固定資産状況綴	5
723-2	期別建築工事関係綴	15
723-3	各種建築図面綴	永年
(724)	（不動産登記）	
724-1	法人登記関係綴	永年
724-2	不動産登記簿謄本綴	1
(727)	（什器・備品管理）	
727-1	備品台帳カード	15
727-2	クラブ備品カード	15

※1　理振：日本理科教育振興会
※2　産振：産業教育振興中央会

800　事　業

整理番号	（業務）・表簿	保存年数
(801)	（学園寮の運営管理）	
801-1	固定資産関係書類	永年
801-2	出勤簿	5
(802)	（同窓会館の運営管理）	
802-1	会館使用簿	3
802-2	現金出納簿	5
(803)	（購買部の運営管理）	
803-1	食事券販売集計表	1
803-2	物品販売月計表	1
(804)	（学生食堂の運営管理）	
804-1	食堂収支月報	1
(806)	（収益事業関係帳簿）	
806-1	総勘定元帳	10
806-2	教材費預り金収支台帳	3
806-3	給与台帳	5
(808)	（事業会計決算）	
808-1	合計残高試算表	3
(809)	（事業会計出納業務）	
809-1	金銭出納帳	5
809-2	納品書綴	5
809-3	請求書証憑綴	5
809-4	支払決裁書類	1
(810)	（事業会計納税事務）	
810-1	飲料・入湯税申告書控	10
810-2	償却資産申告書控	10
810-3	源泉所得税一人別徴収簿	10

900　理事長室

整理番号	（業務）・表簿	保存年数
	（学校・法人）	
900	学校関係	10
901	法人関係	10
902	生徒・学生募集	5
903	教育計画書	5
	（会議・規程）	
910	理事会・評議員会	永年
911	常務会	5
912	生徒・学生募集	5
915	内規	永年
916	諸規程	永年
917	理事会資料（保管用）	3
918	評議員会資料（保管用）	1
919	寄附行為・管理規則（保管用）	永年
	（文書・資料）	
920	受信文書	3
921	発信文書	3
922	理事長承認書	10
923	理事長出張	3
924	中元・歳暮	3
925	年賀状発受信	3
926	学園関係者名簿	3
927	理事長著書等	永年
928	理事長褒章	永年
929	学園創立記念資料	永年
930	文例集	永年
931	理事長原稿	永年
932	法人広報	3
933	名刺	3
934	年賀状見本	3
935	スクラップブック	3
936	地図	3
937	備品保証書	5
938	ライブラリー	3

整理番号	（業務）・表簿	保存年数
	（外部団体）	
940	同窓会	永年
941	○○学園育英振興会	5
942	○○県高校海外教育研究協議会	3
943	○○県産業教育振興会	3
944	私学経営研究会	3
945	ロータリークラブ	3
946	○○県政経懇話会	3
947	○○市法人会	3
	（帳簿）	
950	理事長室日誌	3
951	理事長印捺印簿	5
952	文書受付簿	3
953	慶弔等記載簿	3
954	学園印捺印簿	5
	（印刷物）	
960	学校要覧・学校案内	1
961	進学ゼミナール	5
962	トレーニングキャンプ	5
963	学園祭	5
964	卒業ゼミナール	5
965	修学旅行	5
966	育英通信	永年
967	学園春秋	永年
968	卒業生名簿	1
969	図書館月報	1
970	卒業アルバム	永年
971	同窓会名簿	永年
972	High School Life（高校生活）	永年
973	生徒会文芸部誌	1
974	学園だより	永年
975	学園新聞	永年
976	進路ゼミナール	5

第14章　その他の財務関連諸規程

8　土地・建物管理細則

　本規程例は，学校法人が固定資産管理又は物件管理規程等で定めた規定についての管理上の細則を定めたものである。

　学校法人においては，委託業者（常駐する業者も含む。）に施設設備の維持管理，警備等を委託するか，若しくは学校の職員（専門部署）が担当する等管理の方法は種々あると思うが，いずれの方法を採用するにしても，施設設備を良好な状態で維持管理することは学生・生徒の生命・安全を守ることにつながるため，決しておろそかにはできない。

　特に，建物の老朽化，消防設備等の不具合等の見逃しは，甚大な事故に直結する恐れがあるので，不断の点検と管理責任者に対する報告が不可欠である。

【参考までに】

　固定資産の取得・処分に関しては，学校教育法の設置基準により定められているが，東京都知事所轄学校法人においては東京都総務局学事部（現在は生活文化局私学部）への報告が義務付けられているので，以下に紹介する。

— 489 —

◎固定資産の取得・処分に関する報告について

昭60.2.4　59総学二第627号
学校法人理事長あて
東京都総務局学事部長通知

　学校法人の運営等の適正化については，昭和59年５月11日付59総学一第76号により通知したところであり，貴法人においては，法人運営の適正な執行に努めていることと存じます。

　しかしながら，都の監査の指摘等に見られるように，未だ不適正な財務会計処理をしている学校法人が見受けられます。

　ついては，より一層の法人運営の適正化を図っていくため，下記により固定資産の取得・処分状況を報告していただくこととしましたので，遺漏のないようお取り計らい願います。

記

1　様　　式　別紙のとおり（１枚で足りない場合は複数枚の使用も可）

2　適用年度　昭和59年度から適用するものとする。

3　提出期限　当該年度の翌年度の６月30日

　なお，該当する固定資産の取得・処分がない場合でも報告書を提出すること。

	番　　　　　　　　　号
	昭和　　年　　月　　日

東京都知事

　　　　　　　　　　　殿

　　　　　　　学校法人所在地

　　　　　　　学校法人名

　　　　　　　　理事長名　　　　　　　　　　　印

　　　　　　　（電話番号　　　　　　　　　　　）

　　　　　　固定資産の取得・処分について（報告）

このことについて，別紙のとおり報告いたします。

第14章　その他の財務関連諸規程

平成　年度固定資産の取得・処分状況

種類		名称	用途（部門名）	数量	金額	所在地	形式	取得・処分年月日	契約先 年月日
有形固定資産	土地								
	建物								
	構築物								
	教育研究用機器備品								
	その他の機器備品								
	車両								
その他の固定資産	施設利用権								

注
(1) 処分の場合の金額は△印を付すこと。
(2) 金額欄は取得価額を記入すること。
(3) 形式欄には、土地については地目を、備品については型式を記入すること。
(4) 機器備品は1個又は1組につき100万円以上のものを記入すること。
(5) 用途欄はできるだけ具体的に記入すること。
(6) 契約先には、住所、氏名を記入すること。

学校法人○○学園土地・建物管理細則（例）

（目　的）

第1条　この細則は，学校法人○○学園物件管理規程第○条の規定に基づいて，学校法人○○学園（以下「法人」という。）の所有又は借用にかかる土地・建物及び構築物等の管理，保全について定める。

（土地・建物等の所属及び管理責任者）

第2条　法人の所有又は借用にかかる土地・建物等の所属及び管理責任者は別に定める。

（管理及び事務）

第3条　管理責任者は，それぞれの所属施設，設備等を運営管理し，その整備保全に努めなければならない。

2　職員は，管理責任者の定めるところにより前項に規定する施設，設備等に関する事務を分掌する。

（台　帳）

第4条　管理責任者は，施設，設備等に関する台帳を作成して，その現況を明らかにしておかなければならない。

（異常，毀損等）

第5条　管理責任者は，それぞれの施設，設備の一部又は全部が異常又は毀損した場合は，速やかに理事長に報告し，指示を受けなければならない。ただし，軽微と認められるものについては，この限りではない。

2　毀損して補修を加え難いもの，又はその他の事由により不要となったもので，処分又は廃棄を要すると認めた場合は，理事長の承認を得てその指示に従わなければならない。

（施設の転用）

第6条　管理責任者は，それぞれの施設の一部の使用目的を変更しようとするときは，あらかじめ理事長の承認を得なければならない。

（施設の貸与）

第14章　その他の財務関連諸規程

第7条　第2条に定める土地・建物等のうち，学園本部及び法人の設置する学校の所属にかかるものを，学校教育の目的以外に利用するとき又は外部に貸与するときは，理事長の許可を得なければならない。ただし，学園が設置する学校の外郭団体・研究所及び学生・生徒を対象とする各種検定のための貸与に関しては，それぞれ学園長，学長又は校長が許可することができる。

2　土地・建物等の使用料は別に定める。

（防火及び警備）

第8条　管理責任者は，毎年度初めにそれぞれの施設の防火及び警備の計画書を作成し，理事長に報告しなければならない。

2　前項の計画中には，次の事項を含むものとする。

（1）　防火設備の設置及び点検に関すること。

（2）　防火の組織及び訓練に関すること。

（3）　避難及び救護に関すること。

（4）　重要物品の保管及び非常搬出に関すること。

3　防火及び警備の分担は管理責任者が定める。

（雑　　則）

第9条　この細則に定めのない事項については，そのつど理事長が定める。

（細則の改廃）

第10条　この細則の改廃は，理事長が定める。

附　　則

この細則は，平成〇年〇月〇日から施行する。

— 493 —

9 関係会社等管理規程

学校法人が設立する会社に対し出資する目的は，学校法人の管理運営上，教育研究活動に密接な関連を有する業務を外部委託することにより，教育研究活動の効率化を図ることにあるが，出資した会社は学校法人の組織外である。寄附行為に定めて学校法人自体が収益事業を行うこととは異なり管理の目が行き届かないこと，経営上のリスクを負う危険性もあることが欠点の一つともいえるので，当該会社に対する監査の権限を明確にしておくことが必要である。例えば，内部監査を強化する，監事が行う監査に強い権限を持たせる等の工夫が必要である。

本規程例は，上述したような状況に鑑み，学校法人の経営の一層の弾力化と経営の健全化を確保するという観点から，学校法人の出資による会社設立の際の手続き及び方針を定めることを目的として作成したものである。

なお，学校法人の出資による会社設立の際の留意事項については，文部科学省高等教育局私学部私学行政課長・参事官通知（平成13年6月8日付 13高私行第5号）により，文部科学省所轄学校法人理事長宛に通知が発出されているので，以下に記すこととする。

学校法人の出資による会社の設立等について（通知）

13高私行第5号 平成13年6月8日

文部科学大臣所轄各学校法人理事長あて

文部科学省高等教育局私学部私学行政課長通知
文部科学省高等教育局私学部参事官通知

このたび，学校法人の経営の一層の弾力化並びに経営の健全性の確保等

第 14 章　その他の財務関連諸規程

の観点から，下記のとおり学校法人の出資による会社設立の際の留意事項を整理しましたので通知します。

　各学校法人におかれましては，各事項の内容を十分御理解の上，関係の事務処理に遺漏のないようお願いします。

記

1　設置する学校の教育研究活動と密接な関係を有する事業（例えば，会計・教務などの学校事務，食堂・売店の経営，清掃・警備業務など）を一層効率的に行うために，学校法人が出資によって会社を設立する場合には，学校法人の出資割合は出資先会社の総出資額の2分の1以上であっても差し支えないこと。

　　上記以外の場合には，学校法人の目的等にかんがみ，出資割合は原則として2分の1未満とすることが適当であること。

2　学校法人が出資によって会社を設立して行う事業の在り方及び種類については，「文部科学大臣の所轄に属する学校法人の行うことのできる収益事業の種類を定める件」（平成12年3月27日文部省告示第40号）第1条及び第2条に準じて取り扱うこと。

3　学校法人の出資による会社設立に関して国民から不明朗，不適正等の指摘を受けることのないよう，十分に配慮すること。

4　文部科学大臣への財務関係書類の届出等（私立学校振興助成法第14条第2項に基づく届出等）に当たり，学校法人の出資割合が2分の1以上の会社がある場合には，学校法人の財務状況を当該会社と関連付けて適切に把握できるよう，その出資状況や当該会社から学校法人への寄附金額等について，学校法人の計算書類に脚注として記載するとともに，当該会社の経営状況の概要が把握できる資料を添付すること。

5　学校法人が既存会社へ出資する場合も，上記1から4について同様に留意すること。

— 495 —

学校法人○○学園関係会社等管理規程（例）

第1章　総　　則

（目　　的）

第1条　本規程は，関係会社等が事業目的を円滑に遂行し，グループ内で健全な運営をするために必要な指導，育成を行うための管理上の諸規定を定めるものである。

（定　　義）

第2条　関係会社等とは，当学園の出資割合が総出資額の2分の1以上の出資先会社又は役員の派遣，資金の提供，取引等の実態に鑑み，出資割合に関係なく当学園が実質的に支配している会社，公益法人，協同組合をいう。

（関係会社等に対する主要業務）

第3条　関係会社等の管理に関する業務は，理事長が担当理事等を任命し，職務分掌の定めるところによる。

第2章　関係会社等管理の基本内容

（管理業務）

第4条　関係会社等管理業務とは，次の業務をいう。

⑴　関係会社等の設立

⑵　関係会社等に対する出資，資金貸付，担保提供，債務保証

⑶　関係会社等に対する固定資産の譲渡，貸与

⑷　関係会社等との仕入・発注等の取引

⑸　関係会社等の経営分析，業績評価

⑹　関係会社等に対する経営上及び管理上の指導

⑺　関係会社等に対する人事

⑻　その他関係会社等との協議事項並びに関係会社等の指導，育成上必要と思われるその他の事項

第14章　その他の財務関連諸規程

（関係会社等に対する投融資，債務保証）

第5条　関係会社等に対し，投融資，債務保証を行うときは，理事長の決裁を
　　受けなければならない。

（議決権の行使）

第6条　関係会社等の株主総会における議決権の行使については，当学園の理
　　事会で人選した場合は，理事長名で代行しなければならない。また，その結
　　果は担当理事経由で理事長に報告しなければならない。

（派遣人事）

第7条　関係会社等に理事等の派遣，職員の出向を行うときまたは関係会社か
　　ら派遣・出向の要請があったときは，担当理事は関係者と協議し，適任者を
　　選定し，これについて理事長の承認を得て，必要な手続きをとらなければな
　　らない。

（承認事項）

第8条　関係会社等が下記の事項を行う場合，関係書類を提出して理事長の承
　　認を得なければならない。

　(1)　株主総会または理事会付議事項（定款・寄附行為の変更，決算案等）

　(2)　取締役，理事等の選任及び解任

　(3)　役員報酬，賞与の決定

　(4)　経営計画案（利益計画，資金計画，設備計画）

　(5)　会社等の設立，解散

　(6)　重要な株式の取得，処分

　(7)　増資，基本財産の増加等

　(8)　重要な諸規程の制定，改廃

　(9)　重要な契約の締結，解約

　(10)　重要な資産の取得，処分

　(11)　他社等への融資，債務保証

　(12)　重要な会計処理の変更

⒀　経営上の重要事項（合併，営業の譲渡等）

（報告事項）

第9条　当学園の担当理事等は，関係会社等の運営内容を的確に把握するため，必要に応じて次の書類等の提出を求め，検討を行わなければならない。

⑴　取締役会または理事会議事録

⑵　決算書類（予算書等も含む。）

⑶　月次実績資料，月次決算資料，資金繰表

⑷　経営計画書（中期及び年度）

⑸　その他，特に報告を求めた事項

第3章　監査及び資料整備

（関係会社等の監査）

第10条　関係会社等に対する監査は，原則として別に定める内部監査規程に準じて実施する。

（資料の整備）

第11条　関係会社等管理担当部門は，管理業務を迅速に処理するため，関係会社等に関する次の資料を入手し，整備・保管しなくてはならない。

⑴　株主総会議事録，株主名簿

⑵　取締役会又は理事会及び評議員会議事録

⑶　定款・寄附行為その他の重要な規程

⑷　組織図

⑸　決算報告書

⑹　経営計画書

⑺　職員名簿

附　　則

この規程は，平成○年○月○日から施行する。

第14章　その他の財務関連諸規程

〔参考〕

① 学校法人の出資割合が２分の１以上の会社がある場合の計算書類の注記の記載例〔JICPA研究報告第16号「計算書類の注記事項の記載に関するＱ＆Ａ」（平成17.6.13. 最終改正平成26.12.2）Q19のＡ〕

【記載例１】学校法人の出資による会社に係る事項

当学校法人の出資割合が総出資額の２分の１以上である会社の状況は次のとおりである。

名称	有限会社○○
事業内容	文房具・鞄・袋物の販売，不動産の賃貸借・管理
出資金	10,000,000円　200口
学校法人の出資状況	7,000,000円　140口　総出資金額に占める割合70%
出資の状況	平成○年４月１日　6,000,000円　120口 平成×年４月１日　1,000,000円　20口

当期中に学校法人が受け入れた配当及び寄附の金額並びに学校法人との資金，取引等の状況

（単位：円）

当該会社 からの受 入額	配当金	300,000	一般寄付金	1,000,000
	現物寄付金	3,150,000	賃貸料	9,000,000
	受取利息	200,000		
当該会社への支払額			委託手数料	3,000,000

（単位：円）

	期首残高	資金支出等	資金収入等	期末残高
当該会社への出資金等	6,000,000	1,000,000	0	7,000,000
当該会社への貸付金	10,000,000	20,000,000	5,000,000	25,000,000
当該会社への未払金	500,000	500,000	700,000	700,000
当該会社からの借入金	0	0	2,000,000	2,000,000
当該会社からの未収入金	300,000	800,000	300,000	800,000

保証債務	当該会社の銀行借入1億円について債務保証を行っている。

【記載例２】　学校法人の出資による会社に係る事項

当学校法人の出資割合が総出資額の２分の１以上である会社の状況は次のとおりである。

①　名称及び事業内容

— 499 —

株式会社○○

　　　清掃・警備・設備関連業務の委託

②　資本金の額　　×××円

③　学校法人の出資金額等及び当該会社の総株式等に占める割合並びに当該株

　　式等の入手日

　　　平成××年××月××日　　×××円　　×××株

　　　総出資金額に占める割合　××％

④　当期中に学校法人が当該会社から受け入れた配当及び寄附の金額並びにそ

　　の他の取引の額

　　　受入配当金××円，寄付金××円，当該会社からの長期借入金×××円

⑤　当該会社の債務に係る保証債務

　　学校法人は当該会社について債務保証を行っていない。

第 14 章　その他の財務関連諸規程

② 　学校法人の出資割合が２分の１以上の会社がある場合の計算書類への資料

　の添付〔文部科学省通知　13高私参第１号「学校法人の出資による会社の設

　　立等に伴う財務計算に関する書類の作成について」（平成14.1.7）〕

〔留意事項〕

※１　当該会社の経営状況の概要を把握するための添付資料として，当該会社

　　　の概要，貸借対照表及び損益計算書又はそれらの要旨とする。

※２　これらの資料は，計算書類には綴じ込まず，届出時に添付する。

学校法人の出資割合が２分の１以上の会社の概要（作成例）

名称及び所在地	株式会社○○ ○○県○○市○○３丁目２番１号
事 業 内 容	文房具・鞄・袋物の販売，不動産の賃貸借・管理 上記に付帯する一切の業務
代 表 者 氏 名	○○　△□
役員及び従業員の数	取締役３名　監査役１名　従業員22名
学校法人と当該会社 との人事上の関係 （兼務等の状況）	(1)　当学校法人の役員のうち２名が取締役を兼務している。また， 　　教職員のうち１名が役員を兼務している。 　　会社役員　　　　氏名　　　学校法人における役職等 　　取締役社長　○○○○　常務理事 　　○○○○　　○○○○　理　事 　　○○○○　　○○○○　○○大学○○部長 (2)　上記以外に，教職員のうち，○人が従業員を兼務し，○人が出 　　向している。

（注）　学校法人の出資割合が２分の１以上の会社が複数ある場合は，当該会社ごとに作成す
　　ること。

10　国際交流センター規程

　単に国際交流といっても，企業や政府が行う研究者や文化人の招聘や派遣，外務省所管の日本青年海外協力隊の海外派遣やスポーツ団体が行うスポーツ指導者の派遣，また，都道府県・市町村単位では外国の都市との姉妹都市提携等，民間レベルではNPO，NGO等幅広く国際交流事業が展開されている。

　これらの活動は，すべて日本と諸外国との相互理解と協力関係を深め促進し，国際社会の発展に寄与することを目的として行われるものである。

　学校法人における国際交流もまた同様の目的で，学生・生徒等の相互交流及び学校間交流が行われている。国際交流センターの役割は，海外からの留学生受入れや海外へ短期留学する学生・生徒等のサポート，言語教育，海外交流等の業務を担当し，在留する外国人や海外留学する学生・生徒の生活を支援することにある。

　本稿で示す規程例は，海外教育機関との姉妹校提携又は海外教育施設との提携により生ずる業務を円滑に行うためのセンター内の業務分掌等を参考までに例示したものであるので，各学校法人の実態に即して適宜規程を作成されたい。

学校法人○○学園国際交流センター規程（例）

（目　　的）

第1条　この規程は，学校法人○○学園管理規程第○条第○項に定める国際交流センター（以下「センター」という。）に関し必要な事項を定め，学校法人○○学園（以下「学園」という。）における国際交流業務の円滑な遂行を図ることを目的とする。

（定　　義）

第2条　この規程における国際交流とは，理事会の承認による海外教育機関との姉妹校提携又は海外教育施設との提携により生ずる業務のほか，学園が設

第14章　その他の財務関連諸規程

置する学校（以下「学校」という。）の長の承認に基づく海外教育に関するプログラムの編成，調整及び指導等を含むものとする。

（事　務　局）

第3条　学園本部にセンターの事務局をおき，秘書広報室の所管とする。

2　業務の必要上，学校内にその分室を設置することができる。

（職　　　員）

第4条　センターに必要な職員をおき，理事長が任命する。

2　分室の職員は学校の長が委嘱し，理事長の承認を受けるものとする。

3　前項の職員は兼任又は非常勤とする。

（業　　　務）

第5条　センターの業務は次の通りとし，秘書広報室長が統括する。

(1)　学校の国際交流及び国際教育振興に関すること

(2)　海外教育機関との教育業務委託，姉妹校提携，交流に関すること

(3)　学生の海外短期留学，海外セミナー，海外視察等のプログラムの作成，費用，輸送手段等についての海外施設等との連絡・調整に関すること

(4)　短期留学生等に対する指導・助言並びに引率教職員との連絡・調整に関すること

(5)　学校との国際交流等に関する連絡・調整に関すること

(6)　通訳，翻訳等に関すること

(7)　業者との折衝，経費見積，保険及び支払業務等に関すること

(8)　国際交流及び国際教育振興に関する印刷物の企画，編集，出版に関すること

(9)　学生生徒・教職員の交換プログラムに関すること

(10)　その他国際交流に関すること

（出張，引率等）

第6条　センター職員の出張及び学生・生徒の引率等については，別に定める規程により理事長の命を受けて行うものとする。

— 503 —

2　出張，引率等に伴う旅費，日当等に関しては，別に定める規程により支給
　する。
（細則の制定）
第7条　この規程の運用について必要のある場合には，理事長の承認を得て，
　細則を定めることができる。
（規程の改廃）
第8条　この規程の改廃は，理事長が行う。

　附　　　則
　この規程は，平成○年○月○日から施行する。

第15章　各種契約書作成例及び
　　　　　　契約締結時のチェックポイント

　民間企業のみならず，私立学校においても人事労務から各種業務取引に至るまで，契約という言葉を無視して業務を遂行することはできない。しかし，教職員の中には，稀に学校は契約とは縁遠い存在だという認識を持っている人もいるのではないだろうか。

　例えば，①教職員の採用（雇用契約），②学生生徒の入学（保護者，学生生徒との在学契約），③学生，生徒への奨学金貸与契約（消費貸借契約），④学生寮や教職員宿舎の賃貸契約（賃貸借契約），⑤理事・監事の選任（委任契約），⑥図書貸出しの契約（使用貸借契約），⑦学費納付契約，⑧清掃業者，食堂事業者，警備業者等との契約（業務委託契約），⑨一部校舎等貸出契約（施設賃貸借契約）など，数えればきりのないほどの契約が存在し，私学運営は契約で成り立っているといっても過言ではない。

　契約書の作成にあたっては，契約書に定めのない事柄については法令に従うこととなる。契約と法令には，当事者の合意で適用を避けることができる「任意法規」と，当事者の合意で適用を避けることができない「強行法規」の関係がある。具体的には，契約で定めた内容のうち，任意法規と異なる事柄は，契約の定めが効力を持ち，強行法規と異なる事柄は，契約の法的効力が否定さ

れ法令に従うこととなる。このことは，民法第91条（任意規定と異なる意思表示）に定められているので，契約書締結時にあたっては，条文の契約用語等に十分留意する必要がある。

　本章では，このような契約背景を踏まえ，契約書締結時のチェックポイント例を示したので，契約締結時の参考となれば幸いである。

1　売買契約

(1)　売買契約締結時のチェックポイント

　売買契約とは，売主がある財産権を買主に移転し，買主がこれに対してその代金を支払う契約をいい，売買契約が成立すると，売主は目的物の引き渡し義務を負い，買主は代金支払い義務を負う一回限りの取引が想定される。

　契約の方式は，競争入札によるか，又は相見積り方式によるか（ただし，従前から利用している取引業者の選定については，その価格の妥当性を見直す必要があるが），業務委託契約も同様である。

契約の目的物について	
・予定されている目的物は何か。目的物の単価は。取引の数量は。	
・量産されている物なのか。一品物なのか。	
・第三者の権利が及んでいるものでないか。	
※特に，権利・ソフトウェアの取引の場合，「売買契約書」というタイトルのものであっても，使用許諾契約であったり，頒布許諾契約であったりする場合がある。	
・個別契約の締結ではなく，基本契約を締結することが適当か。	
個別契約との優先関係について	
・個別契約の定めが基本契約に優先することが明記してあるか。	
個別契約の成立について	
・個別契約の都度契約書を作成するか。発注書と請書で取引するのか。	
・注文書で取引がなされる場合，注文書の記載事項はどのようになっているか。	
・注文請書を発行せずに取引する場合，異議期間は検討期間として適当か。	

第15章　各種契約書作成例及び契約締結時のチェックポイント

・基本契約または個別契約において，目的物の特定（仕様・品番等），数量，納期，納入場所，単価が一義的に定めるようになっているか。	
単価について	
・単価の変動が想定される場合，単価の改定条項を入れておく必要はないか。	
支払方法について	
・支払方法に制限はないか（※下請代金支払遅延等防止法（以下「下請法」という。）が適用される場合に注意）。	
・支払時期，方法が，当方の通常の方法と異なる場合，経理担当部署は対応可能か。	
・相殺条項はあるか。	
納入・検収・受入について	
・当方の義務がどこまで（どこから）かが一義的に明確になっているか。	
・受入検査の期間が明確になっているか（※下請法が適用される場合に注意）。	
・受入検査の方法は，誰が，どのように定めることになっているか。	
・受入検査が可能な程度の情報（仕様図面）等は入手可能か（渡してあるか）。	
・受入検査を省略する場合があるか。	
・数量過不足・不合格品があった場合にすべきことが明確になっているか。	
・数量不足，不合格品についての再納期の指定方法はどのようになっているか。	
・再納期は物品の納入に必要な合理的期間をおいて指定されるようになっているか。	
・受入検査結果に異議があるときの措置について定めがあるか。	
所有権の移転・危険負担の移転について	
・受入時以外の所有権移転時期が定められていないか。	
・所有権留保特約をするのが適当な場合でないか。	
支給品・貸与品について	
・相手方から支給（有償・無償）されているものはないか（あるとすれば，何か）。	
・相手方から貸与（有償・無償）されているものはないか（あるとすれば，何か）。	
・支給品の取り扱いについて，当方に不利な条件になっていないか。	
仕様の変更について	
・想定されている目的物の仕様の変更の頻度は。次回の変更の予定は。	
・仕様の変更に当方の許可は必要でないか（相手方の許可を要する場合，仕様の変更が困難にならないか）。	
品質保証について	
・想定されている目的物の耐用期間はどのくらいか。	

・保証期間（無料補修期間）はどのくらいか。その期間，補修義務者が対応できるか。	
・免責条項は定められているか。	
・品質保証のために，相手方の工場等に行って技術指導や検査をする必要はないか。	

知的財産権について

| ・想定されている目的物の知的財産権の権利関係はどのようになっているか。 | |
| ・想定されている目的物の売買に第三者の承諾の必要があるか。 | |

守秘義務について

・当事者間でやり取りされる秘密はどのようなものか。その媒体は何か。その重要性の程度は。	
・守秘義務期間はいつまでか（契約終了後の効力条項の要否）。	
・契約終了時の対応が明記されているか。	

権利の譲渡等について

| ・契約当事者たる地位または債権の譲渡を禁止する必要はないか。 | |
| ・想定されている物品の調達にあたり，第三者への再委託を要する場合がないか。 | |

通知義務について

| ・片面的か。双務的か。 | |
| ・通知を要する事項に過不足はないか。 | |

有効期間について

| ・基本契約の有効期間はどのように定められているか。 | |
| ・更新（更新拒絶）のための要件はどのように定められているか。 | |

合意解約条項について

| ・合意解約条項があるか。 | |

無催告解除条項・期限の利益喪失条項について

| ・無催告解除条項・期限の利益喪失条項はあるか。その要件は適切か。 | |

日付について

| ・契約書作成日が定められている場合，何か意味があるのか。 | |
| ・契約書作成日がバックデートされていないか。 | |

調印者について

・学内のルールに応じた調印者が調印することになっているか。	
・調印者の肩書き表示は正確なものか。	
・当方の調印者と相手方の調印者との間で不均衡はないか。	

第15章　各種契約書作成例及び契約締結時のチェックポイント

(2)　売買基本契約書作成例

売買基本契約書

　学校法人××××学園（以下「甲」という。）と，株式会社△△△△（以下「乙」という。）は，食堂用食材の売買を継続して行うにあたり，その基本的条件を定めるため，本契約を締結する。

第1条（本契約の対象）　＊(1)

　本契約は，甲が設置する××大学の学生食堂の食材の売買に適用する。

第2条（個別契約）　＊(2)

1　本契約に基づき乙から甲へ売り渡される食材の種類，数量，単価，納期，納入場所その他の売買契約に必要な事項は，本契約に定めるほか，甲乙間で締結する個別契約において定める。

2　前項の個別契約は，甲が注文書を送付し，乙が注文請書を返送することにより成立する。

第3条（納　　品）　＊(3)

1　乙は，個別契約に従って，納品書を付して，食材を納入する。

2　乙は，個別契約に従った納品ができない事由が発生したときは，直ちに甲へ通知し，甲の指示に従う。

3　乙は，個別契約に定める納期前に食材を納入しようとするときは，あらかじめ，甲の承諾を得なければならない。

4　甲は，食材の納入後，直ちにこれを検査し，瑕疵を発見した場合には，乙に対して遅滞なく通知しなければならない。

5　前項の場合，乙は，甲の指示に従って，代替品を納入しなければならない。

— 509 —

第4条（危険負担）　＊⑷

　当事者の責めに帰することができない事由による食材の滅失又は毀損による損害は，納入の完了までは乙の負担とし，納入の完了後は甲の負担とする。

第5条（売買代金の支払い）　＊⑸

1　甲は，乙に対し，毎月末日までに納入された食材に係る売買代金を，翌月15日限り，乙が指定する銀行口座に振り込む方法で支払う。振込手数料は，甲の負担とする。

2　甲が，前項の代金の支払いを怠ったときは，支払期日の翌日から完済に至るまで，年5％の割合による損害金を支払う。

第6条（損害賠償）

　乙は，本契約若しくは個別契約への違反又は納入した食材の瑕疵により，甲に損害が生じた場合，その損害を賠償する責任を負う。

第7条（権利義務の移転）

　甲及び乙は，相手方の書面による承諾なくして，本契約から生じる権利又は義務を第三者へ譲渡し，又は引き受けさせてはならない。

第8条（中途解約）　＊⑹

　甲又は乙は，第11条に定める有効期間の満了前であっても，3か月前までに，相手方に書面で通知することにより，本契約を解約することができる。

第9条（解　　除）

1　甲又は乙は，相手方が次の各号の一つ以上に該当したときは，何ら通知・催告を要せず，直ちに本契約及び個別契約の全部又は一部を解除することができる。

　⑴　行政庁から営業停止等の行政処分を受けたとき

　⑵　支払停止若しくは支払不能の状態に陥ったとき又は手形の不渡り処分を受けたとき

第15章　各種契約書作成例及び契約締結時のチェックポイント

(3)　信用資力の著しい低下があったとき又はこれに影響を及ぼす営業上の重要な変更があったとき

(4)　強制執行，仮差押え，仮処分，競売の申立て，公租公課の滞納処分その他これらに準じるものを受けたとき

(5)　破産手続開始申立て，民事再生手続開始申立て，会社更生手続開始申立てその他これらに準じる申立てがなされたとき

(6)　解散又は他の法人と合併したとき

(7)　災害，労働争議等，本契約の履行を困難にする事情が生じたとき

(8)　相手方に対する詐欺その他の背信的行為があったとき

(9)　前各号に準じる相当な事由のあるとき

2　甲又は乙は，相手方が本契約の各条項又は個別契約の各条項に違反し，相当の期間を定めて催告をしても是正されないときは，本契約を解除することができる。

第10条（個別契約の優先）

甲乙間で締結する個別契約に，本契約と異なる定めがある場合には，個別契約の定めが優先するものとする。

第11条（有効期間及び更新）　＊(7)

1　本契約の有効期間は，契約締結の日から1年間とする。

2　本契約の有効期間の満了日の1か月前までに，甲又は乙が書面により異議を申し出なかった場合，本契約の有効期間は1年間延長されるものとし，その後も同様とする。

第12条（裁判管轄）

本契約及び個別契約に関する紛争が生じた場合，◇◇地方裁判所を第一審の専属的合意管轄裁判所とする。

第13条（協　　議）

本契約に定めのない事項又は本契約に関する疑義が生じたときは，甲及び乙の協議により，信義誠実の原則に基づき円満に解決するものとする。

本契約の成立を証するため，本書2通を作成し，甲及び乙が記名押印の上，各1通を所持する。

　〔以下略〕

○留意点

＊(1)　同一の業者との間で，大学の学生食堂の食材以外の取引もある場合など，基本契約の適用範囲をめぐってトラブルとならないよう，対象を明確にしておくことが適切である。

＊(2)　個別契約の締結は，簡易な方法によりつつ，文書で記録できるようにしておくことが適切である。

＊(3)　取引の対象となる物品の性質に応じて，納入方法，不良品があった場合の扱いなどを定めている。

＊(4)　納入前に，天災等によって食材が滅失・毀損した場合には，業者は納品義務を免れることができないが，納入後の天災等の場合には，学校法人は代金支払い義務を免れないという条項である。

＊(5)　継続的売買の場合，締日と支払日を定めておくこととなる。

＊(6)　長期間の契約となる場合，理由を問わずに解約できる条項を設けておくと，納入業者の変更等をスムーズに行うことができる。

＊(7)　複数年度にわたる取引が予定されている場合であっても，年度ごとの更新にしておくことで，契約条件の変更等を協議する機会を設けることができる。

＊＊＊＊＊　売買基本契約書作成のポイント　＊＊＊＊＊＊＊＊＊＊＊＊＊＊

　(1)　継続的な取引になることを考慮した契約条項を設ける。

　(2)　この契約からどのようなトラブルが生じるおそれがあるか，想像力を働かせる。

＊＊＊＊＊＊＊＊＊＊＊＊＊＊＊＊＊＊＊＊＊＊＊＊＊＊＊＊＊＊＊＊

第15章　各種契約書作成例及び契約締結時のチェックポイント

2　業務委託契約

　業務委託（請負）契約には，①物に関しない業務委託契約，②物に関する業務委託契約等があると考えられる。①では警備業務，清掃業務，食堂運営等の業務を想定している。これらの業務すべてを教職員が行うことは稀であり，多くの場合は，外部の業者に委託している。②では建設工事請負業務を想定した業務委託契約締結時に係るチェックポイントを示すこととした。

⑴　物に関しない業務委託契約締結時のチェックポイント

業務委託の内容について	
・委託業務の内容が特定しているか。	
・業務の内容が特定していない場合は，特定方法について規定されているか。	
再委託について	
・再委託の可否について規定されているか。	
※受託業者が，さらに他の業者へ委託することにより，業務委託処理が適正に行われ 　なくなる恐れや，報酬の「中抜き」が起きることを防ぐために，再委託は原則禁止 　とすることが大切である。	
委託料について	
・一定の成果を確保できるような支払い条件になっているか。	
秘密保持について	
・契約遂行上知り得た相手方の秘密を保持する旨の規定はあるか。	
第三者の知的財産権について	
・成果物が第三者の著作権，特許権等の知的財産権を侵害していないことの保証条項 　はあるか。	
・第三者の知的財産権を侵害した場合の対処方法等について規定は設けられているか。	
成果物の権利について	
・成果物の権利帰属について規定されているか。	

— 513 —

検品，瑕疵担保責任について	
・検品の方法について規定はあるか。	
・瑕疵担保責任の期間について規定はあるか。	
メンテナンス契約について	
・メンテナンスについての規定はあるか。	
指揮命令について	
・指揮命令権の所在は明確であるか。	
※実質は，労働者派遣であるという偽装請負を招かないようにする。	

(2) 物に関する業務委託契約締結時のチェックポイント

民間約款を利用した場合	
・監理者を置くか。	
・請負人ないしは注文者に信用はあるか。	
・設計図書（設計図・仕様書）はあるか。	
・着工・完成日の定めは実現可能なものか。	
・請負代金の支払いは，工事の進捗状況に対応するものか。	
・契約上の権利・義務の譲渡の禁止は受け入れられるか。	
・請負人ないしは注文者の連帯保証人は必要か。	
・請負人について工事完成保証をする必要がないか。	
・瑕疵担保責任の期間は短くないか。	
・請負人の債務不履行の違約金の定めは，「遅滞日数1日につき，請負代金額から工事の出来形部分並びに検査済の工事材料及び建設設備の機器に対する請負代金相当額を控除した額の4/10,000に相当する額」では少なくないか。 ※違約金の率は，平成12年の民間約款の改定に伴い，1/1,000（年利36.5%）から4/10,000（年利14.6%）に改められた。発注者に莫大な損害の発生が予想されるような事案が想定される場合には，条文を修正する必要があるので注意が必要。	
・訴えの提起に備えて管轄の合意はあるか。	

— 514 —

第15章　各種契約書作成例及び契約締結時のチェックポイント

(3) 業務委託契約書作成例

業務委託契約書

　学校法人×××学園（以下「甲」という。）と，株式会社△△△△（以下
「乙」という。）は，次のとおり業務委託契約を締結する。　＊(1)

（目　　的）

第1条　本契約は，甲から乙に対する業務委託について，業務内容，報酬，
　契約期間その他の契約条項を定めることを目的とする。

（定　　義）　＊(2)

第2条　本契約において，「本件業務」とは，別紙1に定める業務をいう。

2　本契約において，「本校」とは，甲が設置する××××高等学校をいう。

（業務の委託および受託）

第3条　甲は，本件業務の処理を乙に委託し，乙は，甲の指示に従って本
　件業務を処理することを受託した。

（報　　酬）

第4条　本契約に基づき甲が乙に支払う報酬の金額及び支払期限は，別紙
　2に記載のとおりとする。

2　甲は，前項の報酬を，次の口座へ振り込んで支払う。振込手数料は，
　甲の負担とする。

　　　　　　　　銀行・支店　　　▽▽銀行　　▽▽支店
　　　　　　　　口座番号　　　　○○○○○○○（普通預金）
　　　　　　　　口座名義　　　　株式会社△△△△
　　　　　　　　フリガナ　　　　カブシキガイシャ△△△△

（費用負担等）

第5条　乙は，本件業務の処理に必要な一切の費用を負担する。ただし，

－ 515 －

甲の指示によって本校以外で業務を行う場合の旅費は，甲が負担する。

2　乙は，本件業務の処理に必要な範囲で，本校内の設備を利用すること
ができる。

（事業主責任及び担当管理者）　＊(3)

第6条　乙は，乙の従業員に対して，労働基準法，労働安全衛生法，労働
者災害補償保険法その他の法令に基づく，使用者又は事業主としての一
切の責任を負う。

2　乙は，乙の従業員に指揮命令する者（以下「担当管理者」という。）を1
名選任し，氏名及び連絡先を甲へ通知する。担当管理者を変更する際も，
同様とする。

3　甲は，本件業務に関する指示は担当管理者に対してのみ行い，乙の従
業員に対して直接指揮命令をしないものとする。

（資料提供等）

第7条　甲は，本件業務の処理に必要な資料及び情報を，乙に開示又は提
供する。

（守秘義務）　＊(4)

第8条　乙は，本件業務において知り得た甲の業務上の秘密を，第三者に
開示してはならない。ただし，次の各号のいずれかに該当するものは，
この限りでない。

(1)　甲から知得する以前に，すでに知得していたもの

(2)　既に公知のもの及び乙の責に帰すことができない事由により公知と
なったもの

(3)　正当な権限を有する第三者から機密保持の義務を伴わずに入手したもの

(4)　法令に基づき開示する義務があるもの

2　乙は，乙の従業員に対して，前項の義務を遵守させなければならない。

3　前各項の定めは，本契約の終了後も，なお効力を有する。

（再委託の禁止）　＊(5)

第15章　各種契約書作成例及び契約締結時のチェックポイント

第9条　乙は，甲の書面による同意がある場合を除き，本件業務の全部又
　　は一部を，第三者へ委託してはならない。

（権利義務の譲渡等の禁止）

〔第10条　略〕

（中途解約）

〔第11条　略〕

（解　　　除）

〔第12条　略〕

（損害賠償）　＊(6)

第13条　乙又は乙の従業員の責めに帰すべき事由により甲に損害が生じた
　　場合，乙は，損害賠償責任を負う。ただし，故意又は重過失による場合
　　を除き，賠償額は，乙が受領した報酬の金額を上限とする。

（有効期間）　＊(7)

第14条　本契約の有効期間は，平成○○年○○月○○日から平成○○年○
　　○月○○日までとする。

2　契約期間満了の日の1か月前までに，甲及び乙は，本契約の更新につ
　　いて協議を行うものとする。

3　前項の協議がまとまらない場合，本契約は，第1項に定める期間満了
　　時に終了するものとする。

（裁判管轄）

〔第15条　略〕

（協　　　議）

〔第16条　略〕

　以上の契約の成立を証するため，本書を2通作成し，甲及び乙がそれぞ
れ記名押印し，各1通を所持する。

　〔以下略〕

— 517 —

○留意点

*(1)　本作成例は，物品の製造ではなく，役務の提供を内容とする業務委託を想定したものである。警備業務，清掃業務，食堂運営等が想定できる。

*(2)　契約書が長文になる場合や，複数の略称を用いる場合などには，定義規定を置くことがある。定義や略称を定めるのであれば，必ずその用法に従い，異なる表記や元の表記を使ってはならない。また，同じ定義を複数の用語に用いないよう注意すること。

　　定義規定は，第2条のようにまとめて記載する方法と，第6条第2項のようにその都度記載する方法がある。

*(3)　受託業者の従業員が，学校の施設内で業務を行う場合，実質は労働者派遣であるという偽装請負の疑いを招かないよう，指揮命令権の所在を明確にしておくことが適切である。

　　もちろん，契約書に記載するだけでなく，実態としても，受託業者の従業員に直接指揮命令をしてはならない。

*(4)　業務委託に際して，学校法人が有する機密情報や個人情報を提供する場合には，外部へ流出しないように，守秘義務を課しておく必要がある。

　　期間満了，解除等によって契約が終了した後は，契約の効力はなくなることが原則であるが，守秘義務条項の効力は，契約終了後もなくならない旨を定めておくべきである。

*(5)　受託業者が，さらに他の業者へ委託することにより，委託業務の処理が適正に行われなくなったり，報酬の"中抜き"が起きることを防ぐために，再委託は原則として禁止することが適切である。再委託を認める場合でも，受託業者が下請法（下請代金支払遅延等防止法）を遵守しているか，下請業者はどのような業者かなどの点に注意が必要である。

*(6)　学校法人が委託者である場合，受託者の損害賠償責任を制限ないし免除する条項を置くことは避けるべきである。このような条項を置かざるを得ない場合であっても，制限される損害賠償責任の範囲を明確にしておくべきで

第15章　各種契約書作成例及び契約締結時のチェックポイント

ある。

　プログラムの開発を委託する契約のように，業者の業務に瑕疵があったときの損害がきわめて大きくなる可能性がある場合には，損害賠償責任を制限する条項を置くことが多い。

*(7)　売買基本契約書の作成例と異なり，契約を更新しないことが原則の場合には，第14条第2項及び第3項のような記載にするとよい。

＊＊＊＊＊　業務委託契約書作成のポイント　＊＊＊＊＊＊＊＊＊＊＊＊＊

　(1)　法令に規定がない契約（非典型契約）では，契約書の重要性は高くなる。

　(2)　契約内容によっては，労働者派遣法等の法令に留意しなければならない。

＊＊＊＊＊＊＊＊＊＊＊＊＊＊＊＊＊＊＊＊＊＊＊＊＊＊＊＊＊＊＊＊＊＊

3　金銭消費貸借契約

　ここでは，学生・生徒への奨学金貸与に係る契約書上のチェックポイントを示すこととした。

⑴　学生・生徒への奨学金貸与に係る貸借契約締結時のチェックポイント

　学校法人から，学生生徒に奨学金を貸与する場合は，「保証人を求める」「一括返済条項を設ける」など，債権回収の視点を持つことが大切である。

親権者について	
・未成年者が金銭を借りる場合は，法定代理人（親権者）の同意条項があるか。	
・奨学金の借入れに親権者が同意していることを示すため，前文に「丙」が親権者であることを明示しているか。	
消費貸借について	
・民法587条では，金銭の交付があった時点で消費貸借契約が成立すると定めているが，判例では，金銭交付より前に行った合意も有効とされていることに留意しているか。	

－519－

返済期間等について	
・実際には，「卒業後３年を経過した時から返済を開始する。」などの条項を置く例が見られるが，退学した場合や，留年や休学を繰り返した場合は返済期間が遅くなってもよいのかなどの疑義が生じる場合がある。このような疑義が生じることのないよう，具体的な返済年月日と返済金額を明示しているか。	
利息について	
・無利息で貸与する場合でも，利息がないことを明記しているか。	
・有利息の場合は，利息の起算日と利率を定めることになるが，利率には利息制限法による制限があることに留意しているか。	
滞納について	
・滞納があったときには，残額を一括して支払う旨の条項を入れているか。 ※この条項を置かないと，長期間滞納しているにもかかわらず，訴訟を起こしても支払期限を過ぎた分しか請求できないこととなりかねない場合がある。	
保証人に対する請求について	
・保証人に対して返済を請求した際，稀に自分が署名押印したものではないと主張する保証人がいる事例がある。保証人自身の署名捺印であることを明確にするために，実印での押印に加え印鑑証明書の添付を求め，奨学金を振り込む前に保証人に直接確認することが大切である。	
規程の整備について	
・奨学金貸与に関する学内規程を整備し，学内規程の定めに法的拘束力があることを明確にしているか。	

(2) 金銭消費貸借契約書作成例（奨学金貸与契約書）

奨学金貸与契約書

　学校法人××××学園（以下「甲」という。），××大学に在籍する△△△△（以下「乙」という。）及び乙の親権者▲▲▲▲（以下「丙」という。）は，奨学金の貸与について，次のとおり合意した。　＊(1)

（奨学金の貸与）

第15章　各種契約書作成例及び契約締結時のチェックポイント

第1条　甲は，乙に対し，○○円の奨学金を貸与する。　＊(2)

2　甲は，前項の奨学金を，平成○○年○○月○○日限り，乙の届け出た
　銀行口座へ振り込む。振込手数料は，甲の負担とする。

（返済方法）　＊(3)

第2条　乙は，前条の奨学金を，次のとおり分割して返済する。

　　　　平成○○年○○月末日限り　　○○円

　　　　平成○○年○○月末日限り　　○○円

　　　　　　　　　　　　・

　　　　　　　　　　　　・

　　　　　　　　　　　　・

　　　　平成○○年○○月末日限り　　○○円

2　前項の返済は，甲が指定する銀行口座へ振り込む方法で行う。振込手
　数料は，乙の負担とする。

3　甲は，乙が大学院へ進学したことその他の理由によって返済開始の延
　期が適当と認めたときは，第1項の返済期限を変更することができる。

（利　　　息）　＊(4)

第3条　奨学金に付する利息は，無利息とする。

（期限の利益の喪失）　＊(5)

第4条　乙が，第2条の分割返済を怠り，その金額が○○円に達した場合，
　乙は当然に期限の利益を失い，直ちに残額を一括して返済する。

2　前項の場合，乙は，期限の利益を喪失した日の翌日から支払済みまで，
　年○％の割合による遅延損害金を支払う。

（連帯保証）　＊(6)

第5条　丙は，甲に対し，乙が本契約に基づき負担する一切の債務につい
　て，連帯して保証する。

（届　　　出）

第6条　乙及び丙は，住所，氏名又は勤務先の変更があった場合，これを

— 521 —

証する書面とともに，速やかに甲へ届け出なければならない。

（返済の免除）

第7条　甲は，乙が死亡したときは，丙又は乙の相続人の申請によって，残元本の返済を免除する。

（諸規程の適用）　＊(7)

第8条　本契約書に定めのない事項は，法令及び甲が定める諸規程に従う。

（裁判管轄）

〔第9条　略〕

本契約の成立を証するため，本通3通を作成し，甲が記名押印，乙及び丙が署名押印の上，各1通を所持する。

〔以下略〕

○留意点

＊(1)　未成年者が金銭を借りる契約をする場合，法定代理人（親権者）の同意を得なければならない。同意を得ずに契約を締結すると，事後に取り消される可能性がある。奨学金の借入れに親権者が同意していることを示すため，前文に丙が親権者であることを明示する。

＊(2)　民法587条では，金銭の交付があった時点で消費貸借契約が成立すると定めているが，判例では，金銭交付より前に行った合意も有効とされている。

＊(3)　実際には，「卒業後3年を経過した時から返済を開始する。」などの条項を置く例がみられるが，卒業ではなく退学の場合はどうなるのか，留年や休学を繰り返した場合は返済開始が遅くなってもよいのか，などの疑義が生じるおそれがある。第2条のように，具体的な年月日と返済額を記載することが適切である。

＊(4)　無利息での貸与の場合も，利息がないことは明記しておくことが望ましい。

有利息とする場合には，次のような条項を置いて，利息の起算日と利率を

第15章　各種契約書作成例及び契約締結時のチェックポイント

定めることとなる。なお，利率には，利息制限法による制限があることに留意する。

> （利　　息）
> 第3条　利息は年○○％とし，平成○○年○○月○○日から付するものとする。

＊(5)　滞納があったときには，残額を一括して支払う旨の条項である。

奨学金の貸与について，この条項を置かない学校法人が散見されるが，長期間滞納しているにもかかわらず，訴訟を提起しても支払期限を過ぎた分しか請求できないこととなりかねないので，この条項は必ず置かなければならない。

なお，この条項がない場合に，滞納者に一括返済を請求できるか否かについては，裁判例は次のとおり分かれている。

■　東京地裁昭和34年6月6日判決・下民集10巻6号1187頁　　〔否定〕
■　東京地裁昭和35年7月13日判決・判時235号24頁　　　　　〔肯定〕
■　東京地裁昭和36年7月5日判決・下民集12巻7号1608頁　　〔否定〕

＊(6)　保証人に対して返済を請求した際に，自分が署名押印したのではないという主張をされる事例がある。保証人自身の署名押印であることを明確にするために，実印での押印と印鑑登録証明書の添付を求め，奨学金を振り込む前に保証人に直接確認することが望ましい。

＊(7)　奨学金貸与に関する学内規程を制定し，公表している場合には，第8条のような規定を置くことで，学内規程の定めに法的拘束力があることを明確にしておくことが適切である。

＊＊＊ 金銭消費貸借契約書（奨学金貸与契約書）作成のポイント ＊＊＊＊＊＊＊

学校法人から学生に奨学金等を貸与する場合，保証人を求める，一括返済条項を設けるなど，債権回収の視点を持つ。

＊＊＊＊＊＊＊＊＊＊＊＊＊＊＊＊＊＊＊＊＊＊＊＊＊＊＊＊＊＊＊＊＊

4 不動産賃貸借契約

建物賃貸借契約においては，借主の使用方法等の違反が非常に多く問題となっている。例えば，倉庫を事務所に変更するとか，無断で建物の一部を改造したというような事例等が発生するおそれがあることから，貸主はできる限り使用方法等を具体的に定めた上で，使用方法の変更を可能とする条項も定めておく方が得策である。いずれにせよ，借主側の使用方法等の違反により契約を解除できるかどうかは，当該使用方法に係る違反が貸主の借主に対する信頼関係を破壊したといえるかどうかによって判断されることに留意する必要がある。

(1) 不動産等の賃貸借契約締結時のチェックポイント

以下は，企業が所有する建物の一部である居室を学校法人が賃貸借契約する場合を想定したチェックポイントである。

契約の目的物について	
・賃室は特定されているか。	
・契約の名義と登記簿上の名義は同一か。	
・契約の名義と登記簿上の名義が異なっており，契約者が相続人である場合，相続の事実を確認したか。	
・賃室の一部を賃借する場合，図面等で特定されているか。	
使用目的について	
・用法は特定されているか。	
・どの程度具体化されているか。	
賃室の種類・性質について	
・担保はどうなっているか。	
賃料・共益費について	
・賃料は確定しているか。	
・支払方法は確定しているか。	

— 524 —

第15章　各種契約書作成例及び契約締結時のチェックポイント

・増減額に関する規定はあるか。	
・共益費は特定されているか。	
・延滞損害金に関する規定はあるか。	
保証金について	
・保証金の定めはあるか。	
・返還時期はどうなっているか。	
・利息はどうするか。	
・保証金で充当できる範囲が記載されているか。	
・賃料が変更された場合の保証金の変更の規定はあるか。	
期間について	
・期間の定めはあるか。	
・賃借人から中途解約が可能な条項はあるか。	
費用の負担について	
・貸主が負担すべき費用と借主が負担すべき費用は特定されているか。	
禁止事項について	
・禁止事項は具体的に定められているか。	
修繕義務について	
・修繕義務は定められているか。	
解除の条項について	
・解除の条項は具体的に定められているか。	
・反社会的勢力を排除する条項はあるか。	
・催告が必要か否か。	
原状回復について	
・原状回復の条項は定められているか。	
・原状回復の範囲を拡大する特約はあるか。	
明渡し遅延について	
・明渡しを遅延した場合の賃料相当損害金の金額に関する条項はあるか。	
立退料について	
・立退料についての規定はあるか。	

⑵ **不動産賃貸借契約書作成例**

不動産賃貸借契約書

　貸主　○○株式会社（以下,「甲」という。），借主　学校法人○○学園（以下,「乙」という。）及び学園理事長○○○○は連帯保証人（以下,「丙」という。）となり,次のとおり建物賃貸借契約（以下,「本契約」という。）を締結するものとする。

（対象物件）

第1条　甲は,甲の所有する下記建物（以下,「本物件」という。）を乙に賃貸し,乙はこれを○○として賃借することを約したものとする。

　　　　　　所　　在　○○県○○市○○丁目○番○号　＊⑴

　　　　　　建物番号　○番

　　　　　　構　　造　鉄筋コンクリート造○階建

　　　　　　床 面 積　○○○．○平方メートル

　　　　　　　上記のうち○階○号室　○○．○平方メートル

　　　　　　　　（別紙図面のとおり,図面省略）

（契約期間）

第2条　本契約の契約期間は,契約日より2年間とし,契約期間満了の3か月前までに甲乙双方より特段の意思表示がないときは,自動的に同一期間更新されるものとする。

2　乙は本物件の賃貸借契約期間中であっても,6か月前までに甲に対し,書面により通知し,もしくは6か月分の賃料を支払うことにより即時に本契約を中途解約することができるものとする。

（賃　　　料）

第3条　賃料は月額○○万円とし,乙は毎月末日までに翌月分を甲の指定

第15章　各種契約書作成例及び契約締結時のチェックポイント

する銀行口座に振り込む方法により支払うものとする。

2　前項の賃料が経済事情の変動，公租公課の変動または近隣の賃料との
　比較により不相当となった場合，甲は賃料の増額を請求することができ
　るものとする。　＊(2)

（共　益　費）

第4条　乙は前条に定める賃料の他，次の各号に掲げる共益費を前項と同
　様の方法により支払うものとする。　　＊(3)

　(1)　上下水道等共用施設の保守・管理等の費用

　(2)　共用施設の清掃，衛生，水道，光熱，空調に関する費用

　(3)　共用施設の保守，運転費

　(4)　その他共用施設の維持管理費

2　前項の共益費用は，別紙共益費一覧表のとおりとする。（別紙省略）

（遅延損害金）

第5条　乙が賃料及び共益費の支払いを遅延した場合は，甲は乙に対し，
　契約金額に加え，支払日までの遅延損害金（年率8％）を請求すること
　ができる。ただし，当該損害金の支払いにより，甲の契約解除権の行使
　は妨げられないものとする。

（保　証　金）

第6条　乙は，賃料，遅延損害金その他本契約に基づいて生ずる一切の乙
　の債務を担保するため，甲に対し保証金として賃料の8か月分を預託す
　るものとし，保証金には利息は付さないものとする。

2　乙に賃料の不払いその他本契約に関して発生する債務の支払い遅延が
　生じたときは，甲は，催告なしに保証金をこれらの債務の弁済に充当す
　ることができるものとする。甲は，この場合には，弁済充当日，弁済充
　当額及び費用を乙に書面で通知するものとする。乙は，甲より充当に関
　する通知を受けた場合には，通知を受けた日から30日以内に，甲に対し
　保証金の不足額を追加して預託するものとする。

— 527 —

3　本契約が終了し，乙が本物件を現状に復して甲に返還する時点におい
て，甲は本契約に基づいて生じた乙の債務で未払いのものがあるときは，
保証金の額から当該未払債務の額を差し引いた残額を乙に返還しなけれ
ばならないものとする。

4　前項の場合において，甲は，保証金から差し引く金額の内訳を乙に明
示しなければならないものとする。

5　乙は，本件保証金返還請求権をもって甲に対する賃料その他の債務と
相殺することはできないものとする。

6　賃料が増減額されたときは，保証金も第3条の賃料8か月分となるよ
う増減額されるものとする。この場合において，保証金が減額される場
合には，甲は乙に対し，新たな保証金の額と従前の額との差額を返金す
るものとする。

（費用の負担）

第7条　本物件にかかる固定資産税その他の公租公課については，甲が負
担するものとする。ただし，乙が設置した造作についての公租公課は乙
の負担とするものとする。

2　乙は，次の各号に掲げる費用を負担するものとする。

（1）　本物件の電気，ガス，水道等公共料金の利用料

（2）　物件内の清掃，衛生，警備費用

（3）　物件内の蛍光灯，電球の取替費用

（4）　物件内の消火器点検，詰替費用

（5）　その他本物件使用に関して生じる一切の費用

（禁止事項）

第8条　乙は，次の各号の事項に該当する場合には，事前に甲の書面によ
る承諾を受けるものとする。　＊(4)

（1）　本物件のリフォーム，改造，造作等現状を変更するとき

（2）　本物件の全部または一部を転貸もしくは第三者に使用させ，または

第15章　各種契約書作成例及び契約締結時のチェックポイント

　賃借権の全部または一部を第三者に譲渡するとき

（修繕義務）

第９条　本物件の躯体部分の修繕は甲の負担とし，部分的な修繕は乙の費用とするものとする。ただし，乙の責に帰すべき事由による修繕は乙の負担とするものとする。　＊(5)

（契約解除）

第10条　次の各号に掲げる事由が乙に生じた場合には，甲が催告せずに本契約を解除することができるものとする。　＊(6)

　(1)　賃料の支払いを３か月以上怠ったとき

　(2)　銀行取引停止処分を受け，又は破産手続，民事再生手続，会社更生手続もしくは特別清算の各開始の申立てがあったとき

　(3)　差押え，仮差押え，仮処分または競売の申立てもしくは公租公課の滞納処分を受けたとき

　(4)　借主もしくは入居者が，暴力団，暴力団員，暴力団関係団体または関係者，その他反社会的勢力であることが判明したとき，もしくは本物件や共用部分に反復継続して暴力団員等を出入りさせたとき

　(5)　本物件，共用部分その他本件建物の周辺において，借主もしくは入居者が暴行，傷害，脅迫，恐喝，器物破損，監禁，凶器準備集合，賭博，売春，覚せい剤，けん銃不法所持等の各犯罪を行ったことが判明したとき

　(6)　本物件，共用部分その他本件建物の周辺において，暴力団等の威力を利用して本件建物の入居者及び管理者，本件建物への出入者，近隣住民等に不安感，不快感，迷惑を与えたとき

　(7)　その他，乙に信用毀損行為が存したとき

（不可抗力）

第11条　天変地変その他の不可抗力により，本物件の全部または一部が滅失もしく破損して使用不能となった場合には，本契約は当然に終了する

ものとする。

（立 退 料）

第12条　乙は，本物件の明渡しに際し，甲に立退料，移転料その他の名目
　　のいかんにかかわらず一切の金銭上の請求ができないものとする。

（原状回復義務）

第13条　乙は，本物件の明渡しに際し，乙の保有する物品等を全て収去し
　　なければならないものとする。

2　甲の承諾なく造作加工したものについては，契約時の現状に復し，甲
　　の立会いにより本物件の引渡しを行うものとする。　＊(7)

（明 渡 し）

第14条　乙は，本契約終了時に，本物件の明渡しを遅延した場合には，乙
　　は，遅延期間に応じ，本物件の賃料の2倍に相当する額の賃料を相当損
　　害金として甲に支払うものとする。　＊(8)

（連帯保証人）

第15条　丙は，本契約に基づく乙の債務につき，乙と連帯して責を負うも
　　のとする。

（合意管轄）

第16条　本契約につき裁判上の争いとなったときは，○○地方裁判所を第一
　　審の専属的合意管轄裁判所とすることに甲及び乙は合意するものとする。

（信義誠実）

第17条　本契約に定めのない事項または本契約の規定の解釈について疑義
　　がある事項については，甲および乙は，民法その他の法令および慣行に
　　従い，誠意をもって協議し解決するものとする。

　　以上の契約を証するため本契約書を2通作成し，甲乙丙の記名押印の上，
甲乙は各1通を保有するものとする。

　　〔以下略〕

— 530 —

第15章　各種契約書作成例及び契約締結時のチェックポイント

○留意点

＊(1)　建物（居室）の賃貸借契約であるから，対象となる建物（居室）を具体的に記載する必要がある。例えば，建物の登記事項が記載されている書類，それがなければ固定資産税の評価証明書を参考とするのも必要である。

＊(2)　賃料は，甲にとっては増額さえできれば不利益はなく，本作成例のような条項でも構わないが，自動的に賃料を増額したい場合には具体的に記載することも必要である。例えば，消費税率改定に連動して賃料を設定する場合は，「２　本物件の賃料は２年ごとに改定するものとし，改定後の賃料は従前の賃料に消費税を加算した金額とする。」等必要に応じて適宜修正することが必要である。

　　また，増額の条項しかない場合は，乙にとっては不利益となるため，乙が契約する際には，減額できる余地がある条項を定めることも必要と考える。具体的には「２　前項の賃料が経済的事情の変動及び公租公課の変動または近隣の賃料との比較により不相当となった場合は，甲または乙は，契約期間中であっても，賃料の増減額を請求できるものとする。」とするなど，乙が契約時に指摘することも重要である。

＊(3)　共益費については，何が該当するかが記載されていないことが多く，双方のトラブルを避けるためにできる限り具体的に特定しておくことが重要である。

＊(4)　建物の使用方法にあたり，承諾がなされたか否かは，口頭では後に争いとなる可能性があるため，条項として記載する必要がある。

＊(5)　修繕義務については，但し書きで，賃貸人の責任によって生じた修繕費についての責任の所在を記載するとよい。

＊(6)　反社会的勢力と決別するために，本作成例第10条第４号から第６号のような条項に定めることも検討する必要がある。

＊(7)　原状回復の範囲として，特約を付すことにより原状回復の範囲を通常損耗にまで拡大することが可能となる。例えば，「乙は退去の際に，前項に加

— 531 —

え別紙に記載するすべてにつき，賃貸借開始時の原状に復して明け渡さなければならないものとする。」とし，別紙の内容としては，天井・壁クロスの張替えや，照明器具の取替え等が考えられる。

＊⑻　明渡しの際に訴訟となる場合，契約終了後の賃料相当損害金は，契約書に特別の定めがなければ，損害を特別に立証できない限り，賃料と同額となる。よって，契約書で賃料相当損害額を定めておくことは，甲にとっては非常に効果的である。

5　駐車場賃貸借契約

借地借家法が適用されない契約で，学校法人が所有する土地を駐車場として貸し出す場合の契約書作成上のチェックポイントを示すこととするが，作成にあたっては，駐車場の経営から生じるトラブルを想定し，契約条項を考えることが必要である。

なお，学校法人が駐車場を経営する場合は，収益事業として，寄附行為に記載することや特別会計が必要となる（私学法第26条第3項及び第30条第1項第9号）。ただし，収益事業を目的とせず，①教育研究活動と密接に関連する事業目的であること，②事業規模が一定以下であること，などの要件を満たせば，収益事業には該当しないこととされている（「文部科学大臣所轄学校法人が行う付随事業と収益事業の扱いについて（通知）」平成21年2月26日付 20文科高第855号参照）。

⑴　駐車場賃貸借契約締結時のチェックポイント

契約の目的物について	
・駐車区画は特定されているか。	
・賃借の対象としている土地を具体的に記載しているか。	
・敷地の一部の場合，図面等で特定されているか。	
使用目的について	

第 15 章　各種契約書作成例及び契約締結時のチェックポイント

・用法は特定されているか。	
・どの程度具体化されているか。	
賃借の種類・性質について	
・駐車場の整備工事等，駐車区画の変更が必要になる場合の通知方法はあるか。	
賃料について	
・賃料は確定しているか。	
・支払い方法は確定しているか。	
・増減額に関する規定はあるか。	
・遅延損害金に関する規定はあるか。	
保証金について	
・賃料が滞納になった場合，保証金から支払うこととなっているか。	
・保証金の定めはあるか。	
・返還時期はどうなっているか。	
・利息はどうするか。	
・保証金で充当できる範囲が記載されているか。（例：フェンス，備品等破損）	
・賃料が変更された場合の保証金の変更の規定はあるか。	
期間について	
・期間の定めはあるか。	
・賃借人から中途解約が可能な条項はあるか。	
禁止事項について	
・禁止事項は具体的に定められているか。	
解除の条項について	
・解除の条項は具体的に定められているか。	
・反社会的勢力を排除する条項はあるか。	
・催告が必要か否か。	
損害賠償の額について	
・賃料よりも高額の損害額を設定しているか。	
放置車両対策について	
・車両や残置物を撤去できる条項はあるか。	

— 533 —

(2) **駐車場賃貸借契約書作成例**

駐車場賃貸借契約書

　学校法人××××学園（以下「甲」という。）と，△△△△（以下「乙」という。）は，駐車場の賃貸借について，次のとおり合意した。

第1条　甲は，乙に対し，次の駐車場を賃貸する。　＊(1)

　　所在　◇◇県◇◇市◇◇町○－○－○○

　　名称　××学園第1駐車場

　　区画　○－○○番

第2条　甲は，乙に通知することで，前条の区画を変更することができる。　＊(2)

第3条　駐車場の賃貸借期間は，平成○○年○○月○○日から平成○○年○○月○○日までとする。

第4条　駐車場の使用料は，1か月○○円とする。

2　乙は，毎月末日までに，翌月分の使用料を，甲が指定する銀行口座へ振り込む。振込手数料は，乙の負担とする。

第5条　乙は，甲に対し，保証金として○○円を預託する。　＊(3)

2　本契約が終了し，乙が駐車場を明け渡した後，甲に損害があれば保証金を充当し，残額があれば乙に返還する。

3　保証金には，利息を付さない。

第6条　乙は，本契約成立後，速やかに，駐車する車両の車種及び車両番号を，甲へ届け出る。車種又は車両番号に変更があった場合も，同様とする。

第7条　乙は，前条の車両以外の車両を駐車し，又は第三者に駐車場を利用させてはならない。

第15章　各種契約書作成例及び契約締結時のチェックポイント

2　乙は，駐車場の現状に変更を加えてはならない。

3　乙は，前条の車両の駐車以外の目的に，駐車場を利用してはならない。

第8条　甲は，甲に故意または過失がある場合を除き，駐車場で生じた盗難，毀損等につき，一切責任を負わない。　＊(4)

第9条　乙は，1か月前に書面で通知し，又は1か月分の使用料を支払うことにより，本契約を解除することができる。

2　甲は，3か月前に書面で通知することにより，本契約を解除することができる。

第10条　甲は，乙が使用料の支払いを2回以上怠ったとき又は乙が本契約に違反したときは，催告を要することなく，直ちに本契約を解除することができる。

第11条　本契約が終了したときは，乙は，直ちに駐車場を明け渡さなければならない。

2　本契約終了後，乙が駐車場を明け渡さないときは，乙は，本契約の終了日から明渡しが完了するまで，1日あたり○○円の損害金を支払う。　＊(5)

第12条　本契約が終了した後，乙が車両その他の動産を撤去しない場合は，その所有権を放棄したものとみなす。

2　前項の場合，甲は，乙の費用負担において，車両その他の動産を任意に処分することができる。　＊(6)

第13条　本契約に関する紛争が生じた場合，◇◇地方裁判所を第一審の合意管轄裁判所とする。

本契約の成立を証するため，本書2通を作成し，甲が記名押印，乙が署名押印の上，各1通を所持する。

〔以下略〕

○留意点

＊⑴　土地の賃貸借契約であるから，対象となる土地を具体的に記載する必要がある。

＊⑵　駐車場の整備工事等，駐車区画の変更が必要になることがあるので，第２条のような条項を置いておくとよい。

＊⑶　駐車場のフェンスや備品を壊した場合や，使用料を滞納した場合に備えて，保証金を預かることが一般的である。

＊⑷　故意または過失がない限り，駐車場内で発生する盗難等について，賃貸人は法的責任を負わないことが原則であるが，確認のため契約書にも記載しておくとよい。

＊⑸　使用料よりも高額の損害金を設定することで，契約が終了したにもかかわらず駐車場を使い続けることを予防する趣旨である。

＊⑹　放置車両対策として，車両や残置物を撤去できる旨の条項を設けることが適切である。

＊＊＊＊＊　駐車場賃貸借契約書作成のポイント　＊＊＊＊＊＊＊＊＊＊＊＊＊

　放置車両対策など，駐車場の経営から生じるトラブルを想定して，契約条項を考える。

＊＊＊＊＊＊＊＊＊＊＊＊＊＊＊＊＊＊＊＊＊＊＊＊＊＊＊＊＊＊＊＊＊＊

第15章　各種契約書作成例及び契約締結時のチェックポイント

6　労働力の取引に関する契約

　労働者派遣契約とは，派遣元事業主が雇用する労働者が，派遣先の指揮命令を受けて労働に従事し，派遣先が労働者を雇用しないことを内容とする派遣元と派遣先との契約である。

　労働派遣と請負と出向の違いは，①派遣先，注文主，出向先（以下，「相手先」という。）と当該労働者との間に指揮命令が存在するかという点と，②相手先と当該労働者との間に労働契約があるか否かである。

　①については，相手先と当該労働者との間に指揮命令関係があるのが労働派遣と出向であり，指揮命令関係がないのが請負である。

　②については，相手先と当該労働者との間に労働契約関係があるのが出向であり，ないのが労働派遣と請負である。図に示すと次ページのような関係となる。

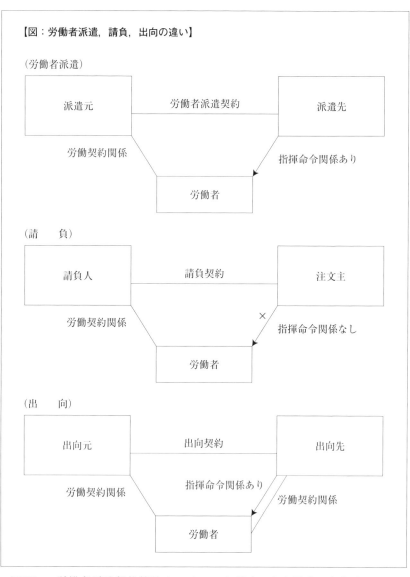

【図：労働者派遣，請負，出向の違い】

以下に，労働者派遣契約締結上のチェックポイントを示すこととする。

第15章　各種契約書作成例及び契約締結時のチェックポイント

(1)　労働者派遣契約締結時のチェックポイント

・当該業務は，派遣事業が禁止されている業務（港湾運送業務・建設業務・警備業務・病院等による医療関連業務）ではないか。
・派遣先は，派遣元に対し，書面の交付，ファックスまたは電子メールで派遣可能期間の制限に抵触することとなる最初の日を通知しているか。
・派遣契約期間が派遣可能期間を超えていないか。
・労働者派遣契約締結前および締結時において派遣労働者の氏名等派遣労働者が特定されていないか。
・労働者派遣契約締結前および締結時において派遣労働者の性別が特定されていないか。
・労働者派遣契約終了後に派遣先による雇用を禁じる旨の条項が存在しないか。
必要的記載事項について
・派遣労働者が従事する業務の内容が具体的に記載されているか。
・派遣労働者が従事する事業所（派遣就業場所）の名称・所在地・所在部署・電話番号が記載されているか。
・受入期間の制限のある業務の場合には，組織の最小単位の部署名まで記載されているか。
・派遣先での指揮命令者の部署・役職・氏名が記載されているか。
・派遣就業期間および派遣就業日が特定されているか。
・就業の開始および終了の時刻，休憩時間が記載されているか。
・安全衛生に関する事項が記載されているか。
・派遣元および派遣先において，派遣労働者の苦情の申出を受ける者の部署・役職・氏名・電話番号，苦情を処理する方法，派遣元と派遣先との連携のための体制等が記載されているか。
・労働者派遣契約の解除の事前の申入れ，派遣先における就業機会の確保，損害賠償等に係る適切な措置，労働者派遣契約の解除理由の明示について記載されているか。
・派遣元責任者および派遣先責任者の部署・役職・氏名・電話番号が記載されているか。
・当該業務が製造業務である場合には，派遣元責任者および派遣先責任者が，それぞれ製造業務専門派遣元責任者，製造業務専門派遣先責任者である旨が記載されているか。

— 539 —

・休日・時間外労働の定めは派遣元の36協定（法定時間外労働，法定休日労働に関する労使間協定）の範囲内であるか。	
・派遣労働者の福祉の増進のための便宜の供与に関する事項が記載されているか。	
・いわゆる政令28業務（派遣期間制限のない28の専門的業務）の場合にその業務の号番号が記載されているか。	
・派遣元の許可番号・届出受理番号が記載されているか。	
・派遣労働者の人数が記載されているか。	
任意的記載事項について	
・派遣料金が記載されているか。	
・秘密保持義務に関する事項が記載されているか。	
・損害賠償に関する事項が記載されているか。	
・契約解除に関する事項が記載されているか。	

　次に，労働者派遣契約と区別される請負契約とは，注文主の事業所内等において受託業務を遂行する契約で，一般的に「構内請負」と呼ばれている契約のことである。

　この請負契約を業務処理請負契約と呼ぶことがある。「構内請負」は作業する現場が注文主の事業所内というだけで，労働者は，注文主ではなく，雇用されている請負人からの指示で労働する。

　つまり，注文主は単に場所の提供と報酬の支払いだけの取引ということになる（注文主は，労働者に対する指揮命令権はない）。

　最近，「偽装請負」が問題となっているが，これは請負や業務委託と見せかけて実態は労働者派遣事業を行っていたという違法行為である。そのような偽装請負とみなされないためには，「職業安定法施行規則第４条の基準」及び「労働者派遣事業関係業務取扱要領の基準」をクリアする必要がある（詳細については後述する）。

　以下に，労働者派遣契約と区別される請負契約（業務委託契約も含む。）締結上のチェックポイントを示すこととする。

— 540 —

第 15 章　各種契約書作成例及び契約締結時のチェックポイント

⑵　労働者派遣契約と区別される請負契約（業務委託契約も含む）締結時のチェックポイント

業務遂行方法の管理関係について	
・受託者（請負事業者）が，受託業務に関する作業スケジュールの作成および調整を自ら行い，従業員に指示しているか。	
・受託者が，受託業務に関する仕事の割当ておよび調整（欠勤・早退時等の調整）を自ら行っているか。	
・受託者が，受託業務に関する仕事の仕方，完成の方法，業務処理の方法を自ら定め，従業員に指示しているか。	
・受託者が，業務の処理に関する技術的な教育および指導を自ら行っているか。	
・受託者が，勤怠点検を自ら行っているか。	
・受託者が，作業員一人ひとりの評価（出来高査定）を自ら行っているか。	
労働時間の管理関係について	
・注文主の就業規則をそのまま使用したり，または適用を受けることなく，受託者が始業および終業の時刻，休憩時間，休日等について自ら決定しているか。	
・労働者の時間外，休日労働について，受託者側で業務の進捗状況をみて自ら決定しているか。	
・タイムカードや出勤簿は，受託者自らのものを使用しているか。	
服務規律の決定・管理関係について	
・受託者の従業員に対して，注文主から直接，服務上の規律についての注意指導を受けることはないか。	
・受託者の従業員に対して，注文主による同一の作業服，名札等の着用の義務付けはされていない（安全衛生管理等合理的な理由がある場合は除く）か。	
・受託者の従業員について，注文主の従業員である旨の身分証明書を使用させていないか。	
・受託者は，注文主から直接，個々の従業員の人事考課を受け，能力不足等の指摘を受けることはないか。	
・受託者の従業員に対して，注文主の朝礼やミーティングへの参加が義務付けられていないか。	
要員の配置決定・変更関係について	

— 541 —

・受託者が，受託業務を実施する従業員の指名，分担，配置等の決定を自ら行っているか。	
・受託業務を実施する従業員の決定に関して，注文主による経歴書の提出指示および直接面接が行われていないか。	
資金の調達・支弁関係について	
・受託者が受託業務の遂行にあたり，必要となった通勤費，交通費，旅費等について，その都度注文主に請求することとなっていないか。	
・受託者が受託業務の遂行にあたり，必要となった資材，材料，原料，部品等について，注文主から無償で支弁されていないか。	
・受託業務の処理について，受託者側に契約違反があった場合の損害賠償規定があるか。	
・受託者の従業員が注文主または第三者に対して損害を与えた場合の損害賠償規定があるか。	
・受託業務の処理のための機械，設備，器材，材料，資材を受託者が自らの責任と負担で調達し，またはそれらを注文主から借入れまたは購入したものについては，別個の双務契約が締結されており，受託者が保守および修理を行う，ないしは保守等に要する経費を負担しているか。	
独立業務処理関係について	
・完成すべき仕事の内容，目的とすべき成果物，処理すべき業務内容が明確になっているか。	
・受託業務について，注文主の従業員と受託業者の従業員が混在又は共同する形で処理していないか。	
・受託業務の処理に関する対価が主として労働者の数，作業時間，賃金のみに対応して決定されていないか。	
・受託業者の従業員の欠勤，休暇，遅刻等による作業時間の減少に応じて，請負代金の減額等がされることとなっていないか。	

【参考までに】

◎「職業安定法施行規則第4条の基準」及び「労働者派遣事業関係業務取扱要領の基準」

　①「職業安定法施行規則第4条の基準」について

第15章　各種契約書作成例及び契約締結時のチェックポイント

　業務処理請負が偽装請負とみなされないためには，請負業者は次の4つの基準を満たすことが必要である。

一．作業の完成について事業主としての財政上及び法律上の全ての責任を負うものであること。

二．作業に従事する労働者を，指揮監督するものであること。

三．作業に従事する労働者に対し，使用者として法律に規定された全ての義務を負うものであること。

四．自ら提供する機械，設備，器材（業務上必要なる簡易な工具を除く。）若しくはその作業に必要な材料，資材を使用し又は企画若しくは専門的な技術若しくは専門的な経験を必要とする作業を行うものであって，単に肉体的な労働力を提供するものでないこと。

②「労働者派遣事業と請負により行われる事業との区分に関する基準（以下，「区分基準」という。）及び「労働者派遣事業関係業務取扱要領」の基準をクリアする必要がある。

　具体的には，

ア　業務の遂行方法に関する管理

イ　業務の遂行に関する評価の管理

ウ　始業終業時刻，休憩時間，休日，休暇等の管理

エ　時間外労働，休日労働の管理

オ　服務上の規律に関する事項についての管理

カ　労働者の配置等の決定及び変更

キ　業務の処理に要する資金の調達・支弁

ク　事業主としての法的責任

ケ　機械，設備，器材（業務上必要な簡易な工具を除く。）又は材料，資材の準備，調達又は自ら行う企画，専門的な技術，経験に基づいて業務を処理すること

コ　その他労働者派遣法違反を免れるための故意に偽装したものでないこ

と

という10の条件が区分基準に挙げられており，これらの条件を一つでも欠けば偽装請負とみなされることとなる（H24厚生労働省告示第518号（最終改正））。

(3) 有期雇用契約書作成例

学校法人が教職員を採用するということは，法的には雇用契約を締結することとなるが，その際は，労働基準法第15条第1項，同法施行規則第5条第1項に定める労働条件を明示する必要がある。

このうち，①契約期間及び契約更新の基準，②就業場所と従事する業務，③始業就業時刻，休憩時間，休日，休暇，所定時間外労働の有無，④賃金，⑤退職・解雇，等に関する事項を，採用内定者に労働条件通知書等書面で通知しなければならないこととなっている（就業規則を配布する方法でも構わない）。

なお，労働条件通知書と就業規則とに違いがあった場合は，就業規則に定める労働条件が優先されることに注意が必要である。

【参考までに】

労働契約法

第12条（就業規則違反の労働契約）

　就業規則で定める基準に達しない労働条件を定める労働契約は，その部分については，無効とする。この場合において，無効となった部分は，就業規則で定める基準による。

ここでは，有期雇用の事務職員の雇用契約書の作成例を以下に示すこととする。

第15章　各種契約書作成例及び契約締結時のチェックポイント

有期雇用契約書

　学校法人××××学園（以下「甲」という。）と，△△△△（以下「乙」という。）は，下記のとおり雇用契約を締結する。　＊(1)

第1条　甲は，乙を，××大学××キャンパスの嘱託職員として雇用する。　＊(2)

2　甲は，業務の都合により，乙に職種又は勤務地の変更を命じることがある。

第2条　雇用期間は，平成○年4月1日から平成○年3月末日までとする。

第3条　給与は月額○○○○円とし，毎月○○日限り，前月分を乙が指定する口座へ振り込む方法で支払う。振込手数料は，甲の負担とする。

2　乙が月の途中で退職した場合は，勤務の日数に応じて，日割計算で給与を支給する。

3　昇給は，実施しない。

4　賞与及び退職金は，支給しない。

第4条　乙は，××大学の建学の精神と教育理念を尊重し，職務上の指示及び甲の定める諸規程に従わなければならない。

第5条　勤務時間は，次のとおりとする。

　　始業　午前○○時○○分

　　終業　午後○○時○○分

　　休憩　午後○○時○○分～午後○○時○○分（○○分）

第6条　休日は，次のとおりとする。

　(1)　土曜日，日曜日及び国民の祝日に関する法律が定める祝日

　(2)　年末年始（12月○○日～1月○○日）

　(3)　学園創立記念日（○○月○○日）

— 545 —

⑷　前各号のほか，甲の定める日

第7条　甲は，業務上の必要があるときは，第5条の勤務時間外又は前条の休日に勤務を命じることがある。

2　前項の定めにより，乙が時間外又は休日勤務をした場合，給与規則○○条所定の手当を支払う。

第8条　年次有給休暇は，労働基準法，同法施行規則その他の法令に従って付与する。

第9条　甲は，乙が××××学園嘱託職員就業規則○○条に違反した場合，同条の定めるところにより，乙を解雇することができる。　＊⑶

第10条　本契約書に定めのない事項は，××××学園嘱託職員就業規則の定めるところによる。　　＊⑷

第11条　この契約は，期間の満了により当然に終了する。ただし，甲の経営状況，業務の繁閑，乙の能力及び勤務成績その他の事情を考慮して，甲及び乙の合意によって契約を更新することがある。　　＊⑸

第12条　甲及び乙は，本契約に関して法的紛争が生じたときは，◇◇地方裁判所を第一審の管轄裁判所とすることに合意する。

　　　本契約の成立を証するため，本書2通を作成し，甲が記名押印，乙が署名押印の上，各1通を所持する。

　　　〔以下略〕

○留意事項

＊⑴　この作成例では，書面で明示すべき労働条件をほぼ網羅するようにしてある。

＊⑵　職種・勤務地限定採用であるという主張をさせないようにするのであれば，第1条第2項のような規定を置くとよい。

＊⑶　契約書には簡潔な規定を置き，詳細は就業規則の定めに譲る場合の記載

第15章　各種契約書作成例及び契約締結時のチェックポイント

方法としている。

*(4)　契約書に記載のない事項は，就業規則に従うことを確認する趣旨の条項である。なお，嘱託職員や非常勤講師についても，就業規則を制定しなければならない。

*(5)　更新の基準に関する事項の記載例である。期間満了による退職が原則であり，更新は例外的になされることを明示している。なお，更新の基準に関する事項は，平成25年４月１日施行の労働基準法施行規則改正により，書面で明示すべき事項に追加されたので，各学校法人のひな型にも記載されているか確認する必要がある。

＊＊＊＊＊　**有期雇用契約書作成のポイント**　＊＊＊＊＊＊＊＊＊＊＊＊＊＊＊

(1)　労働関係の法令に即した内容にする必要がある。

(2)　就業規則等の学内規程との整合性に注意する。

＊＊＊＊＊＊＊＊＊＊＊＊＊＊＊＊＊＊＊＊＊＊＊＊＊＊＊＊＊＊＊＊＊＊

第16章　学校法人寄附行為作成例

1　学校法人寄附行為作成例（文部科学省標準例）

（制定：昭和38年3月12日　私立大学審議会決定）

（改正：平成16年7月13日　大学設置・学校法人審議会（学校法人分科会）決定）

学校法人寄附行為作成例（文部科学省標準例）と解説

（注）　この作成例は，一般的な例であるから学校法人のそれぞれの特殊事情を考慮して，
画一的に取り扱うことのないように留意する。

※解説欄は，今後，学校法人が寄附行為を作成・変更する際の参考になる
ものと考えているが，作成・変更するにあたっては，私立学校法（以下，
「私学法」という。）等，法律の規定によって定款に必ず記載しなければな
らない「必要的記載事項」と，定款に記載しなければ効力を持たない
「任意的記載事項」があるので，各学校法人のそれぞれの特殊事情を考
慮し，作成・変更することに留意が必要である。

第16章　学校法人寄附行為作成例

学校法人○○学園寄附行為

第1章　総　　則

（名　　称）（注1）

第1条　この法人は，学校法人○○学園と称する。

【解説】

　私学法で定めた，寄附行為への必要的記載事項である。

　私学法第30条第1項第2号では，学校法人を設立しようとする者は，寄附行為に少なくとも学校法人の名称を規定すべきことと定めている。

　名称については，他の法令の禁止規定に触れなければ自由であるが，「○○学園」とするのが最も多く，続いて「設置校名と法人名が同じ」とする学校法人が多く見られる。

（事　務　所）（注2）

第2条　この法人は，事務所を○○県○○市○○番地に置く。

【解説】

　私学法で定めた，寄附行為への必要的記載事項である。

　私学法第30条第1項第4号では，学校法人を設立しようとする者は，寄附行為に少なくとも学校法人の事務所の所在地を規定すべきことと定めている。

①　寄附行為に記載する事務所は，主たる事務所のみならず，従たる事務所がある場合は，従たる事務所をも記載することとなる。

②　所在地については，「主たる事務所」を記載する学校法人が最も多く，従たる事務所をも記載する学校法人はわずかに見られる。

— 549 —

第2章　目的及び事業

（目　　的）

第3条　この法人は，教育基本法及び学校教育法に従い，学校教育を行い，○○な人材を育成することを目的とする。

【解説】

　私学法で定めた，寄附行為への必要的記載事項である。

　私学法第30条第1項第1号では，学校法人を設立しようとする者は，寄附行為に少なくとも設置する目的を規定すべきことと定め，同法第3条では，学校法人は，私立学校の設置を目的として設立される法人と定められている。したがって，寄附行為に記載する目的も，このことを具体的に記載したものとなる。

①　設置する目的については，「学校教育を行う」とした記載が最も多く，「○○な人材を育成する」，「建学の精神」，「宗教教育」等，具体的に言及した記載例も多くみられる。

②　特に，宗教教育を行う学校法人では，キリスト教や仏教の教えの精神に基づいた目的を記載する学校法人が多くみられる。

（設置する学校）

第4条　この法人は，前条の目的を達成するため，次に掲げる学校を設置する。

　(1)　○○大学　大学院　　○○研究科

　　　　　　　　　　　　○○学部　　○○学科

　　　　　　　　　　　　○○学部　　○○学科

　(2)　○○短期大学　　○○学科

　(3)　○○高等専門学校　　○○学科

　(4)　○○高等学校　全日制課程　　○○科

　　　　　　　　　　　定時制課程　　○○科

第 16 章　学校法人寄附行為作成例

通信制課程　（広域）〇〇科

(5)　〇〇中学校

(6)　〇〇小学校

(7)　〇〇幼稚園

(8)　〇〇専修学校　〇〇高等課程

　　　　　　　　　〇〇専門課程

(9)　〇〇各種学校

【解説】

　私学法で定めた，寄附行為への必要的記載事項である。

　私学法第30条第1項第3号では，学校法人を設立しようとする者は，寄附行為に少なくとも設置する私立学校の名称や課程，学部，学科等（高等学校に広域の通信制の課程を置く場合は，その旨を含む。）を規定すべきことと定めている。

（収益事業）（注3）

第5条　この法人は，その収益を学校の経営に充てるため，次に掲げる収益事業を行う。

(1)　書籍・文房具小売業

(2)　各種食料品小売業

【解説】

　学校法人が収益を目的とする事業を行う場合において，私学法で定めた，寄附行為への条件付必要的記載事項である。

　私学法第26条では，「私立学校の教育に支障がない限り，その収益を私立学校の経営に充てるため，収益を目的とする事業を行うことができる。」と定められ，同法第30条第1項第9号では，学校法人が収益事業を行う場合は，

— 551 —

「その事業の種類その他その事業に関する規定」を定めることとしている。

　なお，当該学校法人の設置する学校の教育の一部として又はこれに付随して行われる事業は，収益事業から除外されることに留意する。

　収益事業では，不動産業や小売業，続いて出版業や保険業などと記載する学校法人が多くみられる。

第3章　役員及び理事会

（役　　員）（注4）

第6条　この法人に，次の役員を置く。

　⑴　理事　　○○人

　⑵　監事　　　○人

2　理事のうち1名を理事長とし，理事総数の過半数の議決により選任する。理事長の職を解任するときも，同様とする。

3　理事（理事長を除く。）のうち○人以内を常務理事とし，理事総数の過半数の議決により選任する。常務理事の職を解任するときも，同様とする。

【解説】

　私学法で定めた，寄附行為への必要的記載事項である。

　私学法第30第1項第5号では，学校法人を設立しようとする者は，寄附行為に少なくとも「役員の定数、任期，選任及び解任の方法その他役員に関する規定」を定めるべきこととしている。また，同法第35条第1項では，「理事5人以上及び監事2人以上」を置くことを定めている。

　私学法でいう役員とは，理事及び監事をいい，評議員は役員に入らない。

①　本規定例第1項では，第1号で理事の定数を「○○人」と絶対数表記としているが，「○人以上○○人以内」とした相対数表記を記載する学校法人が多くみられる。第2号の監事の定数については，本規定例と同

第16章　学校法人寄附行為作成例

様に「○人」とする絶対数表記が主流のようである。学校法人の規模にもよるが，絶対数的には，理事者数6人～10人，監事2人と記載する学校法人が多く見られる。

② 　本規定例第2項は，私学法第35条第2項の規定「理事のうち1人は，寄附行為の定めるところにより，理事長となる。」に従っている。一般的には，理事会において理事総数の過半数による議決により選任すると記載する学校法人が多くみられる。

③ 　本規定例第3項は，選択的に常務理事の職を設けることを定めている。学校法人の規模にもよるが，常務理事又は副理事長を置いている学校法人が比較的多く見られる。また，選任・解任方法については，理事会の議決による選任・解任の方法を採るとする学校法人が多く見られる。

※親族の役員への就任制限

　　私学法第38条第7項では，「役員のうちには，各役員について，その配偶者又は三親等以内の親族が1人を超えて含まれることになってはならない。」と定められ，親族による馴れ合い的学校運営を排し，より一層の公共性を高めたものと考えられる。

　　【配偶者】とは，夫又は妻を指し，事実婚又は内縁の妻等は該当せず，

　　　　　　法律上の配偶者に限られるものと解するのが妥当と考える。

　　【三親等以内】とは，民法第725条に定める者をいい，別図 (p.587) を

　　　　　　参照されたい。

（理事の選任）（注5）

第7条　理事は，次の各号に掲げる者とする。

⑴ 　学長（校長，園長を含む。）

⑵ 　評議員のうちから評議員会において選任した者　　○人

⑶ 　学職経験者のうち理事会において選任した者　　　○人

2 　前項第1号及び第2号の理事は，学長（校長，園長）又は評議員の職を退い

たときは，理事の職を失うものとする。

【解説】

　私学法で定めた，寄附行為への必要的記載事項である。

　私学法第30条第1項第5号では，学校法人を設立しようとする者は，寄附行為に少なくとも「役員の定数、任期，選任及び解任の方法その他役員に関する規定」を定めるべきこととし，同法第38条各項の規定では，以下，理事及び監事の選任方法等について定めている。

① 　本規定例第1項第1号は，私学法第38条第1項第1号により，理事となる者は，「当該学校法人の設置する私立学校の校長（学長及び園長を含む。）」と定めており，校長等は学校法人の，いわゆる1号理事である。

② 　複数の学校を設置する学校法人の場合は，「寄附行為の定めるところにより，校長のうち1人又は数人を理事とすることができる。」（同法第38条第2項）

③ 　本規定例第1項第2号は，私学法では，理事の一部を評議員のうちから選任する方法を寄附行為の定めにゆだねている（同法第38条第1項第2号）。いわゆる2号理事である。選任方法は，評議員会で選任するとする学校法人が最も多く見られる。

④ 　本規定例第1項第3号は，私学法第38条第1項第3号において「前2号に規定するもののほか，寄附行為の定めるところにより選任された者」，いわゆる3号理事である。選任対象としては，「学識経験者」とする学校法人が最も多くみられ，続いて「充て職，功労者等」が多く見られる。

　なお，平成16年改正私学法において，理事又は監事には，当該学校法人の役員又は職員（校長，教員その他の職員を含む。）でない者，すなわち外部理事等が含まれるよう定められているので留意が必要である（同法第38条第5項，第6項）。

第16章　学校法人寄附行為作成例

⑤　理事会議案のうち，私学法で定めた評議員会の意見を事前に求める議案も多いため，理事会と評議員会を同時に開催してはならない。必ず評議員会の開催の後で理事会を開催する必要があり，特に留意すべきである。

（監事の選任）

第8条　監事は，この法人の理事，職員（学長（校長，園長），教員その他の職員を含む。以下同じ。）又は評議員以外の者であって理事会において選出した候補者のうちから，評議員会の同意を得て，理事長が選任する。

【解説】

私学法で定めた，寄附行為への必要的記載事項である。

①　私学法第38条第4項の規定「監事は，評議員会の同意を得て，理事長が選任する。」に，「理事会において選出した候補者のうちから選任する。」旨の文言を付け加えたものである。

②　「評議員会の同意」とは，評議員会という合議体の意思表示を意味し，評議員会の決議を得る必要がある。

③　平成16年の改正私学法において，役員の兼職禁止規定（同法第39条）が，「監事は，理事，評議員又は学校法人の職員と兼ねてはならない。」と改められ，評議員との兼任をも禁止されたことに留意が必要である。

（役員の任期）（注6）

第9条　役員（第7条第1項第1号に掲げる理事を除く。以下この条において同じ。）の任期は，○年とする。ただし，補欠の役員の任期は，前任者の残任期間とする。

2　役員は，再任されることができる。

3　役員は，任期満了の後でも，後任の役員が選任されるまでは，なお，その職務を行う。

— 555 —

【解説】

　私学法で定めた，寄附行為への必要的記載事項である。

　私学法第30条第1項第5号では，学校法人を設立しようとする者は，寄附行為に少なくとも役員の任期について規定すべきことと定めている。

①　本規定例では，役員の任期の規定は設けているが，年数を特定していない。

②　任期については，「任期4年」とする学校法人が最も多くみられ，続いて「任期3年」とする学校法人が多くみられるが，任期2年とする学校法人も少なくない。任期については学校法人が任意で定めることができる。

③　任期の起算日は，役員に就任することを承諾した日が就任した日となる。

（役員の補充）

第10条　理事又は監事のうち，その定数の5分の1をこえるものが欠けたときは，1月以内に補充しなければならない。

【解説】

　私学法で定めた，寄附行為への必要的記載事項である。

　私学法第30条第1項第5号では，学校法人を設立しようとする者は，寄附行為に少なくともその他役員に関する事項について規定すべきことと定めている。

　同法第40条では，役員の補充について定めており，役員の欠員が生じたまま理事会運営がなされた場合，寄附行為の役員定数の定めが有名無実の規則となり，少数の理事等により勝手に決議される恐れがあるので，欠員の補充を義務づけたものである。

第16章　学校法人寄附行為作成例

① 　5分の1ちょうどの欠員は，5分の1を超えることとはならないので，本規定例は適用されないこととなる。たとえば，理事の定数が10名以上14名以内の場合は，3名の欠員が生じた場合に本規定例が適用となる。

② 　5分の1を超えない欠員は，放置したとしても本規定例上違反の問題は生じないが，寄附行為上の役員定数を満たしていないという点において寄附行為違反であるので，速やかに後任の役員を選任しなければならない。

（役員の解任及び退任）

第11条　役員が次の各号の一に該当するに至ったときは，理事総数の4分の3以上出席した理事会において，理事総数の4分の3以上の議決及び評議員会の議決により，これを解任することができる。

(1)　法令の規定又はこの寄附行為に著しく違反したとき。

(2)　心身の故障のため職務の執行に堪えないとき。

(3)　職務上の義務に著しく違反したとき。

(4)　役員たるにふさわしくない重大な非行があったとき。

2　役員は次の事由によって退任する。

(1)　任期の満了。

(2)　辞任。

(3)　学校教育法第9条各号に掲げる事由に該当するに至ったとき。

【解説】

　私学法で定めた，寄附行為への必要的記載事項である。

　私学法第30条第1項第5号では，学校法人を設立しようとする者は，寄附行為に少なくとも役員の解任の方法について規定すべきことと定めている。

① 　解任方法については，理事会の特別多数の議決及び評議員会の議決とする学校法人が最も多く見られる。

② 　本規定例第2項第3号は，私学法第38条第8項の「学校教育法第9条

（校長及び教員の欠格事由）の規定は，役員に準用する。」との規定を根拠
としているので，当該事項に該当する者は役員になることはできない。

《参考》学校教育法第９条

次の各号のいずれかに該当する者は，校長又は教員となることができな
い。

一　成年被後見人又は被保佐人

二　禁錮以上の刑に処せられた者

三　教育職員免許法第10条第１項第２号又は第３号に該当することによ
り免許状がその効力を失い，当該執行の日から３年を経過しない者

四　教育職員免許法第11条第１項から第３項までの規定により免許状取
り上げの処分を受け，３年を経過しない者

五　日本国憲法施行の日以後において，日本国憲法又はその下に成立し
た政府を暴力で破壊することを主張する政党その他の団体を結成し，
又はこれに加入した者

（理事長の職務）

第12条　理事長は，この法人を代表し，その業務を総理する。

【解説】

私学法で定めた，寄附行為への必要的記載事項である。

私学法第30条第１項第５号では，学校法人を設立しようとする者は，寄
附行為に少なくともその他役員に関する事項について規定すべきことと定
めている。本規定例は，同法第37条第１項「理事長は，学校法人を代表し，
その業務を総理する。」との規定に基づいている。

平成16年の私学法の改正により，理事制度及び監事制度が改善された。
詳細については，文科省通知「私立学校法の一部を改正する法律等の施行
について」（16文科高第305号，平成16.7.23）を参照されたい。

第16章　学校法人寄附行為作成例

（常務理事の職務）
第13条　常務理事は，理事長を補佐し，この法人の業務を分掌する。

【解説】

　私学法で定めた，寄附行為への任意的記載事項である。

　私学法第30条第1項第5号では，学校法人を設立しようとする者は，寄附行為に少なくともその他役員に関する事項について規定すべきことと定めている。

　本作成例第6条第3項に，「理事のうち○人以内を常務理事とし，理事総数の過半数の議決により選任する。」と定めているように，多くの学校法人で常務理事又は副理事長を設置し，「常務理事の職務」についての規定を定めている。

（理事の代表権の制限）
第14条　理事長〔及び常務理事〕以外の理事は，この法人の業務について，この法人を代表しない。

【解説】

　私学法で定めた，寄附行為への必要的記載事項である。

　私学法第30条第1項第5号では，学校法人を設立しようとする者は，寄附行為に少なくともその他役員に関する事項について規定すべきことと定めている。

　平成16年の私学法改正前までは，すべての理事が代表権を有するとされていたが，改正後の同法第37条第1項及び第2項において，理事長のみが学校法人を代表し，寄附行為で定めた場合に限り他の理事にも代表権があるとされた。

— 559 —

（理事長職務の代理等）（注7）

第15条　理事長に事故があるとき，又は理事長が欠けたときは，あらかじめ理事会において定めた順位に従い，理事がその職務を代理し，又はその職務を行う。

【解説】

　私学法で定めた，寄附行為への必要的記載事項である。

　私学法第30条第1項第5号では，学校法人を設立しようとする者は，寄附行為に少なくともその他役員に関する事項について規定すべきことと定めている。

　同法第37条第2項に，理事長の職務代理・代行者たる理事は，寄附行為の定めるところにより理事長の職務を代理・代行すると定めている。

　「理事長に事故があるとき」とは，病気療養，海外出張，長期休暇等の事由により，一時的に理事長職を行えなくなった場合をいい，「理事長が欠けたとき」とは，辞任，解任，死亡，任期満了等により理事長が不在となった場合をいう。

（監事の職務）

第16条　監事は，次の各号に掲げる職務を行う。

⑴　この法人の業務を監査すること。

⑵　この法人の財産の状況を監査すること。

⑶　この法人の業務又は財産の状況について，毎会計年度，監査報告書を作成し，当該会計年度終了後2月以内に理事会及び評議員会に提出すること。

⑷　第1号又は第2号の規定による監査の結果，この法人の業務又は財産に関し不正の行為又は法令若しくは寄附行為に違反する重大な事実があることを発見したときは，これを文部科学大臣（都道府県知事）に報告し，又は理事会及び評議員会に報告すること。

第16章　学校法人寄附行為作成例

⑸　前号の報告をするために必要があるときは，理事長に対して評議員会の
　　招集を請求すること。
⑹　この法人の業務又は財産の状況について，理事会に出席して意見を述べ
　　ること。

【解説】
　私学法で定めた，寄附行為への必要的記載事項である。
　私学法第30条第1項第5号では，学校法人を設立しようとする者は，寄
附行為に少なくともその他役員に関する事項について規定すべきことと定
めている。
　本規定例は，私学法第37条第3項各号の監事の職務に関する規定と同様
の規定である。寄附行為にこれらの規定が定められていない場合は，私学
法により規制があるので留意が必要である。
　「学校法人の業務」とは，対内的・対外的を問わず，学校法人の業務一
切ということであり，経営面に限らず，教学的な面も「業務」に含まれる
ことに留意が必要である。

(理 事 会)
第17条　この法人に理事をもって組織する理事会を置く。
2　理事会は，学校法人の業務を決し，理事の職務の執行を監督する。
3　理事会は，理事長が招集する。
4　理事長は，理事総数の3分の2以上の理事から会議に付議すべき事項を示
　して理事会の招集を請求された場合には，その請求のあった日から7日以内
　に，これを招集しなければならない。
5　理事会を招集するには，各理事に対して，会議開催の場所及び日時並びに
　会議に付議すべき事項を書面により通知しなければならない。
6　前項の通知は，会議の7日前までに発しなければならない。ただし，緊急

— 561 —

を要する場合はこの限りではない。

7　理事会に議長を置き，理事長をもって充てる。

8　理事長が第4項の規定による招集をしない場合には，招集を請求した理事全員が連名で理事会を招集することができる。この場合における理事会の議長は，出席理事の互選によって定める。

9　理事会は，この寄附行為に別段の定めがある場合を除くほか，理事総数の過半数の理事が出席しなければ，会議を開き，議決をすることができない。ただし，第12項の規定による除斥のため過半数に達しないときは，この限りではない。

10　前項の場合において，理事会に付議される事項につき書面をもって，あらかじめ意思を表示した者は，出席者とみなす。(注8)

11　理事会の議事は，法令及びこの寄附行為に別段の定めがある場合を除くほか，出席した理事の過半数で決し，可否同数のときは，議長の決するところによる。

12　理事会の決議について，直接の利害関係を有する理事は，その議事の議決に加わることができない。

【解説】

　私学法で定めた，寄附行為への必要的記載事項である。

　私学法第30条第1項第6号により，学校法人を設立しようとする者は，寄附行為に少なくとも「理事会に関する規定」を定めるべきこととしている。

　平成16年の改正前の私学法の規定では，理事会は，学校法人の業務決定方法についての，寄附行為の別段の定めとして設けられたものであったが，改正後の同法第36条第1項では，「学校法人に理事をもって組織する理事会を置く。」こととされ，理事会の設置が必須のものとなった。ほとんどの学校法人が理事会を設置している。

第16章　学校法人寄附行為作成例

（業務の決定の委任）

第18条　法令及びこの寄附行為の規定により評議員会に付議しなければならない事項その他この法人の業務に関する重要事項以外の決定であって，あらかじめ理事会において定めたものについては，理事会において指名した理事に委任することができる。

【解説】

　私学法で定めた，寄附行為への必要的記載事項である。

　私学法第30条第1項第6号により，学校法人を設立しようとする者は，寄附行為に少なくとも「理事会に関する規定」を定めるべきこととしている。

　本規定例は，理事長や理事会においてあらかじめ指名された特定の理事に，重要事項以外の業務決定権限を与える根拠規定である。

（議　事　録）

第19条　議長は，理事会の開催の場所及び日時並びに議決事項及びその他の事項について，議事録を作成しなければならない。

2　議事録には，出席した理事全員が署名押印し，常にこれを事務所に備えて置かなければならない。

【解説】

　私学法には，議事録については定めがない。会議議事録をとるということは，学校法人が社会的説明責任を果たすうえで大変重要な行為である。

　議事録は，理事会における通常の議事の経過を要約して記載するもので，法定の要式（議事録様式及び記載事項が法律で定められているもの）記録ではないので，相当と認められる方法で記録すればよいと考える。

　なお，議事録は，私学法第47条に定める書類備え置き，供閲覧義務の対象となっていない。

第4章 評議員会及び評議員

（評議員会）（注9）

第20条 この法人に，評議員会を置く。

2 評議員会は，○○人の評議員をもって組織する。

3 評議員会は，理事長が招集する。

4 理事長は，評議員総数の3分の1以上の評議員から会議に付議すべき事項を示して評議員会の招集を請求された場合には，その請求のあった日から20日以内に，これを招集しなければならない。

5 評議員会を招集するには，各評議員に対して，会議開催の場所及び日時並びに会議に付議すべき事項を，書面により通知しなければならない。

6 前項の通知は，会議の7日前までに発しなければならない。ただし，緊急を要する場合は，この限りでない。

7 評議員会に議長を置き，議長は，評議員のうちから評議員会において選任する。

8 評議員会は，評議員総数の過半数の出席がなければ，その会議を開き，議決をすることができない。

9 前項の場合において，評議員会に付議される事項につき書面をもって，あらかじめ意思を表示した者は，出席者とみなす。

10 評議員会の議事は，出席した評議員の過半数で決し，可否同数のときは，議長の決するところによる。

11 議長は，評議員として議決に加わることができない。

【解説】

　私学法で定めた，寄附行為への必要的記載事項である。

　私学法第30条第1項第7号により，学校法人を設立しようとする者は，寄附行為に少なくとも「評議員会に関する規定」を定めるべきこととしている。

第16章　学校法人寄附行為作成例

　　同法第41条第2項では,「評議員会は,理事の定数の2倍をこえる数の評議員をもって,組織する。」と定めている。

　　評議員の数は,各学校法人で異なるものの「12人～15人」程度が最も多く,大規模法人では評議員が30人以上のところも見られる。

（議 事 録）

第21条　第19条の規定は,評議員会の議事録について準用する。この場合において,同条第2項中「出席した理事全員」とあるのは,「議長及び出席した評議員のうちから互選された評議員2人以上」と読み替えるものとする。

【解説】

　本規定例は,第19条と同様である。私学法には,議事録については定めがない。会議議事録をとるということは,学校法人が社会的説明責任を果たすうえで大変重要な行為である。なお,議事録は,私学法第47条に定める書類備え置き,供閲覧義務の対象となっていない。

（諮問事項）

第22条　次の各号に掲げる事項については,理事長において,あらかじめ評議員会の意見を聞かなければならない。

(1)　予算,借入金（当該会計年度内の収入をもって償還する一時の借入金を除く。）及び基本財産の処分並びに運用財産中の不動産及び積立金の処分

(2)　事業計画

(3)　予算外の新たな義務の負担又は権利の放棄

(4)　寄附行為の変更

(5)　合併

(6)　目的たる事業の成功の不能による解散

〔(7)　収益事業に関する重要事項〕

— 565 —

⑻　寄附金品の募集に関する事項

⑼　その他この法人の業務に関する重要事項で理事会において必要と認めるもの

【解説】

　私学法で定めた，寄附行為への必要的記載事項である。

　私学法第30条第1項第7号により，学校法人を設立しようとする者は，寄附行為に少なくとも「評議員会に関する規定」を定めるべきこととしている。

①　本規定例第1号は，私学法第42条第1項第1号に規定する「予算，借入金及び重要な資産の処分に関する事項」を具体化した規定になっている。

②　同第2号は，平成16年改正私学法同条同項第2号に則り追加されたもので，第4号から第7号までは私学法と同様に列記されている。

③　評議員会の性格をどのように位置づけているかは，私学法第42条第2項では，「前項各号に掲げる事項は，寄附行為をもって評議員会の議決を要するものとすることができる」としている。

④　しかしながら，評議員会を議決機関とすると，仮に予算審議について理事会と議決が対立した場合，予算が成立せず，学校法人の運営が頓挫するという事態が起こりかねない。

⑤　本来，意思を決定する議決機関は一つであるべきで，両者の議決が異なった場合には，理事会，評議員会の協議会を開き意見を調整し，調整がつかなかった場合は，一方の議決が優越することを寄附行為に規定することが必要と考える。

（評議員会の意見具申等）

第23条　評議員会は，この法人の業務若しくは財産の状況又は役員の業務執行

第16章　学校法人寄附行為作成例

の状況について，役員に対して意見を述べ，若しくはその諮問に答え，又は
役員から報告を徴することができる。

【解説】

　私学法で定めた，寄附行為への必要的記載事項である。

　私学法第30条第１項第７号により，学校法人を設立しようとする者は，
寄附行為に少なくとも「評議員会に関する規定」を定めるべきこととして
いる。本規定例は，同法第43条の規定どおりとなっている。

（評議員の選任）（注10）

第24条　評議員は，次の各号に掲げる者とする。

　(1)　この法人の職員で理事会において推薦された者のうちから，評議員会に
　　おいて選任した者　　○○人

　(2)　この法人の設置する学校を卒業した者で年齢25年以上のもののうちから，
　　理事会において選任した者　　○○人

　(3)　学識経験者のうちから，理事会において選任した者　　○○人

２　前項第１号に規定する評議員は，この法人の職員の地位を退いたときは評
　議員の職を失うものとする。

【解説】

　私学法で定めた，寄附行為への必要的記載事項である。

　私学法第30条第１項第７号により，学校法人を設立しようとする者は，
寄附行為に少なくとも「評議員に関する規定」を定めるべきこととしている。

①　本規定例第１項第１号は，私学法第44条第１項第１号で，「当該学校
　法人の職員のうちから，寄附行為の定めるところにより選任された者」
　と定められている。本規定では，「理事会において推薦された者のうち
　から，評議員会において選任した者」として具体的に寄附行為に定めて

－ 567 －

いる。

　　選任対象の多くは，校長や学長，学部長，事務局長等が自動的にいわ
　ゆる１号評議員となっている。選任方法については，理事会で選任する
　学校法人が最も多く見受けられる一方，本規定例のように「理事会が推
　薦し，評議員会で選任」する学校法人も多く見られる。

②　本規定例第１項第２号は，私学法第44条第１項第２号で，「当該学校
　法人の設置する私立学校を卒業した者で年齢25年以上のもののうちから，
　寄附行為の定めるところにより選任された者」と定められている。いわ
　ゆる２号評議員である。選任方法については，理事会で選任する学校法
　人が最も多く見受けられる。

③　本規定例第１項第３号は，「学識経験者・有識者」とするのが一般的
　に多く見られる。いわゆる３号評議員である。

（任　　　期）（注11）

第25条　評議員の任期は，○年とする。ただし，補欠の評議員の任期は，前任
　　者の残任期間とする。

２　評議員は，再任されることができる。

【解説】

　　私学法で定めた，寄附行為への任意的記載事項である。

　　私学法第30条第１項第７号により，学校法人を設立しようとする者は，
　寄附行為に少なくとも「評議員に関する規定」を定めるべきこととしている。

①　私学法では，評議員は役員と異なり，その任期については，寄附行為の
　必要的記載事項とは定めていない。本規定例では任期の規定を設けている
　が，年数を特定していない。一般的には，任期４年が最も多く見られ，続
　いて「３年」，「２年」となっている。

②　また，評議員の任期満了後の職務執行については規定されていないが，

第16章　学校法人寄附行為作成例

これは評議員会が諮問機関であることを考慮したものと考えられる。しかし，これも役員同様，任期満了後の職務執行については，学校法人の運営に支障がないよう，後任の評議員が選任されるまでは，なおその職務を執行する旨を寄附行為に定めることが必要と考える。

（評議員の解任及び退任）

第26条　評議員が次の各号の一に該当するに至ったときは，評議員総数の3分の2以上の議決により，これを解任することができる。

(1)　心身の故障のため職務の執行に堪えないとき。

(2)　評議員たるにふさわしくない重大な非行があったとき。

2　評議員は次の事由によって退任する。

(1)　任期の満了。

(2)　辞任。

【解説】

　私学法で定めた，寄附行為への必要的記載事項である。

　私学法第30条第1項第7号により，学校法人を設立しようとする者は，寄附行為に少なくとも「評議員に関する規定」を定めるべきこととしている。

①　本規定例第1項は，役員と同様，評議員についても「解任」規定を設けている。解任方法については，評議員会議決が最も多く見られる。

②　また，同第2項では，学校教育法第9条に該当する場合による退任規定がない点が，役員の退任規定と異なっている（本規定例第11条2(3)参照）。

第5章　資産及び会計

（資　　産）

第27条　この法人の資産は，財産目録記載のとおりとする。

【解説】

　私学法で定めた，寄附行為への必要的記載事項である。

　私学法第30条第1項第8号により，学校法人を設立しようとする者は，寄附行為に少なくとも「資産に関する規定」を定めるべきこととしている。

　法人資産については，「財産目録記載のとおりとする。」とした記載が最も多い。

（資産の区分）

第28条　この法人の資産は，これを分けて基本財産，運用財産〔及び収益事業用財産〕とする。

2　基本財産は，この法人の設置する学校に必要な施設及び設備又はこれらに要する資金とし，財産目録中基本財産の部に記載する財産及び将来基本財産に編入された財産とする。

3　運用財産は，この法人の設置する学校の経営に必要な財産とし，財産目録中運用財産の部に記載する財産及び将来運用財産に編入された財産とする。

4　収益事業用財産は，この法人の収益を目的とする事業に必要な財産とし，財産目録中収益事業用財産の部に記載する財産及び将来収益事業用財産に編入された財産とする。

5　寄附金品については，寄附者の指定がある場合には，その指定に従って基本財産，運用財産〔又は収益事業用財産〕に編入する。

第16章　学校法人寄附行為作成例

【解説】

　私学法で定めた，寄附行為への必要的記載事項である。

　私学法第30条第１項第８号により，学校法人を設立しようとする者は，寄附行為に少なくとも「資産に関する規定」を定めるべきこととしている。

　本規定例各項に定める財務諸活動を遂行するにあたっては，それぞれの規程を整備し，運用することが望ましい。

① 「収益事業用財産に関する規程」の整備は，多くの学校法人において未整備な状況がみられる。

② 「寄付金品に関する規程」の整備は，多くの学校法人で規程が整備されている状況がみられる。

（基本財産の処分の制限）

第29条　基本財産は，これを処分してはならない。ただし，この法人の事業の遂行上やむを得ない理由があるときは，理事会において理事総数の３分の２以上の議決を得て，その一部に限り処分することができる。

【解説】

　私学法で定めた，寄附行為への必要的記載事項である。

　私学法第30条第１項第８号により，学校法人を設立しようとする者は，寄附行為に少なくとも「資産に関する規定」を定めるべきこととしている。

　基本財産とは，同法施行規則第２条第６項において，「学校法人の設置する私立学校に必要な施設及び設備又はこれらに要する資金をいう。」と定められている。

　処分を制限している財産については，「基本財産のみ処分を制限」している学校法人が最も多く，「基本財産及び運用財産の処分を制限」している学校法人も見られる。また，「その一部に限り処分する方法」については，特別議決とする学校法人が最も多く見られる。

— 571 —

（積立金の保管）

第30条　基本財産及び運用財産中の積立金は，確実な有価証券を購入し，又は確実な信託銀行に信託し，又は確実な銀行に定期預金とし，若しくは定額郵便貯金として理事長が保管する。

【解説】

　私学法で定めた，寄附行為への必要的記載事項である。

　私学法第30条第1項第8号により，学校法人を設立しようとする者は，寄附行為に少なくとも「資産に関する規定」を定めるべきこととしている。

　積立金の保管対象は，多くの学校法人が「基本財産の積立金及び運用財産の積立金」としており，その保管方法については，規程を整備し，銀行定期預金と規定する学校法人が最も多く見られる。

（経費の支弁）（注12）

第31条　この法人の設置する学校の経営に要する費用は，基本財産並びに運用財産中の不動産及び積立金から生ずる果実，授業料収入，入学金収入，検定料収入その他の運用財産をもって支弁する。

【解説】

　私学法で定めた，寄附行為への必要的記載事項である。

　私学法第30条第1項第8号により，学校法人を設立しようとする者は，寄附行為に少なくとも「資産に関する規定」を定めるべきこととしている。

　経費の支弁は，「基本財産及び運用財産から支弁する」学校法人が最も多くみられる。

（会　　計）

第32条　この法人の会計は，学校法人会計基準により行う。

第16章　学校法人寄附行為作成例

　2　この法人の会計は，学校の経営に関する会計（以下「学校会計」という。）及び収益事業に関する会計（以下「収益事業会計」という。）に区分するものとする。

【解説】

　私学法で定めた，寄附行為への必要的記載事項である。

　私学法第30条第1項第8号により，学校法人を設立しようとする者は，寄附行為に少なくとも「会計に関する規定」を定めるべきこととしている。

①　本規定例第1項については，ほとんどの学校法人は，学校法人会計基準に従って会計を行っている。

②　同第2項については，私学法第26条第3項では，「収益事業に関する会計は，当該学校法人の設置する私立学校の経営に関する会計から区分し，特別の会計として経理しなければならない。」としている。なお，当該学校法人が設置する学校教育の一部として又はこれに付随して行われる事業は，収益事業から除外されている（平成20年文科省告示第141号）。

（予算及び事業計画）

第33条　この法人の予算及び事業計画は，毎会計年度開始前に，理事長が編成し，理事会において出席した理事の3分の2以上の議決を得なければならない。これに重要な変更を加えようとするときも，同様とする。

【解説】

　私学法で定めた，寄附行為への必要的記載事項である。

　私学法第30条第1項第8号により，学校法人を設立しようとする者は，寄附行為に少なくとも「会計に関する規定」を定めるべきこととしている。

　同法第36条第6項では，「理事会の議事は，寄附行為に別段の定めがある場合を除いて，出席した理事の過半数以上で決する。」としている。本規定例では，予算及び事業計画の議決については出席した理事の2/3以上

－ 573 －

とした別段の定めをし，特別多数の議決を必要とした規定となっている。

　予算及び事業計画の議決方法については各学校法人で異なるが，「出席理事の2／3以上」とする学校法人が最も多く，次に「理事総数の2／3以上」とした，出席理事より要件を厳しく定めた学校法人も多く見られる。

（予算外の新たな義務の負担又は権利の放棄）

第34条　予算をもって定めるものを除くほか，新たに義務の負担をし，又は権利の放棄をしようとするときは，理事会において出席した理事の3分の2以上の議決がなければならない。借入金（当該会計年度内の収入をもって償還する一時の借入金を除く。）についても，同様とする。

【解説】

　私学法で定めた，寄附行為への必要的記載事項である。

　私学法第30条第1項第8号により，学校法人を設立しようとする者は，寄附行為に少なくとも「会計に関する規定」を定めるべきこととしている。本規定例も，特別多数の議決を必要とした規定となっている。

（決算及び実績の報告）

第35条　この法人の決算は，毎会計年度終了後2月以内に作成し，監事の意見を求めるものとする。

2　理事長は，毎会計年度終了後2月以内に，決算及び事業の実績を評議員会に報告し，その意見を求めなければならない。

3　収益事業会計の決算上生じた利益金は，その一部又は全部を学校会計に繰り入れなければならない。（注13）

【解説】

　私学法で定めた，寄附行為への必要的記載事項である。

第16章　学校法人寄附行為作成例

　　私学法第30条第1項第8号により，学校法人を設立しようとする者は，寄附行為に少なくとも「会計に関する規定」を定めるべきこととしている。

　　同法第42条第1項第1号では，「予算については，理事長において，あらかじめ，評議員会の意見を聞かなければならない。」とともに，同法第46条に「理事長は，毎会計年度終了後2月以内に，決算及び事業の実績を評議員会に報告し，その意見を求めなければならない。」としている。

　　さらに，同法第37条第3項第3号では，監事は，「毎会計年度，監査報告書を作成し，当該会計年度終了後2月以内に理事会及び評議員会に報告すること。」とされている。

（財産目録等の備付け及び閲覧）

第36条　この法人は，毎会計年度終了後2月以内に財産目録，貸借対照表，収支計算書及び事業報告書を作成しなければならない。

2　この法人は，前項の書類及び第16条第3号の監査報告書を各事務所に備えて置き，この法人の設置する私立学校に在学する者その他の利害関係人から請求があった場合には，正当な理由がある場合を除いて，これを閲覧に供しなければならない。

【解説】

　　私学法で定めた，寄附行為への必要的記載事項である。

　　私学法第30条第1項第8号により，学校法人を設立しようとする者は，寄附行為に少なくとも「会計に関する規定」を定めるべきこととしている。

①　本規定例第1項は，平成16年改正私学法第47条第1項の規定によって，毎会計年度終了後2月以内に作成すべき書類として，財務諸表の他に「事業報告書」の作成が義務づけられたことに対応して，本規定例も変更された。

②　同第2項は，補助金を受けている学校法人の学校会計の透明性の観点

— 575 —

から，平成16年改正私学法第47条第2項の規定が設けられ，「学校法人の設置する私立学校に在学する者その他の<u>利害関係人から請求</u>があった場合には，正当な理由がある場合を除いて，これを閲覧に供しなければならない。」ものとされた。

③　閲覧義務を負う書類は，財産目録，貸借対照表，収支計算書，事業報告書のほかに監査報告書も含まれる。

④　<u>「利害関係者」</u>とは，学生，保護者，職員，学校法人債権者等法律上の利害関係のある者をいう。

⑤　<u>「正当な理由」</u>とは，就業時間外や休日等，請求の濫用にあたる場合，当該学校法人を誹謗中傷する目的の場合及び公開すべきでない個人情報が含まれる場合をいう。

　上記の書類は，学校法人が公共性を有する法人として説明責任を果たし，関係者の理解と協力をより得られるようにしていくという観点から，広く一般に情報公開するよう義務づけられたものである。

（資産総額の変更登記）

第37条　この法人の資産総額の変更は，毎会計年度末の現在により，会計年度終了後2月以内に登記しなければならない。

【解説】

　私学法で定めた，寄附行為への必要的記載事項である。

　私学法第30条第1項第8号により，学校法人を設立しようとする者は，寄附行為に少なくとも「会計に関する規定」を定めるべきこととしている。

　医療法人，社会福祉法人，学校法人などの「資産の総額」が登記事項である法人は，毎事業年度末日現在により「資産総額の変更登記」をしなければならないと定められている（組合等登記令第3条第3項　最終改正平成23.10.14政令第319号）。

第16章　学校法人寄附行為作成例

（会計年度）

第38条　この法人の会計年度は，４月１日に始まり，翌年３月31日に終わるものとする。

【解説】

　私学法で定めた，寄附行為への必要的記載事項である。

　私学法第30条第１項第８号により，学校法人を設立しようとする者は，寄附行為に少なくとも「会計に関する規定」を定めるべきこととしている。本規定例は，同法第48条の規定どおりとなっている。

第６章　解散及び合併

（解　　散）

第39条　この法人は，次の各号に掲げる事由によって解散する。

　⑴　理事会における理事総数の３分の２以上の議決及び評議員会の議決

　⑵　この法人の目的たる事業の成功の不能となった場合で，理事会における出席した理事の３分の２以上の議決

　⑶　合併

　⑷　破産

　⑸　文部科学大臣（都道府県知事）の解散命令

２　前項第１号に掲げる事由による解散にあっては文部科学大臣の認可を，同項第２号に掲げる事由による解散にあっては文部科学大臣の認定を受けなければならない。

【解説】

　私学法で定めた，寄附行為への必要的記載事項である。

　私学法第30条第１項第10号により，学校法人を設立しようとする者は，

— 577 —

寄附行為に少なくとも「解散に関する規定」を定めるべきこととしている。また，同法第50条第1項各号に「解散事由」について規定されている。

① 私学法第42条第1項第5号では，「理事の3分の2以上の同意による解散については，理事長は，あらかじめ，評議員会の意見を聞かなければならない（評議員会の議決を要する場合を除く。）」となっているので，寄附行為に記載がなくても，意見を聞かなければならない。

② 本規定例第1項第1号の規定による議決の方法は，「理事総数の2/3以上＋評議員会議決」が最も多く見られる。

③ 同第1項第2号の規定による議決の方法は，「出席理事の2/3以上」が最も多く見られる。

④ 同第2項について，私学法第50条第2項では，「理事の3分の2以上の同意（及び評議員会の議決を要する場合には，その議決）及び目的たる事業の成功の不能による解散は，所轄庁の認可又は認定を受けなければ，その効力を生じない。」とされている。

⑤ 本規定例第39条第1項第1号「理事の同意による解散」，同第2号「法人の目的たる事業の成功不能」は，その解散事由の存在が恣意的に行われる可能性があり，それを防止するために所轄庁の認可又は認定を受けなければ，法律的効力が生じないこととされていると考える。

第2項にいう文部科学大臣の「認可」「認定」について解説すると以下のとおりである。

※「認可」とは：行政法学的には，契約の締結や法人の設立等，私人が行う法律上の効力を生じさせるための補充的行為である。すなわち，本規定例第1項第1号に対する文部科学省の「認可」の意味は，法律的効果を生じさせる意図的行為である「理事会の3分の2以上の議決及び評議員会の議決」を対象とする場合に限って「認可」を使用している。

第16章　学校法人寄附行為作成例

※「認定」とは：目的たる事業の成功不能，例えば，学校教育事業を行うにあたり，生徒数の減少により学校経営が維持できなくなった場合等，事実を対象としている場合には「認定」を使用する。

すなわち，法律的効果を生じさせる補充的行為を「認可」といい，事実を対象とする場合の行為を「認定」というように，用語の使い分けをしていると考える。

（残余財産の帰属者）

第40条　この法人が解散した場合（合併又は破産によって解散した場合を除く。）における残余財産は，解散のときにおける理事会において出席した理事の3分の2以上の議決により選定した学校法人又は教育の事業を行う公益法人（又は国・地方公共団体）に帰属する。

【解説】

　私学法で定めた，寄附行為への必要的記載事項である。

　私学法第30条第1項第10号により，学校法人を設立しようとする者は，寄附行為に少なくとも「解散に関する規定」を定めるべきこととしている。また，同条第3項では，残余財産の帰属すべき者については，「学校法人その他教育の事業を行う者のうちから選定」すると定めている。

①　私学法第51条第1項では，「解散した学校法人の残余財産は，合併及び破産手続開始の決定による解散の場合を除くほか，所轄庁に対する清算結了の届出の時において，寄附行為の定めるところにより，その帰属すべきものに帰属する。」となっている。

②　寄附行為に定める残余財産の帰属者を決定する議決数については，「出席理事の3分の2以上」とする学校法人が最も多く見られる。

（合　　併）

— 579 —

第41条　この法人が合併しようとするときは，理事会において理事総数の3分の2以上の議決を得て文部科学大臣の認可を受けなければならない。

> 【解説】
> 　私学法で定めた，寄附行為への必要的記載事項である。
> 　本規定例は，私学法第52条第1項「学校法人が合併しようとするときは，理事の3分の2以上の同意がなければならない。ただし，寄附行為で評議員会の議決を要するものと定められている場合には，更にその議決がなければならない。」の規定どおりとなっている。

第7章　寄附行為の変更

（寄附行為の変更）

第42条　この寄附行為を変更しようとするときは，理事会において出席した理事の3分の2以上の議決を得て，文部科学大臣の認可を受けなければならない。

2　私立学校法施行規則に定める届出事項については，前項の規定にかかわらず，理事会において出席した理事の3分の2以上の議決を得て，文部科学大臣に届け出なければならない。

> 【解説】
> 　私学法で定めた，寄附行為への必要的記載事項である。
> 　私学法第30条第1項第11号により，学校法人を設立しようとする者は，寄附行為に少なくとも「寄附行為の変更に関する規定」を定めるべきこととしている。
> ①　同法第42条第1項第3号では，寄附行為を変更する理事会の決議前に，評議員会の意見を聞かなければならないこととされている。

— 580 —

② 同法第45条第1項では、「寄附行為の変更（文部科学省令で定める事項に係るものを除く。）は、所轄庁の認可を受けなければ、その効力を生じない。」とされている。

③ 寄附行為の変更手続きに必要な議決数は、「出席理事の2/3以上」とする学校法人が最も多く見られる。

④ 本規定例第2項については、私学法第45条第2項で、「学校法人は、文部科学省令で定める事項に係る寄附行為の変更をしたときは、遅滞なく、その旨を所轄庁に届け出なければならない。」とされている。

⑤ 前項でいう文科省令とは、「私学法施行規則第4条の3」のことをいい、以下の事項をいう。

・設置する学校、課程、学部、大学院、研究科、学科又は部の名称変更

・事務所の所在地の変更のうち、所轄庁の変更を伴わないもの

・公告の方法の変更

・大学の学部、大学院の研究科、短期大学の学科の設置のうち、その学校が授与する学位の種類・分野の変更を伴わないもの

・大学の学部、大学院の研究科、短期大学の学科の廃止

・大学の学部・学科の設置、大学院の研究科の専攻の設置・課程の変更のうち、その学校が授与する学位の種類・分野の変更を伴わないもの

・高等専門学校の学科の設置のうち、その学校が設置する学科の分野の変更を伴わないもの

・大学における通信教育の開設のうち、その大学が授与する通信教育に係る学位の種類・分野の変更を伴わないもの

・大学又は高等専門学校の収容定員（大学にあっては、通信教育及び文部科学大臣の定める分野に係るものを除く。）に係る学則の変更のうち、収容定員の総数の増加を伴わないもの

・大学の通信教育に係る収容定員に係る学則の変更であって、収容定員の総数の増加を伴わないもの

⑥ 本規定例第１項及び第２項の変更決議について，「出席理事の2／3以上」とする学校法人が最も多く，続いて「理事総数の2／3以上」とする学校法人も多く見られる。

第8章 補 則

（書類及び帳簿の備付）

第43条 この法人は，第36条第２項の書類のほか，次の各号に掲げる書類及び帳簿を，常に各事務所に備えて置かなければならない。

 (1) 寄附行為

 (2) 役員及び評議員の名簿及び履歴書

 (3) 収入及び支出に関する帳簿及び証ひょう書類

 (4) その他必要な書類及び帳簿

（公告の方法）

第44条 この法人の公告は，学校法人○○学園の掲示場に掲示して行う。

【解説】

　私学法で定めた，寄附行為への必要的記載事項である。

　私学法第30条第１項第12号により，学校法人を設立しようとする者は，寄附行為に少なくとも「公告の方法」を定めるべきこととなっている。

　多くの学校法人で，掲示場（板）による公告方法を取っている。

（施行細則）

第45条 この寄附行為の施行についての細則その他この法人及びこの法人の設置する学校の管理及び運営に関し必要な事項は，理事会が定める。

第16章　学校法人寄附行為作成例

　附　則

1　この寄附行為は，文部科学大臣の認可の日（平成○年○月○日）から施行する。

2　この法人の設立当初の役員は，次のとおりとする。(注14)

理事（理事長）　○○○○

理事　　　　　　○○○○

理事　　　　　　○○○○

理事　　　　　　○○○○

理事　　　　　　○○○○

監事　　　　　　○○○○

監事　　　　　　○○○○

3　平成○年○月○日まで（設置する学校の卒業生が年齢25年に達するまで）の間は，第24条第1項第2号中「学校を卒業した者」とあるのは「学校に在籍する者の保護者」と読み替えるものとする。

　附　則　(注15)

1　この寄附行為の（一部）変更は，文部科学大臣（都道府県知事）の認可の日（平成○年○月○日）から施行する。

〈作成上の注意事項〉

(注1)

1　他の既存の法人と同一もしくは類似の名称は避ける。

(注2)

1　事務所の所在地と，設置する学校の位置が著しく離れているときは，従たる事務所を置き，その規定を挿入するものとする。

(注3)

1　収益事業を行う場合は，本条を挿入する。

— 583 —

2 収益事業とは，文部科学大臣（都道府県知事）が別に定める告示の範囲内において，法人が主体となり，収益を上げるために行う事業をいい，単なる物品の委託販売，学生生徒の便宜のために行われる食堂その他教育活動に付随する活動，又は実験実習により生産されたものの有償処分等は，収益事業とはならない。

(注4)

1 理事は5人以上，監事は2人以上置かなければならない。

2 理事長の選任は，特別の場合を除き，理事の任期満了ごとに行うべきものである。

3 親族関係者等の制限については，私立学校法に定めるもののほか，次に掲げる者が1人をこえて含まれることは好ましくない。

(1) 婚姻の届出をしないが事実上婚姻関係と同様の事情にある者，並びにその者と生計を一にしている者。

(2) 役員たる個人の使用人及び使用人以外の者で当該個人から受ける金銭その他の財産によって生計を維持している者，並びにこれらの者の親族でこれらの者と生計を一にしている者。

(注5)

1 設置する学校が2以上あるときは，校長のすべてを理事にするか，あるいはそのうちの何人かを理事にするかを十分考慮する必要がある。

2 役員は，教育に関する職もしくは教育学術に関する業務に従事した経歴のある者，または教育に関して識見を有する者のうちから選任され，かつ，選出区分に応じ，その地位にあることが適当と認められる者が公正に選任されること。

3 役員の選任は，評議員の意思ができるだけ尊重されるような方法が望ましい。

4 他の関係団体（たとえば宗教団体）が役員選任に干渉するような規定，及びその団体の特定職の者を当然に理事にするような規定は好ましくない。

第16章　学校法人寄附行為作成例

（注6）

1　役員の任期は，3年又は4年を標準とする。

2　役員の任期を不定任期又は終身任期とすることは避けること。

（注7）

1　理事長の代理代行者を1人以上置き，あらかじめその順位を定めておくことが望ましい。

（注8）

1　委任者が明確でない白紙委任は避けること。

（注9）

1　評議員会は，理事定数の2倍をこえる数の評議員をもって組織しなければならない（私学法第41条第2項）。

（注10）

1　各号の評議員会の定数は，相互の均衡がとれ，職員及び卒業生等の意見ができるだけ公正に反映されるよう定める。

2　評議員は，教育に関して識見を有する者のうちから選任され，かつ，選出区分に応じ，その地位にあることが適当と認められる者が公正に選任されること。

3　他の関係団体（たとえば宗教団体）が評議員選任に干渉するような規定，及びその団体の特定職の者を当然に評議員にするような規定は好ましくない。ただし，PTA同窓会が関係するものは差し支えない。

（注11）

1　評議員の任期は，3年又は4年を標準とする。

2　評議員の任期を不定任期又は終身任期とすることは避けること。

（注12）

1　その他の収入として，例えば寄付金，補助活動事業収入，収益事業からの繰入金等がある。

（注13）

— 585 —

1　寄宿舎会計などをもつときは，これらの会計の剰余金の処分についても，同様に規定しなければならない。

（注14）

1　設立当初の理事は，第7条に定める選出区分に適合するように，あらかじめ考慮しておかなければならない（このことは，評議員の第1回の選出についても同様である）。

（注15）

1　寄附行為を変更したときは，附則として記載するものとする。

第16章　学校法人寄附行為作成例

別　図

親族・親等図（作成例 第6条関係）

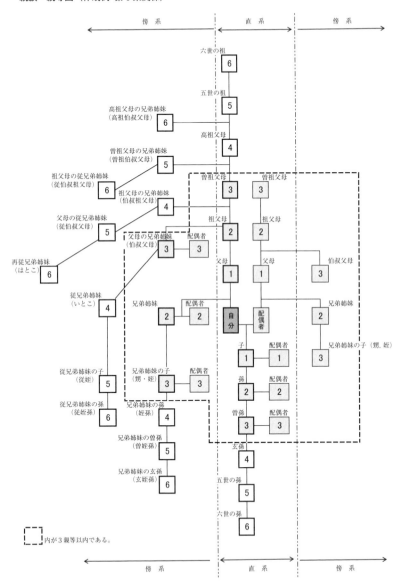

【参　考】

学校法人の寄附行為及び寄附行為の変更の認可に関する審査基準

（制　　　定：平成19年３月30日　文部科学省告示第41号）

（最終改正：平成26年２月26日　文部科学省告示第18号）

　　下線部分は平成26年２月の主な改正・新設部分であり，改正の趣旨は以下のとおりである。

（注１）（第一の三の㈢関係）理事長は学校法人の業務全般を取りまとめ，強いリーダシップと経営手腕を発揮し，組織の調和を図ることが求められていること。

（注２）（第一の三の㈥関係）学校法人の意思決定機関である理事会が実質的に機能することが重要であること。

（注３）（第一の三の㈦関係）学校法人の適正な管理運営の確保において大きな役割を担う監事が実質的に機能することが重要であること。

第一　学校法人の寄附行為を認可する場合

　　大学，短期大学又は高等専門学校（以下「大学等」という。）を設置する学校法人の設立に係る寄附行為の認可については，次の基準によって審査する。

一　校地並びに施設及び設備について

　㈠　大学等の校地並びに校舎等の施設及び図書，機械，器具等の設備（以下単に「施設及び設備」という。）は，教育研究上支障のないよう整備されるとともに，大学等の種類の別に応じ，それぞれ，大学設置基準（昭和三十一年文部省令第二十八号），高等専門学校設置基準（昭和三十六年文部省令第二十三号），大学院設置基準（昭和四十九年文部省令第二十八号），短期大学設置基準（昭和五十年文部省令第二十一号），大学通信教育設置基準（昭和五十六年文部省令第三十三号），短期大学通信教育設置基準（昭和五十七年文部省令第三号），専門

職大学院設置基準（平成十五年文部科学省令第十六号）その他の法令（別表第二において総称して「大学設置基準等」という。）に適合していること。

(二) 校地は，申請時において申請者の自己所有（申請者名義の所有権の登記がなされていることを要する。第一の一の(六)を除き，以下同じ。）であり，かつ，負担附きでないこと。ただし，次のいずれかに該当するものについては，この限りでない。

ア　現物により負担附きの寄附を受けた校地で，当該負担が申請者の資産状況等からみて長期にわたり使用する上で支障がないと認められるもの

イ　申請者名義の借地権の設定登記がなされた借用又は開設時以降二十年以上にわたり使用できる保証（独立大学院大学（学校教育法（昭和二十二年法律第二十六号）第百三条に定める大学をいう。以下同じ。）の専用の校地にあっては，開設時以降十年以上にわたり使用できる保証。第一の一の(二)のウにおいて同じ。）のある借用である校地であって，次のいずれかに該当するもの

(ア)　地方公共団体，国，独立行政法人及びこれらに準ずる者（以下「地方公共団体等」という。）の所有する土地で，申請時までに貸付けについての議会の議決等がなされているもの

(イ)　地方公共団体等以外の者の所有する土地で，申請時までに賃貸借の契約等が締結されているもの

ウ　開設時以降二十年以上にわたり使用できる保証を得ることが困難な特別な事情があり，かつ，大学等の教育研究上の目的を達成する上でやむを得ない理由があると認められる場合において，学校教育法に定める当該大学等の修業年限に相当する年数以上にわたり使用できる保証のある借用である校地であって，第一の一の(二)のイの(ア)及び(イ)のいずれかに該当するもの

(三)　次のいずれかに該当する土地を校地とするときは，第一の一の(二)の規定の適用については，当該校地は，申請時において自己所有であるとみなすこと。

ア　所有権の移転登記をすることが困難な特別の事情があると認められる場合において，申請時までに仮登記され，かつ，開設時以降確実に登記できる見込みのある土地

イ　地方公共団体等の所有する土地で，申請時までに譲渡についての議会の議決等がなされ，寄附行為の認可があれば開設時までにその所有権を取得できる保証のあるもの

ウ　農地転用の許可申請が受理されている場合において，申請時までに仮登記され，かつ，開設時までに正式許可がなされる見込みのある土地

エ　土地区画整理事業等法令の規定により，申請時までに所有権の移転登記ができない土地で，開設時以降に登記できるもの

㈣　校舎その他必要な施設（以下第一の一の㈣，㈤及び別表第一において単に「施設」という。）は，申請者の自己所有であり，かつ，負担附きでないこと。ただし，次のいずれかに該当するものは，この限りでない。

ア　現物により負担附きの寄附を受けた施設で，当該負担が申請者の資産状況等からみて長期にわたり使用する上で支障がないと認められるもの

イ　申請者名義の賃借権の設定登記がなされた借用又は開設時以降二十年以上にわたり使用できる保証（独立大学院大学の専用の校舎にあっては，開設時以降十年以上にわたり使用できる保証。第一の一の㈣のウにおいて同じ。）のある借用である施設であって，次のいずれかに該当するもの

㈠　地方公共団体等の所有する建物等で，申請時までに貸付けについての議会の議決等がなされているもの

㈡　地方公共団体等以外の者の所有する建物等で，申請時までに賃貸借の契約等が締結されているもの

ウ　開設時以降二十年以上にわたり使用できる保証を得ることが困難な特別な事情があり，かつ，大学等の教育研究上の目的を達成する上でやむを得ない理由があると認められる場合において，学校教育法に定める当該大学等の修業年限に相当する年数以上にわたり使用できる保証のある

第16章　学校法人寄附行為作成例

借用である施設であって，第一の一の㈣のイの㈮及び㈯のいずれかに該当するもの

エ　実務の経験を有する者等を対象とした授業を行う校舎及び附属施設以外の施設で，学校教育法に定める当該大学等の修業年限に相当する年数以上にわたり使用できる保証のある借用であるもの

㈤　地方公共団体等の所有する建物等を施設とする場合において，申請時までに譲渡についての議会の議決等がなされ，寄附行為の認可があれば開設時までにその所有権を取得できる保証があるときは，第一の一の㈣の規定の適用については，当該施設は，申請時において自己所有であるとみなすこと。

㈥　設備は，申請者の自己所有であり，かつ，負担附きでないこと。ただし，設備を借用とすることにつき教育研究上支障がないと認められる場合は，この限りでない。

㈦　校地は，開設時までに教育研究上支障のないよう整備されること。

㈧　大学等（独立大学院大学を除く。）の施設及び設備を段階的に年次計画により整備するときは，次の表の上欄に掲げる各年次において，整備をした施設及び設備の全体に対する割合が，それぞれ同表の下欄に掲げる大学等の種類に応じた割合以上であり，かつ，教育研究上支障のないよう行うこと。この場合において，当該計画は，財源の調達時期，支払計画等からみて適切でなければならない。また，独立大学院大学にあっては，当該独立大学院大学の教育研究上支障のないよう行うこと。

年次	大学等の種類に応じた割合		
	大学	短期大学	高等専門学校
開設時まで	十分の四	五分の三	五分の一
第一年次中	十分の七	五分の五	五分の二
第二年次中	十分の十	—	五分の三

| 第三年次中 | ― | ― | 五分の四 |
| 第四年次中 | ― | ― | 五分の五 |

(九)　大学等（独立大学院大学を除く。）の施設及び設備（設備のうち図書等を除く。以下第一の一の(九)，第二の一の(三)のア及び第二の四の(七)のアにおいて同じ。）の整備に要する経費は，大学等（独立大学院大学を除く。）の種類の別に応じ，別表第一の一から三までの各表に定める標準設置経費額以上の額を計上していることとし，図書等の整備に要する経費は，学部（短期大学及び高等専門学校にあっては学科）の種類，規模等に応じて必要な額を別途計上していること。ただし，現物による寄附がある場合にあっては，当該寄附に係る施設及び設備の価額等，施設及び設備が借用である場合にあっては，当該借用に係る施設及び設備の評価額等からみて相当と認められるときは，標準設置経費額を下回ることができる。また，独立大学院大学にあっては，当該独立大学院大学の教育研究上の必要に応じた十分な額を計上していること。

(十)　校地並びに施設及び設備の整備に要する経費（以下「設置経費」という。）の財源は，寄附金を充てるものであり，かつ，申請時において設置経費に相当する額の寄附金が収納されていること。この場合において，当該寄附金等については，次のとおり取り扱うこととする。

　　ア　入学を条件とする寄附金，当該施設の建築等に係る請負業者の寄附金，寄附能力のない者の寄附金，借入金により調達した寄附金その他設置経費の財源として適当と認められない寄附金は，設置経費の財源に算入しないこと。

　　イ　寄附金は，寄附申込書のほか，株式会社等法人にあっては役員会の決議録その他の資料により，個人にあっては寄附者の収入又は資産の状況を明らかにする納税証明書その他の資料により，当該寄附の事実を確認できる場合に限り，設置経費の財源に算入すること。

　　ウ　地方公共団体等の寄附金又は補助金は，申請時までに予算についての

議会の議決等がなされ，当該寄附又は補助の事実を確認できる場合に限り，第一の一の㈩の適用については，申請時において収納されている寄附金とみなすことができること。

エ 学校法人の寄附金は，次に掲げる要件のすべてに該当する場合に限り，第一の一の㈩の適用については，申請時において収納されている寄附金とみなすことができること。

　㋐ 当該学校法人が文部科学大臣の所轄に属する学校法人であること。

　㋑ 当該学校法人の理事会において，当該寄附についての議決がなされていること。

　㋒ 申請時以降に当該寄附を行うことに合理的な理由があり，かつ，申請時に当該寄附ができない理由が明確でやむを得ないと認められるものであること。

　㋓ 寄附行為の認可時までに当該寄附金が確実に収納される見込みがあると認められるものであること。

オ 設置経費の財源の保有形態は，現金預金のほか，国債等の有価証券で額面金額が保証されているものであること。この場合において，有価証券は，設置経費の支払時期が到来するまでに現金化できる場合に限り，その額面金額を上限として，設置経費の財源に算入する。

二　経営に必要な財産について

㈠　大学等（独立大学院大学を除く。）の経常経費は，別表第二に定める標準経常経費額以上の額を計上していること。ただし，人件費については，大学等（独立大学院大学を除く。）の教員組織を段階的に年次計画により整備する場合その他教職員の採用等の実情からみてやむを得ないと認められるときは，この限りでない。また，独立大学院大学にあっては，当該独立大学院大学の教育研究上の必要に応じた十分な額を計上していること。

㈡　経常経費の財源は，申請時において開設年度の経常経費に相当する額の寄附金が収納されていること。

㈢　開設年度から完成年度までの各年度の経常経費の財源は，原則として，学生納付金，寄附金，資産運用収入その他確実な計画による資金をもって充てるものとし，借入金を充てるものでないこと。この場合において，当該学生納付金については，その算出根拠となる学生数が合理的に算定されていることにより，確実に収納される見込みがあると認められるものであること。

㈣　校地及び校舎が借用の場合には，第一の二の㈡の規定にかかわらず，原則として，申請時において，開設年度から完成年度までの経常経費に相当する額の寄附金が収納されていること。

㈤　経常経費の財源の取扱いについては，第一の一の㈩の規定（寄附金等の取扱いに係る部分に限る。）を準用すること。この場合において，第一の一の㈩中「設置経費」とあるのは「経常経費」と，㈩のエ中「第一の一の㈩」とあるのは「第一の二の㈡から㈣まで」と読み替えるものとする。

三　役員等について

㈠　理事及び監事は，学校法人の管理運営に必要な知識又は経験を有し，その職務を十分に果たすことができると認められ，かつ，学校法人の理事及び監事としてふさわしい社会的信望を有する者であること。

㈡　理事及び監事は，他の学校法人の理事又は監事を四以上兼ねていない者であること。

㈢　理事長は，学校法人の業務の全般について主導的な役割等を果たすために必要な知識又は経験を有し，その職務を十分に果たすことができると認められる者であること。（注1）

㈣　理事長は，他の学校法人の理事長を二以上兼ねていない者であること。

㈤　役員の構成は，教授会等の意向が適切に反映されるよう配慮されていること。

㈥　理事相互間の情報及び意見の交換の機会が十分に確保されていること。（注2）

第16章　学校法人寄附行為作成例

(七)　監事に対する情報の提供等の支援体制が十分に整えられていること。
（注3）

(八)　理事である評議員以外の評議員は，学校法人の設立後速やかに選任できるよう，その候補者が選定されていること。

(九)　学校法人の事務局長その他の幹部職員は，その職務に専念できる者であること。

(十)　学校法人の事務局長その他の幹部職員は，役員の配偶者又は親族等に偏っていないこと。

(十一)　学校法人の事務を処理するため，設置する大学等の規模に応じた専任の職員を置く適切な事務組織が設けられていること。

(十二)　学校法人の管理運営上必要な諸規程の整備その他大学等を設置する学校法人にふさわしい管理運営体制が整えられていること。

四　その他

(一)　文部科学大臣は，第一の規定に基づく認可の審査については，申請者が，私立学校法第三十一条第一項の申請において，偽りその他不正の行為のあった者であって，当該行為が判明した日から起算して五年以内で相当と認める期間（第一の四の(二)において「特定期間」という。）を経過していないものである場合には，当該認可をしないこと。

(二)　第一の四の(一)の規定の適用を受けた者が，特定期間を経過した後に申請をする場合は，再発の防止のために必要な措置が講じられていること。

第二　文部科学大臣の所轄に属する学校法人が大学等を設置する場合に係る寄附行為の変更を認可する場合

　文部科学大臣の所轄に属する学校法人が大学等を設置する場合に係る寄附行為の変更の認可については，次の基準によって審査する。

一　校地並びに施設及び設備について

(一)　設置経費の財源は，申請時において，当該設置経費に相当する額の寄附

金，資産売却収入その他学校法人の負債とならない収入により積み立てられた資産（以下「寄附金等の資産」という。）を保有していることとし，当該財源の取扱いについては，第一の一の㈩の規定（寄附金等の取扱いに係る部分に限る。）を準用すること。

㈡　第二の一の㈠に掲げる資産を保有している場合には，設置経費及び開設年度の経常経費（以下「設置経費等」という。）に借入金を充てることができること。この場合において，当該借入金の額は，当該設置経費等の額の二分の一を超えることができない。

㈢　校地並びに施設及び設備に係るその他の事項については，第一の一（㈩を除く。）の規定を準用するほか，従来設置している学校又は専修学校若しくは各種学校（以下「既設の学校等」という。）その他の事業から転共用する施設及び設備がある場合には，次のとおり取り扱うこと。

　ア　施設及び設備の整備に要する経費の額は，当該転共用に係る施設及び設備の帳簿価額等からみて相当と認められるときは，標準設置経費額を下回ることができること。

　イ　当該転共用に係る施設及び設備の整備のためにした借入金が償還中である場合には，次に掲げる要件のすべてに該当していること。

　　㈠　当該借入金の額と設置経費等に充てる借入金の額との合計額が設置経費等の額の二分の一を超えないこと。

　　㈡　申請時において，当該借入金に相当する額の財源として，寄附金等の資産を保有していること。

　　㈢　申請者の資産状況等からみて当該借入金に対する適正な償還計画が策定され，かつ，当該施設及び設備の帳簿価額が当該借入金の額を上回っていること。

二　経営に必要な財産について

㈠　経常経費の財源は，申請時において，開設年度の経常経費に相当する額の寄附金等の資産を保有していること。

第16章　学校法人寄附行為作成例

㈡　第二の二の㈠に掲げる資産を保有している場合には，設置経費等に借入金を充てることができること。この場合において，当該借入金の額については，第二の一の㈡の規定を準用する。

㈢　経営に必要な財産に係るその他の事項については，第一の二（㈡を除く。）の規定を準用すること。この場合において，第一の二の㈢中「開設年度」とあるのは「開設年度（設置経費等に借入金を充てる場合にあっては，開設年度の翌年度）」と，第一の二の㈣中「第一の二の㈡」とあるのは「第二の二の㈠」と，「寄附金が収納されて」とあるのは「寄附金等の資産を保有して」と読み替えるものとする。

三　役員等について

役員等については，第一の三の規定を準用すること。

四　既設校等について

㈠　従来設置している大学等（以下「既設の大学等」という。）の学部，学科，大学院又は大学院の研究科（以下「学部等」という。）の校地並びに施設及び設備については，第一の一の㈠の規定を準用すること。

㈡　既設の大学等の学部等の在籍学生数が収容定員を著しく超過していないこと。

㈢　既設の大学等又はその学部等に，第一から第四までの規定に基づく認可を受け，開設後学校教育法に定める修業年限に相当する年数を経過していないものがある場合，当該認可に係る大学等又は学部等の設置に関する計画が確実に履行されていること。

㈣　既設の学校等のためにした借入金その他の負債は，その償還が適正に行われ，かつ，適正な償還計画が策定されていることとし，次のとおり取り扱うこと。

ア　学校法人の資産状況について，開設年度の前々年度の末日における負債率（総資産額に対する前受金を除く総負債額（設置経費等に借入金を充てる場合にあっては，当該借入金を含む。）の割合をいう。）（以下単に「負債率」という。）

— 597 —

が〇・二五以下であり，かつ，既設の学校等のための負債に係る償還計画において，開設年度の初日の属する年の三年前の年の四月一日の属する年度から完成年度までの各年度における負債償還率（借入金等返済支出から短期借入金（当該借り入れを行う年度内に償還期限が到来するものに限る。）に係る支出を控除したものの額と借入金等利息支出の額との合計額が帰属収入の額に占める割合をいう。）が〇・二以下であること。

イ　開設年度の前々年度及び開設年度の初日の属する年の三年前の年の四月一日の属する年度において帰属収入の額が消費支出の額を上回っており，かつ，開設年度の前年度から完成年度までの各年度において帰属収入が消費支出を上回る見込みがあると認められる場合には，第二の四の㈣のアの規定にかかわらず，負債率は，〇・三三以下であること。

ウ　校地の再評価（校地について時価による評価を行い，当該校地の価額を改定することをいう。）を行った後の総資産額により算出した場合における負債率が〇・二五以下である場合には，第二の四の㈣のアの規定の適用については，負債率は，〇・二五以下であるとみなすこと。この場合において，再評価後の価額は，鑑定評価額によるものとする。ただし，当該価額の計算の方法及び根拠が明確である場合に限り，路線価その他の資料に基づく時価を基準として申請者が評価した価額によることができる。

エ　余裕金等により借入金の償還期限を繰り上げて償還を行った場合であって，借入金等返済支出から当該借入金の元本に相当する金額を控除した額により算出した場合における負債償還率が〇・二以下であるときは，第二の四の㈣のアの規定の適用については，負債償還率は，〇・二以下であるとみなすこと。

㈤　偽りその他不正の手段により私立学校振興助成法（昭和五十年法律第六十一号）の規定による補助金（以下第二の四の㈤において単に「補助金」という。）の交付を受け，又は補助金の他の用途への使用その他補助金の交付条件に違反したことにより，補助金等に係る予算の執行の適正化に関する

法律（昭和三十年法律第百七十九号）第十八条又は第十九条（日本私立学校振興・共済事業団法（平成九年法律第四十八号）第二十七条において準用する場合を含む。）の規定による返還又は納付を命ぜられた場合，その履行を完了していること。

㈥　学校等の管理運営において，適正を欠く事実がないこと。この場合において，既設の学校等の管理運営の状況に関し，次に掲げる事項に留意する。

　　ア　法令の規定，当該規定による処分及び寄附行為に基づく登記，届出，報告等の適正な実施

　　イ　役員間，教職員間又はこれらの者の間における訴訟その他の紛争

　　ウ　日本私立学校振興・共済事業団からの借入金の償還（利息及び延滞金の支払を含む。）又はその徴収する掛金若しくは公租公課の支払の状況

　　エ　インターネットの利用その他の適切な方法による財務情報の公表の状況

㈦　短期大学又は短期大学の学科（以下第二の四の㈦において「短期大学等」という。）を廃止して，その教員組織，施設及び設備を基に，新たに大学等を設置する場合であって，当該大学等の入学定員が当該廃止に係る短期大学等の入学定員の百分の百十以下であるときは，以下のとおり取り扱うこと。

　　ア　第二の一の㈢において準用する第一の一の㈨の規定にかかわらず，施設及び設備の整備に要する経費については，施設及び設備の状況が教育研究に支障がないと認められる場合には，標準設置経費額を下回ることができること。

　　イ　第二の一の㈢のイの規定は，当該転共用に係る施設及び設備の整備のためにした借入金については，適用しないこと。

　　ウ　第二の四の㈣のアの規定にかかわらず，負債率は，設置経費等に借入金を充てない場合には，〇・三三以下であること。

五　その他

㈠　文部科学大臣は，第二の規定に基づく認可の審査については，申請者が，

— 599 —

私立学校法第三十一条第一項の申請又は同法第四十五条の申請若しくは届出（私立学校法施行規則（昭和二十五年文部省令第十二号）第四条の三第一項第一号の事項に関する届出に限る。）において，偽りその他不正の行為のあった者であって，当該行為が判明した日から起算して五年以内で相当と認める期間（第二の五の㈡において「特定期間」という。）を経過していないものである場合には，当該認可をしないこと。

㈡　第二の五の㈠の規定の適用を受けた者が，特定期間を経過した後に申請をする場合は，再発の防止のために必要な措置が講じられていること。

第三　都道府県知事の所轄に属する学校法人が大学等を設置する場合に係る寄附行為の変更等を認可する場合

都道府県知事の所轄に属する学校法人が大学等を設置する場合に係る寄附行為の変更及び私立学校法第六十四条第四項の法人が大学等を設置する場合に係る組織変更の認可については，次の基準によって審査する。

一　校地並びに施設及び設備について

校地並びに施設及び設備については，第二の一の規定を準用すること。

二　経営に必要な財産について

経営に必要な財産については，第二の二の規定を準用すること。

三　役員等について

役員等については，第二の三の規定を準用すること。

四　既設校等について

既設校等については，第二の四（㈠から㈢まで及び㈦を除く。）の規定を準用すること。

五　その他

その他については，第二の五の規定を準用すること。この場合において，当該規定中「第二」とあるのは「第三」と，「第一項の申請」とあるのは「第一項の申請（文部科学大臣への申請に限る。）」と，「届出」とあるのは「文部科学大

臣への届出」と読み替えるものとする。

第四　文部科学大臣の所轄に属する学校法人が学部等を設置する場合に係る寄附行為の変更を認可する場合

　文部科学大臣の所轄に属する学校法人が学部等を設置する場合に係る寄附行為の変更の認可については，次の基準によって審査する。ただし，当該学部等の設置が大学等の教育研究条件の向上又は学校法人の運営の改善のために必要かつ適切と認められる特別の事情があり，かつ，学部等の施設及び設備の整備のために要する経費の支出が，学校法人にとって過大な負担とならないと認められる場合には，校地並びに施設及び設備に係るこれらの基準を弾力的に取り扱うことができることとする。

一　校地並びに施設及び設備について

　校地並びに施設及び設備については，第二の一の規定を準用すること。この場合において，第二の一の㈡中「設置経費及び開設年度の経常経費（以下「設置経費等」という。）」とあるのは「設置経費」と，「当該設置経費等」とあるのは「当該設置経費」と，第二の一の㈢において準用する第一の一の㈠中「大学等の校地」とあるのは「学部等の校地」と，第二の一の㈢において準用する第一の一の㈡のイ中「独立大学院大学（学校教育法（昭和二十二年法律第二十六号）第六十八条に定める大学をいう。以下同じ。）」とあるのは「大学院」と，第二の一の㈢において準用する第一の一の㈡のウ中「大学等」とあるのは「学部等」と，第二の一の㈢において準用する第一の一の㈣のイ中「独立大学院大学」とあるのは「大学院」と，第二の一の㈢において準用する第一の一の㈧及び㈨中「大学等（独立大学院大学を除く。）」とあるのは「学部等（大学院を除く。）」と，「独立大学院大学」とあるのは「大学院」と，第二の一の㈢中「設置経費等」とあるのは「設置経費」と読み替えるものとする。

二　経営に必要な財産について

　経営に必要な財産については，第一の二（㈡及び㈣を除く。）の規定を準用す

ること。この場合において，第一の二の㈠中「大学等」とあるのは「学部等」
と，「独立大学院大学」とあるのは「大学院」と読み替えるものとする。

三　役員等について

　役員等については，第二の三の規定を準用すること。

四　既設校等について

　既設校等については，第二の四の規定を準用すること。この場合において，
第二の四の㈣のア中「開設年度の前々年度の末日」とあるのは「開設年度の
前々年度の末日又は開設年度の前年度の五月三十一日までの間において申請者
が定める日」と読み替えるものとする。

五　その他

　その他については，第二の五の規定を準用すること。この場合において，当
該規定中「第二」とあるのは「第四」と読み替えるものとする。

第五　設置者の変更に係る文部科学大臣の所轄に属する学校法人の寄附行為及
　　　び寄附行為の変更を認可する場合

　設置者の変更に係る文部科学大臣の所轄に属する学校法人の寄附行為及び寄
附行為の変更の認可については，次の基準によって審査する。ただし，設置者
の変更は，大学等の組織又は校地並びに施設及び設備の同一性を保持しつつ行
われるものであることを要し，当該変更後の財務状況等を勘案し，負債償還率
等に係るこれらの基準を弾力的に取り扱うことができることとする。

一　設置者の変更により大学等の設置者となる学校法人の寄附行為の認可につ
　　いて

　　第一（一の㈐及び㈑並びに二の㈡及び㈢を除く。）の規定を準用すること。この
　場合において，第一の二の㈣中「開設年度」とあるのは「開設年度の翌年
　度」と，第一の四中「第一」とあるのは「第五」と読み替えるものとする。

二　設置者の変更により大学等の設置者となる学校法人の寄附行為の変更の認
　　可について

第16章　学校法人寄附行為作成例

第二（一の㈢において準用する第一の一の㈦及び㈧並びに二の㈢において準用する第一の二の㈢を除く。）の規定を準用すること。この場合において，第二の二の㈢において準用する第一の二の㈣中「開設年度」とあるのは「開設年度の翌年度」と，第二の五中「第二」とあるのは「第五」と読み替えるものとする。

三　設置者の変更により大学等の設置者でなくなる学校法人の寄附行為の変更（所轄庁が都道府県知事に変更となる場合を除く。）の認可について

　　第二の三及び四の㈠の規定を準用すること。

第六　その他

一　文部科学大臣は，第一から第三までの規定に基づく認可をしたときは，申請者の同意を得て，当該認可に係る大学等の校地並びに施設及び設備に関する事項の概要及び第六の二に規定する事項その他必要な事項をインターネットの利用その他適切な方法により公表すること。

二　文部科学大臣は，第一から第四までの規定に基づく認可を受けた者が，当該認可に係る大学等及び学部等の設置に関する計画（第六の三において単に「計画」という。）を履行するに当たって留意すべき事項（第六の三において単に「留意事項」という。）があると認めるときは，当該者に対し，当該事項の内容を通知すること。

三　文部科学大臣は，第一から第四までの規定に基づく認可に係る計画及び留意事項の履行の状況及び学校法人の経営の実態を確認するため必要があると認めるときは，書類，実地等による調査を実施すること。

（附則中略）

　附　　則（平成二十六年二月二十六日文部科学省告示第十八号）
この告示は，平成二十六年三月一日から施行する。

別表第一　標準設置経費額 (第一の一の(九)，第二の一の(三)，第三の一及び第四の一関係)

―略―

別表第二　標準経常経費額 (第一の二の(一)，第二の二，第三の二及び第四の二関係)

―略―

2　学校法人寄附行為作成例 (東京都知事所轄学校法人 (幼稚園用))

(最終改正：平成20年2月8日)

学校法人○○○学園寄附行為

第1章　総　　則

(名　　称)

第1条　この法人は，学校法人○○○学園と称する。

(事　務　所)

第2条　この法人は，事務所を東京都○○○○○に置く。

第2章　目的及び事業

(目　　的)

第3条　この法人は，教育基本法及び学校教育法に従い，学校教育を行うことを目的とする。

(設置する学校)

第4条　この法人は，前条の目的を達成するため，次に掲げる学校を設置する。

(1)　○○○○幼稚園

(収益事業)

第5条　この法人は，その収益を学校の経営に充てるため，次に掲げる収益事業を行う。

(1)　教育用品小売業

― 604 ―

第16章　学校法人寄附行為作成例

(2)　食料品小売業

※収益事業を行う法人のみ定める。

第3章　役員及び理事会

(役　　員)

第6条　この法人に，次の役員を置く。

(1)　理事○人

(2)　監事○人

2　理事のうち一人を理事長とし，理事会において選任する。

(理事の選任)

第7条　理事は，次の各号に掲げる者とする。

(1)　○○○○幼稚園長

(2)　評議員のうちから評議員会において選任した者　　○人

(3)　学識経験者のうちから理事会において選任した者　　○人

2　前項第1号及び第2号の理事は，園長又は評議員の職を退いたときは，理事の職を失うものとする。

3　理事のうちには，その選任の際現に当該学校法人の役員又は職員でない者を1人以上選任するものとする。ただし，最初の選任の際現に当該学校法人の役員又は職員でなかった者は，その再任の際現に当該学校法人の役員又は職員でない者とみなす。

(監事の選任及び職務)

第8条　監事は，評議員会の同意を得て，理事長が選任する。

2　監事のうちには，その選任の際現に当該学校法人の役員又は職員でない者を1人以上選任するものとする。ただし，最初の選任の際現に当該学校法人の役員又は職員でなかった者は，その再任の際現に当該学校法人の役員又は職員でない者とみなす。

3　監事は，次の各号に掲げる職務を行う。

— 605 —

⑴　この法人の業務を監査すること。

⑵　この法人の財産の状況を監査すること。

⑶　この法人の業務又は財産の状況について，毎会計年度，監査報告書を作成し，当該会計年度終了後２月以内に理事会及び評議員会に提出すること。

⑷　第１号又は第２号の規定による監査の結果，この法人の業務又は財産に関し不正の行為又は法令若しくは寄附行為に違反する重大な事実があることを発見したときは，これを東京都知事に報告し，又は理事会及び評議員会に報告すること。

⑸　前号の報告をするために必要があるときは，理事長に対して評議員会の招集を請求すること。

⑹　この法人の業務又は財産の状況について，理事会に出席して意見を述べること。

（親族関係者等の制限）

第９条　この法人の理事のうちには，各理事についてその親族その他特殊の関係がある者が一人を超えて含まれることになってはならない。

2　この法人の監事には，この法人の理事（その親族その他特殊の関係のある者を含む。）及び評議員（その親族その他特殊の関係のある者を含む。）並びにこの法人の職員（園長及び教員その他の職員を含む。以下同じ。）が含まれることになってはならない。

3　この法人の監事は，相互に親族その他特殊の関係がある者であってはならない。

（役員の任期）

第10条　役員（第７条第１項第１号に掲げる理事を除く。以下この条において同じ。）の任期は，○年とする。ただし，補欠の役員の任期は，前任者の残任期間とする。

2　役員は，再任されることができる。

3　役員は，任期満了の後でも，後任の役員が選任されるまでは，なおその職

務を行う。

（役員の補充）

第11条　理事又は監事のうち，その定数の５分の１を超えるものが欠けたとき
　　は，１月以内に補充しなければならない。

（役員の解任及び退任）

第12条　役員が次の各号の一に該当するに至ったときは，理事総数の４分の３
　　以上出席した理事会において，理事総数の４分の３以上の議決及び評議員会
　　の議決により，これを解任することができる。

　（1）　法令の規定又はこの寄附行為に著しく違反したとき。

　（2）　心身の故障のため職務の執行に堪えないとき。

　（3）　職務上の義務に著しく違反したとき。

　（4）　役員たるにふさわしくない重大な非行があったとき。

２　役員は，次の事由によって退任する。

　（1）　任期の満了

　（2）　辞任

　（3）　学校教育法第９条各号に掲げる事由に該当するに至ったとき。

（役員の報酬）

第13条　役員の報酬については，勤務実態に即して支給することとし，役員の
　　地位にあることのみによっては，支給しない。

２　役員には，その職務を執行するために要した費用を弁償することができる。

（理事会）

第14条　この法人に理事をもって組織する理事会を置く。

２　理事会は，学校法人の業務を決し，理事の職務の執行を監督する。

３　理事会は，理事長が招集する。

４　理事長は，理事総数の３分の１以上の理事から会議に付議すべき事項を示
　　して理事会の招集を請求された場合には，その請求のあった日から７日以内
　　に，これを招集しなければならない。

5 理事会を招集するには，各理事に対して，会議開催の場所及び日時並びに会議に付議すべき事項を書面により通知しなければならない。

6 前項の通知は，会議の7日前までに発しなければならない。ただし，緊急を要する場合は，この限りでない。

7 理事会に議長を置き，理事長をもって充てる。

8 理事長が第4項の規定による招集をしない場合には，招集を請求した理事全員が連名で理事会を招集することができる。この場合における理事会の議長は，出席理事の互選によって定める。

9 理事会は，この寄附行為に別段の定めがある場合を除き，理事総数の過半数の理事が出席しなければ，会議を開き，議決をすることができない。ただし，第12項の規定による除斥のため，過半数に達しないときは，この限りでない。

10 前項の場合において，理事会に付議される事項につき書面をもって，あらかじめ意思表示した者は，出席者とみなす。

11 理事会の議事は，法令及びこの寄附行為に別段の定めがある場合を除き，出席した理事の過半数で決し，可否同数のときは，議長の決するところによる。

12 理事会の決議について，直接の利害関係を有する理事は，その議事の議決に加わることができない。

（理事長の職務）

第15条 理事長は，法令及びこの寄附行為に規定する職務を行い，この法人を代表し，その業務を総理する。

（理事の代表権の制限）

第16条 理事長以外の理事は，この法人の業務について，この法人を代表しない。

（理事長職務の代理等）

第17条 理事長に事故があるとき，又は理事長が欠けたときは，あらかじめ理事

会において定めた順位に従い，理事がその職務を代理し，又はその職務を行う。

（議 事 録）

第18条　議長は，理事会の開催の場所及び日時並びに議決事項及びその他の事項について，議事録を作成しなければならない。

2　議事録には，出席した理事全員が署名押印し，常にこれを事務所に備えて置かなければならない。

第4章　評議員会及び評議員

（評議員会）

第19条　この法人に，評議員会を置く。

2　評議員会は，○○人の評議員をもって組織する。

3　評議員会は，理事長が招集する。

4　理事長は，評議員総数の3分の1以上の評議員から会議に付議すべき事項を示して評議員会の招集を請求された場合には，その請求のあった日から20日以内に，これを招集しなければならない。

5　評議員会を招集するには，各評議員に対して，会議開催の場所及び日時並びに会議に付議すべき事項を，書面により通知しなければならない。

6　前項の通知は，会議の7日前までに発しなければならない。ただし，緊急を要する場合は，この限りでない。

7　評議員会に議長を置き，議長は，評議員のうちから評議員会において選任する。

8　評議員会は，評議員総数の過半数の出席がなければ，その会議を開き，議決をすることができない。

9　前項の場合において，評議員会に付議される事項につき書面をもってあらかじめ意思表示した者は，出席者とみなす。

10　評議員会の議事は，出席した評議員の過半数で決し，可否同数のときは，議長の決するところによる。

11　議長は，評議員として議決に加わることができない。

（議事録）

第20条　第18条の規定は，評議員会の議事録について準用する。この場合において，同条第２項中「出席した理事全員」とあるのは，「議長のほか出席した評議員のうちから互選された評議員２人以上」と読み替えるものとする。

（諮問事項）

第21条　次の各号に掲げる事項については，理事長において，あらかじめ評議員会の意見を聞かなければならない。

　⑴　予算，借入金（当該会計年度内の収入をもって償還する一時の借入金を除く。）及び基本財産の処分並びに運用財産中の不動産及び積立金の処分

　⑵　事業計画

　⑶　予算外の新たな義務の負担又は権利の放棄

　⑷　寄附行為の変更

　⑸　合　併

　⑹　目的たる事業の成功の不能による解散

　⑺　収益事業に関する重要な事項

　　※収益事業を行う法人のみ定める。

　⑻　寄附金品の募集に関する事項

　⑼　園長の任免その他の重要な人事

　⑽　園則の制定及び変更

　⑾　その他この法人の業務に関する重要事項で理事会において必要と認めるもの

（評議員会の意見具申等）

第22条　評議員会は，この法人の業務若しくは財産の状況又は役員の業務執行の状況について，役員に対して意見を述べ，若しくはその諮問に答え，又は役員から報告を徴することができる。

（評議員の選任）

第16章　学校法人寄附行為作成例

第23条　評議員は，次の各号に掲げる者とする。

⑴　この法人の職員で理事会において推せんされた者のうちから，評議員会において選任した者　○人

⑵　この法人の設置する学校を卒業した者で，年齢25年以上の者のうちから，理事会において選任した者　○人

⑶　学識経験者のうちから，理事会において選任した者　○人

2　評議員のうちには，役員のいずれか一人と親族その他特殊の関係にある者の数又は評議員のいずれか一人及びその親族その他特殊の関係のある者の合計数が評議員現在数の３分の１を超えて含まれることになってはならない。

3　第１項第１号に規定する評議員は，この法人の職員の地位を退いたときは，評議員の職を失うものとする。

（準用規定）

第24条　第13条の規定は，評議員について準用する。

（任　　　期）

第25条　評議員の任期は，○年とする。ただし，補欠の評議員の任期は，前任者の残任期間とする。

2　評議員は，再任されることができる。

（評議員の解任及び退任）

第26条　評議員が次の各号の一に該当するに至ったときは，評議員総数の３分の２以上の議決により，これを解任することができる。

⑴　心身の故障のため職務の執行に堪えないとき。

⑵　評議員たるにふさわしくない重大な非行があったとき。

2　評議員は，次の事由によって退任する。

⑴　任期の満了

⑵　辞任

— 611 —

第5章　資産及び会計

（資　　産）

第27条　この法人の資産は，財産目録記載のとおりとする。

（資産の区分）

第28条　この法人の資産は，これを分けて基本財産及び運用財産（及び収益事業
　　用財産）とする。

　　※（　）内は収益事業を行う法人のみ定める。

2　基本財産は，この法人の設置する学校に必要な施設及び設備又はこれに要
　　する資金とし，財産目録中基本財産の部に記載する財産及び将来基本財産に
　　編入された財産とする。

3　運用財産は，この法人の設置する学校の経営に必要な財産とし，財産目録
　　中運用財産の部に記載する財産及び将来運用財産に編入された財産とする。

4　収益事業用財産は，この法人の収益を目的とする事業に必要な財産とし，
　　財産目録中収益事業用財産の部に記載する財産及び将来収益事業用財産に編
　　入された財産とする。

　　※収益事業を行う法人のみ定める。

5　寄附金品については，寄附者の指定がある場合には，その指定に従って基
　　本財産又は運用財産に編入する。

（基本財産の処分の制限）

第29条　基本財産は，これを処分してはならない。ただし，この法人の事業の
　　遂行上やむを得ない理由があるときは，理事会において理事総数の3分の2
　　以上の議決を得て，その一部に限り処分することができる。

（積立金の保管）

第30条　基本財産及び運用財産の積立金は，確実な有価証券を購入し，又は確
　　実な信託銀行に信託し，又は確実な銀行に定期預金とし，若しくは定額郵便
　　貯金として理事長が保管する。

（経費の支弁）

第16章　学校法人寄附行為作成例

第31条　この法人の設置する学校の経営に要する費用は，基本財産並びに運用
　　財産中の不動産及び積立金から生ずる果実，授業料収入，入園料収入，検定
　　料収入その他の収入をもって支弁する。

（会　　計）

第32条　この法人の会計は，学校法人会計基準により行う。

2　この法人の会計は，学校の経営に関する会計（以下「学校会計」という。）及
　　び収益事業に関する会計（以下「収益事業会計」という。）に区分するものとする。
　　※収益事業を行う法人のみ定める。

（予算及び事業計画）

第33条　この法人の予算及び事業計画は，毎会計年度開始前に，理事長が編成
　　し，理事会において理事総数の3分の2以上の議決を得なければならない。
　　これに重要な変更を加えようとするときも，同様とする。

（予算の編成）

第34条　予算は，第32条の規定により編成するものとする。

（予算外の新たな義務の負担又は権利の放棄）

第35条　予算をもって定めるものを除くほか，新たに義務の負担をし，又は権
　　利の放棄をしようとするときは，理事会において理事総数の3分の2以上の
　　議決がなければならない。借入金（当該会計年度内の収入をもって償還する一時の
　　借入金を除く。）についても，同様とする。

（決算及び実績の報告）

第36条　この法人の決算は，毎会計年度終了後2月以内に作成し，監事の意見
　　を求めるものとする。

2　理事長は，毎会計年度終了後2月以内に，決算及び事業の実績を評議員会
　　に報告し，その意見を求めなければならない。

3　収益事業会計の決算上生じた利益金は，その一部又は全部を学校会計に繰
　　り入れなければならない。
　　※収益事業を行う法人のみ定める。

— 613 —

（財産目録等の備付け及び閲覧）

第37条　この法人は，毎会計年度終了後２月以内に財産目録，貸借対照表，収
　　支計算書及び事業報告書を作成しなければならない。

２　この法人は，前項の書類及び第８条第３項第３号の監査報告書を事務所に
　　備えて置き，この法人の設置する私立学校に在学する者その他の利害関係人
　　から請求があった場合には，正当な理由がある場合を除いて，これを閲覧に
　　供しなければならない。

（資産総額の変更登記）

第38条　この法人の資産総額の変更は，毎会計年度末の現在により，会計年度
　　終了後２月以内に登記しなければならない。

（会計年度）

第39条　この法人の会計年度は，４月１日に始まり，翌年３月31日に終わるも
　　のとする。

第６章　解散及び合併

（解　　　散）

第40条　この法人は，次の各号に掲げる事由によって解散する。

　⑴　理事会における理事総数の３分の２以上の議決及び評議員会の議決

　⑵　この法人の目的たる事業の成功の不能となった場合で，理事会における
　　　理事総数の３分の２以上の議決

　⑶　合併

　⑷　破産

　⑸　東京都知事の解散命令

２　前項第１号に掲げる事由による解散にあっては東京都知事の認可を，同項
　　第２号に掲げる事由による解散にあっては東京都知事の認定を受けなければ
　　ならない。

（残余財産の帰属者）

第16章　学校法人寄附行為作成例

第41条　この法人が解散した場合（合併又は破産によって解散した場合を除く。）における残余財産は，解散のときにおける理事会において理事総数の３分の２以上の議決により選定した学校法人又は教育の事業を行う公益法人に帰属する。

（合　　併）

第42条　この法人が合併しようとするときは，理事会において理事総数の３分の２以上の議決を得て東京都知事の認可を受けなければならない。

第７章　寄附行為の変更

（寄附行為の変更）

第43条　この寄附行為を変更しようとするときは，理事会において理事総数の３分の２以上の議決を得て，東京都知事の認可を受けなければならない。

2　次の各号の一に係る寄附行為の変更については，前項の規定にかかわらず，理事会において理事総数の３分の２以上の議決を得て，東京都知事に届け出なければならない。

⑴　設置廃止を伴わない幼稚園の名称変更

⑵　所轄庁の変更を伴わない事務所の所在地の変更

⑶　公告の方法の変更

第８章　補　　　則

（書類及び帳簿の備付け）

第44条　この法人は，第37条第２項の書類のほか，次の各号に掲げる書類及び帳簿を，常に事務所に備えて置かなければならない。

⑴　寄附行為

⑵　役員及び評議員の名簿及び履歴書

⑶　収入及び支出に関する帳簿及び証ひょう書類

⑷　その他必要な書類及び帳簿

— 615 —

（法定手続の励行）

第45条　この法人（設置する学校を含む。）を運営するについて，法令の定めるところにより行うことの必要な申請及び届出その他の手続は，事案あるごとに，すみやかにこれを行わなければならないものとする。

（公告の方法）

第46条　この法人の公告は，学校法人○○○学園の掲示場に掲示して行う。

（施行細則）

第47条　この寄附行為の施行についての細則その他この法人及びこの法人の設置する学校の管理及び運営に関し必要な事項は，理事会が定める。

　　附　　則

1　この寄附行為は，平成○年○月○日から施行する。

2　この法人の設立当初の役員は，次のとおりとする。

　　理事（理事長）　○○○○
　　理事　　　　　　○○○○
　　理事　　　　　　○○○○
　　理事　　　　　　○○○○
　　理事　　　　　　○○○○
　　監事　　　　　　○○○○
　　監事　　　　　　○○○○

3　第23条第1項第2号中「設置する学校を卒業した者」とあるのは，学校の卒業生が年齢25年以上になるまでの間，「園児の父母」と読み替える。

【参　考】

①　文科省の作成例と東京都（幼稚園用）の作成例の大きな相違点

　ア　目的の規定（ともに第3条）において，文科省の作成例には，当該学園の

第16章　学校法人寄附行為作成例

建学の精神，目的が記載されるようになっているが，東京都（幼稚園用）の作成例には，それがない。学園の基本規程たる寄附行為には，幼稚園法人においても建学の精神・目的を明記すべきであると考える。なお，高等学校，中学校，専門学校以下のみを設置する法人も準用する。

イ　理事及び監事の選任規定（第7条，第8条）において，東京都（幼稚園用）の作成例には，外部理事及び外部監事の規定がおかれ，さらに親族関係者等の就任制限規定（第9条）がおかれているが，文科省の作成例にはそれがない。文科省の作成例においては，外部理事，外部監事及び親族就任制限については私学法に規定があるので省略したものと考えられるが，すべての役員や教職員が私学法に通じているわけではないので，寄附行為に規定した方が好ましい。ただ，東京都（幼稚園用）の作成例の定める「親族その他特殊の関係がある者」は，私学法第38条第7項に定める「配偶者又は三親等以内の親族」よりは広範囲であることに留意する必要がある。

ウ　評議員の選任規定において，東京都（幼稚園用）の作成例（第23条第2項）には役員と評議員間及び各評議員間における親族関係者等の就任制限規定がおかれているが，文科省の作成例にはそれがない。このような親族関係者等の就任制限規定は，私学法には規定がない。

エ　東京都（幼稚園用）の作成例には役員（第13条）及び評議員（第24条）の報酬に関する規定がおかれているが，文科省の作成例にはそれがない。このような規定は私学法にはないが，報酬の支給がルーズにならないために必要な規定であると考える。

オ　理事会決議の議決数において，文科省の作成例と東京都（幼稚園用）の作成例とで異なる点がいくつかある。例えば，予算及び事業計画の承認決議（ともに第33条）は，前者は「出席した理事の3分の2以上」とされているのに，後者は「理事総数の3分の2以上」とされている。これは，後者が幼稚園で学園規模が小さいということから，より慎重な決議を求めるためにそのような規定例としたものと考えられる。

②　東京都学校法人の寄附行為及び寄附行為変更の認可に関する審査基準

（制　　定：平成 7 年 3 月20日　 6 総学二第1272号）

（最終改正：平成20年 2 月 8 日　19生文私行第2954号）

第 1　目的

　この基準は，学校法人の寄附行為及び寄附行為変更の認可について，審査に関する基準を定め，もって寄附行為及び寄附行為変更の認可事務の適正化を図ることを目的とする。

第 2　寄附行為認可

　高等学校，中学校，小学校，特別支援学校（以下「高等学校等」という。）を設置する学校法人の設立に係る寄附行為の認可については，次の基準により審査する。

⑴　立地条件について

　学校の立地条件が適切であり，当該高等学校等が他の高等学校等と不当に競合することなく，その役割を十分に果たすことが期待されるものであること。

⑵　名称について

　学校法人の名称は，東京都の区域内の既設の学校法人（私立学校法（昭和24年法律第270号）第64条第 4 項の法人を含む。）と同一でないこと。

　また，原則として東京都の区域内の既設の学校法人と類似の名称でないこと。

　なお，やむを得ず，既設の学校法人と類似の名称とする場合については，当該学校法人の承諾を得ていること。

⑶　施設及び設備について

　ア　高等学校等の施設及び設備は，学校教育法（昭和22年法律第26号），高等学校設置基準（昭和23年文部省令第 1 号）及び東京都私立高等学校等設置認可基準（平成 7 年 3 月20日 6 総学二第1273号）等の定める基準に適合するも

のであること。

イ 施設及び設備は，負担附又は借用のものでないこと。ただし，特別な
　事情があり，教育上支障がないことが確実と認められ，かつ，次の条件
　を満たす場合に限り，借用を認めるものとする。

　(ア) 校地・校舎について，20年以上の賃貸借契約等が締結され，かつ，
　　地上権又は借地権の登記が行われていること。ただし，登記できない
　　特別の事由がある場合には，公正証書を作成するものとする。

　(イ) (ア)の規定にかかわらず，校地・校舎が国又は地方公共団体の財産で
　　ある場合は，20年以上の安定的な利用を確保できることが確実である
　　こと。この場合，20年未満の賃貸借契約等の締結による借用を認める
　　ものとする。

　(ウ) 設備について，通常教育上支障のないと認められる電子計算機等の
　　借用である場合

ウ 校地は，開設時までに教育上支障のないよう整備されているものであ
　ること。また，校地は，申請時において申請者名義の所有権の登記がな
　されていなければならないこと。ただし，第2(3)イ(ア)又は(イ)に該当する
　場合には，申請者名義の所有権の登記を要しない。

エ 校舎及び設備を年次計画で整備するときは，当該高等学校等の教育上
　支障のない年次計画により整備されるものであること。

オ 校舎及び機械，器具等の整備に要する経費は，当該高等学校等の教育
　上の必要に応じた十分な経費が計上されていること。

カ 施設及び設備の整備に要する費用（以下「設置経費」という。）の財源は，
　寄附金を充てるものであり，かつ，申請時において，設置経費に相当す
　る額の寄附金が収納されていること。

キ 入学を条件とする寄附金，当該施設の建築等に係る請負業者の寄附金
　その他設置経費の財源として適当と認められない寄附金は，設置経費の
　財源に算入しないこと。

ク　設置経費の財源に充てる寄附金については，寄附能力のない者の寄附
金，寄附者が借入金により調達した寄附金などについては算入しないも
のとすること。

⑷　経営に必要な財産について

ア　高等学校等の経常経費は，当該高等学校等の教育上の必要に応じた十
分な経費が計上されていること。

イ　設置経費の財源としての寄附金のほか，申請時において，高等学校等
の開設年度の経常経費の2分の1に相当する額の寄附金が収納されてい
ること。ただし，借用した校地・校舎で高等学校等を設置しようとする
場合は，次のとおりとする。なお，これらの場合において第2⑶キ及び
クを準用すること。

㋐　校地・校舎を共に借用し，高等学校等を設置する場合は，年間経常
経費（賃借料を含む。）の修業年限分以上に相当する運用資金を保有し
ていなければならない。

㋑　校地・校舎のどちらか一方を借用し，高等学校等を設置する場合は，
次のとおりとする。

a　修業年限が3年の高等学校等を設置する場合は，開設年度の年間
経常経費（賃借料を含む。）に相当する運用資金と賃借料の2年分を
保有していなければならない。

b　修業年限が4年の高等学校等を設置する場合は，年間経常経費
（賃借料を含む。）の2年分に相当する運用資金と賃借料の2年分を保
有していなければならない。

c　修業年限が6年の高等学校等を設置する場合は，年間経常経費
（賃借料を含む。）の3年分に相当する運用資金と賃借料の3年分を保
有していなければならない。

㋒　運動場のみ借用し，高等学校等を設置する場合は，高等学校等の開
設年度の経常経費の2分の1に相当する運用資金を保有していればよ

第 16 章　学校法人寄附行為作成例

いものとする。

ウ　完成年度までの各年度の経常経費の財源については，生徒納付金，寄附金，資産運用収入その他の確実な計画による資金をもって充てるものとし，原則として，借入金を充てるものでないこと。

エ　高等学校等の施設及び設備の取得に係る資金は，原則として，その金額が高等学校等を設置しようとする者の自己資金でなければならない。ただし，特別な事情があり，教育上支障がないことが確実と認められる場合で，かつ，次のすべての条件を満たす場合に限り，当該資金の合計の３分の１を限度として，借用を認めるものとする。

　　　この場合においては，第２(3)イの規定にかかわらず，抵当権の設定を認めるものとする。

　　　また，日本私立学校振興・共済事業団が行う貸付けに係るものについては，根抵当権の設定を認めるものとする。

(ｱ)　日本私立学校振興・共済事業団，財団法人東京都私学財団及び確実な金融機関等が行う貸付又は融資による負債であること。

(ｲ)　適正，かつ，実行可能な返還計画があること。

(ｳ)　負債額が，学校法人の総資産のおおむね３分の１以内であること。

(ｴ)　各年の返還額が，学校法人の年間帰属収入の１割以内であること。

(5)　役員等について

ア　理事及び監事は，学校法人の管理運営に必要な知識又は経験を有する者であるとともに，学校法人の理事及び監事としてふさわしい社会的信望を有するものであること。

　　　また，単に名目的なものではなく，私立学校法及び寄附行為に規定する役員の職務を十分に果たし得るものでなければならないこと。

イ　理事及び監事は，他の学校法人の理事又は監事を４以上兼ねていない者であること。

ウ　理事長は他の学校法人の理事長を２以上兼ねていない者であること。

－ 621 －

エ　理事である評議員以外の評議員について，学校法人の設立後，速やかに選任できるよう，その候補者が選定されていること。

オ　学校法人の事務を処理するため，その設置する高等学校等の規模に応じた専任の職員を置く適切な事務組織が設けられていなければならないこと。

カ　学校法人の事務局長その他の幹部職員は，その職務に専念できる者であり，また，役員の配偶者又は親族等に偏っていないこと。

キ　その他，規程の整備を含め，高等学校等にふさわしい管理運営体制を整えていなければならないこと。

第3　学校の設置に係る寄附行為変更認可

学校法人が高等学校等を設置する場合に係る寄附行為の変更の認可については，次の基準によって審査する。

(1)　立地条件について

立地条件については，第2(1)を準用すること。

(2)　施設及び設備について

ア　申請時において，設置経費の財源として，設置経費の2分の1に相当する額の寄附金，積立金，資産売却収入その他学校法人の負債とならない収入を収納していること。この場合，第2(3)のキ及びクを準用すること。

なお，設置経費の財源に，退職給与引当特定預金，減価償却引当特定預金，経常経費として必要な資金など，設置経費の財源として適当と認められないものが含まれていないこと。

イ　施設及び設備に係るその他の事項については，第2(3)（カ，キ及びクを除く。）を準用すること。

(3)　経営に必要な財産について

経営に必要な財産については，第2(4)を準用すること。

(4)　役員等について

役員等については，第2(5)を準用すること。

(5) 既設校等について

ア　従来設置している高等学校等（以下「既設の高等学校等」という。）の施設及び設備は，高等学校設置基準，東京都私立高等学校等設置認可基準その他の基準に適合していること。

イ　既設の高等学校等の在籍生徒数が原則として収容定員を超過していてはならないこと。

ウ　既設の高等学校等のうち完成年度を越えていないものがある場合，当該未完成の高等学校等の設置に係る認可の際の設立計画が確実に履行されていること。

エ　既設の高等学校等のための負債について，償還が適正に行われており，かつ，適正な償還計画が確立されていること。具体的には，総資産額に対する前受金を除く総負債額の割合がおおむね3分の1以下であり，かつ，既設の高等学校等のための負債に係る償還計画において，各年度の償還額が原則として当該年度の帰属収入の1割を上回らないものであり，適正と認められるものでなければならないこと。

オ　高等学校等の管理運営の適正を期し難いと認められる事実がないこと。例えば，次の事項に留意すること。

　(ア)　法令の規定，法令の規定による処分及び寄附行為に基づいて適正に管理運営されていること。特に，法令，通達及び通知に基づく登記，届出，報告等の履行状況

　(イ)　役員若しくは教職員の間又はこれらの者の間における訴訟その他の紛争の有無

　(ウ)　日本私立学校振興・共済事業団及び財団法人東京都私学財団からの借入金の償還（利息，延滞金の支払いを含む。）又は公租公課（私立学校教職員共済組合の掛金を含む。）の納付の状況

第4　課程又は学科の設置に係る寄附行為変更認可

　学校法人が高等学校の課程又は学科（以下「課程等」という。）を設置する場合に係る寄附行為の変更の認可については，第3に準じて審査する。ただし，当該課程等の設置が高等学校等の教育条件の向上又は学校法人の運営の改善のために必要かつ適切と認められる特別の事情がある場合であって，課程等の施設及び設備の準備のために要する経費の支出が学校法人にとって過大な負担とならないものと認められるときは，基準の適用に当たり特別の配慮をするものとする。

　　附　　則（19生文私行第2954号）

　この基準は，平成20年2月8日から施行する。

第 17 章　東京都通知抜粋

第17章　東京都通知抜粋

1　学校法人会計基準の処理標準の改正について（通知）

昭和58年11月１日

58総学二第398号

学校法人理事長殿

東京都総務局学事部長

改正昭和60年２月１日

59総学二第584号

　このことについては，昭和47年２月29日付，47総学二発第26号，昭和47年７月５日付，47総学二第227号，昭和47年11月17日付，47総学二第309号及び昭和55年２月１日付，54総学二第788号により処理してきたところです。

　このたび，別添のとおり上記通知文を取りまとめるとともに一部改正を行いましたので，事務処理上遺漏のないようお取り計らい願います。

　なお，これに伴い昭和56年11月２日付，56総学二第284号

— 625 —

・（小中高法人対象）の留意事項 2 の文中「昭和47年 2 月29日付，47総学二第26号」
・（幼稚園法人対象）の留意事項 2 の(1)の文中「昭和47年 7 月 5 日付，47総学二第277号」
とあるのは，「昭和58年11月 1 日付，58総学二第398号」と読み替えることとします。

別　添

1　機器備品の計上基準
　　教育研究用機器備品及びその他の機器備品（注）に計上する基準は，次のとおりとする。
　(1)　耐用年数が 1 年以上であり，かつ， 1 個又は 1 組の価額が一定金額以上であるものとする。この一定金額は，5,000円から50,000円の範囲内で学校法人が定めること。
　(2)　少額重要資産については，上記(1)にかかわらず，すべて計上すること。

2　図書の計上基準
　　図書に計上する基準は，次のとおりである。
　(1)　取得価額の多寡にかかわらず，長期間にわたって保存，使用することが予定されるもの。
　(2)　取得価額には，原則として，取得に要する経費を含めないこと。
　　　また，大量購入等による値引額及び現金割引額は，「雑収入」として処理することができる。
　(3)　学習用図書，事務用図書，新聞，雑誌等のように，通常その使用期間が短期間であることが予定されるものは，取得した年度の消費支出として取扱うこと。
　(4)　消費支出として処理した雑誌等を合冊製本して長期間にわたって保存，使用する図書とする場合は，その合冊製本に要した経費をもって，当該図

第 17 章　東京都通知抜粋

書の取得価額とすることができる。

(5)　図書と類似の役割を有するテープ，レコード，フィルム等の諸資料は，利用の態様に従い，図書に準じて会計処理を行うこと。

3　減価償却の取扱い

(1)　減価償却の方法は，定額法によることとし，残存価額は置かないこと。

(2)　機器備品及び図書を除く減価償却資産は，1個又は1組ごとに償却（以下「個別償却」という。）をすること。

(3)　機器備品

　　ア　一定金額以上のものは，個別償却をすること。この一定金額は，100,000円から1,000,000円の範囲内で，学校法人が定めること。

　　イ　一定金額未満のものであっても，その取扱い上個別償却が適していると思われるものについては，個別償却をすることができる。

　　ウ　前期ア．イ以外のものについては，取得年度ごとに，同一耐用年数のものをグループ化し，一括して償却（以下「グループ償却」という。）をすること。

(4)　図　書

　　ア　図書は，原則として，減価償却をしないものとする。この場合，図書の管理上，除却をしたときは，当該図書の取得価額相当額をもって消費支出に計上すること。

　　イ　除却による経理が困難なときは，グループ償却の方法により減価償却をすることができる。

(5)　期中取得の償却資産

　　ア　個別償却資産については，償却額年額の月数按分によること。

　　イ　グループ償却資産については，取得年度の翌年度から償却すること。

(6)　備忘価額

個別償却資産は，耐用年数経過時に使用中のものについて，1円又は100円の備忘価額を付することができる。

4 教育研究経費と管理経費の区分
 (1) 区分の必要性
　　　　学校法人の経理内容を教育研究経費と管理経費とに区分して把握する必要があり，また，私立学校経常費補助も教育研究経費のみを対象としているため，両者を区分する必要がある。
 (2) 区分の方法
　　　　次の各項に該当することが明らかな経費はこれを管理経費とし，それ以外の経費については，主たる使途に従って教育研究経費か管理経費のいずれかに含めること。

事　　　　　項	注　　　　　記
役員の行う業務執行のために要する経費及び評議員会のために要する経費	役員会の経費及び役員の旅費，事務費，交際費等の経費を指す。
総務・人事・財務・経理その他これに準ずる法人業務に要する経費	法人本部における業務のみならず学校その他の各部門におけるこの種の業務に要する経費も含めるものとするが，区分することが極めて困難な場合は，教育研究経費として処理して差しつかえないこと。
教育研究活動以外に使用する施設設備の修繕，維持，保全に要する経費（減価償却額を含む。）	
教職員の福利厚生のための経費	教職員に対する所定福利費以外の福利厚生費を指すが，「管理経費，福利費」で処理すること。
学生生徒等の募集のために要する経費	入学選抜試験に要する経費は含まれないこと。
補助活動事業のうち食堂（給食施設を除く。）および売店のために要する経費	寄宿舎に要する経費を教育研究経費とするか管理経費とするかは，寄宿舎の性格と実態に即して判断すること。

(昭60.2.1　59総学二第584号　付記)
　この改正は，昭和60年4月1日から適用しますので，各学校法人の経理規定を速やかに改正願います。
　また，従来の基準で備品として処理していたものが，この通知により経理規定を改正した結果，備品とならなくなった場合でも，なお，従前の基準により備品として管理するものとします。

(注)　文中，「その他の機器備品」は「管理用機器備品」と読み替えるものとする。

－ 628 －

第17章　東京都通知抜粋

2　基本金台帳の備え付けについて（通知）

昭和60年2月4日

59総学二第628号

各学校法人理事長殿

東京都総務局学事部長

　学校法人会計における基本金の組み入れ及びその把握については従来から種々問題があり，都の監査においても多数の学校が指摘されているところです。

　基本金を正確に把握することは学校法人運営上重要なことであると考え，関係団体とも協議のうえ，基本金台帳を整備し，備え付けていただくこととしました。

　ついては，下記により基本金台帳を作成し，基本金の正確な把握に努めるようお願いします。

記

1　様　　式　1　これは個別表であるが，個別台帳は固定資産台帳で兼ねることができるので，未組入額がある場合に使用するものとする。

2　様　　式　2　これは標準例を定めたものであり，既に類似の様式を使用して整理している場合は，そのまま継続して使用することも差支えない。

　　　　　　　　これから新たに作成する学校法人はこの様式を使用すること。ただし，多少の変更は認めるものとする。

3　適　用　年　度　昭和59年度から適用するものとする。

様式1　　　　　　　　　　　基　本　金　台　帳

固定資産台帳番号 _____

部　門　別		資　産	種　　　　類		
			名称又は所在地		

年 月 日	取得価額	未　組　入　額				組 入 額	備　　考
		借 入 金	未 払 金	そ の 他	残　　高		

※　未組入額のない場合は，固定資産台帳で兼用することができる。

第17章　東京都通知抜粋

様式2

基本金総括合帳（平成　　年度分）

項目	組入額 前期繰越高	組入額 当期増加額	組入額 当期減少額	組入額 期末残高	組当期組入高 前期繰越高	当期組入高 法人	当期組入高 ※当 高校	当期組入高 中学校	当期組入高 小学校	当期組入高 幼稚園	当期組入高 合計	額 ※※振替額	額 期末残高	未組入額 期末残高	除却による次期繰延期
基 土　地															
建　物															
構　築　物															
教育研究用機器備品															
その他の機器備品															
図　書															
車　両															
本 建設仮勘定															
電話加入権															
借　地　権															
○○○引当特定預金															
金 計															
経常的支払資金															
計															
特定基本金															
合　計															

※部門名は必要に応じ加除して使用すること。

※※ある科目から他の科目へ振り替える場合に使用し、振り替えるもとの科目には△印を付すこと。

《編著者紹介》

齋藤　力夫（さいとう　りきお）

　公認会計士，税理士
　東京理科大学講師，嘉悦短期大学（現　嘉悦大学）講師，東京経営短期大学学長，聖徳大学教授等
　日本公認会計士協会常務理事，日本公認会計士協会公益法人委員会委員長および学校法人委員会委員長，文部科学省学校法人運営調査会委員，文部科学省独立行政法人評価委員，総務省公益法人会計基準検討会委員，厚生労働省社会福祉法人会計基準研究班委員他を歴任。
　文部大臣教育功労章受章。
　現在，（公財）日本高等教育評価機構監事，（一財）短期大学基準協会監事，（一財）職業教育・キャリア教育財団監事，永和監査法人代表社員・会長，斎藤総合税理士法人会長。

【主な著書】

　「学校法人の会計」「学校法人の税務」（学陽書房，共著）
　「最新学校法人会計詳解」（高文堂，編著）
　「病医院の会計と経営」「病医院の税務」（医歯薬出版，単著）
　「公益法人会計」「労働組合会計」（中央経済社，共著）
　「非営利法人の消費税」「宗教法人会計の理論と実務」（中央経済社，単著）
　「NPO法人のすべて」（税務経理協会，共著）
　「社会福祉法人の会計と税務の要点」「学校法人会計のすべて」「税務会計の理論と実務」（税務経理協会，編著）
　「私学運営実務のすべて」（学校経理研究会，編著）
　「Q＆A中間法人の設立・運営の実務」（新日本法規出版，共著）
　「学校会計入門」（中央経済社，編著）　その他多数

《編集者紹介》

赤川　富彦（あかがわ　とみひこ）

　永和監査法人　パートナー（特定社員）・事務局長
　日本公認会計士協会準会員，東京経営短期大学総務部長，（公社）日本ダンス議会理事，（公財）埼玉県私学振興財団評議員

新訂　学校法人財務諸規程ハンドブック

平成27年5月20日　初版発行

編著者　齋　藤　力　夫
発行者　三　角　哲　生

発　行　特定非営利活動法人　学校経理研究会
〒102-0074　東京都千代田区九段南4-6-1-203
　　　　TEL 03（3239）7903　FAX 03（3239）7904

発売元　株式会社　霞出版社
〒102-0074　東京都千代田区九段南4-6-1-203
　　　　TEL 03（3556）6022　FAX 03（3556）6023

Ⓒ 2015　printed in Japan
ISBN 978-4-87602-609-8 C2034　¥7200E
印刷・製本　壮光舎印刷株式会社